新编中国史

秦汉史

帝国的成立

王子今◎著

中信出版集团｜北京

图书在版编目（CIP）数据

秦汉史：帝国的成立／王子今著，-- 北京：中信
出版社，2017.10（2023.9 重印）
ISBN 978-7-5086-7003-4

I.①秦… II.①王… III.①中国历史－秦汉时代
IV.①K23

中国版本图书馆 CIP 数据核字（2016）第 274347 号

秦汉史：帝国的成立
著者：　　王子今
出版发行：中信出版集团股份有限公司
　　　　（北京市朝阳区东三环北路 27 号嘉铭中心　邮编　100020）
承印者：　　河北鹏润印刷有限公司

开本：880mm×1230mm　1/32　　印张：17.25　　　　字数：361 千字
版次：2017 年 10 月第 1 版　　　印次：2023 年 9 月第 7 次印刷
书号：ISBN 978-7-5086-7003-4
定价：95.00 元

目 录

第一篇　秦　史

第二篇　西汉史

第六篇　秦汉历史的转变

自 序

对一个历史阶段进行断代史的总体的描述，需要把握基本的历史线索，介绍主要的历史事件，说明突出的历史特征。至于重视新出考古资料的利用，也是必须注意的。总结整个历史过程，尤其要有适当处理详略、重轻、主次诸问题的考虑。而对显著的历史运动的走向的判断和对历史现象的规律性的分析，无疑对执笔者提出了可能是更高的要求，就是综合的功力的要求。

断代史的全面概括，应当以具有比较充备的专业知识、比较深厚的理论素养、比较敏锐的历史感觉为前提。而综合考察的学术训练，也是必不可少的。

回顾个人的学术道路，从西安到北京，从选择秦汉史作为攻读硕士学位的研究方向算起，至今从事秦汉史研究已经有二十六个年头了。得益于导师林剑鸣教授以及何兹全教授、史念海教授、方诗铭教授、林甘泉教授、李学勤教授等学者的教诲，在研究进程中蹒跚而行，先后有《秦汉交通史稿》（中共中央党校出版社1994年7月）、《史记的文化发掘：中国早期史学的人类学探索》（湖北人民出版社1997年10月）、《秦汉区域文化研究》（四川人民出版社1998年10月）、《简牍史话》（中国大百科全书出版社2000年1月）、《睡虎地秦简〈日书〉甲种疏证》（湖北教育出版社2003年2月）、《古史性别研究丛稿》（社会科学文献出版社2004年12月）、《汉武英雄时代》（中华书局2005年8月）、《秦汉社会史论考》（商务印书馆2006年12月）、《秦汉时期生态环境研究》（北京大学出版社2007年9月）等几种以秦汉史为研究主题的小书出版，其中各有缺陷，自不待言，对于"秦汉史"研究完成一部体现出综合之功的断代史专著，始终以为难以胜任。虽然也曾经尝试着学习进行这样的工作，然而绝不敢自以为成功。其中有因为个人疏误导致的教训，内心深以为恨。比如高等教育出版社2001年7月版《中国历史·秦汉魏晋南北朝卷》，秦汉三国部分由我执笔，其中出现不少疏误，承北京大学刘华祝教授、西北大学田旭东教授指出。武汉大学何德章教授撰文《高教版"中国历史"的几个问题》（《中国大学教学》2003年第8期），亦多有指教。朋友们的教正，是值得深心感谢的。而自己因撰写过于匆促，心境未能从容，以致个人错误随教材印行，贻误甚广，至今痛心。

现在承三民书局之命，又大胆承担了这一部《秦汉史》的撰写任务，这有试图补过的意思，自然也暴露出在由"知天命"的岁数向"耳顺"的岁数迈进的时候期求将学力再提升一点点的野心。

不过，交稿早已逾期，呈奉三民书局朋友的依然是仓促之作。

好在其中毕竟有笔者点滴的、片断的研究心得。拿来请读者指教，是研究者的义务，也是研究者的责任。热诚期望得到批评，特别是年轻的秦汉史研究者和关心秦汉历史文化的朋友们的批评。

我们在教学、研究和日常学术交往中已经发现，一些富有学术潜力的史学新人正在成长。这是我们最高兴的事。他们个人的光明的学术前景，预示着秦汉史研究进步的新的曙光。

王子今

2008 年 10 月 7 日

北京大有北里

中信出版集团新版承责任编辑张文华精心工作，纠正了许多错误，曾磊、曲柄睿、吕壮等青年学人也认真校读，提出了不少修订建议，使得一些疏失得以补救。谨此致谢。

王子今

2016 年 12 月 6 日补记

前　言

秦汉时期在中国历史进程中的地位

　　中国历史经过夏商西周以及春秋战国阶段漫长的进步历程，进入到秦汉时期。从公元前221年秦始皇实现统一至公元220年曹丕代汉，是秦王朝和汉王朝统治的历史阶段。在西汉和东汉之间，又有王莽新朝的短暂统治。在这近四个半世纪的历史阶段内，中国文明的构成形式和创造内容都发生了重要的变化。秦汉人以黄河流域、长江流域和珠江流域为主要舞台，进行了生动活跃的历史表演，同时推动了中华民族历史文化突出的进步。

　　秦汉时期的文明创造和文明积累，在中国历史上呈示出耀眼的辉煌。当时的文化风貌和民族精神，有鲜明的时代特征。秦汉时期的社会结构和政治形式，也对中国此后两千年文化传统的形成和历史演进的方向形成了非常深刻的影响。

　　秦汉时期的历史特征主要有如下表现：

　　第一，高度集权的"大一统"的政治体制基本形成，并且经历了多次社会动荡的历史考验而愈益完备。以丞相为统领的中央王朝百官公卿制度和以郡县制为主体的地方行政管理形式逐渐完善。选官制度的进步，满足了行政体制的人才需求，也促进了社会不同等级的流动。社会各阶层的国家意识有鲜明的文化表现，特别是士人的参政议政热情有新的提高。

第二，以农耕经济和畜牧经济为主体形式，包括渔业、林业、矿业及其他多种经营结构的经济形态逐步走向成熟。借助交通和商业的空前发展，各个基本经济区互通互补，共同抵御灾变威胁，共同创造社会繁荣，物质文明的进步取得了空前的成就，人们的物质生活水平有所提高。

第三，秦文化、楚文化和齐鲁文化等区域文化因子，在秦汉时期经长期融汇，形成了具有统一风貌的汉文化。儒学正统地位的建立和巩固，国家教育体制的逐步健全，成为适应专制主义政治需要的文化建设成就的重要标志。社会普遍的文化资质有所改善。儒学道德倾向在民间形成了普及性的影响。

经历这一时期，以"汉"为标志的民族文化共同体已经初步形成。当时以"大汉""皇汉""圣汉""强汉"自称的民族对于世界文明进步的贡献，保留下了光荣的历史记录。

正是因为秦汉时期历史文化贡献的丰富，"秦"和"汉"、"秦人"和"汉人"才都长期成为代表我们国家、我们民族的公认的文化符号。

秦汉历史，是我们了解中国历史时所应当首先熟悉的内容。我们还应当看到，这一时期的文化创获和历史经验，对于后世所提供的可贵的启示，是千百年来始终受到重视的。

司马迁所著《史记》，记述了从传说中的黄帝到汉武帝时代的历史，保留了关于秦代历史和西汉前期历史的许多重要的资料。司马迁历史观的人民性以及追求真实记录的实学品格，对中国史学传统的积极内涵有正面的影响。

《汉书》是《史记》之后的又一部史学名著。班固的父亲班彪作《后传》数十篇，准备将《史记》续写到西汉末年为止。班固用了二十余年时间，继承父业，完成了这部记述西汉历史的史学专著的绝大部分。《汉书》是中国第一部完整的断代史。《汉书》的《外戚恩泽侯表》《百官公卿表》《古今人表》《刑法志》《五行志》《地理志》《艺文志》等内容，是《史记》中所没有的。《五行志》中保留的自然史料，值得研究者珍视。但是班固生活在儒学确立了文化统治地位的东汉时期，历史观受到儒家正统思想的影响，以致《汉书》的历史批判精神较《史记》逊色。尽管如此，由于这部史书选材精当，记述翔实，描写生动，更由于所记录的历史对象本身的丰富多彩，《汉书》在文化史中始终占有很高的地位。

在"二十四史"中，司马迁的《史记》和班固的《汉书》位列最先，历来被看作史学最重要的经典。在以后的二十二部正史里，多可看到最高统治集团中帝王和他们身边的贵族将相们阅读《史记》《汉书》、讨论《史记》《汉书》的故事。[1]这一情形，体现了人们对秦汉史籍的热爱和熟悉，也体现了这一历史时期特殊的文化地位。

记录秦汉时期历史的重要文献，还有《东观汉记》、八家《后汉书》等。范晔《后汉书》、陈寿《三国志》及裴松之注，以及荀悦《汉纪》等，因为保留比较完整，有较大的文化影响。

　　这一时期简牍帛书文字的陆续发现，使我们对于中国传统文化的形式和内质的了解，可以更为鲜明生动。简牍作为历史资料，其中有帝王诏令、政府文告、军报檄书、法律条款、司法案卷、经济契约、账册簿记、医药处方、名籍档案、通行凭证、考核记录、奖惩通知、财物清单、军械登记、日书历表、私人书信等，可以从各个侧面和角度多方位地反映当时的社会状况。帛书、帛画则主要是可以体现更高层次精神生活的文物遗存。充分利用有关考古发现以及简帛研究的新成果，以简帛资料与文献记载相结合来了解当时的文化面貌，无疑能够得到更全面、更具体、更真切、更生动的认识。20世纪以来简帛资料的大量发现，为历史文化研究，特别是以简帛作为主要书写材料的战国秦汉时期历史文化的研究，开拓了空前广阔的前景。《斯坦因在东突厥斯坦沙漠中所获汉文文书》中所发表的敦煌汉简，对于研究汉代敦煌地区的军事生活和社会状况提供了直接的资料。后来出土的居延汉简、敦煌汉简、武威汉简，以及马王堆帛书、睡虎地秦简、银雀山汉简、张家山汉简、八角廊汉简、里耶秦简、走马楼吴简、虎溪山汉简等，也都为历史文化研究的深入提供了重要的条件。大致每有这样的简帛资料被发现，都能够使我们对于历史文化的认识深入一步，前进一步。

　　简帛，本身是历史上的一种文化形态。简帛，又代表着文化演进的一个历史过程。而简帛作为考古学发现的更为重要的价值，还在于简帛资料能够丰富和更新我们对于许多古代文献的理解。中国古代文献是中国传统文化的结晶。20世纪70年代以来简帛古籍的大量发现，对于中国历史文献研究意义重大。这些古籍大多数是前所未见的佚书，少数有传本的也与今本有所不同。诸多简帛古籍的出土，使疑古扩大化的情形有所纠正。通过对这些发现的整理，人们对传统文献研究方法有所反思。现在看来，把文献研究和考古研究结合起来，是开创中国传统文化研究的新局面所必需的。

陈直的《史记新证》和《汉书新证》，"以本文为经，以出土古物材料证明为纬。使考古为历史服务，既非为考古而考古，亦非单独停滞于文献方面"，"有百分之八十，取证于古器物"。不仅其中的论点多为秦汉历史文化的认识提供了新知，其方法的启示意义也是应当特别予以肯定的。

秦汉历史舞台的背景

　　历史演出有特定的舞台。历史舞台因剧目不同，各有不同的布景和不同的道具。要了解秦汉时期的历史背景，需要对当时的自然环境、文化基础和世界格局有所认识。

　　秦汉时期的气候较现今温暖湿润。当时的水资源比较充足，野生动物分布以及植被状况也与今天不同。自然条件尚没有因承载过多的人口而遭到严重破坏。

　　秦汉文化在春秋战国时期文化空前繁荣的基础上获得了良好的发育条件。

　　大致在秦帝国兴起的同时，南亚次大陆出现了孔雀王朝。与西汉帝国崛起于东方大致同时，罗马帝国开始称霸地中海，并逐步向东发展。公元前2世纪，安息帝国占有了伊朗高原西部、两河流域和中亚南部。东进的罗马远征军与安息多次发生战争较量，相持于两河流域与叙利亚地方。公元前2世纪至前1世纪，在纬度相当的古文明带上先后有汉帝国、安息帝国和罗马帝国自东而西成为当时的文明中心。公元1世纪至2世纪，欧亚大陆由西而东并列着四个帝国：罗马帝国、安息帝国、贵霜帝国与东汉帝国。其中以罗马帝国和东汉帝国在历史上的地位最为重要。

第一节　秦汉时期的自然环境

地理环境是人类社会发展的基本条件。在生产力水平越低的时代，地理环境对社会发展的制约作用更为显著。马克思曾经写道："外部自然条件在经济上可以分为两大类：生活资料的自然富源，例如土壤的肥力、鱼产丰富的水等等；劳动资料的自然富源，如奔腾的瀑布、可以航行的河流、森林、金属、煤炭等等。在文化初期，第一类自然富源具有决定性的意义；在较高的发展阶段，第二类自然富源具有决定性的意义。"[1]秦汉时期，各个地区经济和社会发展很不平衡，但总的说来，生活资料的自然富源比起劳动资料的自然富源来，对于经济发展所起的作用更为突出。

虽然早在史前时期，长江中下游已经形成了相当发达的农业经济文化区和自有特色的农业体系。但是从商周到秦汉，黄河流域的经济和社会发展却领先于长江流域。其原因除了南北两个地区在生产工具的使用、生产技术的传播以及人口密度上都有所不同之外，也与气候、地质、地形、水文、生物、土壤等自然条件的差异有一定关系。秦与西汉时期，长江中下游气候炎热潮湿，《史记·货殖列传》说："江南卑湿，丈夫早夭。"生活环境恶劣导致了人们过早死亡。又由于湖泊沼泽密布，在生产工具比较原始的条件下，长江中下游地区开发起来反而比黄河流域的黄土高原和黄土冲积平原困难。特别是在气候总体形势偏向潮湿温暖的情况下，其有利于灌溉的优势并不突出。《史记·货殖列传》又说，长江流域地区使用较为低下的生产手段，就可以获得生活资料的基本满足，"楚越之地，地广人希，饭稻羹鱼，或火耕而水耨，果隋嬴蛤，不待贾而足，地埶饶食，无饥馑之患，以故呰窳偷生，无积聚而多贫"。司马迁的描述，指出了长江中下游地区经济生活中渔猎采集仍占较大比重的情形。正因为如此，其社会经济带有原始性的特征。这一情形，直到东汉后期，由于诸种自然因素和社会因素的作用，长江中下游的经济开发才进入了新的历史阶段。

秦与西汉时期，北边的垦荒运动使农业和游牧业的区界向北推进，西南夷地区的开发也取得了新的历史成就。秦汉文化发育的地理空间，东至海上，北抵沙漠，西上高原，南逾所谓"北向户"地方，即北回归线以南，较前代有明显的扩大。

秦汉时期的地理景观，与现今有显著的不同。当时，森林草原的覆盖率当远远高于现代。即使在人文创造相当丰富、文明积累相当长久的关中地区，也如张衡《西京赋》所记述的，草木炽盛，浃莽无疆，林麓之饶，应有尽有。

地理环境在历史时期的变化，相对于经济和社会发展来说要缓慢得多。但这种变化有时也会因人为因素的作用而变得十分明显。例如人们对黄土高原森林植被的破坏，造成水土的严重流失。黄河带来的大量泥沙淤高了河床，下游就容易决口改道，从而地貌也发生了很大变化。秦汉时期，黄河多次泛滥。洪水和泥沙吞没了大片的农田和众多村落，使土地沙碱化，改变了原来湖泊沼泽的布局。黄河的来水来沙还使得海岸发生变化。据有的学者研究，王莽始建国三年（11）黄河改道由千乘（今山东高青北）入海之后，经过四百多年，渤海湾的海岸向外有较大的推展。[2]

总结秦汉社会历史进步的诸种条件，不能忽视生态环境的作用。

考察秦汉时期历史发展的生态条件可以发现，秦汉时期的总体生态状况与现今有所不同，当时各个地域间的生态状况有所差异，这一历史阶段前后四百余年间的生态状况也有所变化。

导致经济文化历史背景发生若干变化的生态因素，又称作生态因子，即影响生物的性态和分布的环境条件，大致可以区分为：其一，气候条件；其二，土壤条件；其三，生物条件；其四，地形条件；其五，人为条件。影响秦汉这一历史时期经济形势的主要生态因素，应当说大致以气候条件和人为条件为主。气候条件和人为条件的影响，有时也对土壤条件、生物条件和地形条件产生作用。

气候条件对于以农业为主体经济形式的社会而言，显然是经济进程中至关重要的因素。这一条件对于社会生活的全面影响，也是不容忽视的。

许多资料可以表明，秦汉时期的气候条件确实与现今不同，在两汉之际又发生了由暖而寒的历史转变。

西汉时期，关中地区有繁茂的竹林，与现今自然植被景观形成强烈的对照。司马迁《史记·货殖列传》说，拥有"渭川千亩竹"者，经济地位可以相当于"千户侯"，而以"竹竿万个"为经营之本者，也可以和所谓"千乘之家"并列。据《汉书·地理志下》，当时关中因竹林及其他资源之富足，有"陆海"之称，被看作九州中最富饶的"膏腴"之地。《汉书·东方朔传》也说，当时人曾以关中有"竹箭之饶"，而称之为"天下'陆海'之地"。《汉书·景武昭宣元成功臣表》记述，杨仆因身为将军在远征朝鲜的战争中表现畏懦，以竹材二万竿，方得以赎罪。这一史实，也说明当时关中曾经生长经济价值较高的竹种。司马相如奏赋描述关中风景，有"览竹林之榛榛"的辞句。[3] 班固《西都赋》赞美关中地区的自然条件，也写道："源泉灌注，陂池交属，竹林果园，芳草甘木，郊野之富，号为近蜀。"西汉薄太后南陵 20 号从葬坑中发现大熊猫头骨[4]，或许也可以看作当时关中地区竹林繁茂的例证之一。

不仅关中竹林之丰饶负有盛名，当时的黄河中下游地区大体都属于同样的植被类型。司马迁在《史记·货殖列传》中分析各地物产，"竹"居于山西物产前列，却不列于江南物产之中，说明当时黄河流域竹的分布，对于社会经济的意义甚至超过江南。

《史记·河渠书》记载，汉武帝发卒数万人塞黄河瓠子决口，曾经亲临现场指挥，因为薪柴缺少，下令伐取淇园之竹充作固堤桩柱和沉石绲索。《后汉书·寇恂传》说，汉光武帝北征燕、代，也曾经伐淇园之竹，制作了数百万支箭矢。《后汉书·郭伋传》写道，东汉初，郭伋任并州牧，到西河美稷，有童儿数百，各骑竹马，道次迎拜。美稷，地在今内蒙古准格尔旗西北。现今华中亚热带混生竹林区的北界，在长江中下游地区，大致位于长沙、南昌、宁波一线。而华中亚热带散生竹林区的北界，则大致与北纬 35° 线重合。当时竹类生长区的北界，已几近北河今天沙漠地区的边缘。

晋人戴凯之《竹谱》写道："质虽冬蒨，性忌殊寒，九河鲜育，五岭实繁。"说竹类虽然是冬青植物，其性仍然畏寒，所以北方少有，而繁生于南方。竹类作为喜温湿的植物，其生长地域的分布可以说明当时的气候条件。

作为根据气候条件决定农时的农事规范，二十四节气的次序在秦汉时期曾经发生过变化。现今二十四节气中"雨水—惊蛰"的次序，在汉代起初是"惊蛰—雨水"。这说明在当时的气候条件下，初春气温回升至于冬季蛰伏的动物开始活动的时日，要较后世为早。据《汉书·律历志下》所列二十四节气和相应星度的关系，可以知道现今二十四节气中"清明—谷雨"的次序，在汉代起初是"谷雨—清明"。[5]

多年科学考察所获取的资料，许多也可以作为秦汉气候史研究的实证。

主要根据中国东部平原及海区构造沉降量的估算所绘制的中国东部的海面升降曲线显示，距今 2000 年前后，海面较现今高 2 米左右。海面升降是气候变迁的直接结果。根据植被、物候等资料试拟的华北平原古气温曲线表明，当时气温高于现今 1℃左右。根据同类资料试拟的上海、浙北古气温曲线表明，当时气温高于现今 2℃左右。根据海生生物群试拟的东海与黄海古水温曲线表明，当时东海和黄海水温高于现今 3℃左右。[6]

根据孢粉资料分析北京地区植物群的发展，可知在距今约 5000 年至 3000 年的历史阶段，北京曾经进入气候温暖期，而至于距今 2000 年至 1000 年，则进入一次气候干温时期，湖沼有所消退，出现了以松为代表的森林草原。[7]

通过对沪杭地区具有代表性的钻井岩心全新世沉积孢粉组合的分析，研究者将全新世以来的气候史划分为四个凉期和四个暖期。

与秦汉时期相应的阶段为：第三暖期，距今 2500 年，气候温暖湿润；第五凉期，距今 2000 年至 1650 年，气候温凉。[8]

对照现今昆明地区暖季气温不高的情形，研究者推断汉代昆明 8 月气温将近 27℃，极端最低平均气温在 21℃上下，分别比现今高 8℃与 12℃。[9]

科学工作者处理青海湖沉积物数据所绘制的青海湖区距今 2 万年以来的气候变化曲线，也显示距今 2000 年前后气候转而温暖，不久后又趋于寒冷的情形。[10]

自汉武帝时代起，史籍已经多见关于气候严寒的记录。如《汉书·武帝纪》记载，元光四年（前 131）夏四月竟然降霜，致使草本植物被冻杀；元狩元年（前 122）十二月的大雨雪，致百姓有冻死者；元鼎二年（前 115）三月，降暴雨暴雪；元鼎三年（前 114）三月气温仍然在零下，四月依然降雪，关东十余郡人相食。《西京杂记》卷二说，元封三年（前 108），天大寒，雪深五尺，野鸟兽皆死，三辅地区民众冻死者多至百分之二三十。

自西汉末年到东汉初年，有关严寒的历史记载更为集中。

《汉书·五行志中之下》说，汉元帝永光元年（前 43）三月降霜冻伤桑树，九月又降霜使农作物大面积冻死，以致"天下大饥"。建昭二年（前 37），齐楚地方大雪，积雪深达五尺。

王莽时代严重低温的气候反常记录更为频繁。例如，《汉书·王莽传中》记载，天凤三年（16）二月大雨雪，关东地区灾情尤为严重，积雪深者至于一丈，竹柏多有冻枯者。《汉书·王莽传下》又记载，天凤四年（17）八月竟然发生所谓"大寒"的气候异象，"百官人马有冻死者"。

东汉初年，仍然多见严寒的历史记录。据《后汉书·郑兴传》记载，建武七年（31）"正月繁霜"之后连续严寒近三个月，直至"孟夏"之时。《续汉书·礼仪志中》刘昭注补引《古今注》说，永平元年（58）六月乙卯"白幕皆霜"。乙卯日为六月三十日，即公元58年8月8日，这一极端初霜记录竟早于现今洛阳地区平均初霜日八十二日。[11]据《北堂书钞》卷七九引《录异传》，大致在公元1世纪60年代，洛阳曾经有"大雪积地丈余"的情形。

在公元前50年至公元70年这一百二十年间，有关气候异常严寒的记载多达二十余起。元、成时代较为集中的二十三年中计六起。王莽专政时最为集中的十年中，大约七年都发生严寒导致的灾害。除了《东观汉记·世祖光武皇帝纪》所谓王莽末年至汉光武帝建武四年（28）间天下连年遭受霜灾而外，汉光武帝及汉明帝在位时关于严寒的记载也可见六起。

此后，汉章帝建初八年（83）至元和元年（84）前后，又有如《后汉书·韦彪传》所谓"盛夏多寒""当暑而寒"等气候极端异常的记载。东汉中晚期，更多见大暑季节而"寒气错时"[12]，以及"当温而寒"[13]，"当暖反寒，春常凄风，夏降霜雹"[14]等以严寒为特征的异常气候记录。当时最为突出的气候异象，是由各种征候表现的持续低温。《续汉书·五行志三》列举了这样两则关于冬、夏两季气候异常的典型史例。汉灵帝光和六年（183）冬，大寒，北海国（首府在今山东昌乐西）、东莱郡（郡治在今山东龙口东）、琅邪国（首府在今山东临沂北）等地井中积冰厚度甚至超过一尺。汉献帝初平四年（193）六月，虽然正当夏季，然而寒风如冬时。

如《后汉书·襄楷传》所说，气候每遇"大寒"，鸟兽鱼鳖往往都因此致死，竹柏这样的耐寒植物也往往"叶有伤枯"，于是秦及西汉时代黄河流域繁茂的竹林遭到破坏。《水经注·淇水》在说到汉武帝塞决河，斩淇园之竹木以为用，以及汉光武帝时伐竹淇川，治矢百万以输军资之后，又指出，现在"通望淇川"，竟然已经"无复此物"了。

秦汉时期的水资源条件也与现今不同。根据历史水文资料，研究者认为秦及西汉时期的气候条件，是致使长江水位上升的因素之一；当时长江以南的洞庭湖、鄱阳湖、太湖等，水面都在不断扩大。[15]

当时黄河流域的湖泊，数量和水面也都曾经达到历史的高峰。

据《三辅黄图》卷四《池沼》记载，仅长安附近，就有周文王灵沼、昆明池、镐池、沧池、太液池、唐中池、百子池、初池、麋池、牛首池、蒯池、积草池、东陂池、西陂池、当路池、大壹池、郎池、少府佽飞外池、秦酒池、影娥池、琳池、鹤池、冰池等。虽然其中有些是人工湖，但水面的密集和广阔，显然与我们现今所看到的当地地理面貌不同。

以位于长安西南的昆明池为例，《汉书·武帝纪》和《汉书·食货志下》都有关于汉武帝元狩三年（前120）组织昆明池工程的记载，或称"穿昆明池"，或称"作昆明池"，或称"修昆明池"。昆明湖虽然一般都认为是人工湖，但是号称周回四十里的规模，不是短期之内可以完工的。《汉书·五行志中之上》说，元狩三年夏，当大旱之时，开工穿昆明池。"大旱"发工的说法，暗示昆明池址原先可能已有积水。据推断，工程的主要内容是修筑堰堤。也就是说，昆明湖其实并不是严格意义上的人工湖。

《周礼·夏官·职方氏》关于雍州地形，说到有名为"弦蒲"的泽薮。《汉书·地理志上》右扶风汧县条下也写到"北有蒲谷乡弦中谷，雍州弦蒲薮"。昆明池和规模相当大的弦蒲薮，以及关中当时众多的湖泽，后来都已堙涸不存。[16]

事实上，当时黄河流域的大泽，今世都已经难寻旧迹。《国语·周语下》有所谓"陂障九泽，丰殖九薮"。"九泽""九薮"，都是说九州的九大湖泊。其名称与所在，古籍记载不一。一般以为九大湖泊中，七处均在北方。汉代人甚至有说"九泽"就是特指北方湖泊的。《淮南子·时则》也有"北方""九泽"的说法。然而后来这些大泽大都在北方土地上消失了。

以所谓"九薮"位于关中地区者为例，战国至于秦汉，诸说略有不同。《吕氏春秋·有始》说"秦之'阳华'"是"九薮"之一。后来《淮南子·地形》及《尔雅·释地》也都沿承了这一说法，但是"阳华"地理位置却不能明确。《吕氏春秋》成书于秦地，因而列于"九薮"之中的"秦之'阳华'"的历史存在，大致是没有必要怀疑的。但是，东汉博闻学者许慎、郑玄、应劭、高诱以及西晋大学问家杜预、郭璞等，都已经弄不清楚《吕氏春秋》成书前后规模超过"弦蒲"的这一作为秦地湖泊之首的泽薮的方位了。很可能在东汉中期前后，这个湖泊完全湮灭了。

当时北方湖泊的缩小和消失，绝非仅此一例。应劭在《风俗通义·山泽》中对《尔雅·释地》"十薮"进行说明时写道，今汉有九州之薮，然而其中一薮推求未得其处。这就是青州之薮称作"孟诸"的，应劭已经"不知在何处"。

湖泊逐渐淤涸成为平地，是历史时期惯见的地貌变迁形式，而秦汉时期如"阳华薮"这种迅速消失的情形，尤其引人注目。

北方湖泊面积的缩小，作为生态环境变化的表现之一，应当受到重视。分析这种变化的原因，不能忽视人为因素的作用。

当时，农耕经济的发展，刺激了垦荒事业的兴起。土地占有状况的不合理，使得没有土地和只有少量土地的农民到处开垦。《九章算术·方田》中，有关于测定不规则农田，如所谓"圭田""邪田""箕田""圆田""宛田""弧田""环田"等面积的算题，反映了当时垦田的破碎无序。滥垦的土地产量不会很高，于是又导致了滥垦的进一步扩大。这种人为因素的影响，造成了生态平衡的失调。森林、草原及其他植被的破坏，使得水土流失越来越严重。有的学者曾经指出，黄河原来并不以"黄"相称，到西汉初年才有了"黄河"的名称，"这应该和当时森林遭受破坏和大量开垦土地有关"。泾河清浊的变化就可以作为证明。泾河本来是一条相当清澈的河流，战国后期开始变浊，这正是秦国疆土达到泾河上游的时候。据《汉书·地理志下》，泾河主要支流马连水，西汉时称作"泥水"。"泥水"的名称显示水中多含泥沙。支流如此，无怪乎原来清可见底的泾河，这时竟如《汉书·沟洫志》所说，已经成为"泾水一石，其泥数斗"的情形了。这样的情形，当然不止一条泾河。[17]

严重的水土流失，是导致湖泊池沼淤埋的因素之一。

由森林等自然植被被毁坏所造成的严重水土流失，不仅改变了当地的地貌，也使土壤的肥力受到损害。

以木材作为燃料和大量砍伐林木以营造富丽宏大的建筑，也是使森林受到破坏的主要原因。秦及西汉的都城建设，曾经就近于终南山上取材。据《后汉书·杨彪传》，东汉末年，董卓逼迫汉献帝迁都于长安时，曾说过可以利用陇右材木建筑宫殿，这显示出经过西汉的砍伐，历时两百多年，终南山上的森林尚未能恢复起来。[18]

秦汉时代在北边地区的大规模屯垦，曾经导致了当地生态条件的显著变化。

据《汉书·匈奴传下》记载，北边地区草木茂盛，禽兽繁衍，匈奴以此为主要生存基地，将其看作"园囿"一般。秦汉经营北边，动员军屯与民屯，移民规模有时一次就数以十万计。于是北边出现了"人民炽盛，牛马布野"的景象。当时水土保持条件远较现今为好，山泉流量也很可观，因而司马迁曾经在《史记·河渠书》中记述，新垦区"皆引河及川谷以溉田"。两汉之际，自然条件和人文条件都发生了变化，王莽时用兵北边，造成当地经济环境的严重破坏。东汉初年，北边屯垦形势曾有反复，但是不久又出现城郭丘墟大多废毁的情形。有的学者经过对朔方郡垦区遗址的实地考察后指出，"随着社会秩序的破坏，汉族人口终于全部退却，广大地区之内，田野荒芜，这就造成了非常严重的后果，因为这时地表已无任何作物的覆盖，从而大大助长了强烈的风蚀作用，终于使大面积表土破坏，覆沙飞扬，逐渐导致了这一地区沙漠的形成"。"现在这一带地方，已经完全是一片荒漠景象"，"绝大部分地区都已为流动的以及固定或半固定沙丘所覆盖"。个别地方，"沙山之高竟达 50 米左右"。[19]

史念海曾经分析说，西汉一代在鄂尔多斯高原所设的县多达二十多个，这个数字尚不包括一些未知确地的县。当时的县址，有一处今天已经在沙漠之中，有七处已经接近沙漠。"应当有理由说，在西汉初在这里设县时，还没有库布齐沙漠。至于毛乌素沙漠，暂置其南部不论，其北部若乌审旗和伊金霍洛旗在当时也应该是没有沙漠的。"土壤大面积沙化的情形各有其具体的原因，但是至少农林牧分布地区的演变也是一个促进因素。除了可以防风防沙的森林被破坏，沙漠于是可以因风扩展而外，草原原有减低风蚀的作用，"可是草原的载畜量过高，也会促使草原的破坏。草原破坏，必然助长风蚀的力量，促成当地的沙化"。[20]

有的学者认为，过度的开垦，甚至也会导致自然灾害的逐渐增加。"秦汉时期，由于大批的士兵、农民移入鄂尔多斯地区进行开垦，在一定范围内破坏了原始植被，自然灾害增加，这个时期全内蒙古旱灾增加到二十七次，其中鄂尔多斯地区就有五次。"[21]

生态环境的变迁，可以对经济生活产生重要的影响。

气候形势对农业收成有决定性的意义。秦汉时期以农耕作为营生手段的民众，不能不把温饱与富足的希望寄托于风调雨顺的理想的气候条件。

这种愿望在汉代民间通行的习惯表达方式中称作"风雨时节"。《淮南子·览冥》说到"风雨时节，五谷丰孰"。《汉书·地理志下》说地方地理人文条件"有和气之应"，也使用了"风雨时节，谷籴常贱"的说法。汉镜铭文中常见"风雨时节五谷孰""风雨时节五谷熟"的文句，或者又写作"风雨常节五谷熟"，"风雨时，五谷孰，得天力"，"风雨时节五谷成，家给人足天下平"等，都表达了对气候正常的祈祝。

西汉时期，稻米曾经是黄河流域的主要农产品。关中地区被称为天下"陆海"之地，稻米生产列为经济收益第一宗。西汉总结关

图 0-1　汉"五谷满仓"瓦当

中地区农耕经验的《氾胜之书》中，曾经详尽地记述了稻作技术。《汉书·昭帝纪》说到"稻田使者"，反映黄河流域的稻作经济当时受到中央政府的直接关注。据《后汉书·张堪传》记载，东汉初年，渔阳太守张堪曾经在狐奴地方"开稻田八千余顷"，使地方百姓富足，这也是有关两汉之际稻区北界的史料。狐奴，地在今北京密云、顺义之间。当时稻米的分布形势，是和气候较为温湿的条件相适宜的。

《汉书·食货志上》记载，董仲舒曾经上书建议在关中提倡种植"宿麦"，说到今关中民俗不好种麦，请汉武帝诏令大司农让关中民众扩大"宿麦"的种植面积，不要耽误农时。"宿麦"，就是冬小麦。《汉书·武帝纪》记载，元狩三年（前120），派遣官员劝有水灾的郡种宿麦。据《史记·平准书》，当年山东地区遭受严重的水灾，以致民多饥乏。然而以行政力量大规模推广冬小麦种植，又很可能与气候寒温的变化有关。《汉书·武帝纪》又说，元狩元年（前122）十二月，大雨雪，百姓有冻死者。冬寒对次年种植水稻的不利影响，自然很可能成为第三年决策号召"益种宿麦"的原因。

有农业史学者曾经论述，大豆曾经与粟共同作为黄河流域居民的主要粮食，但自西汉时期起，"大豆则逐步转入'蔬饵膏馔'之中"[22]。然而从西汉后期以来的文献资料和文物资料看，大豆相反却又有逐步转为主要粮产的趋势。《氾胜之书》说，每户人均种植大豆五亩，"此田之本也"。《四民月令》中几乎逐月都有关于"豆"的内容。洛阳汉墓出土陶仓有朱书"大豆万石"题记者，也反映出当地豆类经营相当普及的事实。[23]

农耕作物由以适宜"暑湿"气候条件的稻为主，到可以种植于"高田"、"土不和"亦可以生长的、"保岁易为"足以"备凶年"的大豆[24]受到特殊重视，这一转变应当说正是以气候条件的变化为背景的。

秦汉时期移民方向发生由西北而东南的转变，这一转变恰恰也是与秦汉气候由温湿而干冷的转变相一致的。

自战国至于秦时，多有向西北方向移民的历史记载。汉初，仍然向西北移民。汉武帝时代，这种以西北为主要方向的大规模移民运动更进入高潮。向西北地区大规模移民的基本条件，是移民可以在新区继续传统的农耕生活。这一要求必然有气候条件作为保证。

这种移民方向偏于西北的趋势，在两汉之际出现了向反方向转化的倾向。当时，大批边民流入内郡，形成了《续汉书·五行志一》所谓"民人流移",《后汉书·刘陶传》所谓"冰解风散,唯恐在后"这样的引人注目的历史景观。

有的学者曾经指出:"我国北部地区三四千年以来气候变化而引起的植物带的移动,也就是农耕区的扩大和缩小,正同历史记载中农、牧业民族势力的消长情况相契合"[25]。有的学者甚至断言气候变化与民族迁徙之间存在着必然的联系,"中原汉族向北扩张拓边的时候几乎都在温暖期,而北方少数民族'窥边候隙''入居中壤'的时候则多在寒冷期"[26]。秦汉时期移民方向的变化和农耕区与畜牧区区界的南北摆动,确实与气候之变迁相互契合。

民族迁移与相应的社会震荡和经济波动有十分复杂的因素,气候环境的变化或许只是诸多因素之一。不过,我们注意到,《史记·匈奴列传》说,汉武帝太初元年(前104)冬季,匈奴大雨雪,牲畜多饥寒死,"国人多不安",执政贵族于是有"降汉"之意。《汉书·匈奴传上》记载,汉宣帝本始三年(前71),匈奴遭遇严重的暴风雪,一日之内积雪深至丈余,百姓牲畜多冻死,损耗超过十分之九。匈奴严重虚弱,于是谋求和亲。类似的记载还有许多。《史记·匈奴列传》又说,匈奴当"秋马肥"时,则校阅兵力,有"攻战"之志。《后汉书·南匈奴列传》还写到,汉军卫护内附之南匈奴单于,同样也"冬屯夏罢",即冬季集结备战,夏季则解散休整。这些历史事实告诉我们,考察机动性甚强的草原游牧族的活动,确实不能忽视气候因素的作用。

在边民内归导致农耕区的北界向南退缩的同时,江南地区则出现了中原人南下的移民热潮,从而推动了当地经济文化的跃进。傅筑夫曾经指出,东汉人口"大量南流",致使"经济重心开始南移，江南经济区的重要性亦即从这时开始以日益加快的步伐迅速增长起来，而关中和华北平原两个古老的经济区则在相反地日益走向衰退和没落"。他认为，"这是中国历史上一个影响深远的巨大变化"。[27]

这一历史变化恰与气候逐渐干冷的趋向一致，也是发人深思的。

黄河在西汉时期决溢频繁，对下游地区经济的破坏十分严重。而东汉时期河患明显减轻。自汉明帝永平十二年（69）王景主持治河之后，黄河出现了长期安流的局面。对于其原因，论者或以为王景的工程技术措施深合治导之原理，或以为东汉以后黄河中游地区的土地利用方式变成以畜牧为主，从而使水土流失程度大大减轻。[28] 其实，除了充分重视人文因素之外，还应当看到以气候变迁为重要标志的生态条件的作用。黄河中游地区的土地利用方式的变化，原本即与以气候变迁作为条件的民族迁徙有关，而气候转而干燥寒冷对于洪水流量大小的直接影响，更是不应当忽视的。

第二节　秦汉时期的文化基础

秦汉时期继春秋战国"百家争鸣"的文化活跃局面之后，进入了在新的时代形势下实现文化总结的阶段。秦汉文化是以春秋战国时期的文化创造和文化积累为基础的。

秦王朝在思想文化方面谋求统一，是通过强硬性的专制手段推行有关政策的。所谓焚书坑儒，即体现出这一政权的文化意志，在于企图完全摈斥东方传统，以秦文化为主体实行强制性的文化统一。为了实现这一目的，甚至不惜采用极端残酷的手段。对于所谓"《诗》、《书》、百家语"的禁绝，导致了对百家之学的迫害。子学的传递出现了历史的断裂。

秦王朝文化政策的一个重要特征，是强调所谓"以吏为师"，也就是由官吏担任思想文化方面的领导，代替了先前私学繁盛时代的"师"。以所谓"若欲有学法令，以吏为师"，取代了原先相当活跃的"私学"，表现出秦政权重"法"而轻"学"的文化价值取向。后来汉代人评价秦政时，对此多有严厉的批判，指出了秦王朝这一文化政策反文化的实质。其实，所谓"以吏为师"，或许也可以理解为并不以简单的"学法令"为限。这一指令所针对的"学"的意义，实际上涵盖了极宽泛的文化范畴，于是形成了秦政关于文化统制的一个基本原则。

秦代是法家理论得以全面实践的历史时期。作为历史上第一个实现了"大一统"的高度集权的专制帝国，秦王朝执政的理论基础就是法家思想。秦的统治不过短促的十数年，但是它已经以较激烈的工作节奏大体上完成了为专制政体的长期支撑奠定基础的任务。秦王朝施行高度集权的专制统治，其思想文化方面的政策有独具一格的特色。而秦的政治风格与战国时期东方六国最大的差别，就是推行了法家政策。

张家山汉简《二年律令》和《奏谳书》中有反映当时政治文化面貌的丰富内容。据此考察当时的法制状况，可以知道秦代律法条文多数得到了继承。由此我们也可以了解汉初法家思想在政治实践中依然得以部分落实的情形。以往多有学者以为汉初批判秦时苛法，以"无为"原则执政，视当时为黄老之学占据主导地位的时代。其实，在汉初标榜黄老"无为"政治的另一面，是对秦代法制的继承。正如有的学者所指出的，"《史记·礼书》既说'孝文好道家之学'，《儒林列传》又说'孝文帝本好刑名之言'，当时的道家与刑名实际上正是一回事。西汉前期，一方面推行无为政治，一方面又在相当程度上保存了秦代的严刑苛法，这样的政治与当时作为指导思想的黄老学说也是一致的"。"道家与名家、法家，本来就有极密切的关系。""在黄老学说的统领下，法家思想在西汉前期也占有重要的地位。"29 汉初法家思想曾经对政治中枢有比较显著的影响。《史记·儒林列传》说："孝文帝本好刑名之言。及至孝景，不任儒者。"自儒学地位上升之后，其他子学走向衰微，法家也受到贬抑。虽然如《汉书·礼乐志》所说，法家"不传"，而"民臣莫有言者"，即公开的宣教受到限制，但是其思想对于执政者的言行依然形成一定的影响。汉宣帝虽然以尊崇的态度对待儒学，但是在行政实际运作方面，却仍然比较注重任用有实际管理能力、熟悉法令政策的所谓"文法吏"，并且以刑名为基准考核臣下。据《汉书·元帝纪》，太子刘奭（就是后来的汉元帝）以为当时持刑过于严酷，建议重用儒生主持政法。汉宣帝则严厉训斥道：我汉家自有制度，"本以霸王道杂之"，怎么可以单用德教，回复儒学倡导的周政呢！

长沙马王堆汉墓出土帛书有关于纵横家理论与实践的记录，整理者定名为"战国纵横家书"。这一文献的流传，表明汉初社会对于这一派学说依然重视。

秦汉时期的阴阳之学，曾经受到执政集团上层的重视，在民间也有相当广泛的影响。据《汉书·艺文志》，"阴阳家者流，盖出于羲和之官，敬顺昊天，历象日月星辰，敬授民时，此其所长也。及拘者为之，则牵于禁忌，泥于小数，舍人事而任鬼神"，指出了其学术特征的浓重的神秘主义色彩。所谓"拘者""牵于禁忌，泥于小数"的批评，体现出明智学者已经认识到阴阳家思想中的数术学内涵被偏执运用，对社会生活形成了消极影响。

被《汉书·艺文志》归入"杂家"的文献遗产中，最重要的是《吕氏春秋》和《淮南子》。这两部著作，前者是历史转型期的文化总结与政治设计，后者是汉初思想的总结。《淮南子》就成就而言，可以与司马迁《史记》并列，两书堪称西汉文化的两座丰碑。

有学者在讨论汉代的"诸子学"时指出，"《汉志·诸子略》著录儒、道、阴阳、法、名、墨、从横、杂、农、小说十家，其中仅名、墨二家没有汉代人的著作"。这一文化现象的发生是有特定时代背景的，这就是："汉初废除秦的挟书之律，战国时代的诸子之学又有了恢复和发展的机会。"[30] 也就是说，汉代子学的多数内容都得到发展。兵学、农学、医学和天文历算之学等实用技术之学都有重大的进步。而具有独立性格的思想学术，如贾谊的思想与政论、司马迁和班固的思想及其史学成就、桓谭与王充的思想、王符与仲长统的思想，以及以太学生运动与党锢之祸为中心的反正统思想抗争，也在思想学术史上散发着光辉。

秦汉时期，儒学地位在政治权力的作用下显著上升。这一历史变化的明显标志，是汉武帝时代完成了"罢黜百家，表章'六经'"的文化体制的转变。儒学在社会作用空前提升的同时显露出宗教化的趋向，有的学者称之为"儒教"。董仲舒天人说有明显的神学特色，政治生活中对灾异谴告的文化解说和政策对应，都有浓重的神秘主义色彩。而儒学与民间巫术的结合，也有充分的历史文化遗存作为证明。

谶纬之学是在对儒学加以神学装饰的过程中出现的。谶纬之学的盛起，使得儒学的人文精神和实践精神都遭到败坏。儒学在追求人与自然的和谐关系、个人与社会的和谐关系方面表现出来的智慧闪光，也因此黯淡。有人认为，谶纬是在西汉晚期社会矛盾空前尖锐的背景下产生的"社会批判形式"，是"一种潜隐状态的社会抗议运动的曲折表现"。[31] 可是，从中国古代思想史的总体考察，应当充分认识这种文化现象的消极作用。对于谶纬与宗教的关系存在不同意见，基本的分歧可能在于对于宗教的定义的理解不一致。讨论这一问题，重视当时"宗教思想的古代性"，或者宗教文化的原始性、初级性、早期性，也许是有必要的。

民间数术在秦汉时期有活跃的文化表现。《焦氏易林》一书作为儒学神秘主义化的标本，也体现了民间数术理论化的尝试。

对于中国文化有极其深刻的影响的道教，是以中国民间有悠久传统的神秘主义文化为土壤条件而得以最初产生的，是以汉代文化的繁荣为气候条件而得到早期发展的。可能李零的如下总结比较准确："春秋战国时期的诸子之学，从知识背景上讲也可分为两大类，一类是以诗书礼乐等贵族教育为背景或围绕这一背景而争论的儒、墨两家，另一类是以数术方技等实用技术为背景的阴阳、道两家以及从道家派生的法、名两家。""秦汉以后的中国本土文化也分两大系统，即儒家文化和道教文化。儒家文化不仅以保存和阐扬诗书礼乐为职任，还杂糅进刑名法术，与上层政治紧密结合；而道教文化是以数术方技之学为知识体系，阴阳家和道家为哲学表达，民间信仰为社会基础，结合三者而形成，在民间有莫大势力。"[32] 事实亦如方诗铭所指出的，"巫—原始道教，其间的关系是很明显的，在民间，这种发展也是很自然的"[33]。道教最初生成和早期发育期间的这一特点，规定了道教后来的文化风格。与道教相关的思想学术风貌，也因此形成了自己的特色。

中国民间礼俗迷信，是一种层次低于成熟的宗教的信仰形式。然而这种信仰形式在中国民间的实际影响，实际上又超过了任何一种具有完整意义的宗教。中国民间礼俗迷信是一种历史源流久远、社会影响深刻的文化存在。关心中国历史文化的人们，不能不注意有关现象。秦汉时期的民间礼俗迷信往往与道教形式有密切的渊源关系，有些内容甚至长期规范着道教的基本仪程。

从西汉晚期到东汉初期，中国文化开始受到一种外来文化的强大影响，这就是产生于印度而辗转传入中国的佛教。佛教的传入，对中国社会形成了强烈的冲击。后来中国社会发展的许多现象，都和这一历史变化有关。认识中国早期佛教的面貌，应当考察东汉以来佛教信仰的热潮，也应当关注佛教与道术的关系以及佛教与儒学的关系。

第三节 秦汉时期的世界格局

公元前 4 世纪末，旃陀罗笈多在摩揭陀创建了孔雀王朝。这一政权通过战争手段扩大领土，实行兼并，到第三代君主阿育王（约前273—前232）时，除了最南端以外，印度半岛基本都归于孔雀王朝的版图。

孔雀王朝内部各地民族差异很大，社会发展水平悬殊，许多小邦和部落实际处于半独立状态。阿育王去世不久，王朝就四分五裂。

孔雀王朝和秦帝国都曾强盛一时，然而历史短暂即遭覆灭。由于社会结构不同，两者以后的历史发展差异很大。秦亡之后，很快即"汉并天下"，重新归于"大一统"局面。而孔雀王朝解体之后，直到公元4世纪才有笈多王朝的局部统一。

与西汉帝国崛起于东方大致同时，罗马帝国开始称霸地中海，并逐步向东发展。

亚历山大帝国瓦解后形成的马其顿王国、埃及的托勒密王国、西亚的塞琉古王国已由盛而衰。公元前200年至前197年，罗马大败马其顿。公元前192年至前188年，罗马又打败塞琉古。公元前168年，罗马灭马其顿。公元前146年，罗马征服希腊，又消灭了迦太基。公元前64年，罗马灭塞琉古王国。公元前30年，罗马灭托勒密王国。

公元前3世纪中叶，大夏和安息从塞琉古王国中独立出来。约一个世纪之后，大夏为月氏人征服，安息则逐渐强大，占有了伊朗高原西部、两河流域和中亚南部，成为实力可观的帝国。

公元前1世纪，罗马灭塞琉古王国之后继续东进。公元前53年和前36年，罗马远征军先后两次侵犯安息，经激烈战争后都遭到惨败。双方此后又多次发生武力碰撞，相持于两河流域与叙利亚地方。

公元前 2 世纪至前 1 世纪，在纬度相当的古文明带上先后有汉帝国、安息帝国和罗马帝国自东而西成为当时的文明中心。

罗马实行共和政体，史书称之为罗马共和国。跨地域的政府促成了罗马社会结构的转化，随着奴隶制的发展，政治权力逐渐集中。公元前 27 年，屋大维成为拥有最高权力的罗马君主，罗马的历史从共和时代进入帝国时代。

公元前 1 世纪至公元 2 世纪是罗马帝国的盛世。当时，这个强大的帝国统治了多瑙河以南和莱茵河以西的欧洲以及北非、巴勒斯坦、叙利亚、小亚细亚地区，地中海实际上成了罗马帝国的内海。罗马帝国还短暂统治过两河流域、不列颠南部和今罗马尼亚地区。自公元 2 世纪中叶起，罗马帝国由盛而衰。公元 395 年，罗马帝国分裂为东西两部。公元 410 年，罗马城为日耳曼人攻占。公元 476 年，西罗马最后一个皇帝被废，罗马帝国正式灭亡。

公元 1 世纪至 2 世纪，欧亚大陆由西而东并列着四个帝国：罗马帝国、安息帝国、贵霜帝国与东汉帝国。

安息帝国据有伊朗高原中部和西部以及两河流域。安息帝国和罗马帝国之间多次发生争夺领土的战争。公元 114 年至 116 年，罗马击败安息，占据两河流域。但是不久安息又收复了这些地方。公元 161 年，安息攻入罗马占领的叙利亚。罗马随后成功反击，又占领了两河流域。公元 3 世纪初，安息帝国灭亡。

贵霜帝国为来自敦煌、祁连山地区的大月氏创立。公元 1 世纪初起逐渐强大，至第三代君主迦腻色迦（约 78—102）统治时期，占有了帕米尔以西、里海以东的中亚地区以及伊朗高原东部和印度半岛西北部。此后逐渐衰落，公元 3 世纪初，贵霜帝国出现分裂。

公元 5 世纪，据有印度半岛西北部的贵霜势力被消灭。

罗马、安息、贵霜与东汉这四个帝国中，以罗马帝国和东汉帝国在历史上的地位最为重要。[34]

秦汉时期周边地区的国家和民族，在《史记》《汉书》《后汉书》和《三国志》中的相关部分都有记载。秦帝国和汉帝国通过陆路和海路与外部世界实现了联系。[35] 实现这种文化联系的交通路线，有学者称之为"丝绸之路"。

第一篇

秦 史

第一章

秦的统一

　　战国时期，社会期求统一的意愿已经在不同学派发表的文化论说中有所表现。儒学学者最早提出了"大一统"的政治主张[1]，其他不同学派的学者也分别就"大一统"有论说发表[2]。"大一统"理想的提出，是以华夏文明的突出进步和我们民族文化共同体的初步形成作为历史基础的。对于"大一统"实现的方式，《孟子·梁惠王上》中记录了孟子的观点。对于天下怎样才能安定这一问题，孟子回答说："定于一。"当对方问道谁能够实现统一时，孟子回答："不嗜杀人者能一之。"也就是说，不好杀人的国君能够统一天下。另外，孟子还强调说："夫国君好仁，天下无敌。"[3]"仁人无敌于天下。"[4]王道的核心，就是以"德"统一天下。[5]然而成为历史事实的统一，是通过战争手段实现的。

　　公元前221年，秦王嬴政完成了统一大业，建立了中国历史上第一个高度集权的"大一统"的专制帝国。

第一节　从霸业到帝业

秦昭襄王四十七年（前260）九月，秦国上将军白起率军在规模空前的长平战役中获得全歼赵军主力四十余万人的决定性胜利，确定了秦国军事实力已经无敌于天下的强权地位。

回顾春秋战国时期列强竞胜的历史，对历史影响比较大的国家，多位于文明程度处于后起地位的中原周边地区，它们的迅速崛起，对具有悠久的文明传统的"中国"即黄河中游地区，形成了强烈的冲击。这一历史文化现象，就是《荀子·王霸》中所说的"虽在僻陋之国，威动天下，五伯是也"，"故齐桓、晋文、楚庄、吴阖闾、越句践，是皆僻陋之国也，威动天下，强殆中国"。就是说，"五霸"虽然都崛起在文明进程原本相对落后的"僻陋"地方，却能够以新兴的文化强势影响天下，震动中原。

"五霸"所指，说法不一，如果按照《白虎通·号》中的说法，即"或曰：五霸，谓齐桓公、晋文公、秦穆公、楚庄王、吴王阖闾也"，也就是除去"越句践"，加上"秦穆公"，仍然可以说是"僻陋之国，威动天下"，"皆僻陋之国也，威动天下，强殆中国"。

在战国晚期，"七雄"之中以齐、楚、赵、秦最强。到了公元前3世纪的后期，秦国的军威已经势不可当。

就在长平之战取胜几个月之后，秦昭襄王四十八年（前259）正月，秦国一位新的王族成员嬴政，也就是后来的秦始皇，出生在邯郸城中为质于赵的秦昭襄王之孙异人的居宅。因为母亲是赵国豪家之女，又出生于正月，于是又姓赵氏，名为政。长平之战后，异人因阳翟巨商吕不韦的精心安排回到秦国，衣楚服而拜见原为楚女的华阳夫人，华阳夫人大悦，令异人更名为"楚"，又名"子楚"。嬴政和他的母亲后来也辗转回到咸阳。

从嬴政复杂的身世渊源看，他与赵国和楚国各有近缘。这或许也是在统一战争中，他曾经在秦军占领赵国和楚国的中心地区之后即亲临其地的原因之一。

公元前251年，秦昭襄王在他执政的第五十六年逝世。他的儿子嬴柱继立，是为秦孝文王，时年五十三岁。华阳夫人被立为王后，子楚被立为太子。

秦孝文王在位仅仅一年就死去，时年三十二岁的子楚继立，是为秦庄襄王。秦庄襄王即位的第二年，吕不韦以"定国立君"之功，被封为文信侯，任为丞相，食邑有蓝田之地十二县。

秦庄襄王在他继位后的第三年去世，太子嬴政立，年十三岁，时为公元前246年。

当时，秦国的国土在关中之外，已经据有了巴、蜀、汉中，并且越过宛（今河南南阳）而据有楚国国都郢（今湖北江陵北），设置了南郡；北方则兼并了上郡（郡治在今陕西榆林南）以东地方，设置了河东郡（郡治在今山西夏县）、太原郡（郡治在今山西太原西南）、上党郡（郡治在今山西长子）；东方又将国境推进到荥阳（今河南荥阳），灭掉了西周和东周两个政权，置三川郡（郡治在今河南洛阳）。也就是说，如果以太行山、白河、汉江下游一线贯通南北，这条线以西的辽阔地域，都已经成为秦国的疆土。应当看到，当时这一界线虽然大体上两分天下，而西部地区却实际已经占据了能够威慑并进取东部地区的优势。后来刘邦战胜项羽，汉景帝平定吴楚七国之乱，都同样是据这一界线以西地方，举军东进，取得成功的。

少年嬴政登上王位，国事都决于吕不韦，尊称其为"仲父"。

秦王嬴政二十二岁，依秦国旧制，往雍城行加冠礼，带剑，开始亲自主持国政。他相继铲除吕不韦等贵族势力，实现了王权独尊。

第二节 蕲年宫的血光

秦王嬴政年少时，委国事于大臣。当时权倾朝野的重臣是丞相吕不韦。

据说与太后关系暧昧的吕不韦，在实际上掌持着秦国的军政大权。太后的另一位嬖臣嫪毐也曾经取得专权处理朝政的地位。

秦重女权。秦国政治史上多次发生太后把握朝政的情形。这种政治异常往往又与道德异常相伴随，即太后专权时每有后宫秽行的传闻。

秦王政九年（前238），嫪毐因为秽乱宫闱的行为终于败露，在嬴政往雍（今陕西凤翔）行郊礼时发动兵变，以窃取的秦王玺和太后玺调动卫戍部队及附近地方军进攻蕲年宫。

雍，作为秦国故都，历经从秦德公至秦孝公二十代的辛苦经营，已经被建设成为一处具有正统象征的政治文化圣地。这里集中了许多处秦国故宫，也是秦人宗庙的所在地。对雍地的军事控制，有可能影响秦国政治的全局。

嬴政及时察觉了嫪毐兵变的阴谋，抢先发军平定变乱，追斩嫪毐，又在咸阳一举整肃了嫪毐集团成员数百人。

　　蕲年宫之变，是秦国历史上规模较大且直接震动王族上层的一次罕见的内部动乱。嬴政果断的处置方式，显示出他非同寻常的政治才具。

　　嬴政因嫪毐政变之事涉及吕不韦，不久就宣布免去其丞相之职。秦王政十二年（前235），又迫使吕不韦自杀。嬴政全面把握了国家权力。

第三节　秦皇扫六合 [6]

　　秦王嬴政当政时，秦国的经济实力已经远远优于东方六国，秦国的军事实力也已经强锐无敌。当时，"以天下为事"，期望"得志于天下"，已经成为秦人直接的政治目标。秦王嬴政策划并且指挥了逐一翦灭六国的战争。

　　《史记·秦始皇本纪》记载，在统一战争中，嬴政曾经多次亲临前线进行战地督察。随着秦军向东推进，秦王政十三年（前234），秦军大破赵军，斩首十万，嬴政亲临河南（今河南洛阳）；秦王政十九年（前228），秦军在进攻赵国的战役中取得决定性胜利，俘获赵王，又引兵欲攻燕（国都在今河北易县），屯中山（国都在今河北定州），嬴政亲临邯郸（今河北邯郸），后从太原（今山西北部）、上郡（今陕西北部）返回咸阳（今陕西咸阳）；秦王政二十三年（前224），秦军大举攻楚（国都在今安徽寿县），俘获楚王，秦王又亲临郢陈（今河南淮阳）。

湖北云梦睡虎地11号秦墓出土竹简中有一卷《编年记》，逐年记述了秦昭襄王元年（前306）到秦始皇三十年（前217）统一全国的战争过程等军政大事，同时记有一个名叫"喜"的人的生平和其他有关事项。

《编年记》

1975年12月，湖北云梦睡虎地发掘了十二座秦墓，其中11号墓出土了大量秦代竹简，内容计有十种。有些内容原有书题。《编年记》之名则是由整理小组拟定的。《编年记》竹简共五十三枚，发现于墓主头下。竹简原卷成一卷。《编年记》逐年记述了秦昭襄王元年至秦始皇三十年统一全国的战争过程等大事，同时记录了一个名叫"喜"的人的生平及有关事项，形式有些像后世的年谱。简文中的年号，在昭王、孝文王和庄王的后面，是"今元年"，这是指秦王政（始皇）元年（前246），表明了简文写作的年代。以《编年记》所记史事与《史记》等书的内容对照，很多记载是一致的。从许多情形推断，睡虎地11号墓的墓主很可能就是《编年记》里的"喜"，他在始皇三十年去世。

对于秦王嬴政当政后统一战争的进程，我们可以看到《编年记》中有这样的文句：

十三年，从军。

十五年，从平阳军。

十七年，攻韩。

十八年，攻赵。……

十九年，□□□□南郡备敬（警）。

廿年，……韩王居□山。

廿一年，韩王死。昌平君居其处，有死□属。

廿二年，攻魏梁（梁）。

廿三年，兴，攻荆，□□守阳□死。四月，昌文君死。

（廿四年），□□□王□□。

　　这是"喜"这位秦军下级军官对于自身经历的记录。关于所谓"十七年，攻韩"和"廿二年，攻魏梁（梁）"以及最后"廿四年"一条，司马迁在《史记》中的《秦始皇本纪》和《六国年表》中都有相应的历史记载。

　　据正史中的记载，秦人翦灭六国的战争是以摧枯拉朽般的气势完成的，秦军以神武之风迅速荡涤了各国反抗的力量。

　　秦王政十七年（前230），秦灭韩。

　　秦王政十九年（前228），秦将军王翦破赵，克邯郸。赵王迁投降，邯郸成为秦郡。

　　秦王政二十二年（前225），秦灭魏。

　　秦王政二十四年（前223），秦灭楚。

　　秦王政二十五年（前222），秦灭燕，灭赵。

　　秦王政二十六年（前221），秦灭齐。

九年之间，秦——翦灭六国。

秦国完成了统一大业，嬴政自称"始皇帝"，中国历史从此开始了新的纪元。

秦的统一，标志着中国进入了"大一统"政治的时代。从此以后，由高度集权的中央政府对各地施行有效的政治管理，成为历史的定式。

秦始皇时代最显著的历史标志，是结束了七雄竞争的战国时代，实现了统一，建立了秦王朝。秦王朝是中国历史上第一个"大一统"的专制主义政权。秦王朝的建立，是以当时社会普遍要求统一的文化倾向作为重要背景的。秦的统一，是中国历史上的一件大事，也是世界历史上的一件大事。

第二章

秦政的风格

秦王朝的政治体制和行政风格，有鲜明的历史个性。秦王朝的政治制度，在许多方面表现出创新的意义。天下既已一统，如何对政治渊源有别、经济水平悬殊、文化传统各异、民俗风格不一的各地区实现有效的管理，秦王朝上层集团经过多次郑重的讨论，做出了正确的决策。秦王朝的行政操作讲究高效率，其方式的强制性体现出军事化的特点。这一行政风格，也表现在经济管理和文化管理方面。

第一节　郡县制

秦统一后，国土空前广袤，据《史记·秦始皇本纪》说，其地东至海滨暨朝鲜，西至临洮（今甘肃岷县）及羌人居地，南至"北向户"，北据河为界，与阴山并行东至辽东。于是分天下为三十六郡，郡置守、尉、监诸官职，分别负责行政、军事、监察。

秦王朝最初设置的三十六郡，按照传统意见，包括：陇西（郡治在今甘肃临洮）、北地（郡治在今甘肃庆阳西南）、上郡（郡治在今陕西榆林南）、汉中（郡治在今陕西汉中）、蜀郡（郡治在今四川成都）、巴郡（郡治在今重庆）、邯郸（郡治在今河北邯郸）、巨鹿（郡治在今河北平乡西南）、太原（郡治在今山西太原南）、上党（郡治在今山西长子）、雁门（郡治在今山西大同西）、代郡（郡治在今河北蔚县东北）、云中（郡治在今内蒙古托克托东北）、河东（郡治在今山西夏县）、东郡（郡治在今河南濮阳南）、砀郡（郡治在今河南商丘）、河内（郡治在今河南武陟南）、三川（郡治在今河南洛阳东）、颍川（郡治在今河南禹州）、南郡（郡治在今湖北江陵）、黔中（郡治在今湖南沅陵）、南阳（郡治在今河南南阳）、长沙（郡治在今湖南长沙）、九江（郡治在今安徽寿县）、泗水（郡治在今安徽淮北西）、薛郡（郡治在今山东曲阜）、东海（郡治在今山东郯城）、会稽（郡治在今江苏苏州）、齐郡（郡治在今山东淄博）、琅邪（郡治在今山东胶南南）、广阳（郡治在今北京）、渔阳（郡治在今北京密云）、上谷（郡治在今河北怀来东南）、右北平（郡治在今天津蓟县）、辽西（郡治在今辽宁义县西）、辽东（郡治在今辽宁辽阳）。管辖京畿诸县的"内史"，是和郡平级的行政单位，然而不在"三十六郡"之内。后来，随着疆域的扩展，又设九原（郡治在今内蒙古包头西）、南海（郡治在今广东广州）、桂林（郡治在今广西百色东北）、象郡（郡治在今广西崇左）、闽中（郡治在今福建福州）五郡。于是，除了内史管理的京畿地区外，秦有四十余郡。

这是我们通过文献记载得到的对秦郡的认识。湖南龙山里耶秦简提供的资料，告知我们当时还有洞庭郡和苍梧郡。[1]

秦的政区范围的确定，标志着中华帝国最基本的文化圈的初步形成。后来中土文化向四方传播，都是以此作为主要基地的。

在秦的地方行政体系中，郡的下级单位是县。少数民族地区的县级行政单位则称"道"，这是因为当时中央政府对于这些地区一般只能控制主要交通线，并由此推行政令、集散物资。秦县的数量大约有一千。

郡县制度，是春秋战国时期以来逐步形成的地方行政制度。

关于"县"的设置的最早资料，见于《史记·秦本纪》的记载。这就是秦武公十年（前688）伐邽冀戎后，在所占领地区设立了最初的"县"，以及秦武公十一年（前687）"初县杜郑"。《国语·齐语》说，齐桓公时，曾经有"三乡为县，县有县帅"的制度。《左传》中，可以看到有关晋国、楚国等国曾经设县的记录。顾炎武《日知录》卷二二《郡县》："当春秋之世，灭人之国者，固已为'县'矣。"就是说，"县"起初是列国兼并时代管理新占领区的行政区设置。顾炎武又指出："当七国之世，而固已有郡矣。"通过战国时期的历史，我们可以看到，郡制也是中原周边地区后起的强国赵、燕、楚、秦初创的新的地方行政制度。

郡县制度为秦王朝继承发展，成为后来历代王朝中央政权控制地方行政的基本形式。

秦王朝对于是否实行郡县制度，曾经进行过两次辩论。

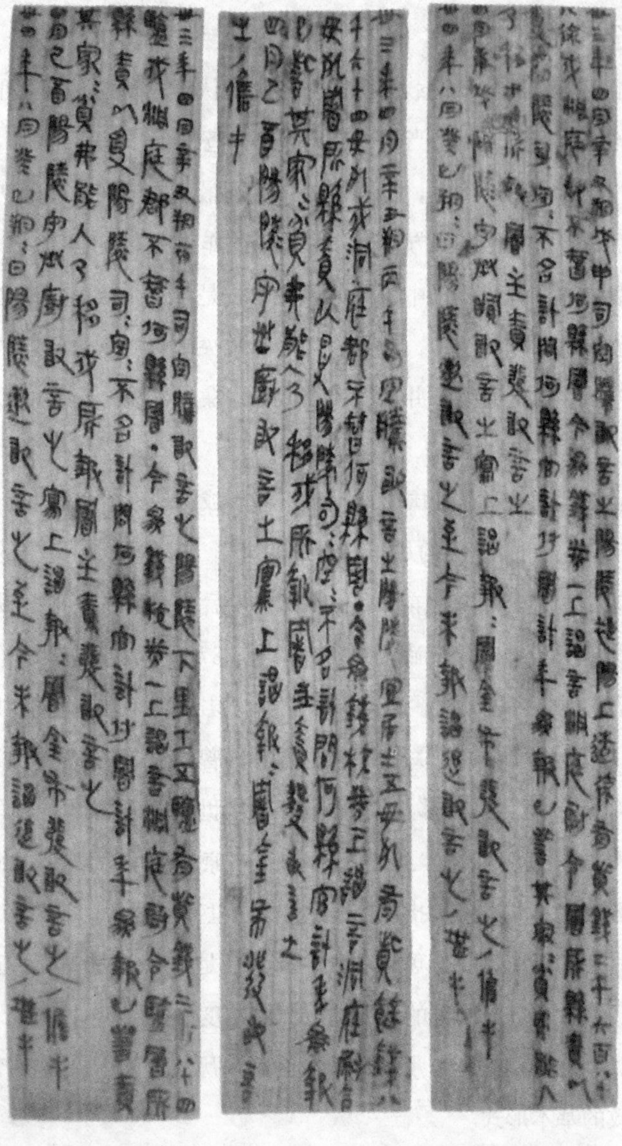

图 2-1　里耶秦简　2002 年出土的里耶秦简，为秦代历史研究提供了丰富的资料。

秦统一初，丞相王绾曾经主张实行分封制以维护帝国的安定。他认为，诸侯初破，燕国、齐国、楚国旧地距关中遥远，如果不分置诸侯王，则无法镇抚管理。他建议秦始皇分立诸子。秦始皇吩咐朝廷对这一意见开展讨论，群臣大都表示赞同王绾此议。只有廷尉李斯提出了不同的政治见解。他说，周文王、周武王分封了许多同姓子弟为诸侯，但是后来这些诸侯国与周王朝的关系越来越疏远，又彼此如同仇敌一般互相攻击，连周天子也无力禁止。现在，赖有陛下之神灵，海内实现了一统，都成为直属朝廷的郡县，诸子和功臣可以用国家的赋税收入给予丰厚的赏赐，这样便于控制天下。这是实现海内承平的"安宁之术"，而分置诸侯则是不宜施行的建议。

秦始皇采纳了李斯的意见。他说，天下苦于战争长久不息，就是因为诸侯王割据，相互争夺。现在幸有祖先神灵护佑，使天下终于安定，如果重新分立诸侯国，就会再次埋下战争的隐患，要想谋求海内安定，岂不难哉！廷尉的主张是正确的。

秦始皇三十四年（前213），就是否推行郡县制，又曾经发生过一次著名的御前辩论。秦始皇置酒咸阳宫，博士七十人在御前祝酒。仆射周青臣进颂说，以往秦国地方不过千里，赖陛下神灵明圣，平定海内，放逐蛮夷，日月所照，莫不宾服。以诸侯统治旧地设立郡县，于是人人自安乐，不再有战争之患，天下可以传之万世。自上古诸帝王，都不及陛下的威德。于是秦始皇大悦。随后博士齐人淳于越进言，反驳周青臣的说法。他说，殷周政权能维持千余岁，正是因为封子弟功臣，自为枝辅。今陛下有海内，却废除分封制而推行郡县制，"事不师古而能长久者，非所闻也"。秦始皇命令就此进行讨论。李斯又批驳了"师古"的主张，以为"五帝不相复，三代不相袭，各以治"，政制只能依时势而变化演进，明确了郡县制政治革新的意义。李斯又指出古来天下散乱，不能一统，以致出现"诸侯并作""诸侯并争"的严重危害。他坚持郡县制对于"创大业，建万世之功"有重要作用的主张。李斯肯定郡县制的意见得到秦始皇的赞同，而对于与此不同的政见，随后又有以"焚书"为标志的严厉打击措施。

明代思想家李贽在《史纲评要》卷四《后秦纪》中曾经称李斯倡行郡县之议是"千古创论"，又就"置郡县"之举赞誉道："此等皆是应运豪杰、因时大臣。圣人复起，不能易也。"说郡县制度的确立，是"应运""因时"的历史创举，即使古之圣人当世，也同样会采取这样的政治举措。秦王朝的最高执政集团确定了"置郡县"的地方行政管理制度，确实是英明的政治决策。

第二节　筑长城，治驰道

秦始皇三十四年（前213），调发工役人员修筑长城。三十五年（前212），"为直道"[2]。秦长城西起临洮，东至辽东，长达一万余里。长城工程使北边结成了牢固的军事防御体系。

直道是秦始皇时代为加强北边防务、抵御匈奴南犯而开筑的交通大道，由长城防线上的军事重镇九原向南直通林光宫。林光宫遗址在今陕西淳化，九原故地在今内蒙古包头。直道直通南北，规模极其宏大。秦代经营的交通大道多利用战国原有道路，只有直道是在秦统一后规划施工，开拓出的可以体现秦帝国行政效率的南北大通道。直道工程沿途"堑山堙谷"，直通南北。从现有道路遗迹看，路面往往宽达五十至六十米，可知当时工程量的浩巨。在中国早期交通建设的历史记录中，秦直道的建设是首屈一指的重要工程。特别是在陆路交通建设中，其规划、选线、设计和施工，都显示出空前的技术水准和组织效率。秦直道的开通和应用，在中国古代交通史上具有极其重要的地位。对于军事交通的发展历程而言，秦直道也表现出里程碑式的意义。

秦王朝将中央政府统一规划的交通建设视为执政要务之一，除了"决通川防，夷去险阻"之外，还由中央直接主持，进行了"治驰道"的伟大工程。[3]秦"为驰道于天下，东穷燕齐，南极吴楚，江湖之上，濒海之观毕至"[4]，全国交通网的基本形成，成为大一统的专制王朝施行统治的重要条件。驰道的修筑，是秦交通事业最具时代特色的成就。《史记·秦始皇本纪》记载，秦始皇二十七年（前220），"治驰道"。也就是说，在实现统一的第二年，就开始了这一工程。通过秦始皇和秦二世出巡的路线，可以知道驰道当时已经结成全国陆路交通网的基本要络。曾经作为秦王朝中央政权主要决策者之一的左丞相李斯被赵高拘执，在狱中上书自陈，历数重要功绩有七项，其中就包括"治驰道，兴游观，以见主之得意"[5]。而司马迁所谓"治直道、驰道，赋敛愈重，戍傜无已"，"直道"列于"驰道"之前，似乎反映对于"赋敛"和"戍傜"的调用，直道工程也更为沉重。

第三节 "忠"的政治规范的形成

秦代政治生活中的一个重要的现象，是"忠"的观念已经逐渐成为社会政治道德的基本规范。

秦始皇二十八年（前219）东巡郡县，至于琅邪，作琅邪台，立石刻，颂秦德，明得意。其中写道："尊卑贵贱，不逾次行。奸邪不容，皆务贞良。""远迩辟隐，专务肃庄。端直敦忠，事业有常。"提出了对理想的政治秩序的期望。值得重视的是，"忠"已经被明确为臣民必须遵行的政治准则。与忠直贞良的政治品行相对立的所谓"奸邪"，受到了严厉的指斥。

云梦睡虎地秦简《为吏之道》，是一篇约定当时官吏行为规范的文书。其中多处说到"忠"的要求，如"宽俗（容）忠信，和平毋怨"，"以忠为干，慎前虑后"等。其中还写到"吏有五善"，指出好的官吏在五个方面有优异的表现，第一条就是"中（忠）信敬上"。相反，在"吏有五失"之中，最严重的就是所谓"非上"，即反对和违抗上司，对于这种言行的惩罚，可以"身及于死"。

秦王朝正是期求用这样的政治规则，维护"尊卑贵贱，不逾次行"的秩序，最终实现居于最高权位的皇帝的绝对专制。"忠"，当时已经被看作为政之本。[6]

"忠"和"不忠"，在秦时专制制度下，其实常常是以帝王个人的态度为标尺的。秦始皇时代，蒙恬、蒙毅受到特殊信用，"名为忠信"，于是权势超于诸将相之上。而后来蒙氏在上层政争中败落，"不忠"也曾经被指为主要罪名。[7]

第四节　皇帝制度和官僚制度

秦灭六国之后，秦王政以"天下大定"，而名号如果不变更，则无法标志成功，使事业传继后世，于是承袭"三皇""五帝"的传说，自称"皇帝"。据《史记·秦始皇本纪》，嬴政宣布："朕为始皇帝。后世以计数，二世三世至于万世，传之无穷。"

秦始皇时代实现了高度的集权。皇室、将相、后宫、富族，都无从侵犯皇帝的权威。执掌管理天下的最高权力的，"独天子一人"。[8]

与秦始皇"二世三世至于万世，传之无穷"的乐观设想不同，秦的统治未能长久，但是秦王朝的若干重要制度，特别是皇帝独尊的制度，却对此后两千多年的历史演进产生了深远的影响。

后来历代王朝的行政体制形式有所不同，但是皇帝至尊的专制主义性质并没有改变。

秦王朝建立了比较完备的中央政权组织。

中央执政集团中权位仅次于皇帝的最重要官职是所谓"三公"，就是丞相、太尉和御史大夫。

秦国制度原有相、相国之职，秦统一后，见于记载的相应官员有丞相隗林、丞相王绾、左丞相李斯、右丞相冯去疾等。丞相是朝廷首席文官，总理全国政务。

太尉原称尉、国尉，是朝廷首席武官，是负责全国军事事务的最高长官。

御史大夫地位略次于丞相，是负责监察的大臣，位列上卿。

"三公"之下又有"九卿"，分工管理不同的政务部门。实际上所谓"九卿"，官职并不限于九。这一官僚制度体系大体为西汉王朝所继承。按照《汉书·百官公卿表上》的说法，这一级别的官职有：

奉常，秦官，掌宗庙礼仪。

郎中令，秦官，掌宫殿掖门户。

卫尉，秦官，掌宫门卫屯兵。

太仆，秦官，掌舆马。

廷尉，秦官，掌刑辟。

典客，秦官，掌诸归义蛮夷。

宗正，秦官，掌亲属。

治粟内史，秦官，掌谷货。

少府，秦官，掌山海池泽之税，以给共养。

中尉，秦官，掌徼循京师。

略次一级的官职，又有：

将作少府，秦官，掌治宫室。

詹事，秦官，掌皇后、太子家。

将行，秦官。

典属国，秦官，掌蛮夷降者。

内史，周官，秦因之，掌治京师。

主爵中尉，秦官，掌列侯。

我们看到，秦王朝的政治制度已经相当严整完备。后来有"汉承秦制"的说法，就是说秦代的这一制度为汉代统治集团大体继承沿袭。

　　在中国古代政治史中，秦代的官制确实有着特殊重要的意义。《汉书·百官公卿表上》说，周政衰败，官制混乱，战国并争，各有变异，秦兼天下，建皇帝之号，立百官之职。汉因循而不革。秦以前的官制还有待进一步研究，然而一般都公认，秦立百官之职，汉代基本因循又经进一步健全之后，确实确立了中国历代王朝官制的基本格局。

　　《史记·秦始皇本纪》记载，秦始皇二十九年（前218）之罘刻石，有歌颂皇帝所谓"圣德"的文字，如：

> 　　皇帝明德，经理宇内，视听不怠。作立大义，昭设备器，咸有章旗。职臣遵分，各知所行，事无嫌疑。……常职既定，后嗣循业，长承圣治。

　　秦始皇三十二年（前215）碣石刻石也赞美在这一官僚机器管理下，"天下咸抚"，"事各有序"，"莫不安所"。秦始皇三十七年（前210）会稽刻石也写道："初平法式，审别职任，以立恒常"，"后敬奉法，常治无极，舆舟不倾"。都说这种政治秩序的确定可以保障天下安定。

　　这种"职臣遵分，各知所行"的政治管理形式的特征之一，是使不同的行政机构并立，不相统属，只对皇帝负责。一方面，这种官僚体制在运行正常时，可以体现出较高的效率。另一方面，其特殊性质又保证了政治结构的稳固。秦始皇正是因此期望能够确定"常职"，后代世世相传，以求"长承圣治"。

秦王朝的中央行政制度在一定程度上继承了秦国传统的制度，强化了官僚的行政职能，并且进一步削弱了宗法贵族对朝政的政治影响力。

秦始皇去世后，赵高、李斯发动政变，扶立胡亥，残害诸王子公主，宗室贵族只能俯首就戮，就连和将军蒙恬一起在北边统领重兵的秦始皇长子扶苏，也无力反抗。可见在这样的政治体制下，宗法关系对于朝政大事的作用已经愈益淡薄。

第五节　军事化管理

秦王朝建立后，即面临着管理天下经济运行的任务。《史记·秦始皇本纪》说，秦始皇期望"诸产得宜"，在谋求"男乐其畴，女修其业"，即民众都积极倾力于社会生产的基点上，形成新的经济秩序，并且以此为保证，使得农耕得以发展，社会得以富足，实现所谓"黔首是富"，"诸产繁殖"。

秦王朝在全新的历史条件下带有试验性质的经济管理形式，是值得重视的。秦时由中央政府主持的长城工程、驰道工程、灵渠工程、阿房宫工程、骊山工程等规模宏大的土木工程的规划和组织，表现出经济管理水平的空前提高。秦王朝多具有创新意义的经济制度，在施行时各有得失。

秦王朝经济管理的军事化体制，以极端苛急的政策倾向为特征，而不合理的以关中奴役关东的区域经济方针等方面的弊病，也为后世提供了深刻的历史教训。

关于秦王朝经济生活的史料有限，由于秦王朝短促而亡，后人回顾秦制，多持全面否定的态度，秦代经济运行的总体面貌不能得到真切的反映。1975年，湖北云梦睡虎地11号秦墓出土简书十种，其中多有可以补充史籍记载的珍贵资料。云梦睡虎地秦简所提供的经济史料，使我们对于当时社会经济生活的若干具体情形，得到了一些新的认识。

睡虎地秦简的一部分内容，整理者命名为"秦律十八种"。大致看来，十八种律文都不是该律的全文，抄写人当时只是根据自己的需要摘录了其中有关的部分。

《秦律十八种》涉及的内容相当广泛。例如，《田律》规定，降雨及时，谷物抽穗，各地应当及时以书面形式上报受雨、抽穗的耕地顷数，以及虽开垦却没有播种的田地顷数。禾稼出苗之后降雨，也应当立即报告雨量多少和受益田地的面积。如果发生了旱灾、风灾、涝灾、蝗灾和其他虫灾，使农田作物遭受损害，也要上报灾区范围。距离近的县，由步行快捷的人专程呈送上报文书；距离远的县，由驿传系统交递，都必须在八月底以前送达。中央政府于是可以全面了解农业形势，严密关注生产进度，准确估算当年收成，进而实施必要的管理与指导，进行具体的规划与部署。

《厩苑律》规定，在四月、七月、十月和正月评比耕牛。满一年，在正月进行大规模的考核。考核中成绩领先的，赏赐田啬夫酒一壶、肉脯一束，饲牛者可以免除一年更役，有关人员还可以得到相应的奖励。律文还规定，如果用牛耕田，牛因过度劳累致使腰围减瘦，每减瘦一寸，主事者要受到笞打十下的惩罚。在乡里进行的考核中，成绩优异和成绩低劣的，也各有奖惩。我们还看到这样的法律条文：借用铁制农具，因原器破旧而损坏，以文书形式作正常损耗上报，回收原器，不令赔偿。

律文还规定，使用或放牧官有的牛马，牛马若有死亡，应立即向当时所在的县呈报，由县进行检验之后，将死牛马上缴。如果上报不及时，要受到相应的惩罚。如果是大厩、中厩、宫厩的牛马，应将其筋、皮、角和肉的价钱呈缴，由当事人送抵官府。如果小隶臣（充任牧童的未成年隶臣）死亡，也应将检验文书报告主管官府论处。每年对各县、各都官的官有驾车用牛考核一次，牛在一年间死亡超过定额的，主管官员和饲牛的徒有罪。

《仓律》中，对于不同身份的人的口粮定量都做了明确的规定。从事土木工程劳作的役人，根据劳动强度和是否出勤确定口粮的定量。服事劳役的人性别与地位不同，待遇也各不相同。

《金布律》是有关府库金钱布帛之事的法律，规定了关于财务管理的制度。其中说到政府征收和发出钱币的方式。可知当时法律要求，买卖往来，商品"各婴其贾（价）"，即明码标出价格。《关市律》还规定，从事手工业和为官府出售产品，收受金钱时必须立即当面把钱投入陶制容钱器之中，违反法令的要受到处罚。

特别值得注意的，是《工律》中这样的内容："为器同物者，其小、大、短、长、广亦必等。"要求制作同一种器物，其大小、长短和宽度必须相同。即使在官营手工业生产系统，这样讲究标准化的要求，也是值得重视的。《工律》还规定，县和工室由官府有关机构校正其衡器的权、斗桶和升，至少每年应当校正一次。本身有熟习校正方法的工匠的，则不必代为校正。这些度量衡用的标准器在领用时也要加以校正。

《工人程》是关于劳动生产定额的规定。例如，其中写道，冗隶妾（做零散杂活的隶妾）二人相当于工匠一人，更隶妾（以部分时间为官府服役的隶妾）四人相当于工匠一人，可以役使的小隶臣妾（未成年的隶臣和隶妾）五人相当于工匠一人。我们还可以看到，律文明确规定，隶臣、下吏、城旦和工匠在一起生产的，在冬季劳作时，得放宽其标准，三天的定额相当于夏季两天。[9]

睡虎地秦简又有《均工律》，体现了使劳役人员才尽其用的原则：隶臣有特殊技艺可以作为工匠的，不承担驾车、烹炊的劳作。《均工律》还说，新工匠开始工作，第一年应当达到规定生产定额的二分之一，第二年所完成的数额应当和熟练工匠相当。工师精心指教，有一定技术基础的工匠应当一年学成，新工匠则应当两年学成。能够提前学成的，向上司报告，应有所奖励；逾期未能学成的，也应记录在案。

从睡虎地秦简的有关律文，可以看到，当时政府对经济生活的控制是相当全面、相当具体的，政府进行经济管理的措施，也达到极细微、极严密的程度。以往以为秦政简略粗疏的成见，其实是并不符合历史事实的。

秦王朝经济法规的制定和实行，为后世提供了有益的历史经验。

秦王朝的经济管理，有明显的军事化的特征。

《汉书·刑法志》说，秦始皇兼并战国，"灭礼谊之官，专任刑罚"。可见秦统一后，关东地区行政人员的成分发生了重要的变化。当时关东地区相当一部分地方官可能出身军人。据考证，秦南郡守腾与伐韩"尽内其地"的内史腾应为一人。云梦睡虎地 11 号秦墓墓主作为文吏，也曾长期从军。

秦始皇东游海上，沿途礼祠名山大川以及所谓八神。八神之中，天、地之次即为兵神，所祠神主是传说时代的战神蚩尤。对于兵神即战神的礼敬，反映了战时军事体制的历史惯性仍然有明显的文化影响。据《史记·秦始皇本纪》，琅邪台刻石称"东抚东土，以省卒士"，也说明省视慰问留驻关东的部队，包括因军功就任地方官吏的"卒士"，受到最高统治者的重视。

秦国在商鞅时代推行新法，奖励军功，给予英勇作战的军人以特殊的厚遇。这样的政策使秦国军力空前强大，但是带来的消极作用也是不可否认的。商君之法规定，对秦国杀敌一人者赐爵一级，愿意做官的可以任五十石之官；杀敌二人者赐爵二级，愿意做官的可以任百石之官。《韩非子·定法》对此提出批评。韩非指出，现在如果推行这样的法令，让杀敌斩首有功的军士做医师和匠人，那么疾病一定不能消除，屋舍也不能建成。匠人要有施工的技艺，医师要有医药的知识。如果让有斩首之功的军人承当他们的职责，则必然难以胜任。行政管理要依靠智能，而杀敌斩首所依靠的是勇力超人。任用勇力超人的人来做智能之官，就好比让有杀敌斩首之功的军人去充任医师和匠人。

秦王朝以军人为吏，必然使各级行政机构都容易形成极权专制的特点，使行政管理和经济管理都具有军事化的形制，又使统一后不久即应结束的军事管制阶段在实际上无限延长，终于酿成暴政。我们对秦整个官僚机构的特点（这一特点的形成有历史传统的因素）进行分析，就不难觉察到，以往探究秦虐政的根源往往归于秦始皇、秦二世个人的看法未免失之于片面。《史记·秦始皇本纪》和《陈涉世家》都有关东人"苦秦吏"的说法。大泽乡起义，关东郡县民众苦于秦吏的残酷，纷纷奋起，皆杀其守、尉、令、丞以反，以应陈涉。秦地方官如沛令、会稽守殷通等愿意发兵响应抗秦民众，却为起义者所不容。据《汉书·谷永传》，汉代人谷永回顾这一段历史时也指出，秦政权迅速崩溃的主要原因，是"刑罚深酷，吏行残贼"。所谓关东民众"苦秦吏"，所谓"吏行残贼"，都说明秦军吏在关东地区推行苛政造成的影响是不容忽视的。

在秦末各地民众纷起抗秦，"群盗"直逼秦统治中心的形势下，秦王朝迅速将秦始皇陵和阿房宫建筑工程征用的役人，即所谓"郦山徒"，临时编集为具有较强战斗力的军队，又屡创胜绩，说明秦王朝对于人数众多的徭役人员，很可能是按照军队编制进行组织，运用军事化形式予以管理的。

第六节　焚书坑儒

秦王朝的专制统治呈现出高度集权的特色，其思想文化方面的政策也具有与此相应的风格。秦王朝虽然统治时间不长，但是所推行的文化政策却在若干方面产生了相当深远的历史影响。

"书同文"原本是孔子提出的文化理想。孔子的孙子子思作《中庸》，引述孔子的话说"今天下车同轨，书同文，行同伦"，虽然踞有政治地位，但是没有相应的政治道德，是不能够主持礼乐的；

而即使有相应的政治道德，但是未能踞有政治地位，也是不能够主持礼乐的。

"书同文"，成为文化统一的一种象征。但是在孔子的时代，按照儒家的说法，有其位者无其德，有其德者无其位，"书同文"实际上只是一种空想。战国时期，分裂形势更为显著，书不同文也是体现当时文化背景的重要标志之一。正如东汉学者许慎在《说文解字叙》中所说，"诸侯力政，不统于王"，于是礼乐典籍受到破坏，天下分为七国，"言语异声，文字异形"。

于是，秦灭六国，实现统一之后，丞相李斯就上奏建议以"秦文"为基点，欲令天下文字"同之"，凡是与"秦文"不一致的，统统予以废除，以完成文字的统一。[10]

《汉书·艺文志》和《说文解字叙》都曾经说到秦文字有八体，即大篆、小篆、刻符、虫书、摹印、署书、殳书和隶书。其中主要是小篆和隶书。大约郑重的场合用小篆，一般的情况用隶书。李斯的《仓颉篇》、赵高的《爰历篇》、胡母敬的《博学篇》，是官方正式颁布的文字模板，都用小篆书写。

秦统一文字，是中国文字演变史上的一次大转折。不过，所谓"书同文"，并不是一个简单的只靠行政命令就可以在短时期内全面实现的过程。文字的变革因秦王朝短促而亡，并没有能够真正完成。"书同文"的事业在汉初继续进行，实际上到汉武帝时代才可以说逐步走向定型了。经过了这一转折，汉代的文字和先秦的文字表现出相当大的差异，以致汉时以渊博著称的学者也已经难以通谙先秦的文字。

秦王朝的"书同文"虽然并不像有些人理解的那样成功，但是当时能够提出如此文化进步的规划，并且开始了这样文化进步的实践，应当说已经是一个值得肯定的伟大的创举。

秦王朝推行文化统一的政策，并不限于文字的统一。我们在秦始皇出巡时在各地的刻石文字中，可以看到要求各地民俗实现统一的内容。比如琅邪刻石说到"匡饬异俗"，之罘刻石说到"黔首改化，远迩同度"，都表示各地的民俗要进行改造，以求整齐统一。而强求民俗统一的形式，是法律的规范，就是所谓"普施明法，经纬天下，永为仪则"。

更为明显的实例，是会稽刻石中还说到皇帝"亲巡天下，周览远方"，"宣省习俗，黔首斋庄"，对于当地民俗的干预，已经相当具体。例如，"有子而嫁，倍死不贞"，"妻为逃嫁，子不得母"等现象都受到谴责，期望建立所谓"防隔内外，禁止淫泆，男女絜诚"的新的道德秩序，甚至宣称"夫为寄豭，杀之无罪"。对各地民间家庭婚姻习俗强制性改造的方针，表现出新政权文化统制的严酷。

掌握最高政治权力的秦帝国统治者期望直接以强制手段改变民俗，确定新的有利于"常治无极"的"法""令""轨""则"，即新的文化规范，以实现会稽刻石所说到的"大治濯俗，天下承风"的局面。

《汉书·地理志下》写道，民众的性情是有地方差异的，"刚柔缓急，音声不同"，和水土之风气有关，这就是"风"；"好恶取舍，动静亡常"，与君上之情欲有关，这就是"俗"。孔子说："移风易俗，莫善于乐。"是说圣王在上，有"统理人伦"的责任，以正确的文化导向使民间风俗"混同天下一之虖中和"，然后则可以成就"王教"。

统一国家的建设，必然促成文化的融合与统一，然而问题在于实现这一过程的手段和方式。战国时代，各地居民因长期分裂的政治形势形成不同的心理状态是很明显的，秦人风俗与东方各国差异更大。秦统一后，秦王朝企图以强制手段将秦地风俗推行至全国以"匡饬异俗"，"大治濯俗"，追求所谓天下民俗文化的"混同""中和"。而云梦睡虎地秦墓竹简《语书》写道："圣王作为法度，以矫端民心，去其邪避（僻），除其恶俗。"说明秦政府在实现统一的过程中，在战争警报尚未解除之际，就已经将这种"移风易俗"的事业作为主要行政任务之一，并以法律为强制手段，以军事管制的形式强力推行这一政策了。

古代风俗中至今能够留下最明显遗迹的莫过于葬俗。秦始皇陵西侧赵背户村秦刑徒墓的葬式大多与秦人墓葬东西方向的传统相一致，出土骨架一百具，仅有四具为仰身直肢葬，绝大多数为蜷曲特甚的屈肢葬，与关中地区春秋战国时期秦国屈肢葬的蜷曲情况相同。这种现象应该理解为出身关东地区的劳役人员在专制制度下生前备极劳苦，死后仍被迫以秦人风俗就葬。

秦王朝在思想文化方面谋求统一，是通过强硬性的专制手段推行有关政策的。所谓焚书坑儒，就是企图完全摈斥东方文化，以秦文化为主体实行强制性的文化统一，甚至不惜采用极端残酷的手段。秦王朝力求以专制手段实现文化统一的政策和战国以来思想文化倾向自由的传统，终于发生了激烈的冲突。

秦王朝建立了高度集权的专制主义政治体制之后，战国时代旧有的文化体制被否定，文化成为政治军事的附属，私学盛起的形势一去不复返，生动活跃的文化气氛被洗荡一空。一些儒生和游士于是私下批评时政，引用儒学经典《诗》《书》及百家语，以古非今。

在秦始皇三十四年（前213）关于郡县制的御前辩论中，丞相李斯批判了儒者遵行古制、实行分封的主张。他说，先古五帝三代制度不相承袭，各因时势之变异，用不同的方式治理天下。当今陛下创大业，建万世之功，其意义当然是狭隘浅薄的儒生所不能理解的。儒者所说三代分封之事，当代不可以遵法。李斯又说，古者天下散乱，不能统一，诸侯并争，厚招游学，形成了"道古以害今，饰虚言以乱实"的风气。现在天下已经平定，法令出于皇帝，而私学却公然非毁法教，诸生不师今而学古，批判当世之政，惑乱民众之心，政令一旦颁下，都各自站在其学派的立场上妄加批评否定，以超越主上、标新立异来抬高自己的名位，甚至公然诽谤朝政。如此不加制止，上则损害皇帝的威望，下则扩大私党的影响，因此应当严厉禁绝。

李斯又建议，除秦官定史书《秦记》以外，其他历史记载都予以烧毁。除了博士官所掌管的以外，天下有私人收藏《诗》、《书》、百家语者，都必须交地方官员烧毁。有敢私下讨论《诗》《书》的，处以弃市之刑。以古非今的，诛灭其家族。官员知情而不举报者，与其同罪。焚书令颁下三十天仍然拒不遵行的，罚作筑守边城的劳役。而医药、卜筮、种树之书，不在禁烧之列。

李斯的建议得到秦始皇的批准。

秦始皇焚书，是对先秦思想文化成就的冷酷否定和粗暴摧残，是中国文化史上一次严重的浩劫。

焚书之后不久，又发生了坑儒事件。

秦始皇晚年，独断专行，又迷信方术，欲求长生。曾经受到他信用的侯生和卢生不满秦始皇贪于权势，专好以刑杀强化自己的威权，于是相约逃亡。秦始皇大怒，以侯生和卢生的"诽谤"之罪，疑心诸生在咸阳者多以妖言扰乱民心，于是使御史严厉拘审，将所谓诸生"犯禁者"四百六十余人坑杀于咸阳，以警告天下有不同政见的文化人。

秦始皇长子扶苏劝谏道，天下初定，远方人心尚未安宁，诸生不过诵法孔子之学，现在以严酷之法处置，担心天下将会发生动荡。秦始皇大怒，斥令扶苏离开咸阳，到北方边疆蒙恬的部队中担任监军的职务。

秦始皇焚书坑儒等极端的措施造成了思想文化的凋零，同时也激起了知识界对秦政普遍的抵触和反抗。

对于焚书坑儒，历来有种种的否定与抨击，但是历史条件和文化背景的复杂是不可以简单论定的。明代思想家李贽在《史纲评要》卷四《后秦纪》中曾经这样评论李斯关于焚书的上书："大是英雄之言，然下手太毒矣。当战国横议之后，势必至此。自是儒生千古一劫，埋怨不得李丞相、秦始皇也。"

秦王朝对思想文化的严酷控制，反映了秦王朝当政集团比较急进的行政作风，同时又表现出长期战争之后行政军事化的历史惯性。

秦王朝文化政策的一个重要特征，是强调所谓"以吏为师"，也就是由官吏承担思想文化方面的领导，代替了先前私学繁盛时代的"师"。

李斯在建议焚书时曾经说道：异时诸侯并争，因而游学大盛；

而今天下已定，法令出一，百姓应当努力投身生产，文人应当学习法令制度。并且他对于所谓"私学"批评干扰"法教"的情形提出严厉的指责，以为如此将致使专制权力在思想文化领域内的动摇。在李斯等人的眼里，"私学"和"法教"形成了尖锐的文化对立。推行焚书令之后，他又提议用行政力量指导文化行为，明确要求："若欲有学法令，以吏为师。"

以所谓"若欲有学法令，以吏为师"，取代了原先相当活跃的"私学"，表现出秦政权重"法"而轻"学"的文化价值取向。后来汉代人评价秦政时，对此多有严厉的批判[11]，指出了秦王朝这一文化政策的反文化的实质。

其实，所谓"以吏为师"，或许也可以理解为并不以简单的"学法令"为限。这一指令所针对的"学"的意义，实际上涵盖了极宽泛的文化范畴[12]，于是形成了秦政关于文化统制的一个基本原则。

云梦睡虎地秦简所见南郡守腾颁发给本郡各县、道的公告《语书》中，就写道：圣王制定法律，用以端正百姓的意识，改造邪戾的性情，清除恶劣的习俗。由于法律不尽完备，百姓中多有伪诈奸巧者，以致干扰法令实施。所有的律令都是要教导百姓改造邪戾的性情，清除恶劣的习俗，使他们能够成为良善之民。[13]

《语书》又责备道：现在法律已经齐备，但是仍然有一些官吏民众不予遵守，习俗淫佚放荡的人未能收敛，这将导致君上的大法不能施行，邪恶的风气得以助长。如此，则严重危害国家，也不利于百姓。[14] 可见，"民心""乡俗"等文化形态，是"法度"所"矫端"的对象，而"吏"的作用确实也是相当突出的。按照《语书》

中的说法，"凡良吏明法律令，事无不能殹（也）"，以为良吏如果明习了"法律令"，则可以应对任何复杂的行政难题。在秦王朝的价值评定体系中，"法律令"被抬高到万能的地位，"良吏"也被抬高到万能的地位。

"以吏为师"，宣告了春秋战国时代产生于民间、曾经在历史上做出过伟大文化贡献的"私学"终于被取缔。于是，政治领导文化、政治规范文化、政治统制文化、政治奴役文化的历史定式开始形成。这一定式对于后来中国文化演进的历程所产生的影响是十分显著的。

第七节　秦关东政策的失败

人们一般多强调秦王朝成就了许多有利于统一的事业，如定疆域、书同文、车同轨、行同伦等（这些政策的具体形式和真正意义还可以继续讨论），而往往忽视事情的另一方面，即秦王朝的行政制度总的来说是以秦人对关东地区的征服、压迫和奴役为前提的。可以说在秦帝国最初的基石上，就已经伸发出不利于统一的深深裂痕。

秦统一后，采取一系列措施以防范关东地区的反抗力量。平毁城郭，拆除堡垒，收天下兵器，聚之咸阳，加以销毁。秦始皇四次出巡山东，封禅泰山，求鼎泗水，刻石纪功，宣扬皇帝的权威。其出巡目的，如秦二世所说，即巡行郡县，宣示强权，威服海内，臣畜天下。途中秦始皇曾经使刑徒三千人伐尽湘山之树，使山色为赭，又入海射大鲛鱼，特意在六国中较强的楚、齐故地显示武力。

秦始皇曾经强行迁徙天下豪富十二万户至于咸阳，以削弱关东地区的经济力量，又曾经往琅邪移民三万户。又在北方经营"新秦"，迁徙罪人充实之。还曾经向丽邑（今陕西临潼）移民三万户，向云阳（今陕西淳化西北）移民五万户，向北河（今内蒙古中部）、榆中（今陕西北部）移民三万户。史书中还有"徙天下不轨之民于南阳"的记载。据《汉书·地理志下》说，徙处南阳的移民，不得不脱离农耕生产，改事"商贾渔猎"，可见这种大规模的强制性移民必然使关东地区原有的农业、手工业经济遭受破坏。迁徙者往往只得到"复"，即免除一定时间劳役的有限代价。经过对土地和其他不动产掠夺式的再分配过程，关东豪富的经济实力大受削弱。他们经济上受到政府的盘剥和扼制，政治上的反秦立场自然日益坚定。

当时有"秦富十倍天下"[15]的说法。据云梦睡虎地秦简《仓律》，各地仓储均为"万石一积"，即以"万石"作为积储单位，而只有"栎阳二万石一积，咸阳十万石一积"。关中经济之丰饶富足与关东经济之凋敝残破形成鲜明对比，正是由于所实行的政策有明显的区别。[16]

冯去疾、李斯、冯劫曾经进谏秦二世说，关东民众反抗激烈，都是由于戍漕转作劳苦不堪，而且赋税负担过于沉重。这是已经认识到引起人民武装反抗的直接原因是滥发徭役、横征赋税。

秦始皇统治的最后几年，连续兴建了多项规模宏大的土木工程。此外，秦王朝又肆意征发军役，北敌匈奴，南戍五岭。当时丁男被甲出征，丁女转输军粮，远戍者战死于边地，转输者僵仆于道路。征发徭役如此严酷，致使所余从事正常生产的丁壮已极其有限。《汉书·食货志上》说，秦时百姓承担的力役达到古时的三十倍。徭役无疑成为当时人民感受到的最沉重的压迫。值得注意的是，以运输为主要劳役形式的服役者也多来自关东地区。从这一分布形势来看，当时承受繁重徭役负担的主要是关东人。[17]

陕西临潼秦始皇陵西侧赵背户村发掘的劳役人员墓地中发现十九人的瓦文墓志，其中计有标志刑徒籍贯的地名十四个，分别属于原三晋、齐、鲁和楚国故地。进行勘查、清理的考古工作者指出：“瓦文与记载相互参证，说明修建始皇陵的大批刑徒，都从原山东六国诏调而来。”[18] 屯大泽乡谪戍渔阳九百人中，阳城人陈胜、阳夏人吴广等有明确籍贯者也均为关东人。

公元前 207 年十一月，发生了项羽在新安（今河南渑池东）坑杀秦章邯军降卒二十万人的著名事件。事件起由在于项羽率领的关东诸侯联军对秦人持怀疑和歧视态度，而最初则又与诸侯军吏卒早时曾服徭役屯戍经过秦中，受到秦中人的歧视有关。[19] 秦人由于不负担繁重徭役与关东人形成鲜明的对比，以及基于类似因素而产生的显著的地方优越感和特权观念，进一步激发了关东人的复仇心理。

其实，秦国历来与东方各国保持着风俗、制度等方面的不同特点。秦孝公以前，秦人僻在雍州，与中原诸侯交往有限，因而被视为“夷翟”，秦人以为“诸侯卑秦，丑莫大焉”。[20] 事实上，秦文化确实有来自西北少数民族文化的若干因素。司马迁也说：“秦杂戎翟之俗”，“秦之德义不如鲁卫之暴戾者”。[21] 文化鸿沟之深，是不可能在短期内特别是通过强制手段克服的。云梦睡虎地秦墓竹

图 2-2　秦始皇陵出土劳役人员瓦文墓志

简《法律答问》中，有关于关东人与秦人争斗使秦人致伤时要严厉处置的规定。[22] 法律条文中"邦客"与"主人"的不同专用称谓，成为关东人与秦人身份等级不同的标志。

　　秦统一以后，这种长期对立造成的敌对情绪仍有表现，但是作为统一帝国主宰的秦王朝最高统治者并不注意努力消弭这种情绪，而且本身也受到这种狭隘观念的局限。西汉政论家严安曾批评秦"循其故俗"[23]。贾谊《过秦论》也指出，战争时期谋求并兼与和平时期谋求安定，政治方针和政治策略应当有所不同，然而秦实现统一之后，却仍然未能改变战时的政治风格，所以"取之"的政策与所以"守之"的政策竟然没有区别。[24] 秦王朝最高统治者不仅仍然以取天下之道规划守天下之政，又"斩华为城，因河为津"，"缮津关，据险塞，修甲兵而守之"，"自以为关中之固，金城千里，子孙帝王万世之业也"，仍以倚据关中对峙关东为战略思想。关于秦始皇陵兵马俑的主题尚有争论，但秦始皇时代所经营的这一规模宏大的军阵模型是以东方武装集团作为假想敌的事实是毋庸置疑的。这也说明秦始皇的统治思想尚未完成应有的时代性转变，以这种思想为基础制定的关东政策自然表现为苛重的赋役和恐怖的虐杀。

其次，秦王朝关东政策制定的基点，缺乏对关东经济和文化的发展水平的充分估计。秦孝公时承认列国"卑秦"是莫大之耻辱，秦惠文王时代的《诅楚文》也并不自诩经济文化的先进，但是秦始皇在各地刻石，甚至敢于在"义""理"等各方面指斥六国君王，俨然以先进经济和优秀文化的传布者自居。这种意识显然来源于统一战争中所表现出的绝对的军事优势和因关东地区战时经济凋敝的片断历史现象所引起的错觉。于是，秦政权将以往对经济、文化落后的戎狄居地和巴蜀地区的一些政策，直接移用于关东地区，例如颁布强制移易风俗的法令等，甚至于实行"殖民"政策。商鞅曾将所谓"乱化之民""尽迁之于边城"。[25]《华阳国志·蜀志》载，秦惠王置巴郡，"移秦民万家实之"。《史记·项羽本纪》："巴蜀道险，秦之迁人皆居蜀。"《汉书·萧何传》："秦之迁民皆居蜀。"统一战争中，秦又曾经对关东实行殖民。秦惠文王时代占领曲沃（今河南三门峡西南）、陕（今河南三门峡西），秦昭襄王时代占领安邑（今山西夏县西）、穰（今河南邓州）、南阳（今河南南阳）、鄢（今湖北宜城南）、邓（今湖北襄樊西）等地，都曾经"出其人"，而移徙秦人充实其地。[26]

秦统一后，仍实行"徙谪实之初县"的政策。仅据已发表的考古材料，这一时期含有秦文化因素的墓葬发现在河南三门峡、郑州岗社、泌阳官庄、山西侯马乔村、榆次猫儿岭、内蒙古准格尔旗、四川成都洪家包、天回镇、重庆涪陵小田溪、广东广州淘金坑、华侨新村、广西灌阳、兴安、平乐等地。[27] 应当指出，这一部分"迁人"的地位和作用显然与被迫迁徙的关东居民不同，他们或免除徒刑，或赐以爵位，被当作秦王朝在全国统治的支柱而得到优遇。这些在落后地区可能比较成功的政策，在人口众多、地域广阔，特别是经济并不落后、文化尤其先进的关东地区，则只能激起敌对势力的反抗。《荀子·议兵》说："兼并易能也，唯坚凝之难焉。"是说以军事力量占领新的领土容易，而维持稳固的统治、实现长期安定则难。荀况主要根据关东地区兼并的形势而提出的政策应该说是正确的，这就是："凝士以礼，凝民以政；礼修而士服，政平而民安；士服民安，夫是之谓大凝。以守则固，以征则强，令行禁止，王者之事毕矣。"在这里，"凝"有聚合、辑睦、安定、巩固的含义。战国时代的政治家为统一前景所提出的实现"大凝"的主张，堪称远见卓识。如果说战争形势进展的异常迅速，使得秦在关东新领土的具体政策来不及得到时间检验就不得不推广施行，那么秦统一后始终未能将这些政策的合理性调整到能够使关东人接受的程度，就不能不认为是秦王朝最高统治者政治上的严重失误了。

此外，秦王朝大量任用军人担任地方行政长官，也使得其行政风格不能不具有军事化的色彩。秦统一后，关东地区行政人员的成分发生了变化，相当一部分地方官可能是军人出身。军人主持地方行政，致使战争的惯性作用于日常管理与民间生活，形成了严酷的社会压迫。这也是秦代暴政形成的重要原因。

第三章

千古一帝

对于秦始皇的历史功绩，明代思想家李贽有"千古一帝"的评价[1]。近代学者章太炎又说，如果秦始皇政风得以延续，"虽四三皇、六五帝，曾不足比隆也"[2]。对于秦始皇的评价，历来争议纷纭。而这位历史人物的作为，确实是与当时的时代变革趋向大体一致的。

第一节　勤政的帝王

秦始皇管理天下，表现出非同寻常的勤政风格。

他在统一战争进行期间，就曾经有三次远程出巡，翦灭六国、平定天下后，又曾经五次巡行各地。在灭齐之后的第二年，秦始皇就驱车出巡，在千里长途上扬起了滚滚烟尘。《史记·秦始皇本纪》

记载："二十七年，始皇巡陇西、北地，出鸡头山，过回中。"鸡头山，在今宁夏六盘山一带。回中，在今陕西陇县西北。帝车的轨迹，可能已经西至于今甘肃临洮。同年，秦始皇开始"治驰道"。驰道工程虽然主要服务于帝王出行，但是对于秦汉交通网的构成也具有重要的作用。

秦王朝建立之后，秦始皇第二次出巡，即以东方新占领区为方向，"二十八年，始皇东行郡县"。登泰山，禅梁父，又沿渤海海岸东行，至于胶东半岛的东端，又沿东海海岸南行，回程经过彭城（今江苏徐州），南渡淮水，又浮江而行，最后自南郡（郡治在今湖北江陵）经由武关（在今陕西商南南）回归。这一次出巡，云梦睡虎地秦墓出土竹简《编年记》中也有反映，写作："（二十八年）今过安陆。"正是秦始皇"自南郡由武关归"，途中经过安陆（今湖北云梦）的记录。

《史记·秦始皇本纪》所记载秦王朝建立之后秦始皇第三次出巡的情形，竟有出入生死险境的经历。据说在阳武博浪沙（今河南郑州东北）地方，始皇曾经遭到武装敌对者的袭击："二十九年，始皇东游。至阳武博浪沙中，为盗所惊。"追捕未得，于是令天下戒严十天，进行大规模搜捕。秦始皇又登临位于今山东烟台的之罘山。回程经过琅邪（今山东胶南南），由上党（郡治在今山西长子西南）返回关中。

秦始皇三十二年（前215），秦始皇再一次东巡，亲临碣石。又巡视北边，从上郡（郡治在今陕西榆林南）返回咸阳。次年，秦始皇派将军蒙恬发兵三十万人北击匈奴，夺取了包括今河套地区在内的所谓"河南地"。

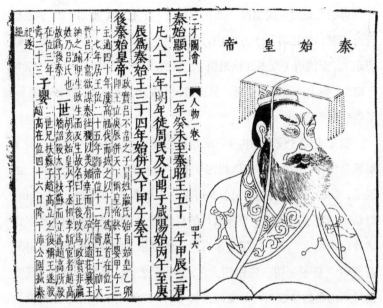

图 3-1 《三才图会》秦始皇像

秦始皇三十三年（前214），又于西北对匈奴用兵，成功地将匈奴势力逐出今陕西、内蒙古交界地区直至阴山一带，在当地置四十四县，沿河修筑城塞。又派蒙恬北渡河夺取了高阙（今内蒙古杭锦后旗东北）等军事要地，修筑亭障以防御草原游牧民族的侵扰，并且从内地移民以充实边县。秦始皇三十四年（前213），又调发工役人员修筑长城。

可以推知，秦始皇经营北边的一系列重大决策，是在他出巡亲历北边之后做出的。很显然，重要的区域政策的制定，是以他亲自对当地的实地考察为基础的。

秦始皇最后一次出巡，是在秦始皇三十七年（前210）。秦始皇行至云梦，望祀虞舜于九嶷山，又浮江而下，过丹阳（今安徽马鞍山东），至钱唐（今浙江杭州西），临浙江，上会稽山（今浙江绍兴东南），祭大禹，望于南海，又还过吴（今江苏苏州），沿海岸北上，最终病逝于行途中。

据《史记·蒙恬列传》，秦始皇心怀"欲游天下"之志。关于秦始皇出行，《史记·李斯列传》有"祷祠名山诸神以延寿命"的说法，《史记·秦始皇本纪》又可见"东抚东土，以省卒士"之语，但是秦始皇不避霜露、辛苦出行的目的，并不仅仅是祷祠各地名山诸神以求长生，也不仅仅是亲自慰抚镇守东方的秦军卒士。琅邪刻石所谓"皇帝之明，临察四方"，"皇帝之德，存定四极"，其实也透露出秦始皇在当时的交通条件下，风尘仆仆，往来于东海北边的动机，有通过这种艰苦的交通实践了解天下四方的文化风貌，从而巩固和完善秦王朝政治统治的因素。

《史记·秦始皇本纪》说，秦始皇每天"以衡石量书，日夜有呈，不中呈不得休息"[3]。有学者理解为："秦始皇规定一天看章奏（竹简）一百二十斤（秦一斤合今半市斤），不看完不休息。"[4]其实，"以衡石量书"，也许日夜定额并不限于一石。秦始皇通过琅邪刻石自称"皇帝之功，勤劳本事"，"忧恤黔首，朝夕不懈"。这样的言辞可能是大体符合事实的。

这种勤政作风的另一面，是绝对的独裁专断，"天下之事无小大皆决于上"。当时人对于秦始皇有"贪于权势"的批评。皇帝专权使得丞相等诸大臣都只能依顺上意。大臣只是执行皇帝个人的意志，甚至丞相也没有独自处理重要政务的权力。臣下不敢发表不同的政见，各自"畏忌讳谀"，不敢直接批评皇帝的过失，于是形成了皇帝无视自己的失误而日益骄横，臣下畏于帝王的威权而谄媚取容的政治氛围。

第二节　阿房宫和骊山

秦始皇在渭河以南营建以阿房宫为主体的新的宫廷建筑体系。同时，其他服务于皇帝本人的宫殿建筑群又在各地营造。据《史记·秦始皇本纪》说，关中地区计有宫室三百处，关外则多至四百余处。

有方士建议，如果要求长生之药，则所居宫室不应让外人知晓。秦始皇"乃令咸阳之旁二百里内宫观二百七十复道甬道相连，帷帐钟鼓美人充之，各案署不移徙"。行幸之处有泄露者，处以死刑。

秦始皇统治的后期，秦始皇陵即骊山工程也进入了集中数十万人力紧张施工的阶段。史书记载阿房宫工程和骊山工程使用人力多达七十余万人，根据对秦始皇陵土方工程量和当时人劳动生产率的核算，可知这样的记载是符合历史事实的。[5]

秦始皇陵园中兵马俑坑及随葬铜车马等文物遗存的发现，反映了秦陵工程的非凡规模。这些体现当时制作技术和工艺水平的"奇迹"，完全是为秦始皇个人的消费生活服务的。

图 3-2　秦咸阳宫 1 号宫殿遗址复原模型

图 3-3　秦始皇陵兵马俑坑 1 号坑

第四章

大泽乡暴动

在秦始皇时代，已经发生了反抗秦暴政的事件。秦始皇二十九年（前218），秦始皇东巡途中，发生"铁椎击车"的博浪沙事件。秦始皇三十六年（前211），有人在东郡的一块陨石上书刻了"始皇帝死而地分"几个大字。同年，华阴平舒道有人拦截使者，称"今年祖龙死"。有关反秦武装集团的活动，历史文献还提供了一些信息。例如，《史记·魏豹彭越列传》说，当时彭越曾经在巨野泽中以渔业为生，"为群盗"。《史记·黥布列传》说，黥布逃亡，来到江中，"为群盗"。秦末大动乱中，十数家反秦武装力量迅速崛起。如贾谊《过秦论》所说，陈胜在大泽乡振臂一呼，"天下云集响应，赢粮而景从，山东豪俊遂并起而亡秦族矣"。秦王朝短促而亡，《史记·秦始皇本纪》形容其形势为"天下土崩瓦解"。一个强大的政权迅速走向衰败，成为千古感叹的历史教训。

第一节　沙丘：赵高和李斯的政变

秦始皇三十七年（前 210），秦始皇再次东巡。左丞相李斯、右丞相冯去疾以及公子胡亥随行。

秦始皇和他的随行人员从咸阳出发，向东南行经云梦，然后浮江而下，视察吴越旧地，登会稽山，临望南海。又沿海岸北上，至于琅邪。接着沿海岸行经荣成（今山东荣成）、之罘（今山东烟台），又继续西行，至平原津（在今山东平原）时，病重不起。

病情愈益恶化的秦始皇用皇帝玉玺封书赐监军于上郡的公子扶苏，令他与丧车相会于咸阳，以主持葬事。

七月丙寅这一天，秦始皇在沙丘平台（今河北广宗西北）去世。

秦人叱咤风云、号令天下的英雄时代至此结束。

左丞相李斯因皇帝死于京城之外，担心诸公子及天下会发生变乱，于是秘不发丧，将秦始皇遗体载于可以密封车厢的辒辌车中，百官奏事，宦者进食，都一如往日。时值暑季，尸车散发出恶臭，赵高等人又吩咐车载一石鲍鱼，以掩盖其气味。

秦始皇赐公子扶苏书虽然已经封缄，却停置在主持机要办公事务的中车府令赵高手中，没有来得及交付使者发出。赵高因为曾经教授胡亥文书法律知识，与其私人关系较为密切，于是和胡亥、李斯密谋毁掉秦始皇所赐扶苏书，重新伪造秦始皇遗诏，假称秦始皇生前交付丞相李斯，立公子胡亥为太子。

赵高在阴谋帮助胡亥取得皇位继承权的同时，又与胡亥、李斯伪造赐公子扶苏及将军蒙恬书，责问其罪过，并且令其自杀，以排除对胡亥地位的主要威胁。

赵高、李斯和秦二世的车队经行直道回到咸阳。在这一年的九月，秦始皇被安葬于骊山。

第二节　胡亥专政

十月戊寅日，秦二世诏令大赦罪人，正式宣告自己继承了帝位。这正是秦始皇去世之后的第七十二天。

秦二世以非法手段取得帝位之后，担心诸公子及大臣疑而不服导致变乱，于是密谋杀害诸公子及先帝故臣。他在咸阳处死十二位公子，在杜地处死十位公主。秦始皇陵东侧上焦村西经过清理的八座秦墓中，18号墓没有发现人骨，其余七座墓墓主为五男二女，年龄约在二十岁至三十岁，大多骨骼分离散置。15号墓的墓主肢骨相互分离，置于椁室头箱盖上，头骨则发现于洞室门外填土中，右颧骨上仍插有一支铜镞。据考古工作者分析，墓主身份可能是秦始皇的宗室。[1]《史记·李斯列传》记载，公子高曾准备逃走，又担心其家族受到残害，于是上书请求从葬于骊山脚下。胡亥准许了这一请求，赐钱十万予以安葬。

《史记·秦始皇本纪》记载，赵高对秦二世说，先帝临制天下年久，所以群臣不敢发表不同的政见。现今陛下年轻，刚刚即位，如何在与公卿廷议决策大事时维护权威呢？如果所言有误，则在群臣面前暴露了短处。天子称"朕"，本来就是说不能轻易听到其声音。于是秦二世常居于禁中，只与赵高决定朝事，后来公卿大臣也很少能够朝见。

秦时专制制度的明显弊病，已经严重妨碍了政治机器的正常运行。

秦二世当政之初，年仅二十一岁。他自以为年少，初即位，百姓不能集附，又仰慕秦始皇巡行郡县而威服海内的事迹，决意东巡。据司马迁在《史记·秦始皇本纪》中的记载，秦二世元年（前209），李斯、冯去疾等随从新主往东方巡行。这次出行时间虽然颇为短暂，行程却甚为辽远。秦二世及其随从由咸阳东北行，"到碣石，并海，南至会稽"，又再次北上至辽东，然后回归咸阳。

秦二世春季启程，四月还至咸阳。如果记载无误，在当时的交通条件下，作为帝王乘舆，这次出巡无疑已经创造了连续高速行驶的历史记录。

四月秦二世回到咸阳，七月陈胜即起义。不久，秦王朝的统治就迅速走向崩溃。可以说，秦二世"巡行郡县，以示强，威服海内"的政治目的并没有实现，沿途山海之神"皆礼祠之"的虔敬也没有得到预想的回报。

从秦二世东巡经历所体现的行政节奏，可以反映出这位据说"辩于心而讷于口"[2]的新帝对秦始皇所谓"勤劳本事"，"夙兴夜寐"，"朝夕不懈"，"视听不怠"，以及"至以衡石量书，日夜有呈，不中呈不得休息"[3]的勤政风格的继承。然而，秦王朝所面临的政治危机已经不是一两个政治家凭个人的努力能够挽回的了。

第三节　陈胜王

秦二世元年七月，被征发赴渔阳（郡治在今北京密云西南）成边的九百名士兵在大泽乡（今安徽宿州东南）遇大雨，道路不通，不能按时抵达指定地点。而秦法规定，失期要判处斩首之刑。农民出身、在戍卒中担任屯长的陈胜和吴广，商议在"天下苦秦久矣"的社会背景下举兵反抗秦的暴政。他们利用当时民众的神秘主义观念，在鱼腹中置丹字帛书，写有"陈胜王"；又在宿营地附近丛祠中篝火狐鸣，呼曰"大楚兴，陈胜王"，作为宣传鼓动形式。他们杀掉两名秦尉官，号召同行戍卒说：大家行途遇雨，已经不能够在规定的日期抵达戍地，而失期当斩；即使免除斩首之刑，戍边而死的往往多达十分之六七；"且壮士不死即已，死即举大名耳，王侯将相宁有种乎"。

陈胜、吴广举事反秦，得到了众戍卒的响应和拥护。于是陈胜自立为将军，吴广为都尉，攻大泽乡，又攻蕲县（今安徽宿州南），接着进攻陈（今河南淮阳）。这时部众已经发展到战车六七百乘，骑兵千余，士卒数万人。攻克陈后，陈胜立为王，号为"张楚"。

陈胜在大泽乡起义之后，各地民众纷纷响应。"斩木为兵，揭竿为旗，天下云集响应。"[4]按照《史记·六国年表》的说法，七月陈胜起兵，"九月，郡县皆反"。就楚地而言，人众多至数千的反抗秦王朝武装集团已经多不胜数。

陈胜军的将军周文率部西进击秦，行抵函谷关时，已经集结了战车千乘、士卒数十万。周文部进军到戏（今陕西临潼东），直接威胁秦王朝的统治中心咸阳。

秦二世大为震惊，召集群臣商议对策，章邯建议赦免骊山工程劳役人员，授以兵器，以迎战周文军。秦二世于是大赦天下，武装骊山役人，命令章邯统率这支临时组成的大军，击破了孤军深入的周文军。

周文被迫向东退却，至于曹阳（今河南三门峡西），在章邯军的追击下再次溃败。又撤退到渑池（今河南渑池西），再次遭到章邯军主力的攻击。十一月，全军惨败，周文自杀。

章邯军又进兵击破围攻荥阳（今河南荥阳东北）的吴广军，吴广在内讧中丧生。章邯军又相继击破多支陈胜属下部队。十二月，陈胜在转战至于下城父（今安徽涡阳东南）时，被御者庄贾杀害。

虽然陈胜从起义到失败只经历了六个月时间，但是自大泽乡倡起的武装反抗，从根本上动摇了秦王朝的统治，号召和鼓舞了各地各阶层民众的反秦抗争。正如司马迁所说，"陈胜虽已死，其所置遣侯王将相竟亡秦，由涉首事也"[5]。陈胜虽然个人陷于悲剧结局，但是他所分立派遣的其他军事政治集团首领最终灭亡了秦王朝。陈胜大泽乡起兵反抗秦暴政的首功是不可磨灭的。

第四节　六国贵族的复国运动

陈胜起义之后，各地反秦政治势力纷纷以恢复六国为政治目标。陈胜集团的领导中枢也确定了"复立楚国之社稷"的方针。此后，除陈胜号为"张楚"外，又先后有葛婴立襄强为楚王，秦嘉立景驹为楚王，项梁立楚怀王孙心为楚王。短时间内，又有武臣自立为赵王，韩广自立为燕王，田儋自立为齐王，陈胜立魏国旧王族咎为魏王。

这一政治形势的出现不是偶然的。从历史文献的记载看，秦始皇时代秦帝国的反抗力量主要活动于关东。从秦始皇二十九年（前218）的博浪沙事件，到秦始皇三十六年（前211）东郡陨石发现"始皇帝死而地分"的文字，以及平舒道有人拦截使者，称"今年祖龙死"的预言，都发生于东方。早期反秦武装活动如彭越、黥布事迹，也以关东为发生场地。自陈胜起义到秦亡，反秦军始终被称为"关东盗"，关中地区未曾燃起反抗的火花。

事实上，所谓"天下苦秦久矣"这一反秦战争中最富于号召力量的口号，其意义是有地域性局限的，它集中表抒出关东地区社会各阶层对秦王朝统治的怨愤。秦王朝关东政策的失败确实是秦覆亡的主要原因之一。

战国时代已形成的趋于统一的历史潮流，促成了秦王朝的建立。然而颠覆秦王朝的秦末战争中，却有关东政治活动家以复国旗帜为号召。陈胜于起义初，曾经诈称公子扶苏，"从民欲也"，继而以"伐无道，诛暴秦，复立楚国之社稷"为宗旨，号为"张楚"[6]，反映出陈胜等人已经敏锐觉察到"民欲"的变化。公元前207年八月，子婴放弃帝号，称秦王，而关东诸侯军仍不以实现复国、秦帝国崩溃为满足，可见秦王朝的关东政策积怨之深。

第二篇

西汉史

第五章

楚汉春秋

　　从陈胜起义到刘邦在垓下决战中击灭项羽军，虽然只有七年时间，但是在这一时期，历史却有极其生动的变化。诸多英雄智士有声有色的历史表演，使秦汉之际战火之中的社会文化面貌，依然显得活泼而丰实。司马迁称这一时期为"秦楚之际"[1]。这是因为反秦暴动由楚人发起，陈胜建立的政权号为"张楚"，灭秦武装力量也以楚军为主力，其名义上的领袖是楚怀王。

　　秦王朝覆亡之后，反秦联军中实力最为强大的项羽军事集团控制了关中局势，主宰了各派政治势力的权力再分配。项羽号称"西楚霸王"，放弃关中，东据彭城（今江苏徐州），没有能够全面控制天下政局，诸侯纷争的战火重新燃起。

　　经历以刘项为主的军事强权集团之间的激烈竞争，其中一个最强大的政治组合终于取得了主宰天下的权力。

第一节　从定陶之战到巨鹿之战

章邯击败陈胜军之后，又移军东进，进攻其他各路反秦武装。

在反秦武装力量蜂起的时代，起兵于沛（今江苏沛县）的刘邦军和起兵于吴（今江苏苏州）的项梁、项羽军有比较强的军事实力。陈胜失利之后，刘邦军攻取砀（今河南永城北）、下邑（今安徽砀山）；项梁率军渡江，收容诸部，立楚怀王孙心，仍称楚怀王，在盱台（今江苏盱眙东北）建立政权。项梁称武信君，引军北上，大破秦军于东阿（今山东东阿西南）。又派项羽、刘邦攻克城阳（今山东菏泽东北）、雍丘（今河南杞县）等地，歼灭秦军数部。项梁主力又转战至定陶（今山东定陶），再次击破秦军。

项梁因连连取胜，渐有骄色。得到增援的章邯军全力进攻项梁军，楚军溃败，项梁不幸战死。定陶之战败后，一度取得军事优势的项羽、刘邦的部队于是不得不改变向西挺进的战略，引军而东，退守于彭城附近。

章邯军击破楚军之后，因"楚地盗名将已死"[2]，以为楚地已经大体安定，于是渡河击赵，围攻困守于巨鹿（今河北平乡西南）的赵军主力。

《史记·项羽本纪》记载，楚怀王派宋义率军救赵。宋义期望待秦赵苦战，实力相互削弱之后，再一举破秦，于是行至安阳，停兵四十六天不发布进军的命令。项羽于是毅然杀宋义，取得军事指挥权，引兵急援巨鹿。楚军破釜沉舟，以示士卒必死，无一还心。战斗中，楚军战士无不以一当十，呼声动天，终于大败秦军。巨鹿之战是项羽成就英雄大业的突出表现，就秦史而言，也是重大转折

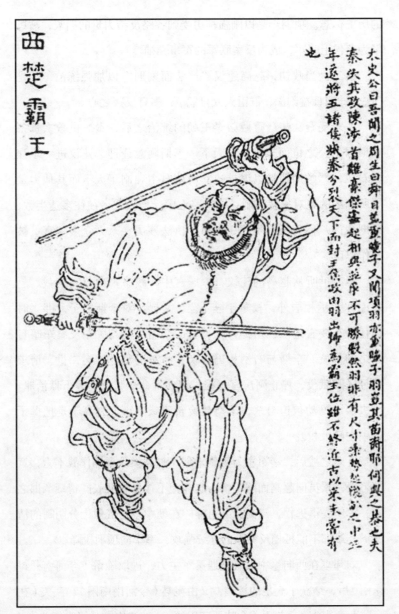

太史公曰吾聞之周生曰舜目蓋重瞳子又聞項羽亦重瞳子羽豈其苗裔邪何興之暴也

秦失其政陳涉首難豪傑蠭起相與並爭不可勝數然羽非有尺寸乘埶起隴畝之中三

年遂將五諸侯滅秦分裂天下而封王侯政由羽出號為霸王位雖不終近古以來未嘗有

西楚霸王

图 5-1　清乾隆刻本《晚笑堂画传》项羽像

的历史标志。项羽于是以刚强神勇受到各路反秦力量的拥戴，被尊奉为诸侯上将军，成为反秦联军的军事领袖。

秦二世当政初，赵高建议"严法而刻刑"以加强统治，于是"法令诛罚日益刻深，群臣人人自危"，多有反叛之心。[3]

关东反秦武装严重威胁秦王朝的统治之后，秦二世数次责备李斯居三公之位而未能安定天下。李斯阿意逢迎，建议进一步强化君权，严酷刑罚，以谋求建立所谓君主独制于天下而其他力量无所制约的绝对集权体制。一时路人中受刑致残者往往多达半数，死刑犯的尸体每天都堆积于街市，执法残厉、杀人众多的官员被看作忠臣。[4]

秦二世听从赵高的建议，深居宫中，政事都由赵高决裁。赵高诬称"丞相居外，权重于陛下"，又提出对李斯之子，即当时担任关东要害地区三川郡行政长官的李由可能与关东反秦军暗自联络的怀疑。李斯与右丞相冯去疾、将军冯劫进谏秦二世，请求减轻民间赋役，停止阿房宫工程。秦二世命令将李斯等下狱治罪。冯去疾、冯劫被迫自杀，李斯被腰斩于咸阳市。赵高于是把握了朝中主政大权。

巨鹿之战后，秦军主力受到重创。赵高指斥章邯作战不力，章邯恐惧，派员向赵高面陈军情。赵高拒不接见，又表露猜疑章邯之心。军使畏惧逃亡，赵高派人追捕。在朝中政治气象十分阴晦的情况下，章邯不能抵挡反秦军的连续强攻，率军向项羽投降。

刘邦军在西向途中没有遭遇秦军主力，进取陈留（今河南开封东南）后，缴获了充足的粮储，又由宛县（今河南南阳）、武关（在今陕西商南南）、蓝田（今陕西蓝田西）一路进军，兵锋直指关中。

秦二世三年（前207）八月，秦二世以东方战事危局责难赵高。赵高指使亲信在望夷宫逼杀秦二世，又以为继任的秦贵族子婴"以空名为帝，不可，宜为王如故"[5]，取消帝号，秦政权的统治被迫恢复到战国时代的状况。

子婴废帝号改称秦王四十六天之后，刘邦军入咸阳，秦亡。

后来有人总结秦亡的教训时说："秦之积衰，天下土崩瓦解，虽有周旦之材，无所复陈其巧。"[6]就是说，秦政权的迅速覆亡，是多年弊政导致的必然后果，纵然有周公那样的政治才能，也是无力挽回的。

第二节　鸿门：刘邦的退却

刘邦和项羽都是在推翻秦王朝暴政的战争中崛起的有作为的政治活动家和军事家。

刘邦出身于平民阶层，曾经在秦基层政权中任亭长。《史记·高祖本纪》记载，他曾因公事出行咸阳，见到秦始皇车列，感叹道："嗟乎，大丈夫当如此也！"项羽是楚国名将之后，随叔父项梁避难江东。据《史记·项羽本纪》，他在见到秦始皇出巡时则说道："彼可取而代也。"秦末大规模的社会动乱，为刘项创造了成就功业的历史时机。

秦末战争中，在以楚怀王为名义上最高统领的反秦军事阵营中，刘邦和项羽曾经多次联合作战。项梁战死后，楚怀王封刘邦为武安侯，封项羽为长安侯，令项羽随宋义北救赵，而令平素以能宽容待人著称的刘邦引军长驱西进，避开秦军主力直取关中，并且正式约定先入定关中者为关中王。

刘邦在进军关中途中，已经开始注重网罗人才，在军事行动中，又往往在遇到顽强抵抗时与守军约降，保留其首领原有的军权和地方行政权，因而可以避免过多的伤亡，率领主力急速西进。他在入武关之后，甚至曾经与秦权臣赵高联络，以谋求以反秦为基点的合作。[7]入关中后，他约法三章，甚至曾经利用行政能力和政治影响力都不容忽视的"秦吏"宣谕其政令，事实上对秦国原有政治经济现状没有造成根本性触动。这些行为与《史记·高祖本纪》所谓"沛公素宽大长者"的形象是一致的，反映了刘邦政治思想的成熟。据说当时秦人大喜，唯恐刘邦不为秦王。

刘邦军虽然先入关，并且在函谷关设防，项羽却无视楚怀王先入定关中者为关中王的约定，率军突破关防，以诸侯军共同拥戴的最高军事指挥"上将军"的身份入据关中。

当时，项羽军四十万众，屯据在新丰鸿门（今陕西临潼东北），刘邦军十万人，在霸上（今陕西蓝田西）集结。项羽听说刘邦据有秦宫珍宝，准备在关中建立政权，并且拟任用秦王子婴为相，大怒，于是接受了重要谋臣范增的建议，准备以武力击灭刘邦军。

刘邦得知了这一消息，亲自往鸿门项羽帐下谢罪。在著名的鸿门宴上，刘邦以谦恭诚恳的态度，又借助属下张良的机智和樊哙的刚勇，使项羽否定了范增当即击杀刘邦的谋策。

项羽以反秦军事联盟最高首领的地位，自立为西楚霸王，都彭城（今江苏徐州），又分封十八诸侯。刘邦的封地，僻在巴、蜀、汉中，其行政中心在南郑（今陕西汉中）。

为了防止刘邦北上，项羽三分关中以封秦降将。以章邯为雍王，管辖咸阳以西地方，都废丘（今陕西兴平）；以司马欣为塞王，管辖咸阳以东地方，都栎阳（今陕西高陵东北）；以董翳为翟王，管辖上郡地方，都高奴（今陕西延安）。

与刘邦重视以"宽大"作为政策基点相反，项羽在新安坑杀秦军降卒二十万人。入关中后，又处死秦降王子婴，火烧秦宫室。项羽简单化的粗暴政治举措，引起了秦人的惶恐不安。

有远见的政治家刘邦则深刻认识到秦王朝失败的教训。

当时，张楚政权的领袖陈胜、西楚霸王项羽都以建立楚国霸业为目标，实行复国主义政策，只有刘邦注意克服狭隘的地方主义观念，致力于建立统一的帝国。与项羽、诸侯屠烧咸阳，掠货宝妇女而去的做法截然不同，刘邦特别信任的高级政治助手萧何入咸阳后，就抢先完整地接收了秦丞相御史府的律令图书案卷，妥为收藏。刘邦于是得以具体知晓天下形势、户口多少、强弱之处以及民所疾苦。

对于刘邦与项羽政治风格的不同，王夫之在《读通鉴论》中曾经发表这样的感叹："项羽之暴也，沛公之明也！"

刘邦虽然先入关中，然而因兵势弱小，不能不承认项羽的军事霸权。在项羽分定十八诸侯之后，刘邦被迫以汉王身份率部众前往汉中。

项羽分封的其他诸侯，还有西魏王魏豹、河南王申阳、韩王韩成、殷王司马卬、代王赵歇、常山王张耳、九江王黥布、衡山王吴芮、临江王共敖、辽东王韩广、燕王臧荼、胶东王田市、齐王田都、济北王田安。

刘邦南下汉中，项羽允许他以三万士兵随行，其他慕从者又有数万人。刘邦军一路烧毁栈道，宣称防止其他武装力量南下侵扰，又向项羽表示无心北上发展。

当时，项羽是以松散的军事联盟首领的身份确定这一政治格局的。他的权威只是建立在军事实力强大的基础之上，没有民心的支持，他所分封的十八诸侯很快就不再服从这一权威。诸侯各就国后，迅即发生变故。除了项羽本人废韩王韩成为侯，以及臧荼杀韩广据有其地而外，没有得到封地的齐地实力派军事领袖田荣愤而起兵迎击项羽指定的齐王田都，驱逐其至楚地，又杀胶东王田市、济北王田安，在实际上控制了齐地，于是自立为齐王。同时，彭越起兵于梁地，陈馀与田荣合力击常山王张耳。项羽所封韩王、燕王、辽东王、齐王、胶东王、济北王、代王的辖地都相继发生武装变乱。各据重兵的列国诸侯之间烽烟再起。

刘邦也决策东向，争权天下，暗度陈仓，还定三秦。

刘邦采用张良制定的战略，在汉王元年（前206）八月起兵，暗自从故道北上，袭击雍王章邯。首战陈仓（今陕西宝鸡东），再战废丘，一举平定雍地，随后继续东进，塞王司马欣、翟王董翳、河南王申阳相继投降。

第三节　鸿沟：刘项对抗

刘邦平定三秦后致书项羽，表示只是要如约取关中之地，不敢继续东进。项羽为这一假象所迷惑，并不以刘邦为主要敌手，首先部署在齐地用兵。

刘邦又听从萧何的建议，破格提拔普通军官韩信任独当一面的主将，令他率军平定韩地。汉王二年（前205）三月，刘邦渡河，西魏王魏豹降。汉军又占领河内，俘虏殷王司马卬。刘邦至洛阳后，为据说被项羽派人杀害的义帝发丧，以诸侯首领的身份进行攻击项羽的政治动员。不久，乘项羽主力在齐地进攻田荣之机，刘邦率诸侯联军五十六万人全力伐楚，一举攻破彭城。

项羽率三万精兵迅速回军反击，大破刘邦军。刘邦军死者二十余万人。刘邦本人仓皇西逃，其父太公及其妻吕雉等都为楚军所拘捕。在这样的形势下，诸侯又大多背汉亲楚。

刘邦退据荥阳一带，收拾残部，接着得到萧何组织的关中人力的补充，军势又大振。楚汉两军在荥阳以南争战，互有胜负。项羽军屡屡断绝刘邦军往敖仓取军粮的通路，使汉军陷于窘境。而刘邦则用计使项羽猜忌疏远范增，范增愤而辞归，在行途中病逝。

汉王三年（前204），韩信以背水之阵破赵。次年，韩信定齐。由于韩信军在侧翼的配合，以及彭越军在敌后的骚扰，刘邦军主力虽然势弱，却成功地抵抗住了项羽军，使其无法西进。

项羽军与刘邦军在成皋（今河南巩义东北）、荥阳、广武（今河南荥阳北）反复攻守，长期相持。汉王四年（前203），双方约定中分天下，鸿沟以西者为汉，鸿沟以东者为楚。

也许是历史的巧合，鸿沟一线所划分的战略形势，恰巧与秦始皇即位时秦与其他六国政治军事地图的形势相似。秦当时由西而东以武力实现了统一，刘邦又再次复演了这一历史过程。

第四节　垓下决战

项羽军如约退兵而东。而在这时，刘邦采用张良、陈平的计谋，进兵追击项羽军。

汉王五年（前202），刘邦军又与诸侯军合击楚军，与项羽决胜于垓下（今安徽泗县西南）。项羽军兵少食尽，夜闻汉军四面皆楚歌，以为刘邦已经占领楚地，于是士气沮丧，在会战中大败。项羽本人逃至江边，因当年率江东子弟八千人渡江而西，现在无一人还，以为无面目见江东父老，于是拒绝东渡，在乌江自刎而死。

同年二月，刘邦即皇帝位。

秦亡后，刘邦、项羽两个军事集团百战厮杀，虎争天下。最终刘邦以弱胜强，于垓下决战中逼杀项羽，建立了西汉王朝。楚汉相争，项羽曾经拥有威震天下的强大军势却终于败亡，其原因成为历代史家辛苦探求与论争的焦点。

一些学者把项羽失败的原因归结为其性格的暴戾与行为的残虐。

有人说，除了政治方面的原因之外，"又因其残暴好杀，致使众叛亲离，日益孤立，落了个四面楚歌的可悲下场"。[8]有的学者也认为，"残忍暴虐"是项羽"终至由优势转为劣势，最后兵败被杀"的主要原因之一。[9]有的学者又把项羽的有关行为判定为"对秦做野蛮氏族部落的复仇"[10]。

司马迁在《史记·太史公自序》中总结《高祖本纪》的主题时，曾经这样写道，项羽"暴虐"而刘邦"行功德"，所以刘邦最终得天下。在司马迁笔下，刘邦的王业只是在于"诛籍业帝，天下惟宁"，灭秦之功竟然受到忽视；而项羽则受到"暴虐"的指责，据说其主要表现是所谓"诛婴背怀",就是处死秦降王子婴以及背弃义帝楚怀王。

处死秦降王子婴,实际上是一种杀降行为。反映所谓"项羽之暴"的,还有司马迁在《史记》中记录的另一起严重的杀降事件,即项羽在新安坑杀二十余万秦降卒事。《项羽本纪》记载,巨鹿之战后,项羽受降,以秦兵为前队,进军关中,然而不久就发生变故。因为秦吏卒有秦必尽诛其父母妻子的顾虑,不能与诸侯军同心,于是楚军夜坑杀秦卒二十万人于新安城南。

《史记·淮阴侯列传》记载,韩信为刘邦分析形势时说,"项王所过无不残灭者",所以天下多怨,百姓不愿意归附,项羽只能以军事强力维护其权威,虽然以霸为名,其实失去了天下民心。

所谓"项王所过无不残灭者",似乎可以与《史记·田儋列传》所谓"(项王)所过者尽屠之"联系起来理解。《史记·高祖本纪》也写道:"(项羽)屠烧咸阳秦宫室,所过无不残破。"可以说,"项王所过无不残灭者",其最典型的史例当是屠城。

有的学者在分析楚汉战争刘胜项败的原因时,就引用了韩信这番话,并且指出:"在战争中除个别情况下,刘邦很少屠城,故有'忠厚长者'之称。项羽于国计民生一无建树,在战争中又有许多过分残暴的行动,如杀降、屠城等,带有很大的破坏性。"[11]

其实,《史记》记录项羽屠城事,总计不过三例,即屠城阳、屠咸阳、屠齐地所得城。然而,"屠城阳"是项羽与刘邦共同的行为;"屠咸阳"时,刘邦仍在项羽指挥下的诸侯联军之中,作为联军共同的行为,刘邦集团严格说来其实也是实际参与者。刘邦可以谴责项羽残暴的,应当只有"屠""齐城郭"一事。

可是，从司马迁《史记》中可以看到，刘邦所指挥的部队屠城的记录不胜枚举。刘邦初起义时，就曾经以"屠沛"相威胁，迫使沛人反秦。而刘邦军屠城的实例，又有颍阳（今河南许昌西）、武关（在今陕西商南南）、煮枣（今山东东明南）、胡陵（今山东鱼台东南）、城父（今安徽涡阳西北）、六（今安徽六安北）、参合（今山西阳高南）、马邑（今山西朔州）、浑都（今北京昌平南）。起兵初，刘邦军与项羽军一同屠城的事件，又有屠城阳等例。看来，刘邦军进攻宛时，宛人"自以为降必死"[12]的深切担忧，并不是没有根据的。

《史记·项羽本纪》说："闻沛公已破咸阳，项羽大怒。"《汉书·项籍传》则写作："闻沛公已屠咸阳，（项）羽大怒。"分析刘邦屠城的一贯行为，"已屠咸阳"传闻的产生，应当也不是偶然的。

据《史记·项羽本纪》，刘邦还曾经因项羽死后鲁地仍然拒不降服，而有屠鲁的计划。[13]

通过史籍的有关文字，可以看到屠城行为所透露的刘邦内心之残戾，并不能因为"汉并天下"政治事业的最终成功而得以完全掩盖。更值得我们注意的是，刘邦军在秦末战争和楚汉战争中的"屠城"事迹，许多是作为军功记录的形式存留下来的。

《史记》中虽然早至春秋战国，晚至汉武帝时代，都有屠城的记录[14]，不过，屠城事件最为密集的还是秦汉之际，而刘邦屠城事尤为频繁。司马迁对于刘邦屠城事的揭露，表现出他的情感倾向，这或许也是《史记》所以被称为"谤书"[15]的因素之一。

班固曾经说，司马迁因为身陷严刑，于是与最高权力者立场不一，能够以文笔发泄怨愤，讽刺讥笑帝王，"贬损当世"[16]。一般多以为司马迁所"谤"，针对的是汉武帝。然而也有人认为，"司马迁因受腐刑之辱，对于汉家诸帝，皆有微词"。对于高祖屠城的记载，或许可以看作例证之一。不过，其实质却绝不是论者所谓"藉以泄忿"[17]之辞，而是客观的历史记录。

第六章

汉并天下

稳健多谋的政治家刘邦迅速控制关中，以此为根据地，又得到诸多猛将能士的拥戴，终于战胜项羽，建立了汉王朝，定都长安，史称"西汉"。西汉初年，政治形势依然复杂，经济条件异常落后，外族威胁空前严重。刘邦和他的功臣集团排除诸多困难，努力使西汉政权得以稳定。

第一节　刘邦功臣集团

正是因为刘邦具有较宽广的政治胸怀，运用较明智的政治策略，在楚汉战争中能够以富足的关中稳固后方，使兵员和作战物资不断得到补充，虽百战百败，但垓下一役终于战胜项羽。

图 6-1 "汉并天下"瓦当

　　汉并天下后，刘邦从建立统一帝国的大局出发，接受曾被项羽讥讽为"衣绣夜行"的建议 [1]，定都关中，实行促进楚文化、齐鲁文化和秦文化交汇融合的正确政策，建立起空前强大的中央集权帝国。

　　刘邦时代确定的政治文化导向得到遵行，到汉武帝以后，具有最鲜明地方特点、表现出秦人传统风俗的、以屈肢葬为基本葬式的"秦式墓葬"在全国已经不复出现，使全国各地区居民融为一体的汉民族基本形成。秦始皇时代曾经热切企望的"周定四极""远迩同度"的局面，这时才基本实现了。

　　刘邦出身楚地平民，然而却能够以宽怀之心行政。他曾经和臣下就"我为什么能够据有天下，项羽为什么最终失去天下"进行讨论。有的将领回答道，刘邦能够"与天下同利"，项羽则妒贤嫉能，对于有功者忌害，对于贤者怀疑，功臣不能得到实际的利益，这是他失去天下的原因。刘邦则指出，这种见解是知其一，不知其二。他说，运筹策帷帐之中，决胜于千里之外，我不如张良；管理国家，抚定百姓，筹集运输军需给养，我不如萧何；统率百万之军，战必胜，攻必取，我不如韩信。他们三人都是人中俊杰，然而我能够用之，这就是我之所以能够取天下的原因。项羽有一范增而不能用，所以最终为我所击败。

刘邦善于团结部众、任用文化背景不同的有才之士的所谓"宽大""宽容"的政治性格，实际上表现出一种能够以较宽广的胸怀对待其他区域文化传统的"宽仁"[2]的文化观。这种文化观之所以优胜，是因为和体现为文化融合趋势的历史进步的方向是一致的。

天下大定之后，刘邦罢遣军中士卒，表示结束战争状态、恢复经济生产的决心。这一决定也顺应了社会上下期盼安定和平的共同意愿。大批出身农人的兵士复员，使农耕经济复苏得到了最基本的条件。

刘邦宣布对于罢遣的军士给予政治地位和经济利益方面的优遇，即赐爵授田。并且明确宣称，所依据的原则正是"法以有功劳行田宅"，即按照战争中的功绩和劳绩分配土地宅屋。这一政策虽然文辞内容似乎与秦法相类同，但是在当时的时代背景下却表现出新的意义。对于所谓"从军归者"及"有功者""赐爵"及"先与田宅"，安定了人心，使最有生机的社会力量倾心归复到农业生产中；同时也使一个包括中小地主和富裕自耕农的较富有实力的阶层，成为新兴西汉王朝坚实的社会基础。

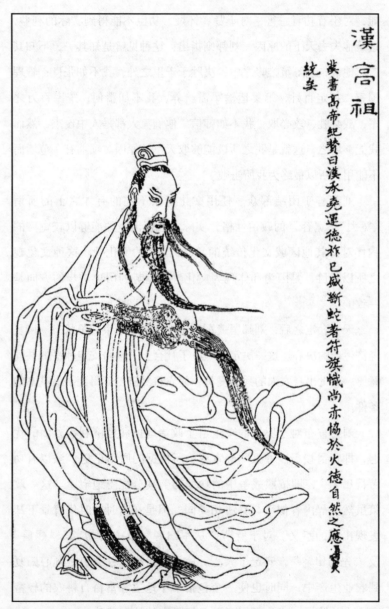

漢高祖

赞書高帝紀贊曰漢承堯運德祚已盛斷蛇著符旗幟尚赤協於火德自然之應尊矣

图6-2　清乾隆刻本《晚笑堂画传》汉高祖像

刘邦同时还宣布了两项重要的政策：

其一，"民前或相聚保山泽，不书名数，今天下已定，令各归其县，复故爵田宅，吏以文法教训辨告，勿笞辱"。

其二，"民以饥饿自卖为人奴婢者，皆免为庶人"。[3]

平民在战乱以前的身份地位以及私有财产的所有权，在回归故乡后得到政府的全面承认，地方官不得歧视欺凌。战乱中被迫自卖为奴婢者，可恢复平民的地位。这样，使战乱中大量流亡于野山大泽的民众重新回归到政府控制之下，成为编户齐民，又使一定数量的奴婢得到人身解放。

事实上，历代王朝谋求天下之治的成与败，在很大程度上取决于政府实际控制人口数量的比率。刘邦在汉初实行的有关政策，有利于当时社会经济的恢复，有利于西汉王朝政权的巩固。

第二节　布衣将相之局

秦王朝的国家行政体制建筑在军功贵族政治的基础之上。这对于以宗法制为主体的先秦政制传统，已经表现出历史的革新。但是政体的基本形式，从某种意义上来说，仍然大致是先秦国家体制的修改和放大。

考察汉初政治格局，则可以发现一种平民风格。

刘邦本人出身平民，在秦时任过亭长。他的功臣集团大多出身低微，除了张良家世高贵以外，其余多为所谓"亡命无赖之徒，立功以取将相"者。萧何、曹参、任敖、周苛都是基层政权的普通小吏，陈平、王陵、陆贾、郦商、郦食其、夏侯婴等都是一般平民，樊哙是屠狗者，周勃是织席、吹箫服务于丧事者，灌婴是卖织品的小贩，娄敬是挽车的普通役人。清代历史学者赵翼总结西汉初期政治结构，曾经称此为"汉初布衣将相之局"。他同时指出，这种打破贵族政治传统定式的"前此所未有"的新政治格局的形成，具有重要的历史意义，由此可以说明，"盖秦汉间为天地一大变局"。[4]

赵翼在《廿二史劄记》卷二中写道，自古以来，都是封建诸侯各君其国，卿大夫也世袭其官，成例相沿，视为固然。后来这种政治格局积弊日甚，暴君荒主是以残虐之心役使民众，没有任何力量可以对其进行约束限制；而强臣大族又篡弑相仍，政治争斗激烈，以致祸乱不已。这样的政治形势是不能不改变的，但是数千年来世侯世卿之局，一时也难以迅速扭转。战国晚期，这种贵族政治体系实际上已经动摇，不过新政治体制的面貌尚不明朗。秦开一统之局，政体焕然一新，但是"下虽无世禄之臣，而上犹是继体之主也"。大臣的任用虽然已经打破"世禄"的传统，而最高统治者依然是王族世袭。直到汉初，新王朝之气象大变，似乎"天意已另换新局"，新的政治体制得以开创，"天之变局，至是始定"。而且新的贵族在高度集权的中央政府统治之下，权位随时可以消除。于是三代以来世侯世卿之陈旧政统荡然净尽，"而成后世征辟、选举、科目、杂流之天下矣"。

看来，当时的官僚阶层在一定程度上比较能够接近社会下层，作风也与后世有所不同。萧何以丞相之尊，置田宅时，专门挑选穷僻之处，经营宅第，并不大兴土木。他说，后世子孙如果贤良，则一定会效法我的俭朴；如果不贤良，家产也不至于为强势之家所夺。汉王朝建国之初，朝廷仪礼简省，据《史记·刘敬叔孙通列传》说，当时朝中往往"群臣饮酒争功，醉或妄呼，拔剑击柱"，这一情形也反映了新王朝政风的平易。

第三节　拨乱反正

秦王朝的政治特色以严酷苛暴最为鲜明。《史记·秦始皇本纪》所谓"不师文而决于武力"，"乐以刑杀为威"，"用法益刻深"，都体现了这一特征。《汉书·食货志上》引董仲舒的话说，秦时民众承受的屯戍力役等负担相当于古时的三十倍，田租口赋等负担相当于古时的二十倍。当时普通民众受到极其沉重的压迫和剥削，社会经济生活的正常秩序也因此受到严重的破坏。

西汉王朝建立之初的政治基点，是对秦王朝暴政的否定。

汉世政治语汇中，常可看到"拨乱反正"的说法。据《史记·高祖本纪》，刘邦去世，群臣赞美道，高祖出身低微，"拨乱世反之正，平定天下"，创立汉家帝业，功最高。于是上尊号为"高皇帝"。《史记·三王世家》也说，"高皇帝拨乱世反诸正"，宣扬至德，平定海内。《史记·秦楚之际月表》中也有"拨乱诛暴，平定海内，卒践帝祚，成于汉家"的说法。《汉书·礼乐志》也写道："汉兴，拨乱反正，日不暇给。"唐代学者颜师古解释说，所谓拨乱反正，是说"拨去乱俗而还之于正道也"。

"拨乱反正"的说法，最早见于《公羊传·哀公十四年》所谓"拨乱世，反诸正"。[5] 原义是指治理混乱的政治局面，恢复合理的政治秩序。

西汉初期，最高统治集团确实在许多方面进行了"拨乱反正"的努力，取得了"拨乱反正"的成功。

萧何是主持汉初政治体制成立的有作为的政治活动家，他希望既定方针确定之后，应当"无令后世有以加也"[6]。《史记·萧相国世家》说，汉兴，萧何利用民众对秦王朝残厉法制的不满，顺从民意，进行了政治改革，"因民之疾秦法，顺流与之更始"。顺应民心以否定秦法，成为汉初政治的标志之一。萧何之后，曹参继任为相，仍然坚持这一方针，据说行政诸事无所变更，依然遵行萧何时创置的制度，以为"治道贵清静而民自定"。他选择身边作为助手的主要干部，专门任用"木讷于文辞"的"重厚长者"，而部下有言辞激切、刻意追求个人声名的，均予以斥退。司马迁于是以肯定的态度说道，曹参为汉相国，政风"清静"，使百姓在秦代酷政之后"休息无为"，于是"天下俱称其美"。[7]

第四节　狡兔死，走狗烹

汉高帝十一年（前196），宣布士卒当年跟随入蜀、汉、关中的，终身免除徭役。刘邦早期军事集团成员的特权，又得到进一步的确定。

一些曾经与刘邦合力击败项羽的主要将领，因为手握重兵、身兼殊勋被封为诸侯王。

韩信被封为楚王，都下邳（今江苏邳州南）。彭越被封为梁王，都定陶（今山东定陶）。韩王信被封为韩王，都阳翟（今河南禹州）。吴芮被封为长沙王，都临湘（今湖南长沙）。淮南王英布、燕王臧荼、赵王张耳等，仍然保持原有的政治地位。

刘邦分封异姓功臣，是因为他们已经拥兵据地，对于这一既成事实不能不承认。受封的七个异姓诸侯王国，封域大致相当于汉疆域的一半。当时西汉中央政府直接管理的土地，只有二十四郡。

也许又是历史的巧合，西汉帝国中央政府所直辖的地区与异姓诸侯王国辖地对国土的分割，除齐地诸郡直属中央外，其形势大致与刘邦、项羽以鸿沟一线分划天下时的情形极其相似。

异姓诸侯王国的存在，显然和专制皇权有直接的矛盾。于是刘邦待时机成熟，从高帝六年（前201）起，开始逐一翦灭异姓诸侯。

楚王韩信首先被废黜为淮阴侯。同年，改以太原郡为韩国，徙韩王信王之，都马邑（今山西朔州）。在与匈奴作战时，韩王信被围困于马邑，派使者与匈奴议和。汉朝廷疑心韩王信有二心，派使者前往责问。韩王信心存畏惧，于是向匈奴投降。汉高帝九年（前198），赵王张敖被废。汉高帝十一年（前196），韩信、彭越相继被杀。淮南王英布起兵与中央政权对抗，于次年败死。

刘邦正是在这一年，即汉高帝十二年（前195）去世。在他临终前，主要的异姓诸侯王都被翦灭。韩信以谋反罪被刘邦逮捕时，曾经大呼：“天下已定，我固当烹！”[8] 所谓“狡兔死，走狗烹；飞鸟尽，良弓藏”，是古代政治生活带有某种规律性的现象。清代学者王士禛讨论“古来功臣之冤”时曾说，“所谓兔死狗烹、鸟尽弓藏，读书尚论者不能不抚膺流涕也”，这一情形可以说是“万古不易定案”。[9]

刘邦认为秦王朝迅速灭亡的原因之一，是没有同姓王国屏卫中央政权。于是在削弱和去除异姓诸侯王势力的同时，大建同姓诸侯王国，以作为中央朝廷的藩护。在刘邦统治时期的最后阶段，刘邦子弟同姓为王者计有九国，即都于彭城（今江苏徐州）的楚王刘交，都于临淄（今山东淄博东）的齐王刘肥，都于邯郸（今河北邯郸）的赵王刘如意，都于晋阳（今山西太原西南）的代王刘恒，都于定陶（今山东定陶）的梁王刘恢，都于陈（今河南淮阳）的淮阳王刘友，都于寿春（今安徽寿县）的淮南王刘长，都于广陵（今江苏扬州）的吴王刘濞，都于蓟（今北京）的燕王刘建。刘邦末年，诸侯王中，只有长沙王吴芮为异姓。

九个同姓诸侯王国与异姓的长沙国地域连通，总封域仍然占全汉疆域的一半以上。不过，这些诸侯王国虽然有相对独立的地位，但是原则上仍然受中央政府节制，其封域仍然是西汉帝国的一部分。然而据一般被认为是吕后二年（前186）通行法律的湖北江陵张家山247号墓出土竹简《二年律令》的内容看，当时投降诸侯国，或者守卫城防亭鄣者在诸侯国进攻时不能坚守而擅自放弃或者投降的，与谋反罪处以同样的处罚。可见中央政权与诸侯王国的敌对关系。

在汉高帝刘邦的时代，周边地区还有三个政权，其领地在汉疆域之外。他们只是向西汉中央政府纳贡称臣，却并不受西汉王朝的控制。这样的异姓诸侯又被称作"外诸侯"。

刘邦曾经封外诸侯三人，即封故越王亡诸为闽越王，都闽中地；封秦南海尉赵佗为南越王，统领南海、桂林、象郡地区；封南武侯织为南海王，其属地大致在闽越国、南越国和淮南国三国之间。

刘邦订立"非同姓不王，非功不侯"的誓约，确定了最高权力集团组成的原则。这一原则后来成为历代专制王朝共同遵守的定制。

第五节　白登之围

汉王朝建立之初，经济残破，民生艰辛。秦时已经兴起的匈奴部族势力逐渐强大，所控制的地域包括贝加尔湖以南辽阔的草原大漠。在秦末战争中，匈奴尽数收回了秦将蒙恬所占领的匈奴地方，又进入长城以南，至于朝那（今宁夏固原东南）、肤施（今陕西榆林南），同时出兵侵掠燕国和代国。楚汉战争时，中原疲于征战，无力北防，匈奴于是日益强盛，军中勇士竟然多达数十万，对新生的西汉帝国形成了严重的威胁。

韩王信徙封于代之后，以马邑（今山西朔州）为都。匈奴进军，猛攻马邑，韩王信投降匈奴。匈奴又发军攻太原郡，兵临晋阳（今山西太原南）城下。刘邦于是亲自率军北击匈奴。

时值冬季严寒，士卒多有冻伤堕指者。匈奴单于冒顿佯败，诱汉军北上。汉军三十二万人追击。刘邦先到平城（今山西大同东北），主力尚未抵达，匈奴精兵四十万骑将刘邦围困于平城东北的白登。

在匈奴骑兵的铁围之中，汉军指挥中枢七日未能与汉军主力取得联系，也无法得到后勤补给后据说用陈平之计，贿赂单于阏氏，使说服单于解围之一角，终于脱逃，得以与主力会合。

图6-3　匈奴金冠

匈奴退军，刘邦也引兵而罢。此后，汉与匈奴结和亲之约，相互约为兄弟。汉以宗室公主为单于阏氏，每年给予匈奴织品酒米食物各有定数。

宋代学者史尧弼评论当时形势，曾经说："高祖于天下既定之后，外之则困于冒顿，而有平城白登之围；内之则困于悍将，而有韩彭英卢之变。高祖终身奔走于介胄之间，天下几至于不测。"[10]这样的分析，指出了匈奴威胁对新生的汉帝国造成的沉重压力。

白登之围以后，匈奴仍然时时南下侵扰代（郡治在今河北蔚县东北）、云中（郡治在今内蒙古土默特左旗东南）、上谷（郡治在今河北怀来东南）等郡，使北边地区社会经济生活难以安定。在刘邦时代，还屡有汉将因个人政治地位的变化而叛降匈奴，成为匈奴南侵的向导和前锋。

第六节　吕后专政

在汉代，妇女有较高的社会地位。作为最显著的史例，人们对于吕后专政印象极深。

吕后名雉，单父（今山东单县）人。其父吕公避仇家，迁居沛县，在一次宴会上结识刘邦，见其状貌风度而重敬之，于是将女儿吕雉许配给他。刘邦为亭长，曾告归于田，吕雉也有从事田间农耕作业的经历。楚汉战争中，刘邦军失利时，吕雉和刘邦父母曾经被项羽俘获，拘于军中以为人质。汉王四年（前203），战争形势发生变化，刘项言和，吕雉和刘邦父母获释。第二年，刘邦称帝，立吕雉为后。

吕后有谋略且为人刚毅而狠厉，在刘邦剪除异姓诸侯王时曾经临事决断，发挥了重要的作用。高帝十年（前197），刘邦率军平定陈豨叛乱，吕后留守长安。她听说韩信有诈赦诸官徒、举事策应陈豨的企图，于是与萧何商议，谎称前线来报陈豨已死，令韩信入宫贺。韩信入宫，被处死于长乐宫钟室，并夷灭三族。高帝九年（前198）刘邦击陈豨时，至邯郸，向都于定陶的梁王彭越征兵。彭越称病，只派遣属将率兵前往。刘邦怒，废彭越为庶人，徙居蜀地。彭越行至郑（今陕西华县），路遇东行前往雒阳（今河南洛阳东）的吕后，自言无罪，请求徙处昌邑（今山东金乡西）。吕后以为彭越至蜀则自此遗患，于是与其俱往雒阳。随后又指使人诬告彭越谋反，夷灭其宗族。

吕后之子刘盈即后来的汉惠帝被立为太子，刘邦以为刘盈性情柔弱不可执政，曾经准备另立戚夫人子赵王如意为太子。由于吕

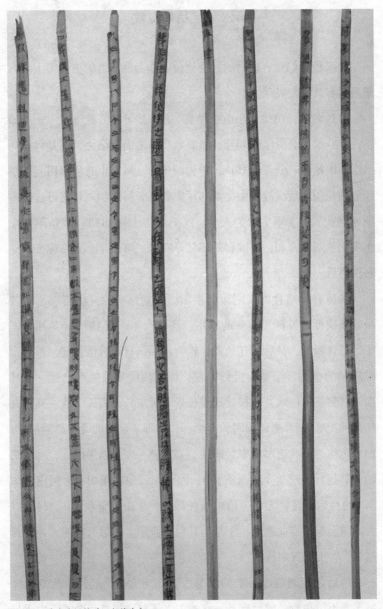

图 6-4　张家山汉简《二年律令》

后和诸大臣反对，废太子之议没有实现。刘邦去世后，吕后杀害赵王如意，又砍断戚夫人手足，去眼煇耳，饮药令其不能言，置于厕中，称之为"人彘"。对于其他刘氏诸王，吕后也加以残害。汉惠帝因吕后的残虐而惊怖，从此不再听政，后来郁悒病逝。

汉惠帝死后，吕后临朝称制，封吕氏子弟吕台、吕产、吕禄等为王，控制了京师卫戍部队，又擅权用事，排斥老臣，拔擢亲信。一时"号令一出太后"[11]。

吕后称制，造成了西汉王朝上层的政治矛盾和政治危机。但是她在称制的八年期间，仍然继续执行了与民休息的政策，奖励农耕，又废除了《夷三族罪》和《妖言令》等苛重的法令。因此，在这一时期，社会比较安定，经济生产也得以逐步恢复。张家山汉简《二年律令》被许多学者认为是吕后二年（前186）实行的法律。其中的内容体现出当时法令的严密和完备。

由于刘邦生前与大臣有"非刘氏而王，天下共击之"的誓约，吕后以诸吕为王，遭到刘氏宗室和诸大臣的强烈反对。

吕后临终时，曾经告诫诸吕据兵卫宫，防止大臣为变。吕后死后，诸吕把握南北军的指挥权。太尉周勃不得入军中主兵，只得伪用符节以非法形式入北军。北军指挥官吕禄放弃了军权，解印而去。朱虚侯刘章在未央宫击杀南军指挥官吕产。于是长安形势得以控制。反对吕氏的势力又分部悉捕诸吕男女，无论年龄长幼一律处斩。诸大臣议定迎立代王刘恒为帝，是为汉文帝。

第七章

文景无为而治

　　刘邦去世后，西汉王朝又经历了汉惠帝在位以及吕后专政的时代，随后进入汉文帝刘恒和汉景帝刘启当政的文景时期。文景两代三十九年间，政局稳定，经济得到显著的发展，历来被看作安定繁荣的盛世的典型，史称"文景之治"。从社会经济文化进步的总历程看，文景时代的成就使秦以来的历史由急峻渐而宽和，由阴暗转向光明。"文景之治"为汉武帝时代的历史进步提供了基础。

文景之治

　　汉文帝和汉景帝执政年代，以"无为"政治原则管理国家，取得了非凡的政治成功，史称"文景之治"。当时执政集团上层减免赋税，改革刑法，提倡节俭，使得社会经济得以恢复和发展。贾谊"为富安天下"的设计，即以经济发展保证政治安定的战略预想，在文景时代基本实现了。首先是体现了开明执政的理念，为后世行政提供了典范。以"资治"为宗旨的中国传统政治史观，将"文景之治"看作典型的盛世。人们在文景时代发现政治榜样，汲取政治营养，寻求政治启示。"文景之治"已经成为一个代表政治成功的特殊文化符号。

第一节　无为无不为

西汉王朝的政治管理与秦王朝的政治管理相比较所表现出的历史性的进步、所提供的历史性的经验，都可以于"文景之治"中得到突出的说明。西汉王朝政治风格的优异之处，也因"文景之治"为史家所瞩目。

汉初上层领导集团以崇奉黄老之学作为基本政治导向，努力推行清静无为的政治方针。黄老之学主张"无为无不为"，这一原则应用于政治范畴，就是强调少有急切的举措，避免苛烦扰民，使社会生活在自然的状况下得以安定。史书关于汉初政治的记载，如《汉书·楚元王传》所谓"持老子知足之计"，《史记·曹相国世家》所谓"治道贵清静而民自定"，《史记·汲郑列传》所谓"其治，责大指而已，不苛小"等，都体现了这种政治风格。

清静无为的政治思想原则在汉初典籍中有集中的体现。长沙马王堆汉墓出土的帛书中，《道法》所谓"至正者静，至静者圣"，《称》所谓"善为国者，太上无刑"，《名理》所谓"重柔者吉，重刚者灭"等，都反映了这样的政治思想。

图7-1 广东广州南越王赵眜墓出土透雕龙
凤纹双环佩 赵眜是赵佗之孙，其墓出土了
大量的陪葬品，做工精巧，可知当时工艺水
平之高。

　　回顾历史，我们可以看到，积极进取的精神对于政治成功往往
有重要的作用。但是我们还发现，在某些历史背景下，中国带有原
始朴素色彩的"重柔者吉"的辩证法应用于政治生活中，其实有时
可以表现出神奇的力量。汉初政治的成就就是例证之一。

　　无为而治的思想在当时曾经占据着正统的地位。

　　成书于汉武帝初年的《淮南子》一书，可以视作汉初思想的
总结。其中《原道》篇所谓"漠然无为而无不为也，澹然无治也
而无不治也"，也阐述了这一思想原则。在行政实践中推行这样
的原则，就应当做到如《淮南子·览冥》中说到的"除刻削之法，
去烦苛之事"，以及《淮南子·齐俗》中说到的"上无苛令，官
无烦治"。

无为政治看起来有消极保守的倾向，从某种角度看，却透露出一种科学的客观主义精神。

在汉文帝、汉景帝时代，对边地少数民族也尽量避免战争，努力维护和平相安的关系。

在吕后专权的时代，有关部门提出严格控制关市，在铁器等先进生产工具的流通方面对南越国实行封锁。南越王赵佗因而愤怒，采取和中央政府相对抗的态度，自立为南越武帝，又北上发兵，攻汉南边长沙国。在吕后发军击南越以后，南越与汉王朝正式进入交战状态。因为气候条件的不适应，汉军不能逾岭，两军事实上在南岭一线相持了一年之久，吕后去世方才罢兵，于是出现了所谓"（赵）佗得以益骄"的局面。汉文帝即位，对于吕后时代政治多所否定，为赵佗在真定（今河北石家庄）的家族墓地置守邑，岁时祭祀，又尊官厚赐予赵佗亲属以示优遇。据《汉书·南粤传》记载，汉文帝又派陆贾为使者出使南越，赐书致意，文辞颇为诚挚。赵佗为这篇言辞恳切、情感亲和的外交文书所打动，致书谢罪，自称"蛮夷大长老夫臣佗"，表示愿意长为藩臣，奉贡职，并宣布废去帝制。

于是，自陆贾还报，一直到汉景帝时代，南越称臣遣使入朝。虽然据说南越在国内仍然暗自沿用旧的称号，但是使臣入见天子时，称王朝命如诸侯之礼。

汉文帝后元二年（前162），与匈奴订立和亲之约。此后虽然匈奴屡次背约侵犯北边地区，但是汉文帝只是诏令边郡严加守备，并不组织军队主动出击，以避免加重百姓的负担，使恢复不久的正常经济生活再次受到破坏。

汉文帝即位不久，就废除了诽谤妖言之罪，认为这一罪名使得众臣不敢尽情直言，而皇帝也无法得知自己的过失，允许臣下大胆提出不同的政见。汉文帝十五年（前165），他又诏令诸侯王公卿及地方行政长官推荐品学贤良能直言极谏者，亲自策问，接受其合理的政治建议并且予以任用。

秦代以来，有所谓"秘祝"之官。每当发生灾异时，令"秘祝"之官祈祝，将罪过和不幸转移于臣下和百姓。汉文帝十三年（前167）下诏废除这一制度，并且声明：百官的过失都应当由我承担，今"秘祝"之官移过于下，是公开张扬我的不德，实在是我不能赞同的。

文景时代比较宽和的政治空气，有利于当时社会经济的发展和文化的进步。

第二节　汉文帝刑法改革

汉文帝对秦代极端严酷的刑罚制度进行了重大的改革。

《史记·孝文本纪》记载，汉文帝十三年五月，齐太仓令淳于公有罪当刑，诏狱逮徙系长安。他的小女儿缇萦伤心感泣，于是随其父至长安，上书说："妾伤夫死者不可复生，刑者不可复属，虽复欲改过自新，其道无由也。妾愿没入为官婢，赎父刑罪，使得自新。"她说，处死刑者不可以回生，处肉刑者不可以恢复为健全的人，他们即使想改过自新，也没有可能了；并表示愿意以自身为官婢，以赎父亲的刑罪，使他能够自新。汉文帝为她的上书所感动，下令废除肉刑。而《汉书·刑法志》在"其除肉刑"诏令之后，又有官吏执行落实的记录。肉刑是人为造成残疾的刑罚形式。汉文帝宣布"除肉刑"，是刑法史上的一次重大进步。汉景帝即位后颁布诏书颂扬汉文帝功德，将"去肉刑"与"赏赐长老，收恤孤独，以育群生"相并列，以为"此皆上古之所不及，而孝文皇帝亲行之，德厚侔天地，利泽施四海，靡不获福焉"。[1]肉刑的废除显然是一种进步措施。有学者评论说："举千数百年相沿之成法，一旦欲变而易之，此非有定识以决之，定力以行之，则众说之淆乱足以惑其聪明，众力之阻挠足以摇其号令，故变之难也。文帝因一女子之书发哀矜之念，出一令而即施行，其定识、定力为何如？"[2]对汉文帝的见识和魄力给予了肯定。

汉文帝的刑法改革主要包括如下内容：

第一，秦法规定，大多数罪人都没有确定的刑期，服劳役者往往终生不能解脱。汉文帝诏令重新制定法律，按照犯罪情节的轻重，规定不同的服役期限。罪人服役期满，则当免为庶人。

第二，秦法规定，罪人的父母、兄弟、姊妹、妻子和子女都要连坐，重者甚至处死，轻者则没入为官奴婢。这一制度称作"收孥相坐律令"。汉文帝对这一法令明令予以废除。

第三，秦法规定，对罪人施行黥、劓、刖、宫四种残酷的肉刑。汉文帝诏令废除黥、劓、刖三种肉刑，改以笞刑代替。汉景帝时代，又进一步减轻了笞刑。

上述法制改革的后两项内容虽然实际上并没有得以完全落实，但是汉文帝和汉景帝统治时期的许多官员能够执法宽厚，断狱从轻，于是狱事比较清明，刑罚比较简省，一般民众所受到的压迫可能较秦代有所减轻。

《史记·张释之冯唐列传》记载，一次汉文帝出行，途经中渭桥，有行人突然冲犯其车马。汉文帝要求严厉惩处，而主持司法的廷尉张释之则主张严格按照刑法治以罚金之罪。汉文帝大怒，以为惩罚过轻。张释之则坚持说，"法者，天子所与天下公共也"，现在法律条文规定如此，而处罚却要依据陛下个人的情感倾向无端加重，则必然会使法律在民众心目中的确定性和严肃性受到损害。事后，汉文帝承认张释之的意见是正确的。这一故事说明当时一些重要的执法官员能够以公正为原则，而汉文帝以天下之尊，在盛怒之下也能够虚心纳谏。

第三节　躬修俭节风格

《汉书·食货志上》说，"文帝即位，躬修俭节，思安百姓"，对于当时经济的恢复和发展有重要的意义。

在汉初经济恢复阶段，据说皇帝乘车不能驾用同样毛色的马，有的将相甚至不得不乘坐牛车。汉文帝是历史上著名的讲究节俭的帝王。他在位二十三年，据说宫室苑囿狗马服御等无所增益。起先曾经规划在宫中建造一座露台，召工匠预算，大约要花费百金，汉文帝得知后说道：百金相当于中等人家十户的产业，我居住在先帝营造的宫殿中，已经常常感到惶恐羞愧，为什么还要建造新台呢？

每逢灾荒之年，汉文帝往往令诸侯不必进贡，又解除"山泽之禁"，即开放以往属于皇家所专有的山林池泽，使民众能够通过采集渔猎及副业生产保障温饱，度过灾年，扭转经济危局。汉文帝还宣布降低消费生活的等级，精简宫中近侍人员，以减轻社会的负担。

汉文帝还曾经多次下诏禁止郡国贡献奇珍异物。他平时常穿着价格平易的黑色织品，所宠爱的慎夫人也衣不曳地，宫中的帏帐不施纹绣，为天下做敦朴节俭的榜样。

汉文帝力倡节俭的极端表现，是他在营建自己的陵墓霸陵时，提出了薄葬的原则。据《史记·孝文本纪》说，汉文帝明确指示埋葬时"皆以瓦器，不得以金银铜锡为饰，不治坟"，即随葬品使用陶器，地宫不用豪华的装饰，陵上地面不筑封土，以求俭省，不致烦扰民众。临终时，他在遗诏中又重申薄葬的意愿，并且具体规定了减省葬祭之礼的内容，明令"霸陵山川因其故，毋有所改"。

根据后来霸陵也曾经出土珍宝之器的传说，有人疑心汉文帝霸陵薄葬只是一种政治宣传。其实，霸陵因山为陵，没有动员大量民众从事土木工程，是确凿无疑的。墓中随葬品的等级和数量，可能因入葬时情形之复杂，有与汉文帝个人意愿不尽相合的情形出现。还有一种因素也未可排除，这就是汉景帝的母亲窦太后是在汉武帝建元六年（前135）方才去世的，并与汉文帝合葬霸陵。也就是说，即使霸陵随葬品丰富，也有汉景帝的母亲窦皇后在汉武帝时入葬霸陵的因素。西汉皇室女性地位相当高。其时天下空前富足，在汉武帝已经成年的情况下，祖母逝世，也是不可能迁就汉文帝二十余年前的遗制实行薄葬的。以这一思路考虑汉文帝霸陵是否薄葬之谜，可能是适宜的。《汉书·东方朔传》说，窦太后之女馆陶公主寡居，"年五十余矣，近幸董偃"，金钱恣其所用，曾经令中府："董君所发，一日金满百斤，钱满百万，帛满千匹，乃白之。"而最终"窦太主卒，与董君会葬于霸陵"。由此也可以推知在世风浮侈的影响下，后来盗掘霸陵"多获珍宝"，有可能是陵园中其他从葬者的随葬品，而未可作为否定汉文帝霸陵薄葬的直接依据。

第四节 贾谊的战略思想

贾谊是西汉文帝时的政论家、思想家。他的政治思想在当时推动了社会进步，对后世也有重要的影响。

高帝七年（前200），贾谊生于洛阳。十八岁时，就以熟读诗书、善属文章闻名。后来被河南守吴公召置门下。汉文帝即位后，听说吴公曾师事秦时名相李斯，又号称治政为天下第一，于是征以为廷尉，主持天下司法。因吴公的推荐，贾谊得任为博士。吴公以"治政"闻名，贾谊因吴公举荐，可知贾谊得以入朝，大约主要不是因其文采，而是因其政识。贾谊当时不过二十余岁，是朝中最年轻的博士。"每诏令议下，诸老先生不能言，贾生尽为之对，人人各如其意所欲出。诸生于是乃以为能，不及也。"[3]于是贾谊被破格提拔为太中大夫。

汉文帝十分赏识贾谊的识见，曾经准备任贾谊为公卿，但是因为周勃、灌婴等老臣的反对，未能实现。后来任贾谊为长沙王太傅。贾谊在长沙著《鵩鸟赋》，发抒内心的怨郁哀伤。后来汉文帝思念贾谊，又曾特地召见，问鬼神之事于宣室殿，君臣畅谈至夜半。后人因此有"不问苍生问鬼神"的诗句[4]，感叹其政治思想受到漠视。贾谊又被任命为梁怀王太傅。汉文帝十一年（前169），梁怀王坠马而死。贾谊自伤失职，后悲郁去世，年仅三十三岁。

据《汉书·艺文志》著录，贾谊的政论著作有《贾子》五十八篇、赋七篇。今本《新语》是后人纂辑的贾谊著作汇编。

贾谊的《过秦论》，是最早的较系统地总结秦王朝兴亡的历史，较全面地分析秦政之功过得失的著名政论。司马迁在《史记·秦始皇本纪》中，已经大段引录了贾谊《过秦论》的内容，并且真诚地感叹道："善哉乎贾生推言之也！"

《过秦论》说秦以弱胜强，终于实现统一，"鞭笞天下，威振四海"，然而迅速败亡，原因在于"仁义不施，而攻守之势异也"。

这里所说的"仁义不施"，是指责秦王朝的统治者以暴虐之心与暴虐之术治国，终于导致了不可挽救的政治危局。贾谊还批评说："秦王怀贪鄙之心，行自奋之智，不信功臣，不亲士民，废王道而立私爱，焚文书而酷刑法，先诈力而后仁义，以暴虐为天下始。"而秦二世又"重以无道"，更变本加厉地推行暴政，"坏宗庙与民，更始作阿房之宫，繁刑严诛，吏治刻深，赏罚不当，赋敛无度"，以致"天下多事，吏不能纪；百姓困穷，而主不收恤"。最终"奸伪并起"，"天下苦之"，"自群卿以下至于众庶，人怀自危之心，亲处穷苦之实，咸不安其位，故易动也"。从高官贵族到平民百姓，人人自危，因此形成了一旦发生变乱，就迅速土崩瓦解的政治局面。

秦政之失，在于"吏治刻深"与"赋敛无度"，是人们大都注意到的。贾谊特别指出秦始皇"行自奋之智，不信功臣，不亲士民，废王道而立私爱"的事实，实际上涉及秦王朝专制政治在体制方面的根本弊病。

贾谊说："秦王足己而不问，遂过而不变。二世受之，因而不改，暴虐以重祸。"这样的政权，"亡不亦宜乎"？他以为极端专制的秦王朝迅速灭亡，是历史的必然。贾谊还具体描述了秦政的这一特色："秦俗多忌讳之禁也，忠言未卒于口，而身糜没矣。故使天下之士侧耳而听，重足而立，阖口而不言。"言论的严格禁锢是专制制度的突出特征。不过，这种禁锢并不能平息民众的怨愤，反而会激起更强烈的反抗。正如《过秦论》所指出的，"秦之盛也，繁法严刑而天下振；及其衰也，百姓怨而海内叛矣"。

所谓"攻守之势"有"异"的观点，体现出贾谊清醒的政治识见。

贾谊指出："夫并兼者高诈力，安定者贵顺权，此言取与守不同术也。秦离战国而王天下，其道不易，其政不改，是其所以取之守之者无异也。"也就是说，"攻"与"守"，"并兼"与"安定"，"取"天下与"守"天下，夺取政权与巩固政权，战争时期谋求并兼与和平时期谋求安定，其政治方针、政治策略、政治风格，也就是贾谊所谓"术""道""政"等，应当是有所不同的。

然而秦实现统一之后，却仍然未能改变战时的政治形式，所以"取之"的政策与所以"守之"的政策竟然没有区别。秦王朝最高统治者仍然以取天下的政治方针应对守天下的政治现实。秦始皇的统治思想尚未完成应有的时代性转变，以这种思想为基础制定的关东政策自然表现为恐怖的虐杀和苛重的赋役，其结果终于导致秦王朝的迅速败亡。

贾谊所谓"攻守之势异也"，所谓"取与守不同术也"，提出了治国思想的一个重要原理。贾谊的这一认识，是《过秦论》的思想精髓。

贾谊先后多次上疏陈治安之道，这些奏疏被后世史家称为"治安策"，又题"陈政事疏"。

《治安策》比较集中地反映了贾谊的主要社会思想和基本政治主张。《治安策》作为贾谊代表性的主要论著，也是体现对后世政论有重要影响的贾谊政论文风格的典型。

贾谊在《治安策》中对汉初的社会问题和政治弊病进行了深刻的揭露，并且提出了一系列对策。

汉初以来，中央政权与诸侯势力的矛盾，长期成为危害政治安定的严重隐患。由于中央政府政策的宽容，一些诸侯王确有与朝廷分庭抗礼的倾向。面对当时的这一形势，贾谊建议及早采取有力措施抑制与朝廷离心的势力。他提出"众建诸侯而少其力"的办法，削弱其实力。后来吴楚七国之乱的发生，证实了贾谊的政治预见。而汉武帝时代"削藩"事业的成功，实际上也采用了贾谊"众建诸侯而少其力"的策略。

贾谊的《治安策》主张确立等级制度，"令君君臣臣上下有差，父子六亲各得其宜"。专制制度下的"等列"体系，使高下尊卑形成确定不移的"理势"，"等级分明，而天子加焉，故其尊不可及也"。他认为，"此业一定，世世常安"。这样的主张对于汉初及整个汉代政治体制的形成与巩固有重要的影响。

贾谊还认为礼谊与法令、教化与刑罚不可偏废，特别强调倡导礼乐，"厉廉耻，行礼谊"，实行以儒学为主体的道德教化，以"移风易俗，使天下回心而乡（向）道"。汉武帝时代，确定了儒学在百家之学中的主导地位，实现了《汉书·武帝纪》所谓"罢黜百家，表章'六经'"的历史性转变。儒学地位的这种上升，当然已经超过了《治安策》中的设计，但是贾谊重视文化建设作用的治国思想顺应历史方向的意义，确实是值得肯定的。

治国务在"安民"的主张，是儒学民本思想的基本内容之一。贾谊《新书·大政上》写道："闻之于政也，民无不为本也。国以为本，君以为本，吏以为本。"他又指出："夫民者，至贱而不可简也，至愚而不可欺也。故自古至于今，与民为仇者，有迟有速，而民必胜之。"民为邦本，民众虽然至贱至愚，却不可以简慢，不可以欺压。在任何时代，敢于与民众为敌者，或早或晚，最终将为民众所战胜。而以民为本的治国思想，应当落实于使民众得到看得见的物质利益的有效政策上。对于这样的主张，贾谊是这样表述的："夫为人臣者，以富乐民为功，以贫苦民为罪。"也就是说，执政者成功的政绩应当表现为使民众"富乐"。

《汉书·食货志上》说，"文帝即位，躬修俭节，思安百姓"，对于当时经济的恢复和发展有重要的意义。实际上，所谓"为富安天下"，在实现"文景之治"的时代，已经成为汉王朝的基本国策。

第五节　为富安天下

除了削省刑罚、避免征战而外，轻徭薄赋也是清静无为的政治思想的体现。

汉初，西汉政府对当时的社会形势有比较清醒的认识，对征发兵役和徭役有所节制，又曾经多次对农民减免田租。汉文帝时代，多次下诏劝课农桑，还在农村乡里设"力田"之职，作为最基层的农官，经常和"三老""孝悌"一同得到政府的赏赐。西汉王朝以这样的方式鼓励农民发展生产，取得了明显的效果。

在汉文帝时代，直接从事耕作的农民的负担得以减轻。汉文帝二年（前178）和十二年（前168），曾经两次宣布将租率减为三十税一。十三年（前167）还宣布全部免去田租。三十税一成为汉代的定制。

汉文帝时代，算赋也由每人每年一百二十钱减少到四十钱。

汉初统治者一改秦时徭役繁重之苛政，注意以"省徭役，以宽民力"作为执政原则。如修筑都城长安的城墙这样重要的工程，直至汉惠帝时才开始经营。

《汉书·惠帝纪》记载，汉惠帝元年（前194）春正月，修造长安城墙；三年（前192）春，"发长安六百里内男女十四万六千人城长安，三十日罢"；同年六月，又调发诸侯王、列侯徒隶二万人城长安；五年（前190）春正月，再次调发长安六百里内男女十四万五千人承担长安筑城的劳役，三十日解除。这就是说，修筑长安城墙这样重大的工程项目，调用民力十分有限，劳役人员来自长安六百里内，人数最多十四万六千人，工期也以三十日为限。

汉文帝时，徭役征发制度又有新的变革，一般民众的负担减少到每三年服役一次。

汉景帝二年（前155），又把秦时十七岁傅籍，即正式成为征发徭役对象的制度，改为二十岁傅籍，而著于汉律的傅籍年龄则是二十三岁。汉景帝中元元年（前149），诏令诸侯王丧葬，包括开掘墓圹、修治墓冢及送葬等事，征用民役不得超过三百人。

汉初统治者实行与民休息的政策，对于促进当时社会经济的恢复和发展有重要的作用。

《汉书·食货志上》说，汉文帝在位时，贾谊曾经建言重视农耕。他说，驱使民众归于农耕，就意味着依附于国家经济的根本，如此则可以使天下各食其力。贾谊以为，这样则"可以为富安天下"。这位有识见思想家的"为富安天下"即通过发展经济以保障安定的政治设计，在文景时代基本上实现了。

当时，一系列合理的经济政策促进了战乱之后农人回归于农耕生产实践。汉初功臣封侯，据《汉书·高惠高后文功臣表》说，诸侯实力较大的不过万家，小者则只有五六百户。可是，到了文景时代，流民逐渐返回故土，户口也逐渐有所繁息，列侯实力较大的，可以拥有三四万户，小国与先前比较，也往往户口倍增，经济富足的程度，也大致如此。户口的充分回归与迅速增长，是社会生产逐步走向安定有序并实现正常化的反映。西汉王朝的国力也因此得到了空前的充实。

荀悦《汉纪·文帝二年》引述了晁错这样的话：现今农夫五口之家，其直接劳作者不过二人，其能够耕种的田地不过百亩，百亩农田收益的谷物不过三百石。有的学者据此推断，当时农业生产恢复并且得到发展，粮食亩产已经赶上并略超过战国后期的水平了。"汉时小亩比战国时的周亩略小"，因而"单产实际上是提高了"，"折合今量就是产粟281市斤／市亩"。[5]

《史记·平准书》有一段关于当时经济形势的记述，形象具体地反映了国家经济实力的充足和民间经济生活的富足：从汉初经历文景时代至于汉武帝即位之初的七十年间，国家没有经历严重的政治动乱，又没有遭遇严重的水旱灾荒，于是民间人给家足，城乡的大小粮仓也都得以充盈，而朝廷的财政也历年有所盈余。京师的钱财累积至于千百万，以致钱贯朽坏而不可清校。国家粮仓太仓的存粮年年堆积，陈陈相因，至于满溢而堆积于露天，导致腐败不可食用。民间大小民户都风行养马，阡陌之间驰游成群。人们竞相逞示富饶，骑乘母马的人甚至没有资格参与乡间聚会。[6]

农耕经济的空前发展，使得粮价普遍降低。楚汉战争时，有"米石至万""米斛万钱"的记载。[7]而据《太平御览》卷三五引桓谭《新论》，汉文帝时谷价至于每石数十钱。据《史记·律书》记载，当时粮价甚至有曾经达到每石"粟至十余钱"的历史记录。

第六节　削藩与吴楚七国之乱的平定

文景时代推行的政治方针使国家安定、经济富足，但是匈奴贵族因为未曾遭到有力的反击，对汉地的侵扰愈益频繁。

就内地局势而言，因为中央政府政策的宽容，一些诸侯王也有与朝廷分庭抗礼的倾向。汉景帝三年（前154）终于爆发了史称"吴楚七国之乱"的吴王刘濞、楚王刘戊、赵王刘遂、济南王刘辟光、菑川王刘贤、胶西王刘卬、胶东王刘雄渠的联合叛乱。

刘濞是刘邦哥哥刘仲的儿子。二十岁时，他曾经从刘邦平定黥布反叛，被刘邦立为吴王，封地有三郡五十三城。

吴地豫章郡（郡治在今江西南昌）有铜矿，于是招致天下亡命者盗铸钱，又利用海盐资源，所以虽不向百姓征收赋税而国用饶足。

汉文帝时，吴太子来到长安，曾经与皇太子，也就是后来的汉景帝一同宴饮游艺。吴太子性情骄悍，在由六博游戏而引发的争执中言语不恭，皇太子怒，以博局掷吴太子，竟然致死。后来吴太子归葬于吴，吴王刘濞愤愤地说，天下刘姓都是一宗，死在长安就葬在长安罢了，何必归葬！此后心中怨望，不再遵守藩臣的礼节，称病不朝。又利用铜山海盐的资源优势，吸引人口，发展经济，积累三十余年，得到国中民众的拥戴。

汉景帝即位后，曾经任太子家令的晁错就任御史大夫，提醒汉景帝说，刘濞长期以来愈益骄恣，又即山铸钱，煮海为盐，招诱天下流亡人口，预谋发动叛乱。现在削夺其封地，可能会发生反叛；可是不削夺其封地，终究也会发生反叛。削之，则反叛较早，祸害较为轻微；不削，则反叛较迟，祸害更为严重。晁错又因楚王刘戊的过失，削夺其东海郡（郡治在今山东郯城）。此前赵王刘遂封地中的常山郡（郡治在今河北元氏西北）被削夺，胶西王刘卬也被削夺六县之地。当朝廷正在讨论削吴事宜时，刘濞曾经亲自前往胶西国，与刘卬商议反叛，有"天下可并，两主分割"的密约。不久，削吴会稽、豫章两郡的诏书颁布，刘濞正式约胶西、胶东、菑川、济南、楚、赵诸国一同反叛。

叛军以诛贼臣晁错，清君侧，"以安刘氏"为名，军势浩大。刘濞举事，闽越、东越也曾发兵追随。据说赵王刘遂甚至还私下派使者请匈奴发军策应。

在复杂危急的形势下，汉景帝曾经一度犹疑，听从前吴相袁盎的建议杀晁错，希望能够平息叛乱，但是刘濞并未因此罢兵。

太尉周亚夫受命率三十六将军平定吴楚之乱。周亚夫会兵荥阳

（今河南荥阳东北），用邓都尉的计谋，引兵东北，坚壁昌邑（今山东金乡西）以南，隔断吴楚与胶西、胶东、菑川、济南、赵诸国叛军的联络。他采取放弃梁国的策略，使吴楚兵在攻梁的战役中消耗实力，又派遣轻兵据淮泗口截断吴军粮道。据《史记·吴王濞列传》，吴楚叛军首先攻击梁国。棘壁一役，杀梁人数万。后来，吴王刘濞率领的诸侯军主力在梁国遭遇顽强的抵抗。吴军"尽锐攻之"，而"吴兵欲西，梁城守坚，不敢西"。梁国作为与汉王朝中央同心的诸侯势力中最坚强的据点，对于稳定战局作用甚大。梁军和吴军在这里相持三个月，最终叛乱被平定，据说梁军和汉王朝军队取得的战功彼此相当。

吴楚七国之乱，作为汉初以来最严重的政治危机，是对汉王朝严峻的政治考验。西汉王朝凭借文景以来所创造的稳固的政治基底和雄厚的经济实力，迅速平定了叛乱。吴楚叛乱发生于正月，三月即告终结。吴王刘濞被东越人所杀。

文景时代的社会进步，是和清静无为的政治原则的推行分不开的。然而，在好大喜功的汉武帝专政时代，急进的政治倾向又占了上风，上层统治集团集中权力，强化专制，扩张疆土，大规模征调民力为自己争得更多的利益，政治经济形势于是又发生了重大的变化。

第八章

汉武帝与汉武帝时代

汉武帝在位五十四年，是中国古代统治年代比较长的帝王。汉武帝时代，西汉王朝开始进入全盛时期。作为雄才大略的政治家，汉武帝的政治思想与政治实践在历史上留下了深刻的足迹。汉武帝时代，以汉族为主体的统一的多民族国家得到空前的巩固，汉文化的主流形态基本形成，中国开始以文明和富强的政治实体和文化实体闻名于世。汉武帝时代是英才荟萃的时代，文学、史学、哲学、政治学、经济学、军事学等，在这一时期都有繁盛丰实的创造性的成果。当时的西汉帝国以其精神文化和物质文化的辉煌成就成为东方文明的骄傲，在林立于世界的不同文化体系之中居于领先的地位。汉武帝时代的政治体制、经济形式和文化格局，对后世都有相当重要的历史影响。司马迁在《史记·太史公自序》中说到历史之总结，在于"原始察终，见盛观衰"，就是考察其由始至终的过程，分析其盛衰转化。"盛"与"衰"并不仅仅是指王气的兴旺与凋灭，其实又意味着一个历史时期社会创造力总和的价值，意味着生活在这一时期的人们的思想成就在人类智慧宝库中的比重，意味着这一时期向历史总体奉献的精神产品与物质产品的数量与质量，意味着这一时期文明进步的速度。也就是说，"盛"与"衰"的演变，在某种意义上也可以理解为历史节奏与文化节奏变化的征象。从这样的角度来理解，汉武帝时代可以说是中国历史上真正的盛世。

第一节　汉之得人，于兹为盛

公元前 141 年，十六岁的汉景帝子刘彻即位，是为汉武帝。汉武帝在位五十四年间，将历史推进到新的阶段。

按照班固在《汉书·武帝纪》赞语中的说法，汉武帝"畴咨海内，举其俊茂，与之立功"。他的功业其实是当时"海内""俊茂"们共同创立的。

《汉书·公孙弘卜式兒宽传》最后的赞语写道，汉武帝时代是两汉时期中在识人用人方面最值得肯定的历史阶段，"汉之得人，于兹为盛"。当时的"儒雅"之士如公孙弘、董仲舒、兒宽，"笃行"之士如石建、石庆，"质直"之士如汲黯、卜式，"推贤"之士如韩安国、郑当时，"定令"之士如赵禹、张汤，"文章"之士如司马迁、司马相如，"滑稽"之士如东方朔、枚皋，"应对"之士如严助、朱买臣，"历数"之士如唐都、洛下闳，"协律"之士如李延年，"运筹"之士如桑弘羊，"奉使"之士如张骞、苏武，"将率"之士如卫青、霍去病，"受遗"之士如霍光、金日磾等，都在历史上留有盛名。而"其余不可胜纪"，如"飞将军"李广等其他体现出汉武帝"得人"之智的英雄人物不可能一一记录。班固总结说："是以兴造功业，制度遗文，后世莫及。"他认为汉武帝时代的"功业""制度"之所以具有突出的历史地位，正是由于汉武帝身边集聚了一个在文化资质上同样"后世莫及"的人才群体。

公孙弘家贫，曾经在海滨牧猪，因为儒学学术素养的优越，被推荐到中央政府；后来任为丞相，破格封侯，曾积极参与国家大政决策。卜式早年在山中牧羊，因以资财支持汉武帝征伐匈奴的战争，又曾提出合理的行政建议，任地方长官多有政绩，被任命为御史大夫。兒宽出身贫穷书生，曾经受人雇用耕作，田间休息时诵读儒学经典；负责关中行政时，积极开发水利，合理征收赋税，对于地方经济发展有很大贡献，后来被任命为御史大夫。班固分析说，这样的人才以"鸿渐之翼"而曾经"困于燕雀"，如果不是汉武帝的识拔，怎么可能做出重要的历史贡献呢？班固还指出，经历文景之治后，汉王朝在安定的形势下有了丰厚的经济积累，然而四境尚未宾服，制度建设还有许多空白，汉武帝"方欲用文武，求之如弗及"，热切期望、寻求人才。他用以草裹轮来减震的"蒲车"恭敬地迎接著名学者枚生。对于虽"家贫"，"为客甚困"，然而就战胜匈奴提出战略性谋划的主父偃，汉武帝也曾经有"何相见之晚"的感叹。杰出人才受到重视，产生了明显的社会效应，一时海内出现"群士慕向，异人并出"的形势。班固说，除了"卜式拔于刍牧"而外，理财名臣桑弘羊出身于地位低下的商贾之家；大将军卫青原本是奴仆；金日磾则"出于降虏"，身份本是匈奴战俘。班固认为，汉武帝发现和使用的这些人才，其实都是古时"版筑饭牛之朋"[1]啊。

汉武帝时代是中国古代文化史上的英雄时代。不过，这一现象的出现，并不完全如班固所说，都是汉武帝个人的作用。群星的闪耀是因为当时社会文化的总体背景，曾经形成了中国古代历史中并不多见的澄净的晴空。

第二节　削藩的成功与"中朝"的出现

汉武帝即位时，西汉社会经过汉初六七十年的休养生息，遭到秦代暴政和秦末战争严重破坏的经济机制得以恢复。国家积累了相当充实的财富，也具备了可以调整中央和地方关系的实力。经过汉景帝时对吴楚七国之乱的平定，同姓诸侯王的势力大为削弱。在这样的历史条件下，汉武帝为了巩固大一统的国家，加强专制的中央集权，又进行了多方面的努力。

元朔二年（前127），汉武帝采纳了主父偃的建议，下"推恩令"，允许诸侯王推"私恩"，把王国土地户口的一部分分给子弟为列侯，由皇帝确定这些侯国的名号。一方面，"推恩令"使诸侯王多分户邑以封子孙，致使王国里不断分出若干由郡统辖的小侯国。一时诸王的子孙都得以成为列侯，这就是《汉书·王子侯表》所说的"支庶毕侯"。另一方面，对于一直渴望削弱地方诸侯势力的王朝中枢来说，这一政策收到了《汉书·诸侯王表》所谓"不行黜陟而藩国自析"的效用，中央政府不必专意打击损抑，各个诸侯国已经在实际上自行解体。

随后发生了淮南王刘安和衡山王刘赐谋反的事件。汉武帝利用此案，在元狩元年（前122）下令尽捕他们的宾客党羽，牵连致死的多达数万人。汉武帝又颁布"左官律"和"附益之法"，规定王国职官为"左官"，宣示其等级低下，明确歧视之意，以此控制人才流向，压抑诸侯王属下官吏的地位，严惩服务于诸侯王的犯罪官吏；并且严格限制士人和诸侯王交游，又严禁朝臣外附诸侯王，限制诸侯王结党营私。

此后，诸侯只能衣食租税，不得参与政事。诸侯王宗族中支脉疏远的人，逐渐与一般民户没有什么差别了。

元鼎五年（前112），汉武帝又借口列侯所献宗庙祭祀用的酎金分量和成色不足，夺爵一百零六人。其他列侯因为其他原因而陆续失去爵位的，也不在少数。

自汉初以来，继承秦制，丞相有相当大的权力。汉高祖刘邦和汉惠帝刘盈分别以第一代功臣中功次居于前列的萧何、曹参为丞相[2]，丞相位望曾经盛极一时。《汉书·百官公卿表上》说，丞相的职能是"掌丞天子，助理万机"。当时的丞相，实际上是朝廷掌握行政实权的总理大臣。汉景帝时，窦太后期望封皇后的哥哥王信为侯，汉景帝表示："请得与丞相计之。"于是与丞相周亚夫商议，周亚夫以高帝刘邦"非有功，不得侯"的预先约定予以坚定的拒绝，汉景帝默然而有沮丧之色。可见当时相权之重。

《史记·魏其武安侯列传》记载，汉武帝初年，田蚡任相，一次奏事，坐谈竟日，荐举升迁的官员，其中有从平民直接任职级二千石的高级官僚的，使皇帝的用人权力受到侵犯。汉武帝终于表露出内心的不满，说道：你荐举的官吏说完了吗？我也有要荐举的官吏呢。田蚡又曾经请求占用官营手工业管理部门少府考工室的地方用以扩建宅第，汉武帝愤怒地说：你为什么不索性占用武库之地呢！

汉武帝成年，亲自主持政务之后，有意改变丞相位尊而权重的传统。他频繁任免丞相，汉武帝在位五十四年间，先后用相十三人，平均任职时间只有四年多。其中卫绾于汉景帝时任相，汉武帝亲自任命的丞相计十二人。其中除车千秋继续在汉昭帝时代担任丞相而外，其余十一人中，三人在任上去世（其中田蚡因精神错乱致死，不属于正常死亡），有三人被免职，两人有罪自杀，三人下狱处死。政府高层官员受到严厉处置的人数如此之多，密度如此之大，在历史上是空前的。汉武帝还曾经有设置左右二丞相的意图。征和二年（前91），他任命刘屈氂为左丞相，颁布诏书，宣布分丞相官署为两府，以期待天下远方合适的人选。这一后来未得到实施的分设左右丞相的设想，其主要出发点显然也是为了分弱相权。

汉武帝还特意从身份低微的士人中破格选用人才，担任参与国家政治中枢主要决策的侍中、常侍、给事中等职，让他们能够出入宫禁，随侍左右，顾问应对，参议要政。这些成为近臣的官员，身份相当于皇帝的宾客和幕僚。皇帝亲自任命和直接指挥的高级将领，也往往参议机要。大司马大将军卫青、大司马骠骑将军霍去病等，权势都超过丞相，又兼以"侍中"之职，具有了参与宫廷重要决策的特殊地位。于是，和属于丞相、御史大夫和九卿所构成的官僚机构"外朝"相对应的"中朝"得以形成。

"中朝"又称"内朝"，由皇帝左右的亲信近臣所构成。关于重要政事，"中朝"在宫廷之内就先自做出决策。

尚书本来是皇帝身边掌管文书的官员。"中朝"形成之后，尚书的地位日益重要。与一般仅仅参与宫廷议政的官员不同，尚书由于既有官署、官属，又有具体的职司，作为皇帝的秘书机构，在"中朝"逐渐居于核心地位。

主管郡国上计和考课，并且根据官吏的政绩奏行赏罚，是丞相的主要职责之一。然而在汉武帝时代，却有皇帝亲自接受"上计"的情形。《汉书·武帝纪》记载，元封五年（前106）春三月，汉武帝曾经东巡至于泰山，接受诸侯王列侯朝贺，"受郡国计"。太初元年（前104），又曾经"受计于甘泉"。汉武帝直接"受计"，说明当时他已经牢牢把握了对各地诸郡国的控制权。

第三节　出击匈奴与汉文化的扩张

汉武帝时代，以军事成功为条件实现了汉帝国的疆域扩张。其最重要的成就是北边军事形势的改变。

匈奴游牧部族联盟的军事力量长期以来压迫着中国北边，使农耕生产的正常进行受到严重的威胁。在形势最严峻的时期，匈奴骑兵甚至曾经侵扰长安邻近地区。与匈奴的关系，成为汉武帝时代在对外关系方面所面临的最为严重、最为困难的问题。

汉武帝作为表现出非凡胆识的帝王，克服各种困难，发动了对匈奴的战争。由于对于战争主动权的牢固把握，这一战争后来又具有以征服匈奴为目的的性质。

元光二年（前133），汉武帝计划引诱匈奴人进占马邑（今山

图 8-1　陕西神木出土匈奴文物金兽、银虎

西朔州），以汉军三十万人进行伏击，企图一举歼灭匈奴军主力。匈奴单于发现原野上只有散布的牛羊群，却看不到放牧的汉人，于是下令攻击一处汉王朝的边防据点，抓捕到一名军官，经过审讯得知了汉军的计划，匆忙中途撤回全军。此后，匈奴屡屡犯边，汉军也多次发动反击和主动的进攻。

　　元光六年（前 129），匈奴入上谷（郡治在今北京延庆西南），汉武帝派遣四将军各率万骑击匈奴于胡市下。车骑将军卫青出上谷，进军至于龙城（今蒙古乌兰巴托西）。

　　元朔元年（前 128），汉武帝派卫青率三万骑兵出雁门，将军李息出代，进攻匈奴。卫青斩敌数千人。

　　元朔二年（前 127），匈奴攻入上谷、渔阳（郡治在今北京密云西南），杀掠吏民。汉武帝命卫青率数万大军从云中（郡治在今内蒙古托克托东北）沿黄河北岸迅速向西北挺进，一举攻占军事要塞高阙（今内蒙古乌拉特后旗西南），切断了占据河南地的匈奴白羊王、楼烦王所部与匈奴王庭间的联系。随后卫青率军又沿黄河西进，直下陇西（郡治在今甘肃临洮），完成了对白羊王、楼烦王所部的战略包围。匈奴在河南地的防务全线崩溃之后，白羊王、楼烦王只得率残部逃出塞外。卫青以收复河南地的战功，被封为长平侯。

丧失河南地的匈奴贵族又连年率部袭扰汉边境。元朔五年（前124），汉武帝又派遣卫青出击匈奴。卫青部经朔方（郡治在内蒙古乌拉特前旗南），出高阙，北出边塞六七百里，奔袭匈奴右贤王部成功。卫青在军中被拜为大将军，取得了统率各路诸将的权力。这次战役的胜利确保了朔方郡的安全，又切断了匈奴单于主力与占据河西地区的休屠王、浑邪王所部的联系。

元朔六年（前123），大将军卫青将六将军兵十余万骑，先后在春二月和夏四月两次出定襄（郡治在今内蒙古和林格尔西北）击匈奴。

元狩二年（前121），骠骑将军霍去病率领汉军远征。霍去病自陇西出兵，过焉支山（今甘肃山丹东南），西北行千余里，数战数捷，缴获匈奴休屠王祭天金人。同年夏季，又从北地（郡治在今甘肃庆阳西北）出击，逾居延海，南下祁连山，孤军辗转二千余里，在鹯得（今甘肃张掖西北）一带大败匈奴军，斩杀三万二千余人，俘虏匈奴贵族五十九人、官吏六十三人。这次战役沉重地打击了匈奴右部。同年秋，浑邪王杀休屠王，率四万余众降汉。霍去病

图 8-2　霍去病墓"马踏匈奴"石雕

奉命受降，又在极复杂的情况下，坚定果敢地平定了匈奴部众的内部叛乱，使安置匈奴内附的计划得以成功。

霍去病曾经先后六次出击匈奴，屡建奇功。《史记·卫将军骠骑列传》记载，汉武帝要为他修治宅第，他谢绝道："匈奴未灭，无以家为也！"元狩六年（前117），这位功勋卓著的青年将领病逝，终年不足三十岁。

汉武帝在河西休屠王、浑邪王故地设置酒泉（郡治在今甘肃酒泉）、武威（郡治在今甘肃武威）、张掖（郡治在今甘肃张掖西北）、敦煌（郡治在今甘肃敦煌西）四郡，从关东地区徙置数十万移民充实这一地区。河西地区的安定不仅断绝了匈奴人与羌人的联系，同时使西北地区的开发进入了新的纪元，打通了中原文化与西域文化交往的通路。正如有的学者所指出的，这一举措，"不仅对于中国的历史，具有重大意义，即对于整个东方的历史，亦具有重大意义"[3]。

汉王朝对匈奴作战的连续胜利，使得西北边境上的威胁基本解除。然而匈奴活动于汉王朝北边东部的左贤王军队，始终没有遭受沉重的打击，仍然在右北平（郡治在今内蒙古宁城西南）、定襄诸郡侵扰边地。而且匈奴主力退居大漠以北，以其具有飘忽若飞、出没无常的高度机动性方面的优势，依然威胁着汉王朝北部边地的正常农耕生活。元狩四年（前119），汉武帝又发动了远征匈奴的规模空前的战略大决战。卫青率军从定襄出发，向北直进一千余里，战胜匈奴伊稚斜单于的主力，推进到位于阗颜山（在今蒙古杭爱山南端）的赵信城。霍去病率军从代郡（郡治在今河北蔚县东北）出发，轻装疾进，长趋二千余里，在大漠击溃匈奴左贤王的主力，进军至狼居胥山（一说即今蒙古克鲁伦河之北的都图龙山），祭姑衍山（在今蒙古乌兰巴托东南）而还。

这次战役的胜利，使汉王朝在与匈奴的军力对比上占有了优势，一百多年来匈奴骑兵肆虐边地，对中原北边农耕经济造成严重破坏的局面得以扭转。匈奴在军队主力以及人畜资产遭受严重损失的情况下继续向北远遁，形成了漠南无王庭的形势。汉军占领了从朔方至于张掖、居延间的大片土地，保障了河西走廊的安全。此后相当长的一段时间内，匈奴已经无力向汉王朝发动大规模的军事进攻，汉与匈奴军事冲突的重心地域也由东而西，转移到西域方向。[4]

西汉时期，玉门关和阳关以西的地域即今新疆乃至中亚地区，曾经被称作"西域"。

西汉初年，今新疆地区的所谓狭义的"西域"计有三十六国，大多分布在天山以南塔里木盆地南北边缘的绿洲上。汉武帝听说匈奴的宿敌大月氏有报复匈奴之志，于是募使使大月氏，希望合力夹击匈奴。汉中人张骞应募，率众一百余人在建元二年（前139）出发西行。途中被匈奴人拘禁，历时十年左右方得逃脱，又西越葱岭，经大宛、康居，到达大月氏。然而大月氏因新居地富饶平安，无意东向与匈奴进行复仇战争。张骞东返，途中又被匈奴俘获，扣留一年多，于元朔三年（前126）回到长安。张骞出使西域，以前后十三年的艰难困苦为代价，使中原人得到了前所未闻的关于西域的丰富知识，同时使汉王朝的声威和汉文化的影响传播到了当时中原人世界观中的西极之地。张骞因出使绝国之功，封博望侯。

　　汉军击破匈奴，打通河西通道之后，元狩四年（前119），张骞再次奉使西行，试图招引乌孙东归，与汉结为兄弟，断匈奴右臂。这一目的虽然没有实现，但是通过此行加强了汉王朝和西域各国之间的联系。

　　张骞之后，汉与西域的通使往来十分频繁，民间商贸也得到发展。张骞因远行出使的经历，在西域地区享有很高的威望。后来的汉使多称"博望侯"以取信于诸国。传说许多西域物产，如葡萄、苜蓿、石榴、胡桃、胡麻等，都是由张骞传入中土。这样的说法未必完全符合史实，但是张骞对正式开通丝绸之路的首功，是永远不能磨灭的。唐人诗作中，"博望侯"已经成为英雄主义的文化象征，并且被看作当时时代精神的典型代表。如虞世南《结客少年场行》诗写道："寻源博望侯……长驱背陇头。""天山冬夏雪，交河南北流。""轻生殉知己，非是为身谋。"也有将张骞事迹作为某种政治品格的典范的，如张说《将赴朔方军应制》诗："胆由忠作伴，心固道为邻。""剑舞轻离别，歌酣忘苦辛。从来思博望，许国不谋身。"

元封三年（前108），汉王朝出军击破受匈奴控制的楼兰和车师。此后，又以和亲方式巩固了和乌孙的联系。太初元年（前104）和太初三年（前102），为了打破匈奴对大宛的控制并取得优良马种"汗血马"，汉武帝又派遣贰师将军李广利率军先后两次西征，扩大了汉王朝在西域地区的影响。

汉武帝建元三年（前138），闽越进攻东瓯，东瓯粮绝，向汉王朝告急。西汉政府派中大夫严助发会稽郡驻军浮海救援。汉军未到，闽越军退走。东瓯王担心闽越再次进犯，请求举族内迁，得到汉武帝准许，于是举众共四万余人迁移到江淮之间。据《史记·汉兴以来将相名臣年表》记载，内徙的东瓯人聚居在庐江郡（郡治在今安徽庐江西南），即今安徽无为、霍山、宿松、安庆之间的地区。

汉武帝元鼎五年（前112），南越国相吕嘉弑王及太后，另立赵建德为王。汉武帝发大军分五路南下，以武力平定南越，西瓯部族也一起归汉。汉王朝从此控制了今广东、广西大部分地区及越南北部和中部。汉武帝以其地分置儋耳（郡治在今海南儋州西北）、珠崖（郡治在今海南海口东南）、南海（郡治在今广东广州）、苍梧（郡治在今广西梧州）、郁林（郡治在今广西桂平西南）、合浦（郡治在今广西合浦东北）、交趾（郡治在今越南河内西北）、九真（郡治在今越南清化西北）、日南（郡治在今越南广治西北）九郡。南越、西瓯以及相邻地区于是成为汉王朝中央政府直属的地域。

元鼎六年（前111），东越攻入豫章（郡治在今江西南昌）。元封元年（前110），汉军数路击破东越，将越人徙处江淮之间。

张骞在中亚的大夏时，见到邛竹杖和蜀布，得知巴蜀有西南通往身毒的道路。汉武帝根据这一发现，在元狩元年（前122）派使者从巴蜀启行，试图由此实现和西域的交通。于是，汉王朝和当时称作"西南夷"的西南地区滇、夜郎等部族联系密切起来。

汉初，燕人卫满聚众千余人，东渡泅水（今朝鲜清川江），后击破自称为王的朝鲜侯箕准，自王朝鲜。元朔元年（前128），汉武帝接受濊君南间率二十八万口内属，以其地为苍海郡（在今朝鲜安边、高城一带）。元封二年（前109），汉武帝发兵五万，分海陆两路进攻朝鲜。第二年，朝鲜发生内乱，汉军平定朝鲜。汉武帝在朝鲜置真番（在今朝鲜海州至韩国首尔一带）、临屯（在今韩国江陵一带）、乐浪（郡治在今朝鲜平壤南）、玄菟（郡治在今辽宁新宾西南）四郡。

第四节　号令文章，焕焉可述

东汉史学家班固在《汉书·武帝纪》最后的赞语中总结汉武帝的历史功绩，除了说到武功方面的"雄材大略"而外，更突出地强调了他在文治方面的成就。班固说，"汉承百王之弊，高祖拨乱反正，文景务在养民"，至于"稽古礼文之事"，则没有能够充分重视。西汉王朝的文化建设，是在汉武帝时代取得突出进步的。例如"兴太学，修郊祀，改正朔，定历数，协音律，作诗乐，建封禅，礼百神"等，继周代之后，"号令文章，焕焉可述。后嗣得遵洪业，而有三代之风"。班固赞美汉武帝时代在文化方面的积累和创造，完成了必要的历史总结，形成了显著的历史影响。

战国时代的文化形态，表现出不同地域存在鲜明差异。秦王朝的统治者有追求文化汇同的理想，秦始皇琅邪台刻石所谓"匡饬异俗"，之罘刻石所谓"远迩同度"，会稽刻石所谓"人乐同则"，其实都可以理解为克异求同的文化统一的宣言。不过，秦末至于汉初，仍然可以看到不同地域间文化风格的差别。刘邦准备任用故秦骑士为骑将，被任用者却以"臣故秦民，恐军不信臣"[5]婉拒。曹丘生曾经对季布说：我是楚人，您也是楚人，为什么您对于我隔阂如此深重呢？[6]也体现出当时民间人际情感方面浓重的地方主义色彩。汉并天下后，刘邦以齐王韩信"习楚风俗"，于是改封为楚王。又封子刘肥为齐王，"民能齐言者皆属齐"[7]，可见各地民俗方言仍然难以相互沟通。当时人称楚人所谓"楚人沐猴而冠"[8]，以及称齐人所谓"齐虏"[9]，也表现出交通隔绝的各地区间人们相互鄙视的心理倾向。

各地区间文化的进一步融汇，是在汉武帝时代实现的。

在汉武帝时代，数十年来多次挑起战争、策动割据的地方分裂势力终于被基本肃清。也正是在这一时期，楚文化、秦文化和齐鲁文化大体完成了合流的历史过程。西汉初年陕西、山西、河南、湖北、内蒙古、四川等地多见的秦式墓葬，这时也已经不复存在。也正是在汉武帝时代，秦隶终于为全国文化界所认可。《礼记·中庸》说到"天下车同轨，书同文"，从《史记·秦始皇本纪》中也可以看到，秦始皇曾经有"车同轨，书同文字"的政治宣传。然而文

图 8-3 河南洛阳出土 "天马" 画像砖

字的统一其实到汉武帝时方得实现。汉武帝推行"罢黜百家，表章'六经'"的文化政策，结束了"师异道，人异论，百家殊方"的局面，于是"令后学者有所统一"[10]，中国文化史从此进入了新的历史阶段。

　　汉武帝在位五十四年间，确实是文化建设取得非凡成就的时代。班固说，汉武帝时代在文化方面做出了伟大的历史贡献，其重要原因之一，是汉武帝能够"畴咨海内，举其俊茂，与之立功"，就是以宽怀之心广聚人才，给予他们文化表演的宽阔舞台，鼓励他们充分发挥自己的文化才干。班固在《汉书·公孙弘卜式儿宽传》后的赞语中列举当时许多身份低下者受到识拔，终于立功立言的实例，指出正是由于汉武帝独异的文化眼光，这些人才不致被埋没，于是"群士慕向，异人并出"，形成了历史上引人注目的群星璀璨的文化景观。

《史记·大宛列传》记载，汉武帝曾经以《易》书卜问，看到"神马当从西北来"的兆示。他接受张骞出使乌孙之后乌孙王所献良马，命名为"天马"。后来又得到更为骁壮的大宛"汗血马"，于是把乌孙马改称为"西极"，将大宛马称为"天马"。据说汉武帝为了追求西方的良马，使者往来西域，络绎不绝。他在获取西域宝马之后，曾经兴致勃勃地作《天马歌》，欢呼这一盛事。太初四年（前101），汉武帝得大宛汗血马，又歌诗曰："天马徕兮从西极。经万里兮归有德。承灵威兮降外国，涉流沙兮四夷服。"可以看到，汉武帝渴求"天马"，并不是仅仅出于对远方珍异宝物的好奇和私爱，而是借以寄托一种骋步万里、降服四夷的雄心。

　　"天马"远来的汉武帝时代，正是当政者积极开拓中西交通，取得空前成功的历史时期。新疆罗布泊地区出土的汉代锦绣图案中"登高明望四海"的文字，正体现了当时汉文化面对世界的雄阔的胸襟。"天马"实际上已经成为象征这一时代中西交通取得历史性进步的一种文化符号。三国魏人阮籍《咏怀》诗："天马出西北，由来从东道。"唐人王维《送刘司直赴安西》诗："苜蓿随天马，蒲桃逐汉臣。"清人黄遵宪《香港感怀》诗："指北黄龙饮，从西天马来。"都反映"天马"悠远的蹄声，为汉武帝时代文化交融和文化传播的成就，保留了长久的历史记忆。

第五节　罢黜百家，表章"六经"

　　汉武帝时代，是中国古代具有重要意义的历史时期。

在这一时期，中国以大一统为基本形式的高度集权专制政治体制得以定型，以汉民族为主体的文化共同体得以基本形成，以儒学作为思想定式的制度也开始出现。

汉武帝时代影响最为久远的是文化政策，确定了儒学在百家之学中的主导地位。

齐地儒生公孙弘由博士又任太常、御史大夫、丞相，封平津侯，宣示儒学地位开始上升。

《史记·儒林列传》记载，公孙弘以精通《春秋》之学升迁为天子信用的重臣，又封以平津侯，于是"天下之学士靡然乡风矣"，促进了社会好学风气的形成。

公孙弘作为齐鲁儒生的代表，建议各地荐举热心学问、尊敬长上、政治形象完好、乡里关系和顺而又言行一致、表里如一的人，加以培养，充实政府机构，"以文学礼义为官"。这一建议为汉武帝所认可，于是据说从此之后，"则公卿大夫士吏斌斌多文学之士矣"。

汉初政治结构相继以"功臣"为行政主体和以"功臣子弟"为行政主体两种形态。在汉武帝主持下，又开始了向以"贤臣"和"能臣"为行政主体的历史转变。而齐鲁儒学之士纷纷西行，进入执政集团上层，正顺应了这一历史转变的趋势。

汉武帝时代，贬斥黄老刑名等百家之言，起用文学儒者至数百人[11]，实现了所谓"罢黜百家，表章'六经'"的历史性转变，儒学之士于是在文化史的舞台上逐渐成为主角。

汉武帝大举贤良文学之士。儒学著名学者董仲舒以贤良身份在对策中说，秦王朝灭亡以后，其流毒至今未灭，只单凭"法"和

"令"而求得国家治理的成功，是不可能的事。他写道，琴瑟的音色不正，声调不和谐，就应当重新装置调整琴弦，予以"更张"，才能够保证演奏的成功。政令推行不顺利，政治形势不理想，也应当重新调整、制定法令政策，予以"更化"，才能够保证行政的成功。应当"更张"而不"更张"，即使有"良工"也不能成功地演奏乐曲。应当"更化"而不"更化"，即使有"大贤"也不能成功地管理国家。他这里所说的"更张""更化"，其实深蕴改革的意义。[12]

董仲舒指出，汉得天下以来，常常谋求"善治"而至今不可"善治"的原因，就是失之于当"更化"而不"更化"。他强调，要想实现"善治"，就必须在应当"更化"的时候坚定果决地"更化"。他提出"更化"的主张时，特别强调"教化"的作用。他以为要谋求"善治"，一定应当注重文化体制的调整。他说，"教化大行"，则可以实现"天下和洽，万民皆安仁乐谊，各得其宜，动作应礼，从容中道"的境界。

从表面上看，董仲舒曾经提出"王者有改制之名，亡变道之实"，"道之大原出于天，天不变，道亦不变"等，似乎是全面否定变革的。然而，他一方面认为作为政治基本原则的"道"，绝对不可以"变"；但是，另一方面他却又肯定了"改制"的合理性。他甚至还曾经说："继治世者其道同，继乱世者其道变。"也就是说，在某些历史条件下，"其道变"也是正常的、合理的。

董仲舒文化体制改革理论的核心，是要确定儒学独尊的地位。他提出："《春秋》大一统者，天地之常经，古今之通谊也。"然而现今"师异道，人异论，百家殊方，指意不同"，于是当政者无法"持一统"，以致法制频繁变更，臣民不知所守。他提出，应当禁绝与孔子之术相异的学术，然后统纪可一而法度可明，使得民知所从。[13] 在他看来，文化的"一统"和政治的"一统"是一致的，而前者又可以为后者奠定深入人心的统治根基。

这样的观点得到了最高统治集团的认可，于是在汉武帝时代完成了"罢黜百家，表章'六经'"的文化体制的转变。汉武帝的这一文化政策，《汉书·董仲舒传》称之为"推明孔氏，抑黜百家"。

现在看来，对"百家"之学"罢黜""抑黜"的政策似乎不能逃脱文化专制主义的指责。但是，在当时的历史条件下，这种文化体制变革的发生，却是有一定的合理基础，也是有一定的积极意义的。

应当看到，儒学在当时已经综合了以往诸家政治文化的有效成分，提出了一整套比较合乎国情的治国方法。例如：首先，儒学理论重视维护传统的宗法关系和传统的宗法制度。正如有的学者所指出的，"这种宗法制度用血缘亲属的网络把一些散漫的个体家族凝聚成为组织严密的宗法共同体，不仅不受人口迁徙流动的影响，而且具有顽强的再生性的功能，可以凭借人类的自然增殖在任何地方建立起来"[14]。其次，儒学崇尚"仁政"理想，并且可以运用这一理想对统治者的言行形成一定的约束。儒家有关"仁政"的政治主张，客观上有助于调整社会关系，提高吏治水平。再次，儒学以"天道"为基本，使政治理论神学化。经过汉儒加工改造的"天人感应"理论，使政治管理具有神秘主义色彩。这一理论可以有助于强化政治迷信，粉饰弊政，也可以利用来批判当政者，以修正政治失误。儒学与其他主要学说相比，比较重视人的价值，比较注意肯定人的权

图 8-4　清康熙刻本《圣谕像解》"请立太学"图

利，满足人的需求。所谓"仁者爱人"¹⁵的原则，是和文明进步的方向大体一致的。人们还注意到，儒学提倡"和"的精神，比较能够贴近"人情"。正如有的学者所指出的，"儒家的纲常名教正是与历史上长期形成的风俗习惯相联系的，富有'人情'味，具有平易近俗的特点。因而儒家的教义很容易深入到老百姓的日常生活中去，发挥'一民心，齐民俗'的教化作用。儒学既不像法家学说那样强硬，也不像道家学说那样玄远，为统治者提供了一种便于推行道德教化的思想工具，这是它受到封建统治者青睐的又一原因"¹⁶。另外，儒学"中庸"的学说，比较适宜于农业民族的心理习惯。黄老之学有些过于消极，法家学说则显得过于激切。就中国人传统心理的节奏定式来说，儒学的合理性更容易得到普遍的承认。

汉武帝时代实行"罢黜百家，表章'六经'"，"推明孔氏，抑黜百家"的重大文化变革，结束了各派学术思想平等竞争的局面，对于学术思想的自由发展有限制和遏止的消极作用。但是，这一变革肯定了"以教为本"，否定了"以法为本"，强调文化教育是"为政之首"，主张"教，政之本也；狱，政之末也"¹⁷，因此对我们民族重视文化、重视教育的传统的形成，也有一定的积极意义。

汉武帝时代在文化方面的另一重要举措，是兴太学。

汉武帝元朔五年（前124）创建太学，国家培养政治管理人才的正式官设大学于是出现。

《汉书·董仲舒传》说，汉武帝创办太学，是接受了著名儒学大师董仲舒的献策。董仲舒指出，太学可以作为"教化之本原"，也就是作为教化天下的文化基地。他建议，"臣愿陛下兴太学，置明师，以养天下之士"，这样则可以使有志于学者以尽其材，而朝廷也可以因此得天下之英俊。所谓"养天下之士"，体现出太学在当时有为国家培育人才和储备人才的作用。

太学的创建，采用了公孙弘制订的具体方案。公孙弘拟议，第一，建立博士弟子员制度，将博士私人收徒定为正式的教职，将私学转变为官学；第二，规定为博士官置弟子五十人；第三，博士弟子得以免除徭役和赋税；第四，博士弟子的选送，一是由太常直接选补，二是由地方官选补；第五，太学管理，一年要进行一次考试；第六，考试成绩中上等的太学生可以任官，成绩劣次、无法深造以及不能勤奋学习者，令其退学。汉武帝批准了公孙弘拟定的办学方案。

汉武帝时期的太学，虽然规模很有限，只有几位经学博士和五十名博士弟子，但是这一文化雏形却代表着中国古代教育发展的方向。太学生的数量，汉昭帝时增加到一百人，汉宣帝时增加到二百人，汉元帝时增加到一千人，汉成帝末年增加到三千人，汉平帝时太学生已经多达数千人，王莽时代进一步扩建太学，一次就曾经兴造校舍"万区"。

太学的兴立，进一步有效地助长了民间积极向学的风气，对于文化的传播起到了重大的推动作用，同时使大官僚和大富豪子嗣垄断官位的情形有所改变，一般中家子弟入仕的门径得以拓宽，一些出身社会下层的"英俊"之士也得到了入仕的机会。

汉武帝时代，除了建立太学之外，还令天下郡国皆立学校官，初步建立了地方教育系统。

第六节　察举制度

传统的政治结构是通过一级级的官僚由上而下实行严密管理的。最高统治者一般都希望吏治清明，以维护正常的政治秩序，保证国家机器的顺利运转。然而另一方面，他们又面临与各级官吏分配实际利益的问题。使各级官吏都得到相应的实利以维持其工作热情，又不使其超过一定的合理度以危害整个国家的利益，是一件相当困难的事。

西汉时期的官僚制度逐渐走向完备。

汉初，一系列选官制度和监察制度逐步建立和健全。在汉武帝时代，有关制度又得以进一步完善。中国古代王朝在开国初年，最高执政集团多由创业功臣构成，有的学者称之为"功臣政治"。随后往往有功臣子弟集中从政并占据高位的情形，这就是所谓"功臣子政治"。此后才能够逐渐实现贤臣执政的所谓"贤臣政治"。汉武帝时代，大体完成了由"功臣政治"向"贤臣政治"的转变。

汉武帝开创了献策上书为郎的选官途径，在一定限度内欢迎批评政治的意见。一时四方人士上书言得失者多达千人，其中有些因此而取得了相当高的职位。车千秋就是原任高寝郎的低级职官，因为上书言事称旨，很快被任命为列为九卿之一的大鸿胪，不过数月又超迁为丞相。

中国古代选官制度的演进，大体可以表现出"世官制""察举制""科举制"三个阶段。汉文帝时，已经有从社会基层选用"贤良""孝廉"的做法，指令中央官吏和地方官吏得从下级属吏、民间地主和部分自耕农人中选拔从政人员。名臣晁错就是曾经以"贤良文学"之选，又经帝王亲自策试，得以升迁为中大夫的。不过，当时既没有规定选举的确定期限，也没有规定各地方选举的人数。也就是说，这种选举形式还没有成为完备的制度。汉武帝在即位之初的第一年，就诏令中央和地方的主要行政长官"举贤良方正直言极谏之士"。六年之后，又下诏策试贤良。特别是在这一年，明确规定了郡国必须选举的人数。

正是在汉武帝时代，察举制得以基本成为正统的政制。这一历史进步的意义十分重大。有的学者曾经指出，汉武帝"初令郡国举孝廉各一人"[18]的元光元年（前134），是"中国学术史和中国政治史的最可纪念的一年"[19]。这是因为此一诏令表明察举制已经发展成为一种比较完备的仕进途径，察举制作为选官制度主体的地位已经得以确立。

第七节　五铢钱

汉武帝时代，又确立了一些新的经济制度，以强化大一统王朝的经济基础。

整顿币制，实现货币的统一，使中央政府控制金融要脉，是汉武帝时代在经济管理方面所取得的主要成就之一。

汉武帝时代经济改革的主要内容，包括统一货币、官营盐铁、建立均输制度和平准制度，以及强化重农抑商政策等。当时通过这些重要变革，西汉帝国的经济基础得以空前强固。

秦行半两钱，汉初，货币面文仍然为"半两"（十二铢），但是质量低劣，实际重量往往只有八铢、四铢，甚至更轻，有的薄如榆荚，被称为"榆荚钱"。贵族、豪商大量盗铸货币，以牟取暴利。汉武帝初年，曾经改铸三铢钱。元狩五年（前118），以五铢钱代替三铢钱，恢复秦始皇时代货币"重如其文"的制度，但是盗铸之风并不稍减，据说吏民因为犯盗铸金钱之罪而被处死的，达数十万人。可见当时货币制度的混乱。除了以严酷的刑法禁止私铸货币之外，汉武帝在元鼎四年（前113）下令取消郡国铸钱的权力，将铸币权收归中央，专令水衡都尉属下的钟官、辨铜、伎巧（一说为均输）三官负责铸造新的五铢钱，当时名为"三官钱"。汉武帝命令各郡国一律销毁以前所铸的钱，所得铜料进输三官。因为禁令十分严格，新币铸造质量又相当高，盗铸无利可图，于是币制得到较长期的稳定。五铢钱便成为从汉武帝时代直到隋代七百余年间国家铸币的主要形式。

现今汉墓中经常出土的直径约2.3厘米、重量约3.5克的五铢钱，就是汉武帝时代币制改革的文物遗存。

第八节　盐铁官营与均输平准政策

官营盐铁，也是使西汉帝国的经济基础得以空前强固的有效的经济政策之一。

官营盐铁，就是中央政府在盐、铁产地分别设置盐官和铁官，实行统一生产和统一销售，利润为国家所有。盐业官营的形式，是由在产盐区设置的盐官备置煮盐用的"牢盆"，募人煮盐，产品由政府统一收购发卖。铁业官营的形式，是由在产铁区设置的铁官负责采冶铸造，发卖铁器。

据《汉书·地理志》记载，西汉时期，盐官有处于二十八郡国的三十五处，铁官有处于四十郡国的四十九处。据一些学者考证，盐官实际上有处于三十郡国的四十三处，铁官数量也超过班固的记述。新出土的考古资料，确实可以补正《汉书·地理志》的著录。盐官和铁官统属于中央的"大农令"（后来又更名"大司农"）。诸侯王国原来自置的盐铁官，也由大司农所设盐铁官取代。

官营盐铁的实施，使国家独占了于国计民生意义最为重要的手工业和商业的利润，可以供给皇室消费以及巨额军事支出。当时，人民的赋税负担并没有增加，国家的用度却得以充裕。但官营盐铁又不可避免地给社会经济和民众生活带来了一些消极的影响，例如官盐价高而味苦，铁制农具粗劣不合用等。

汉武帝时代，曾经由桑弘羊主持推行史称"均输"的制度。

专制国家在官营运输组织方面的弊病，曾经成为经济危机和政治危机的直接导因。西汉人回顾秦史，往往重视秦王朝组织长途运输对民众造成的沉重负担，《史记·平津侯主父列传》甚至说，正是因为"道路死者相望"，于是"天下始畔秦也"，天下民众才奋起反抗秦的暴政。

西汉王朝建立之后，依然继承了秦的这一弊政。年代为汉景帝四年（前153）的湖北江陵10号汉墓，出土记载当利里正月至三月算钱账目的木牍，可见仅所谓"给转费"一项，就高达每月定算的36.52%。[20] 据《汉书·枚乘传》保留的资料，当时中央政府和各诸侯国的官营运输行为，"方输错出，运行数千里不绝于道"，为满足汉王朝统治中枢需求的由东而西的粮食运输，"陆行不绝，水行满河"。汉武帝时代对西南夷和北边的经营，也使民众承受了沉重的运输负担。运输费用的支出致使府库空虚。到了桑弘羊推行均输制度之前，甚至已经出现了天下赋输有时不能抵偿运输费用的危局。

均输法就是大农向若干郡国派遣均输官，进行官营运输业的经营，改进调整以全国为规模的运输调度，扭转了以往重复运输、过远运输、对流运输等不合理运输所导致的天下赋输运费甚至超过货物所值的现象。汉武帝元鼎年间，河渭漕运粮食四百万石，再加上官府自行购买谷物，方能够满足需求；在桑弘羊以均输法调整运输政策以后，元封年间，关东漕运的运输量增加到岁六百万石，按照汉代一车载二十五斛的运载规格，用车可达二十四万辆次。交通运输的合理组织，也促使财政形势大大改观。

汉代数学专著《九章算术》中有《均输》篇，其中的算题，反映了当时官营运输业的组织者和管理者制订详密计划分派运量、调度运力，并且严格规定运输行程的情形。

平准法就是由大农在京师设平准官，进行官营商业的管理，平抑物价，调剂供需，节制市场。

均输法和平准法的制定和推行，体现出西汉王朝的国家经济管理水平实现了一个飞跃。

汉武帝的有关经济政策，在当时曾经引起过激烈的争议。反对派指责这些经济政策是导致民间疾苦的主要原因，呼吁予以废止。汉昭帝始元六年（前81），曾经作为汉武帝经济改革实际主持者的御史大夫桑弘羊等与郡国所举贤良、文学就有关施政方向进行辩论。贤良、文学力主罢盐铁、均输官等新经济政策，以为这些政策的实质是"与民争利"；桑弘羊等仍然坚持汉武帝时代的经济原则，认为兴盐铁、置均输扩大了政府的财源，是抗击匈奴、消除边患的经济保证，同时这些经济改革的形式也有益于民生。桑弘羊说，先帝建铁官以赡农用，开均输以足民财；盐铁和均输都是万民所拥护并且从中得到利益的制度，如果罢除则不利于国家和社会。[21] 他坚决不同意废止。

贤良、文学之议，就继续实行"休养生息"的经济原则，以维持安定局面而言，有其积极的意义，但是他们在取消盐铁、均输等方面的具体要求，并没有被西汉政府采纳。

统一货币、官营盐铁、建立均输制度和平准制度，不仅使政府获得经济利益，更重要的是为重农抑商奠定了经济基础。

汉武帝时代，还采取了"算缗"和"告缗"等直接打击大商贾的政策。

元狩四年（前119），开始推行"算缗钱"制度，规定商人、兼营手工业的商人以及高利贷者必须向政府申报其资产。每二千钱应纳税一算，即一百二十钱。自产自销的手工业品，每四千钱一算。轺车一车一算，商人拥有的轺车则加倍。船五丈以上一算。商人有产不报或报而不实的，罚令戍边一年，财产予以没收。

元鼎四年（前113），汉武帝又下令实行"告缗"，鼓励民间相互告发违反"算缗"法令的行为，规定将所没收违法商人资产的一半奖励给告发者。于是，在"告缗"运动中，政府没收的财产数以亿计，没收的奴婢成千上万，没收的私有田地，大县数百顷，小县百余顷。中等资产以上的商贾，大多数都遭到告发以致破产。

"算缗""告缗"推行之后，政府的府库得到充实，商人受到沉重的打击。专制中央集权制度的空前加强，得到了强有力的经济保障。

　　"算缗"和"告缗"对于当时政府经济危机的缓解，对于抑制在经济上可能与政府抗衡的商人的实力，都有直接的效用。不过，这种以强制手段剥夺一部分民众的财产以充实国库的做法，却在历史上开了一个不好的先例。中国传统专制国家这一行政习惯的形成，显然受到汉武帝政治成功的启示。而中国古代大一统帝国重农抑商基本国策的切实推行，也可以在汉武帝时代找到历史源头。

第九节　巫蛊之祸与轮台诏

　　"巫蛊之祸"是发生于汉武帝统治晚期的一场激烈的政治风暴，都城长安在这次政治动乱中致死者之多，竟数以万计，结果导致了汉帝国统治上层严重的政治危机。

　　《汉书·武五子传·戾太子刘据》说，汉武帝年岁已高，性情怪诞，"意多所恶"，又多病，疑心是左右用蛊道诅咒所致。洪迈《容斋续笔》卷二"巫蛊之祸"条写道，当时汉武帝年迈，"忍而好杀"，确实出现李陵批评的所谓"法令无常，大臣无罪夷灭者数十家"的情形。而"心术既荒，随念招妄"，"迷不复开"，也是巫蛊之祸发生的原因之一。

　　"巫蛊"本来是以民间礼俗迷信作为观念基础而施行的加害于人的一种巫术形式。"蛊"的原义，起初大约是以毒虫让人食用，使人陷于病害。按照《六韬·上贤》的说法，巫蛊是"幻惑良民，王者必止之"的"伪方异伎"。就是说，所谓"巫蛊"，是与"王者"为政的文化原则相抵触的巫术形式。汉武帝时代所通行的"巫蛊"形式，大致是用桐木削制成仇人的形象，有的插刺铁针，埋入地下，用恶语诅咒，以为能够使对方罹祸。"巫蛊"曾经是妇女相互仇视时发泄私愤的通常方式之一。宫廷妇女和贵族妇女中因嫉妒而使用"巫蛊"之术，使得这种迷信意识严重侵入上层社会生活。

汉武帝时代巫风大盛。征和二年（前91），有人举报丞相公孙贺的儿子公孙敬声与阳石公主私通，又派人以巫术诅咒皇帝，于是公孙贺父子皆死狱中，家族都受到株连。《汉书·武帝纪》记载，在公孙贺被处死数月后，卫皇后的女儿诸邑公主和阳石公主都因"巫蛊"之罪致死。

在汉武帝晚年政风严酷的形势下，据说性情仁恕温谨、宽厚而守文、与汉武帝政治风格多有不同的太子刘据，对汉武帝用法残厉又多任用酷吏的做法，每每多所平反，于是得百姓之心，而执法大臣都心中不悦。据《汉书·武五子传·戾太子刘据》记载，刘据成年之后，汉武帝即为他立博望苑，使与宾客交接，从其所好，因此多有以异端进见者。看来，在刘据的身边，当时已经聚集了一批有政治眼光和政治能力的人。

政治权力的转移，对于最高执政者本人来说，是非常严重的事。即使是他自己选定的继承人，也难免面对苛刻挑剔的目光。在父子行政倾向有所不同的情况下，心理裂痕会越来越明显。

在这种极特殊的政治背景下，具有极敏感的政治嗅觉，又有投机之心，受到汉武帝特殊信任并赋予重要权力的直指绣衣使者江充，利用汉武帝父子政治倾向不同的矛盾，制造了太子宫中埋木人行"巫蛊"的冤案。

汉武帝病重时，据《汉书·江充传》记载，江充奏言汉武帝的病因就在于"巫蛊"，于是汉武帝任命江充为使者专治"巫蛊"。江充接受在长安大规模调查"巫蛊"一案的指令后，"胡巫"受江充之命，在调查"巫蛊"时制造假现场，导致冤案。

江充暗自察知汉武帝的心理倾向，然后肆无忌惮，似乎他事先得到了汉武帝的某种明示或暗示，所以敢于在宫中"掘蛊"，甚至直接冲犯皇后和太子。《汉书·武五子传·戾太子刘据》记载，江充治"巫蛊"一案，在宫中掘地调查，甚至于破坏御座。在太子宫中，据说真的发现了以针刺之的六枚桐木人。

当时汉武帝在甘泉宫（在今陕西淳化）避暑养病，只有皇后、太子留处长安。太子刘据处于极被动的形势，召问少傅石德。石德说，前丞相公孙贺父子、两公主等都因巫蛊而致死，现在巫与使者掘地得征验，不知是巫暗自放置，还是本来实有，无以自明，可假借皇帝的名义收捕江充等系狱，穷治其奸诈。而且皇帝病重居于甘泉宫，皇后及家吏请问都没有回报，皇帝存亡安危尚未可知，而奸臣如此，太子难道忘记了扶苏的教训吗？

石德用秦太子扶苏因个性柔弱最终被赵高等人所害的悲剧警告刘据，刘据于是终于下决心起兵杀江充。在征和二年七月壬午这一天，派遣宾客以使者身份收捕江充等人。并且报告皇后，发宫中军车载射士，出武库兵器，又调发长乐宫卫戍部队，告令百官曰江充反，斩江充示众。随后动员数万市民与政府军战于长安城中，汉代最严重的政治动乱"巫蛊之祸"于是爆发。

当时在甘泉宫休养的汉武帝命令严厉镇压太子军，"捕斩反者，自有赏罚"，又具体指示：排列牛车以为临时工事，不要以短兵相接，多杀伤士众；坚闭城门，不许反者逃走。他迅速回到长安，停住于城西建章宫，颁布诏书，调发三辅地区邻近的军队，又亲自进行现场指挥。太子军与政府军在长安城中大战五日，死者数万人，以致路旁的排水沟都被鲜血染红。刘据最终兵败，出城东逃，在追捕过程中自杀。

事变之后，"巫蛊"冤情逐渐显现于世，汉武帝知道太子起兵只是由于惶恐而已，并没有其他的意图，又接受了一些臣下的劝谏，内心有所悔悟。他命令族灭江充一家，并且肃清了江充的同党，一些当时因镇压太子军及追捕太子而立功受封的官员，也被一一处置。汉武帝"怜太子无辜"，又在刘据去世的地方筑作思子宫与归来望思之台，以示哀念。一时，天下闻而悲之。

汉武帝又认真反思太子刘据政治主张的利与弊，于是利用汉王朝西域远征军战事失利的时机，开始了基本政策的转变。

征和四年（前89），他公开承认："朕即位以来，所为狂悖，使天下愁苦，不可追悔。"又向臣民宣布，"自今事有伤害百姓，靡费天下者"，统统予以罢除！据《汉书·西域传下》记载，汉武帝又正式颁布了被誉为"仁圣之所悔"的轮台诏，深陈既往之悔，否定了部分朝臣主张将西域战争继续升级的计划，表示当今政事最要紧的应当在于"禁苛暴，止擅赋，力本农"，决意把行政重心转移到和平生产方面来。又封丞相车千秋为富民侯，以表明使百姓得以"休息"、"思富养民"的决心。

司马光在《资治通鉴》中分析"巫蛊之祸"及汉武帝挽回危局

的措施时曾经写道，汉武帝奢侈放纵，刑罚严酷，又频繁发动战争，使百姓不堪重负，以致奋起反抗。他的这些作为和秦始皇相差无几，然而为什么秦王朝因此而亡，汉王朝却在汉武帝之后实现了昭宣中兴呢？汉武帝能够"受忠直之言，恶人欺蔽"，"晚而改过，顾托得人"，是主要原因之一。正是因为如此，他虽然犯有与亡秦同样的过失，却避免了亡秦覆灭的灾祸。[22] 所谓"受忠直之言，恶人欺蔽"，"晚而改过，顾托得人"，不仅反映出汉武帝个人的性格特征，也反映出西汉政治体制的进步，即与秦王朝僵冷而毫无弹性的行政制度不同，政府的重大政治缺误已经可以在一定程度上进行自我修补。明代思想家李贽也称汉武帝晚年的这一历史变局为"天下大坏而得以无恙"。他曾经这样评价汉武帝的"轮台诏"："汉武惟此一诏可谢高帝、文帝"，"过天地之风雷，可不勇哉"。[23] 劳幹在为《创造历史的汉武帝》一书所写的序言中也说："至于轮台之诏，以富民为天下权衡，民亦劳止，遂得休息。系铃解铃，同于一手，非有大智慧、大决断者，莫肯行焉，此亦与文过饰非者异矣。"[24]

"巫蛊之祸"这种在王朝都城的市中心发生大规模流血事件，又以正规军武装平定政治动乱的情形，在历史上是绝无仅有的；而汉武帝在事后的处理方式，在历史上也是绝无仅有的。

中国古代帝王能够意识到自己的政治失误并且致力于扭转补救，已经是难能可贵了，其方式有许多种，一般情况下，往往尽管在实际上对失误有所纠正，然而在口头上对于失误却并不愿意公开承认。如汉武帝轮台诏这样正式沉痛地向臣民公开承认自己的重大失误，在历史上是极其罕见的。

正如有的历史学家在分析"巫蛊之祸"前后的历史过程时所指

出的，"历史动向向我们昭示，汉武帝作为早期的专制皇帝，实际上是在探索统治经验，既要尽可能地发展秦始皇创建的专制主义中央集权的统一国家，又要力图不蹈亡秦覆辙。在西汉国家大发展之后继之以轮台罪己之诏，表明汉武帝的探索获得了相当的成功。汉武帝罪己之诏虽然不能像所谓'禹汤罪己，其兴也勃焉'那样，臻汉室于鼎盛，毕竟挽回了将颓之局。不过，轮台诏能够奏效，是由于它颁行于局势有可挽回之际，而且有可挽回之方"。"所以汉武帝虽然提供了专制帝王收拾局面的先例，而直到有清之末为止的王朝历史中，真能成功地效法汉武帝以'罪己'诏取得成效的皇帝，却不多见。"[25]

《汉书·车千秋传》说，高寝郎车千秋讼太子之冤，合汉武帝之心，致使其有所醒悟，于是先拜为大鸿胪，后来又被任命为丞相。车千秋见汉武帝连年治太子狱，诛罚过多，群下恐惧，为宽慰汉武帝之心，安定天下百姓，于是与其他高级官员一起上寿颂德，劝汉武帝施恩惠，缓刑罚，玩听音乐，养志和神。汉武帝的回答，为"巫蛊之祸流及士大夫"表示痛心，同时又说道，现今丞相亲自查验"巫蛊"之事，其中冤假情节已经得以揭示；然而其他巫者至今依然活跃不止，对于所谓"远近为蛊"，他表示"朕愧之甚"。

可见，在震惊天下的"巫蛊之祸"平息之后，即使在长安宫廷中，"巫蛊"行为依然禁断不绝。这种影响相当广泛的迷信行为，作为一种社会文化现象，并没有因太子刘据悲剧的发生而终止。后来直到汉成帝时，仍然有许皇后因"巫蛊"而被废黜的事情记录在史册中。[26]

"巫蛊之祸"以及相关的礼俗现象与政治生活的关系，对于我们认识秦汉时期的社会史、文化史与政治史之间的微妙关系，是有一定的启示意义的。

"巫蛊之祸"发生后，汉武帝在"尊先王之道，知所统守"方面有所觉醒，首先表现在对农耕生产的重视。

西汉初年，铁制农具已经得到推广。汉武帝时代铁业官营之后，铁制农具的应用更为普及，在中原地区以外的今辽宁、甘肃、湖南、四川等地区都有出土。形制最大的铁铧宽达42厘米，推想可能是开作沟畛所用的农具。从文物资料可以看到，西汉牛耕技术也得到普遍应用。汉武帝时代大规模徙民边地，组织屯田，中原地区较先进的牛耕技术又推广到西北。

汉武帝晚年，觉悟到发展农耕经济较强兵任战对于国家强盛有更重要的意义，于是以"富民"作为大政方针，宣布"方今之务，在于力农"。命搜粟都尉赵过推广先进耕作技术"代田法"。代田法在关中地区试验，每亩产量较一般农田增长了一斛甚至二斛以上。据《汉书·食货志上》记载，汉武帝于是又"令命家田三辅公田，又教边郡及居延城"，此后各地推广，得到更多收益，"用力少而得谷多"。居延汉简所见"代田仓"简文，说明代田法确实曾经在河西边地成功推行。

汉武帝元封二年（前109），发卒数万人在瓠子（今河南濮阳附近）修治被冲毁的黄河堤坝。汉武帝亲自巡视工地，命令随从官员自将军以下都负薪堵塞黄河决口。自此黄河回归故道之后，八十年内没有造成大的灾害。

汉武帝时，在关中开凿了许多渠道，如漕渠、白渠、龙首渠、六辅渠、灵轵渠、成国渠等，形成了"衣食京师，亿万之口"的水利网。京畿之外的关东地区，也有许多著名的水利工程。当时，朔方、西河、河西、酒泉等郡都引黄河水及川谷之水，汝南、九江等郡引淮水，东海郡引巨定泽，泰山郡引汶水，都穿渠溉田各万余顷。各地规模较小的水利工程，更不可悉数。

第十节 汉武帝的"文采"

班固称赞汉武帝的"雄材大略"，但是批评他没有继承"文景之恭俭"。对于他的武功，除了"举其俊茂，与之立功"句中的"立功"二字可以理解为一种暗示以外，似乎不愿评价。按照赵翼的说法，"是专赞武帝之文事，而武功则不置一词"[27]。

汉武帝不仅在文化建设方面有特别显著的功绩，他本人的"文采"，历代也多有学者加以赞扬。

赵翼《廿二史劄记》卷四有"汉帝多自作诏"一条，其中说到"汉诏最可观，至今犹诵述"，文辞"可观"、古今"诵述"的诏书中，有的是"天子自作"，他举的第一个例子就是汉武帝。这或许也是班固所说"号令文章，焕焉可述"的表现之一。《文选》中列有多种文体的作品，其中"诏"一类只收录了两篇，都是汉武帝所作。此外，他"深陈既往之悔"，沉痛检讨政治过失的著名的"轮台诏"，显然也是绝不可能由别人代笔的。

淮南王刘安是汉武帝叔父辈的长者，为人酷爱读书奏琴，有艺术专好，不喜欢到野外游猎以及竞赛犬马之类的贵族游戏。他组织宾客方术之士数千人，著书《淮南鸿烈传》。当时汉武帝也醉心于文学艺术，对于刘安的博学好文多艺，从内心尊重。汉武帝每次回复他的上书和致信的时候，都召司马相如等文士帮助润色草稿，吸收他们的意见，修改定稿之后方才发出。起初刘安入朝，献上《淮南鸿烈传》的内篇，汉武帝予以珍藏。汉武帝又请他为《离骚》作注解，刘安天亮的时候受诏，早餐的时辰就呈上了定稿。他又向汉武帝献上《颂德》和《长安都国颂》。据《汉书·艺文志》著录，刘安的赋作多达八十二篇。每次宴会，汉武帝和刘安谈论各种学术以及赋颂的创作和欣赏，经常到晚上才结束。许多人都只知道汉武帝和刘安是激烈角逐政治权力的对手，却不了解他们也曾经是有共同爱好的忘年文学之交。

《汉书·艺文志》关于赋的记录中，有"上所自造赋二篇"。唐代学者颜师古以为这里所说的"上"，就是汉武帝。宋代学者王应麟《汉艺文志考证》卷八写道，汉武帝的作品，"《外戚传》有《伤悼李夫人赋》，《文选》有《秋风辞》，《沟洫志》有《瓠子之歌》二章。"清代学者沈钦韩指出，《艺文志》所说汉武帝自己创作的两篇赋，就是《伤李夫人》和《秋风辞》。应当注意到，东汉时期成书的《汉书》著录汉武帝所作赋，面对的已经是前代作品，和清代人说乾隆帝诗作不同，不必怀疑记录者有谀美之心。《隋书·经籍志四》著录"《汉武帝集》一卷"，《旧唐书·经籍志下》和《新唐书·艺文志四》著录"《汉武帝集》二卷"，更是历经了六七百年时间检验仍得以保留的文化遗存，自有值得肯定的价值。自先秦至于两汉诸多帝王，只有汉武帝一人有这样的光荣。

《文选》卷四五收录了署名"汉武帝"的《秋风辞》："上行幸河东，祠后土。顾视帝京，欣然中流，与群臣饮燕。上欢甚，乃自作《秋风辞》曰：秋风起兮白云飞，草木黄落兮雁南归。兰有秀兮菊有芳，携佳人兮不能忘。泛楼舡兮济汾河，横中流兮扬素波。箫鼓鸣兮发棹歌，欢乐极兮哀情多。少壮几时兮奈老何！"其中"携佳人兮不能忘"，往往又写作"怀佳人兮不能忘"。"欢乐极兮哀情多""少壮几时兮奈老何"等句，富有深意。《秋风辞》字句之中楚风饱满，因此有人说"汉武帝《秋风辞》足迹骚人"[28]。也有人批评说："汉武帝《秋风辞》尽蹈袭楚辞，未甚敷畅。"[29] 然而其艺术感染力之强是明显的。唐代诗人李贺在《金铜仙人辞汉歌》序中说："魏明帝青龙元年八月，诏宫官牵车，西取汉孝武捧露盘仙人，欲立置前殿。宫官既拆盘，仙人临载，乃潸然泪下。唐诸王孙李长吉遂作《金铜仙人辞汉歌》。"诗的第一句即"茂陵刘郎秋风客"。"秋风客"成为汉武帝的代号，正是因为《秋风辞》。苏轼《过莱州雪后望三山》诗"茂陵秋风客，劝尔麾一杯。帝乡不可期，楚些招归来"句，《安期生》诗"茂陵秋风客，望祀犹蚁蜂。海上如瓜枣，可闻不可逢"句，也是同样的例证。清人王士禛《池北偶谈》卷一一"飞廉馆瓦"条说到元人王恽曾用汉飞廉馆瓦当制作的砚台写诗，也称汉武帝为"秋风客"："元王文定（恽）《秋涧集》有《飞廉馆瓦砚歌》，略云'刘郎杳杳秋风客，神鸟冥飞忆初格。豹章爵首尾蟠蛇，建章千门风冽冽'云云。"

　　《汉书·外戚传上·孝武李夫人》记载，汉武帝思念李夫人，有方士以方术招其神魂，汉武帝只能遥望，更加相思悲感，于是吟叹著名的诗句："是邪，非邪？立而望之，偏何姗姗其来迟！"鲁迅《汉文学史纲要》曾经有所评价："随事兴咏，节促意长，殆即所谓新声变曲者也。"宋代学者叶适《习学记言》卷二三《前汉书列传》则批评这一"汉武伤李夫人诗词"和李延年《佳人歌》以及司马相如词赋等"皆一体"，并且以"孔子曰'吾未见好德如好色者也'"相指责。此中所见对待真实情感的不同态度，其实体现了不同历史阶段时代精神的强烈反差。至于被收入《全汉赋》的唯一一篇汉武帝名下的真正赋作《李夫人赋》，其中"饰新宫以延贮兮，泯不归乎故乡。惨郁郁其芜秽兮，隐处幽而怀伤"等句，以及篇末"去彼昭昭，就冥冥兮。既下新宫，不复故庭兮。呜乎哀哉，想魂灵兮"的感叹，感情的真切和文辞的质朴都值得赞赏。

许多历史文化信息告诉我们，汉武帝可以说是一位历史上少见的富有"文采"的帝王。班固"卓然""焕焉"云云，是基本符合历史实际的。而有人以为汉武"略输文采"，则是和"今朝"的"风流人物"相比照，视角有所不同，评价之新异，也是因为站在新时代的文化立场上。

第九章

昭宣中兴

汉武帝之后，汉宣帝和汉昭帝执政的时期，汉王朝进入了后世史家称为"昭宣中兴"的历史阶段。

在这一时期，汉武帝晚年的既定政策得到推行，汉武帝时代的政治成就得到巩固，社会经济也得到恢复和发展，表现出一种繁荣景象。当时的吏治表现出清明景象，史称"汉世良吏，于是为盛"[1]。

第一节　钩弋之诛

汉武帝在他帝王生涯的最后时刻苦心思虑的一大政治难题，是帝位继承问题。

汉武帝曾经与太子刘据有关于执政方针的讨论。太子对征伐四夷的军事决策每有劝谏，汉武帝笑着说："吾当其劳，以逸遗汝，不亦可乎。"[2]（我来承担这些辛劳，把安逸留给你，这样不可以吗？）然而在汉武帝临终时，以安逸继承天下的，已经不可能是刘据了。

卫太子刘据被废后，汉武帝一直没有再立太子。而燕王刘旦上书，愿放弃其封国入长安，在汉武帝身边担任宿卫。汉武帝明白其政治企图，大怒，当时就在未央宫北阙将其使者处斩。

汉武帝居住在甘泉宫，召画工图画周公背负成王的画面。于是左右群臣知道了汉武帝有意立少子为继承人的心迹。此后不过数日，汉武帝所宠爱的钩弋夫人即死于云阳宫。

钩弋夫人姓赵，河间人，于汉武帝晚年得幸，生子一人，就是后来的汉昭帝刘弗陵。

钩弋夫人之死，体现出汉武帝作为一位强有力的帝王，其谋虑之深远和手段之毒辣。据《史记·外戚世家》褚少孙补述，汉武帝在召画工图画周公负成王之后数日，严厉斥责钩弋夫人。夫人脱簪珥叩头请罪，汉武帝仍然命令押送掖庭狱惩处。夫人还顾，汉武帝则厉声喝道：快走，女不得活！夫人死在云阳宫，据说当时暴风扬尘，百姓感伤。钩弋夫人在夜色中被草草安葬，墓上只做了简单的标识。

其后汉武帝闲居，问左右说：对这件事人们有什么议论吗？左右答道：人们说，将立其子，为什么要除去其母呢？汉武帝说：是啊，这确实是一般人不能明白的。往古国家所以变乱，往往是由于主少母壮。女主独居骄塞，淫乱自恣，没有什么力量可以制约。你们没有听说过吕后事件吗？

褚少孙于是感叹道，汉武帝的这种做法可以称为"贤圣"，"昭然远见，为后世计虑，固非浅闻愚儒之所及也"。后人定其谥号为"武"，岂能是没有根据的！后人有诗句歌咏此事，言："钩弋之诛诚则刚，汉家英断归武皇。"[3]帝王心态果然狠忍异常，所谓"昭然远见，为后世计虑"，以致如此，足见政治人出于政治目的，可以表现出个人情感的严重异化。也有学者发表了这样的批评，表现出对生命的尊重："汉武老且死，意欲立昭帝，而忧其子少母壮，或至于乱也，遂杀钩弋夫人。时暴风扬尘，百姓感伤，盖其违天理而拂人情耳。顾乃矜语左右，自以为明。""汉武于是为不道矣，杀一不辜而得天下，君子不为。无罪而杀人，无时可也，况以逆料未必然之事而杀其所亲乎？""叶永嘉曰：'汉武一生颠倒，临终一节，却事事做得是。'呜呼！立昭帝托霍光是矣，钩弋之诛，安得为是？"[4]

第二节　霍光把握权力

汉昭帝和汉宣帝的时代，西汉王朝处于稳定发展的阶段。这一时期，政治形势没有大的变乱，经济和文化实现了突出的进步。传统史家多肯定和赞誉昭宣时代的安定和富足，称之为"昭宣中兴"。

汉昭帝刘弗陵在位十三年，即位时只是一个七岁的少年。大将军霍光和车骑将军金日磾等受汉武帝遗命辅佐少帝。金日磾原来是匈奴休屠王太子，不愿因此"使匈奴轻汉"，甘愿作为霍光的副手，又较早去世，于是霍光以大司马大将军领尚书事之职决断朝政。霍光作为地位最高的权臣，对于汉昭帝时代政局的稳定和经济的恢复发挥了重要的作用。

霍光据说"为人沉静详审","资性端正"[5]，性格镇定沉着，为人正直稳重。他在执政期间，继续实行汉武帝临终前推行的重视发展经济、安定社会的政策，以"轻徭薄赋，与民休息"[6]作为行政原则，数年之内，使得各地流民回归，田野益辟，百姓充实，国库也颇有蓄积，又与匈奴恢复了和亲的关系，西汉王朝的统治相对稳定。

霍光秉政期间，多次支持汉昭帝下诏削减国家的财政支出，减免百姓的田租和赋税，对于贫民开放禁苑以救济，并赈贷种子和口粮。始元六年（前81），又召集贤良文学到长安举行会议，讨论盐铁专卖等政策的得失优劣。此后，汉昭帝下诏调整了有关政策，进一步减轻了民众的负担。

霍光原与上官桀结亲，以女嫁桀子，生女立为昭帝后。霍光敏锐地察觉到燕王刘旦和上官桀、桑弘羊企图废黜昭帝，另立刘旦为天子的政治阴谋，及时予以处置。于是国家得以安定，而霍氏此后权倾朝中。

汉昭帝去世后，对于继任者的择定曾经有所反复。由霍光主持决策，汉武帝太子刘据的孙子、因"巫蛊之祸"的余波曾经流落民间的刘询被立为天子，这就是汉宣帝。

霍光在地节二年（前68）病逝。他把握朝政二十年，改变了汉武帝以前以丞相为中心的三公执政的形式，开始了西汉后期外戚专权的政治史特殊阶段。

第三节　刘询的底层社会经历与执政的成功

汉宣帝刘询出生仅数月就遭遇"巫蛊"大案，在襁褓中就被牵连入狱。后来受到有关官员的怜护，被安置由女犯乳养。后逢大赦，释放出狱，并且恢复了皇族身份。

刘询幼年受到应有的教育，"高材好学，然亦喜游侠"，于研习《诗》《书》之余，又欣赏豪迈奔放的任侠之风。他经常往来于长安诸陵及杜、鄠之间，在民间与平民少年一同斗鸡走马，于是"具知闾里奸邪，吏治得失"[7]，熟悉了贵族阶层难以知晓的下层政治生活和社会生活的种种隐秘细微之处，多少了解了一些民间疾苦。

正因为经历过平民生活，汉宣帝具有了一般"生于深宫之中，长于妇人之手，未尝知忧，未尝知惧"[8]的皇族子弟不可能具有的政治素质。由于他对于底层社会情状和基层行政特点以及若干政治关系的深层奥秘，都有一定的感性认识，所以他在主持政务期间，能够有功必赏、有罪必罚，政治风格表现出注重实效的倾向，于是一时"吏称其职，民安其业"[9]。如此比较清明安定的政治局面形成，绝非偶然。

汉宣帝十八岁即位，起初委政于霍光。霍光死后，汉宣帝始亲政事。他努力整顿吏治，强化皇帝的威权。为了打破霍氏集团左右朝政的局面，他命令群臣奏封事，以疏通下情。

由于霍光专权多年，霍氏一门尊盛日久，横霸朝野，奢侈无度。汉宣帝借处理霍光子大司马霍禹谋反一案的时机，废皇后霍氏，又在朝廷一步步彻底清除了霍氏集团的势力。

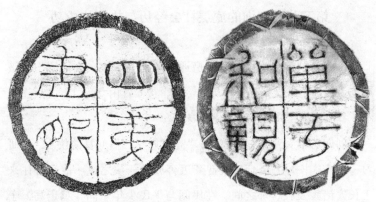

图9-1　内蒙古包头出土汉"四夷尽服""单于和亲"瓦当

汉宣帝因统治的成功，被传统史家称为"中兴之主"。刘向甚至赞扬汉宣帝执政时政教明，法令行，边境安，四夷清，单于款塞，天下殷富，百姓康乐，认为汉宣帝所创造的治世，甚至超过了汉文帝时代。

汉宣帝的太子，也就是后来的汉元帝，幼年时也生活在民间。这一经历也使得他对社会关系和政治过程，有不同于只经历富贵生涯的帝王们的认识。而具备这样的政治资质，是十分有利于把握高层政治管理的权力的。

第四节　常平：财政的好转

汉昭帝时代注重经济的恢复，汉武帝奢侈无度、连年征战所导致的"海内虚耗,户口减半"[10]的形势终于得以显著扭转。汉宣帝继续坚持"农者兴德之本"的执政原则,推行积极招抚流亡人口、鼓励发展农耕生产的政策,流民能够还归乡里者"假公田,贷种、食",由政府提供基本生产资源,并且免除算赋及徭役负担。[11]政府还重视积极组织灾区的生产恢复,适时减免田赋,降低盐价,以调动农民的生产积极性。

神爵元年(前61),著名将领赵充国率军平定羌人暴动。甘露二年(前52),因匈奴内乱,呼韩邪单于款塞称臣。边塞无兵革之事,农人的赋役负担得以减轻,这一形势也促进了农业的发展。元康年间(前65—前62),由于连年丰收,谷价降低到每石五钱,西北僻远如金城(郡治在今甘肃永靖西北)、湟中(今青海西宁附近)地区,每石也不过八钱。这是西汉以来最低的谷价记录。

汉昭帝还听从大司农中丞耿寿昌的建议,买入三辅、弘农(郡治在今河南灵宝北)、河东(郡治在今山西夏县西北)、上党(郡治在今山西长子西)、太原(郡治在今山西太原西南)等郡谷物,供应京师消费,减少了原先每年调运四百万斛关东谷用卒六万人的运输费用。这一漕运方向的变更,当然是以当时上述诸郡粮产的逐渐丰足为条件的。

耿寿昌还建议在边郡筑仓,在谷价低贱时增高其价而籴,在谷价高昂时减抑其价而售出,命名为"常平仓"。这一建议的实施,取得了利农便民的效果,政府用于国防的军粮储备也得到了保障。

第五节　执政集团人才构成的变化

汉宣帝大力尊崇儒学。他曾经于甘露三年（前51）诏诸儒讲论《五经》异同，并且亲自称制临决。同时，增列《易》《尚书》及《春秋》博士。太学的规模，在昭宣时期有了成倍的增长。

西汉前期的丞相，多是功臣或功臣子弟；而西汉后期诸朝丞相，已经以掾史文吏和经学之士为主。

西汉丞相共计四十五人。[12] 历朝丞相的出身：高帝朝一人，惠帝朝三人，高后朝一人，文帝朝四人，都是功臣。景帝朝四人，功臣子三人，其他一人。[13] 武帝朝十二人，其中功臣子五人，外戚宗室三人，掾史文吏一人，其他三人。[14] 昭帝朝三人，都是掾史文吏。宣帝朝五人，掾史文吏四人，经学之士一人。元帝朝二人，都是经学之士。成帝朝五人，外戚宗室一人，掾史文吏一人，经学之士三人。哀帝朝五人，掾史文吏一人，经学之士四人。平帝朝一人，经学之士。

很显然，正是从昭宣时代起，政府高级官员的成分发生了重要的变化。掾史文吏和经学之士在上层决策机构人员构成中占有较大的比重，反映了当时政治文化形势的重要演变。

西汉后期诸朝丞相，已经以掾史文吏和经学之士为主。

齐鲁是儒学产生和发展的基地，是当时的文化重心地区。齐鲁人出任丞相者为多，说明儒学的政治影响力显著增强。这一文化现象，显然是和昭宣以来推崇儒学的努力分不开的。

汉时民间曾流行"秦汉以来，山东出相，山西出将"[15] 的说法。《汉书·地理志下》又说："汉兴以来，鲁、东海多至卿相。"自昭宣时期到西汉末年，历任丞相中齐、鲁、东海人多达十一人，十二人次，人数约占 52.38%，以人次计，则高达约 54.55%。东方儒者在高级文官集团中终于成为多数，说明儒学对政治生活影响的愈益深刻。

汉宣帝虽然以尊崇的态度对待儒学，但是在行政实际运作方面，仍然比较注重任用有实际管理能力、熟悉法令政策的所谓"文法吏"，并且以刑名为基准考核臣下。曾经有一些地位很高的官僚因罪处死，太子刘奭（就是后来的汉元帝）以为当时持刑过于严酷，建议重用儒生主持政法。汉宣帝则严厉训斥道：我汉家自有制度，"本以霸王道杂之"，怎么可以单用德教，回复儒学倡导的周政呢！况且俗儒不达时宜，喜好是古非今，使人陷入无谓的空论，以致"不知所守，何足委任"！[16]

第六节　循吏事迹

司马迁作《史记·循吏列传》，形成了历史影响，于是后来的史书多有继作。然而太史公起初之用意似不很明确。[17] 杨绍文《云在文稿·读史记循吏传》说："太史公作《循吏传》，列孙叔敖、子产、公仪休、石奢、李离五人。且迁之书，上自五帝，下至秦汉，而此五人者皆在周之末世。又孙叔敖、子产、公仪休，非以吏治为名，而奢与离又绝不载其政绩，世多以为疑。"有人理解为司马迁以此发表对汉武帝时代吏治的批评。如沈豫《读史杂记·史记循吏列传》说："《循吏列传》孙叔敖、子产、公仪休、石奢、李离共五人，枚举前朝，而汉代无一及焉，其吏治概可知矣。"尚镕《史记辨正》卷一〇《循吏列传》也写道："此迁刺武帝宠用酷吏，贼虐烝民而为传也。首曰'何必威严'，次序孙叔敖、子产、公仪休、石奢、李离五人，不拘时代，不用联贯，简净隐厚，斯为不愧循吏，而汉臣无一足与其数矣。"

《史记·循吏列传》开篇有太史公曰："法令所以导民也，刑罚所以禁奸也。文武不备，良民惧然身修者，官未曾乱也。奉职循理，亦可以为治，何必威严哉？"司马迁是在提示从政人员注意，官吏"奉职循理"，是"为治"的根本。而要求得"治"，必须处理好与"民"的关系。[18]

司马贞《索隐》为《循吏列传》解题，说：循吏，"谓本法循理之吏也"。所根据的应是《史记·太史公自序》："奉法循理之吏，不伐功矜能，百姓无称，亦无过行。作《循吏列传》第五十九。"而其所本之"法"，所循之"理"，自是以民本主义为主题的。颜师古注解释《汉书·循吏传》之"循吏"身份："循，顺也，上顺公法，下顺人情也。"所谓"下顺人情"，其实亦犹如说"下顺民意"，也可以读作对"得兆民和"以至"甚得兆民和"的一种解说。

《汉书·循吏传》表彰的"循吏"，其品格和作风"皆谨身帅先，居以廉平，不至于严，而民从化"。文景时代的著名循吏有"河南守吴公、蜀守文翁之属"。"文翁终于蜀，吏民为立祠堂，岁时祭祀不绝。"此后，又有王成、黄霸、朱邑、龚遂、郑弘、召信臣等。而循吏事迹最为集中的，是昭宣时代。宋代学者王应麟写道："绍兴间李谊言，《汉·循吏传》六人，而五人出于宣帝。《酷吏传》

十二人，而八人出于武帝。""吏治视上之趋向。"¹⁹李谊所言《汉书·循吏传》中"出于宣帝"的五人，是王成、黄霸、朱邑、龚遂、召信臣。其实，也可以说，他们的行政事迹所体现的政风，顺应了时代的"趋向"。

《汉书·循吏传》有大段文字说到宣帝时期的政治气象："及至孝宣，繇仄陋而登至尊，兴于闾阎，知民事之艰难。自霍光薨后始躬万机，厉精为治，五日一听事，自丞相已下各奉职而进。及拜刺史守相，辄亲见问，观其所繇，退而考察所行以质其言，有名实不相应，必知其所以然。常称曰：'庶民所以安其田里而亡叹息愁恨之心者，政平讼理也。与我共此者，其唯良二千石乎！'以为太守，吏民之本也，数变易则下不安，民知其将久，不可欺罔，乃服从其教化。故二千石有治理效，辄以玺书勉厉，增秩赐金，或爵至关内侯，公卿缺则选诸所表以次用之。是故汉世良吏，于是为盛，称中兴焉。若赵广汉、韩延寿、尹翁归、严延年、张敞之属，皆称其位，然任刑罚，或抵罪诛。王成、黄霸、朱邑、龚遂、郑弘、召信臣等，所居民富，所去见思，生有荣号，死见奉祀，此廪廪庶几德让君子之遗风矣。"汉宣帝因为特殊的经历，了解民生之艰难，对吏治有明确的要求，对从政人员的考察比较严格，治理有成效的及时奖励提拔，因此地方行政长官比较重视民情民意，于是"汉世良吏，于是为盛"，出现了其他年代所没有看到的模范官员集中的景象。所谓"中兴"，正是在这样的条件下成就的。我们注意到，这段文字中出现的宣帝时期著名循吏姓名中，不是五人而是六人：王成、黄霸、朱邑、龚遂、郑弘、召信臣。郑弘自有传。此外，"若赵广汉、韩延寿、尹翁归、严延年、张敞之属，皆称其位"，也是"良吏"的典型，也各自有传。应当说，"《汉循吏传》六人，而五人出于宣帝"，这五人只是当时"循吏"的一部分。

第十章

元成哀平时代

汉元帝、汉成帝、汉哀帝、汉平帝当政的时期，社会矛盾逐渐激化，社会危机愈益显著，民众暴动越来越频繁，政治危局已经无可挽回。后世历代专制王朝走向衰落时的各种社会弊病，这时都已经逐步显露出来。不过，西汉帝国历经二百余年的经营，至于晚期，元成哀平时代五十六年间，虽然政治昏乱，民众多有怨愤之心，但当时社会经济仍然有突出的发展，以致汉成帝时代，百姓没有经受因战争导致的危难和劳苦，天下号为安乐。汉哀帝时代百姓富裕的程度虽然不能和文景时代相比，然而当时天下户口最盛，已经引起了史家的注意。王莽执政之初，继承了汉王朝承平之业，一时天下和平，边境和平，国家储备充足，社会也比较安定。

汉平帝元始二年（2）的户口数，是中国现存最早的全国户口统计资料。这一数字包括西汉王朝设置郡县、直接统治地区的户口总数：1,233,062 户，59,594,978 口。这一数字尽管也难免有虚报或隐漏的成分，但还是公认的现存历代户口数中最精确的数字之一[1]。西汉后期人口增衍，形成中国历史上户口数的第一个高峰，也可以说明当时的经济水平。当时财富的高度集中，使得社会消费领域的侈靡之风盛行。这可能是许多王朝晚期共同的时代迹象。

第一节　民众"七亡""七死"

在汉武帝时代，豪强之徒兼并土地、武断乡曲的情形已经十分严重。官僚地主疯狂追逐财富，聚敛金钱，霸占田宅、畜产、奴婢，往往采用非常残暴的手段，使农民陷于极端困苦之中，贫苦民众卖妻鬻子的现象屡见不鲜。西汉王朝外事四夷，内兴功利，耗尽了文景时代府库的积蓄，更加重了农民的负担，使社会矛盾益为激化。针对这种情形，董仲舒曾经建议"限民名田"，"去奴婢，除专杀之威"，限制土地兼并，废止奴婢制度，政府则"薄赋敛，省徭役"，以调整社会关系，维护社会的安定。不过，这样的建议在当时并不能够得到真正实行。汉武帝时代，已经多有民众"穷急愁苦"而不"避罪"[2]，"转为盗贼"[3]的情形。流民的数量，也往往使最高统治者震惊。元封四年（前107），关东流民多至二百万口，无名数者四十万。[4]每逢灾年，多有饥民"人相食"的悲惨情形。

"巫蛊"之祸发生之后，汉武帝沉痛追悔往事，决心"与民休息"，否定并禁止以往的所谓"苛暴""擅赋"，以"力本农"作为执政的原则。昭宣时代，社会相对稳定，然而统治集团的腐败黑暗，积弊已深，豪强的暴发和农民的流亡已经难以遏止。胶东（首府在今山东平度东）、渤海（郡治在今河北沧州东南）等郡国农民发起的暴动，规模已经相当惊人，甚至发展到攻占官府、解救囚徒、搜夺市朝、劫掠列侯的程度。

元成哀平时代，贵族、官僚、豪强竞相侵霸土地，导致农耕生产秩序的严重破坏。豪富权贵"多规良田，役使贫民"[5]，成为极其普遍的情形。汉成帝时，外戚王氏当政，红阳侯王立在南阳占垦草田达几百顷之多，连贫民所假少府陂泽而开辟的熟田也在占夺之列。他又把霸占的土地卖给国家，所得报偿超过时价一万万钱。[6]又如丞相张禹占有泾渭之间可以灌溉的所谓"极膏腴上贾"的良田多达四百顷。[7]这样的肥美田地，在汉武帝时代已经被称为"土膏"，号称其价格至于每亩一金。[8]汉哀帝时，宠臣董贤得赐田二千余顷。[9]董贤死后家财被斥卖，所得竟然多至四十三万万钱。

残酷的土地兼并使得无数小农破产，而他们肩上的沉重压力，还包括赋役的繁杂、刑罚的严苛，等等。

汉哀帝时，鲍宣曾经论说，当时民众有"七亡"而无"一得"，有"七死"而无"一生"[10]，正反映了当时下层社会悲惨的境遇。

七亡、七死

鲍宣说："凡民有七亡：阴阳不和，水旱为灾，一亡也；县官重责更赋租税，二亡也；贪吏并公，受取不已，三亡也；豪强大姓蚕食亡厌，四亡也；苛吏繇役，失农桑时，五亡也；部落鼓鸣，男女遮迣，六亡也；盗贼劫略，取民财物，七亡也。七亡尚可，又有七死：酷吏殴杀，一死也；治狱深刻，二死也；冤陷亡辜，三死也；盗贼横发，四死也；怨雠相残，五死也；岁恶饥饿，六死也；时气疾疫，七死也。民有七亡而无一得，欲望国安，诚难；民有七死而无一生，欲望刑措，诚难。"

频繁而严重的自然灾害，以及政府因本身腐败和社会结构严重失序在应对变乱时所表现出的无能，也是社会危机日益深刻的原因所在。

据《汉书·于定国传》记述，汉元帝刚即位时，关东地区因为连年遭受灾害，流民进入关中。所谓"谷贵民流"[11]，成为当时政治危局的主要表象。汉元帝永光年间（前43—前39），最高统治集团仍然为"民众久困，连年流离"[12]的现象而深深忧虑。

汉成帝阳朔二年（前23），关东大水，流民流移入关。鸿嘉四年（前17），又出现水旱为灾，关东流冗者众多，青州、幽州、冀州等部尤为严重的形势。[13]汉成帝在位后期，灾害仍然频繁。元延元年（前12），几种天灾相互交并，蚕桑和农田作物都受到破坏，又有影响地域相当广阔的严重洪灾，史称"百川沸腾，江河溢决，大水泛滥郡国十五有余"。因为农耕生产连年遭受惨重破坏，以致"百姓失业流散"。[14]

汉哀帝时，因自然灾荒所导致的流民问题依然是政局稳定的严重威胁。建平二年（前5），因连年歉收，"天下空虚，百姓饥馑，父子分散，流离道路"[15]，流民人口竟数以十万计。

汉平帝元始二年（2），又曾经发生"郡国大旱，蝗，青州尤甚，民流亡"[16]的严重灾情。

如果不能得到及时的救助与妥善的安置，流民出于对社会的彻底绝望，很自然地会成为与现行政治体制直接对抗的社会力量，其破坏力之强，往往可以超过其他一切社会阶层。

第二节　更为残贼

尽管西汉末年政府正式文书在说到政局的混乱时多强调天灾的严重影响，而当时恶劣的自然条件确实使得恶劣的社会条件危害更为显著，然而流民等社会问题发生的主要原因，并不是自然灾害。

汉元帝永光二年（前42），因社会危机异常严重，曾经颁布诏书沉痛自责，其中说到"元元大困，流散道路，盗贼并兴"[17]。而汉成帝鸿嘉四年（前17）春正月诏，也说到当时社会危机最主要的征象之一，依然是"农民失业"，"流冗者众"。[18]西汉末年社会动荡时期，流民多数集聚为对原有政治秩序在观念上予以怀疑和否定，在行为上同时予以冲击和破坏的社会群体，直接原因往往是吏治腐败所导致的正常社会关系的崩坏。

《盐铁论·未通》说到当时的普遍情形：逃避政府征发赋役的，往往是富足的"大家"，然而官吏畏惮其威势，不敢严厉督责，只能加重盘剥贫穷卑微的"细民"，于是"细民不堪，流亡远去"。可见，流民问题的发生和发展，其实往往是由于"恶吏"的危害。古来有"政宽"者百姓甘愿为其效死，"政急"者则父子相离的话，而现今"田地日荒，城郭空虚"，就是因为"政急"。这样的说法，可能是符合当时的历史事实的。在某些局部地区，个别官员改善了行政措施，使得流民逐渐回归，也说明了这一情形。

西汉末年，许多有识之士都看到，当时民众流亡，逃离城郭，而各地"盗贼并起"的原因，是"吏为残贼，岁增于前"[19]；百姓贫困、盗贼日多的原因，是"吏不良，风俗薄"[20]。吏治腐败的社会危害已经十分明显。汉元帝永光二年（前42）春二月颁布的诏书也承认，百姓极端困苦，"流散道路，盗贼并兴"，原因在于行政执法部门作风"残贼"，"失牧民之术"。[21]汉成帝建始三年（前30）九月颁布的诏书也说，流民众多，正是因为吏治的黑暗难以改变，"苛暴深刻之吏未息"[22]。

西汉末年，吏治的腐败已经相当严重。对下层民众残酷压榨，"贪财而慕势"，已经成为"俗吏之治"的共同风气。[23]贪官污吏横行不法，一时"群职旷废，奸轨放纵"[24]，政风之颓败已经不可收拾。汉元帝时，丙显任太仆十余年，"与官属大为奸利"，贪赃数额多至千余万。[25]中下级官吏同样贪鄙枉法，安定郡五官掾张辅据说"贪污不轨，一郡之钱尽入辅家"，治罪之后，没收的"奸臧"之钱竟然超过百万。[26]

后来有人用"衰乱""重敝"这样的词语来总结西汉末年的政情，又说汉平帝时，"苛吏夺其时，贪夫侵其财"，苛酷的官吏滥发徭役违误其农时，贪婪的官吏滥收租税侵害其财产，于是使得"百姓困乏，疾疫夭命"。[27]一个"苛"字，一个"贪"字，确实体现了当时极端腐朽黑暗的官僚体制对于社会经济造成的严重危害。

第三节　赵飞燕故事

赵飞燕故事，是西汉后宫生活史中比较著名的一例。

据《汉书》记载，赵飞燕本来是长安宫中侍使官婢，后归阳阿公主家，学歌舞，号曰"飞燕"。

汉成帝曾经微行出宫，在阳阿公主家作乐，初识赵飞燕即内心爱悦，于是召入宫中，大受宠幸。她的妹妹随后也被召入宫，两人俱为婕妤，一时贵倾后宫。其父赵临被封为成阳侯。

一个多月后，赵飞燕就被立为皇后，她的妹妹则为昭仪。

赵飞燕被立为皇后后，宠爱逐渐衰减，而昭仪绝幸。所居昭阳宫装饰极端华丽，中庭涂以朱色，殿上髹漆，门槛鎏金，台阶砌以白玉，墙内梁柱都用黄金包装，又饰以蓝田璧、明珠、翠羽等。其富丽华贵，为后宫之最。

赵飞燕姊妹专宠十余年，然而都没有为汉成帝留下子嗣。

绥和二年（前7），汉成帝在执政的第二十六年，一天突然暴死。民间归罪赵昭仪。皇太后诏令大臣调查皇帝起居发病情形，赵昭仪自杀。

后来，赵昭仪谋杀汉成帝与宫中其他女子所生子等事实暴露，赵飞燕也受到牵连。因为汉哀帝被立为太子，曾经得到赵飞燕的帮助，所以不予追查。汉哀帝即位七年后去世，赵飞燕被废为庶人，不久自杀。

关于汉成帝神秘死亡以及后宫婴儿被杀的事件，民间多有关切。对于汉成帝当年与富平侯张放一同微行得以交识赵飞燕，直至后来宫闱争宠谋杀的丑闻，民间甚至流行童谣："燕燕，尾涎涎，张公子，时相见。木门仓琅根，燕飞来，啄皇孙。皇孙死，燕啄矢。"

后来以有关传闻为基础，有《飞燕外传》一书问世，在民间曾经广泛流传。其书题汉人所著，却可能是唐宋人的作品。[28]

宫闱秘闻传播到民间，可能有王莽等高层政界人士出于政治目的有意扩散的因素，但是这种民间舆论关心帝王情爱、民间舆论影响上层政争的事实，却因其史无前例而值得我们注意。而这种现象之所以发生，又是以社会危机严重、王朝统治衰微、帝王威望下降作为历史背景的。

第四节 "会聚祠西王母"的流民运动

汉代画像中多见表现西王母的画面。正如陈直曾经指出的，"汉代每以西王母事为镜铭及图画题材，于西王母之外，又增加东王公以为配"[29]。见于著录的汉镜铭文有更多说到西王母的。西汉末年，曾经以民间西王母崇拜为背景，衍生出一场声势浩大的流民运动。

《汉书·哀帝纪》记载，建平四年（前3），大旱，关东民众传言"行西王母筹"，大批民众"经历郡国，西入关至京师"，百姓又"会聚祠西王母"，有人夜间持火上屋，击鼓号呼，相互惊吓。

《汉书·天文志》中则有这样的记载："（建平）四年正月、二月、三月，民相惊动，欢哗奔走，传行诏筹祠西王母，又曰'从目人当来'。"[30]

图 10-1 山东嘉祥出土"西王母"画像石

　　《汉书·五行志下之上》又写道,汉哀帝建平四年正月,民众惊走,手持草茎禾秆一支,相互传递,号称"行诏筹"。行途中相遇,人群聚集,有的群体人数甚至上千。他们有的披发赤脚,有的夜间闯关,有的越墙进入,有的乘车骑奔驰,有的利用驿传系统急行,经历二十六郡国。到京师之后,又在里巷阡陌歌舞狂欢,聚会祭祀西王母。

　　汉哀帝时代以西王母迷信为意识基础,以"祠西王母"为鼓动口号,以"传行西王母筹"为组织形式而发生的表现为千万民众"会聚""惊动""奔走"的大规模骚乱,从关东直至京师,从正月直至秋季,政府实际上已经失控。其狂热程度之惊人,说明了当时民间西王母崇拜的深刻影响,已经足以策动变乱,掀起社会政治波澜。

　　《汉书》的作者班固记录了杜邺就这一事件的分析:民属阴,

归于水类，水以东流为顺走，而西行反类逆上，以为是"违忤民心之应也"；指出通过其象征意义，似乎已经可以察见政治动乱的先兆。当时也曾有人分析说："讹言行诏筹，经历郡国，天下骚动，恐必有非常之变。"[31] 这一自春季至于秋季，历时长达数月，涉及地域包括京师及二十六郡国，表现出浓重的神秘主义色彩的民间运动，其真正的文化内涵我们今天尚不能完全明了，但是大体可以知道，其原始起因可能是"大旱"，而其形式则暗示流民群体已经形成了某种类似于后世秘密社会结构的组织形式。参与者的行为所表现出的以西王母崇拜为具体形式的宗教狂热，在条件适合时能够集聚产生极强大的社会冲击力。

第五节　贺良政变与"陈圣刘太平皇帝"

西汉晚期，在政治危局日益显著的背景下，早期道教有试图参与政治的迹象。

《汉书·李寻传》记载，汉成帝时，齐人甘忠可作《天官历包元太平经》十二卷，言汉王朝"当更受命于天"，于是以"假鬼神罔上惑众"罪死于狱中。其弟子夏贺良在汉哀帝即位后得以待诏黄门，直接向皇帝宣传甘忠可的思想，建言"宜急改元易号，乃得延年益寿，皇子生，灾异息矣"。

在社会矛盾日益尖锐，西汉政治面临危局时，以"太平"为政治理想和政治口号的思潮终于对上层政治实行了有效的干预，尽管这种干预不久就归于失败。

据《汉书·李寻传》记载，汉哀帝卧病，祈望通过"改元易号"减轻病情，于是接受了夏贺良等人的建议。他下诏宣布："朕以眇身入继太祖，承皇天，总百僚，子元元，未有应天心之效。即位出入三年，灾变数降，日月失度，星辰错谬，高下贸易，大异连仍，盗贼并起。朕甚惧焉，战战兢兢，唯恐陵夷。"表示在"汉兴至今二百载"之际，愿意"通夫受天之元命，必与天下自新"。宣布："其大赦天下，以建平二年为太初元年，号曰'陈圣刘太平皇帝'。漏刻以百二十为度。布告天下，使明知之。"皇帝不仅在一定程度上接受了《天官历包元太平经》的理论，甚至承用"太平"之说，将帝号也改作"陈圣刘太平皇帝"了。"太平"渗入帝号，成为有特殊意义的一种政治文化象征。

一个多月后，汉哀帝病情未见好转，大臣们群起反对夏贺良之议。夏贺良等奏言大臣皆不知天命，要求将丞相、御史大夫免职。汉哀帝以其言不应验，下令治罪。诏书说："朕获保宗庙，为政不德，变异屡仍，恐惧战栗，未知所繇。待诏贺良等建言改元易号，增益漏刻，可以永安国家。朕信道不笃，过听其言，几为百姓获福。卒无嘉应，久旱为灾。以问贺良等，对当复改制度，皆背经谊，违圣制，不合时宜。夫过而不改，是为过矣。六月甲子诏书，非赦令也，皆蠲除之。贺良等反道惑众，奸态当穷竟。"后来夏贺良"伏诛"，相关高官"（李）寻及解光减死一等，徙敦煌郡"。

对于夏贺良等"欲妄变政事"事件，有的学者认为是"早期道教徒发动的一场未遂政变，是道教欲登上政治舞台的大胆尝试"[32]。而这一变故，是在最高执政集团面临严重政治危局，无力安定国家，"恐惧战栗，未知所繇"的形势下发生的。

第六节　民众暴动

元成哀平时代，所谓"盗贼并起""盗贼并兴"，成为当时皇帝诏书、政府文告以及官员言辞中频繁出现的词语。

以汉成帝时代为例，汉成帝河平三年（前26），东郡茌平（今山东茌平南）侯母辟自称"将军"，起兵攻烧官府，执捕县官，夺取印绶。[33] 阳朔三年（前22），颍川（郡治在今河南禹州）铁官徒申屠圣率众起义，杀长吏，劫库兵，自称"将军"，经历九郡。鸿嘉三年（前18），广汉郑躬等攻占官府，释放囚徒，劫取库兵，自称"山君"，横历四县，部众多达万人。永始三年（前14），尉氏（今河南尉氏）樊并等暴动，杀死陈留太守，自称"将军"。同年，山阳铁官徒苏令等攻杀长吏，抢夺库兵，自称"将军"，经历十九郡国[34]，杀死东郡太守、汝阳都尉[35]。

《汉书·王尊传》记载的"阻山横行"的"南山群盗傰宗"，以及《汉书·萧望之传》记载的"阻山为害"的"鄠名贼梁子政"等人的活动，说明民众群体的反抗已经威胁到都城长安的安全。

汉成帝时代，所谓"江湖中多盗贼"，也是值得我们注意的现象。当时所谓"江贼"[36]，应当就是以舟船行水作为主要行动方式和主要隐蔽手段的机动性相当强的反政府武装力量。

哀平年间，民众暴动日益频繁，每年多至以万次计，甚至兵锋直犯京畿，纵横三辅，火烧汉武帝茂陵，长安城内皇帝所居未央宫中也可以看见烟炬。

起义民众甚至"越州度郡，万里交结"，使得朝廷"诏书讨捕，连年不获"。[37]汉成帝时名臣谷永曾经发表的所谓"百姓虚竭"，"将有溃叛之变"[38]的预言，在这时终于应验了。

第三篇

新莽史

第十一章

从"居摄"到"始建国"

汉平帝时代,西汉王朝的政治衰败已经难以挽救。这一事实为社会上层的人们逐渐认识之后,期望一个有作为的政治人物带来新的转机,成为一种共同的心愿。在这样的背景下,因外戚身份进入统治中枢的王莽在朝廷高层之中以道德表演方面的优势胜出,终于取得了最高政治权力。

王莽是中国政治史上的一个特殊人物,王莽专政的时期是中国政治史上的一个特殊的时期。王莽在六十八年的生涯中,进行了非同寻常的政治表演。他的人生轨迹和两汉之际社会大变乱的历史相叠合,他的政治努力大都导致了惨重的失败。于是对于王莽的评价,历来争议纷纭。

王莽建立新朝,为了缓和日益激化的社会矛盾,进行了包含多项内容的社会改革,这些政治努力均以失败告终。在随后爆发的全国性的民众起义冲击下,新朝灭亡。

王莽因篡汉而长期受到正统史家的否定。但是对于他的政治意识和政治实践进行客观的分析，可以发现其有值得讨论和总结的意义。他的政治设计也有积极的值得肯定的内容。

第一节　元后"世权"与"王莽之兴"

汉元帝皇后王政君庶弟之子王莽，在西汉末年复杂的贵族宗派争斗中，以外戚身份运用矫情伪饰的手段取得高位，后来成为新朝的皇帝。

《汉书·王莽传下》"赞曰"在总结王莽一生的政治表现时说："王莽始起外戚。"指出王莽地位的上升，与外戚势力对朝政的影响越来越显著有直接的关系。

中国古代的王室贵族的婚姻，很早以前就已经带有强烈的政治色彩。《礼记·昏义》说："昏（婚）礼者，将合二姓之好，上以事宗庙，而下以继后世也，故君子重之。"对于握有政治权力的家族集团来说，所谓"事宗庙"，其实具有共同继承先祖的政治传统，共同实践先祖的政治原则的意义。与这一政治文化特征有关，我们看到，在中国古代政治生活中，曾经有一种独具特色的文化现象，这就是与皇族有姻亲关系的家族，即皇帝的母族或妻族，或者皇族中女性成员的夫族，在某一历史时期占据着显贵的政治地位，掌握了重要的政治权力，进行过活跃的政治表演。在一定的历史条件下，他们的政治活动可以扶持皇权、稳定政局。司马迁在《史记·外戚世家》中曾经这样表述对于这一历史现象的认识："自古受命帝王及继体守文之君，非独内德茂也，盖亦有外戚之助焉。"中国传统政治文化的这一特殊形式，被称为"外戚政治"。外戚作为政治影响举足轻重的权力集团，他们的政治活动往往又可以侵夺皇权、削弱皇权，甚至取代皇权。外戚政治的这种极端表现，史家一般称之为"外戚专权"。外戚政治对于王朝的严重危害，史家一般称之为"外戚之祸"。外戚政治虽然在本质上说来并没有改变专制政权的根本性质，但是毕竟是与正统政治原则相抵牾的一种通常以为非正常的政治现象。可是，在政治史学者的眼中，就高度集权的专制政体来说，在这种历史变态下的种种异常表现，恰恰可以更鲜明地表露出它的许多本质特征。一般来说，历史上外戚专权现象发生的最初原因，往往是由于皇帝年幼，皇权孤弱。作为"生于深宫之中，长于妇人之手"的政治上的弱者，却在名义上继承了管理天下的政治权力。政治实力有限的皇帝为了保证国家政治机器的正常运行，于是不得不寻求能够对自己提供支持和有所帮助的政治力量。无论是出于主动的还是被动的选择，他们常常是首先依靠母后和舅父的庇护和扶持。西汉后期外戚势力的崛起，外戚家族卷入政治旋涡，往往"大者夷灭，小者放流"[1]，走向悲剧结局。然而权力和利益的诱惑，又使得外戚干政成为规律。

汉元帝皇后是王莽的姑母，《汉书》专有《元后传》，记载了这个家族在汉末的特殊地位。班固记述，汉元帝崩，太子立，是为汉成帝。"以（王）凤为大司马大将军领尚书事，益封五千户。王氏之兴自凤始。又封太后同母弟崇为安成侯，食邑万户。凤庶弟谭等皆赐爵关内侯，食邑。"时人称之为"阴盛侵阳"的形势开始形成。按照《汉书·外戚传下》记录的班彪的说法，"三代以来，《春秋》所记，王公国君，与其失世，稀不以女宠。汉兴，后妃之家吕、霍、上官，几危国者数矣。及王莽之兴，由孝元后历汉四世为天下母，飨国六十余载，群弟世权，更持国柄，五将十侯，卒成新都，位号已移于天下"。

第二节 "匿情求名"的贵族

王莽是孝元皇后弟弟王曼的儿子。元后的父亲和兄弟都在元成时代封侯，居位辅政，家族中出了九侯、五大司马，只是王曼早逝，未得封侯。王莽虽出身外戚家族，却与其他兄弟不同："莽群兄弟皆将军五侯子，乘时侈靡，以舆马声色佚游相高，莽独孤贫，因折节为恭俭。"他曾经从名儒学习《礼经》，"勤身博学，被服如儒生"。在家族中，"事母及寡嫂，养孤兄子，行甚敕备"。为人处世，谦虚谨慎，严守礼法。阳朔年间，伯父大将军王凤患病，"莽侍疾，亲尝药，乱首垢面，不解衣带连月"。[2]王凤临终时，将他托付给太后及帝。

王莽在汉成帝永始元年（前16）被封为新都侯，《汉书·王莽传上》说他"爵位愈尊，节操愈谦"，经常将财物散发给宾客，家无所余。他礼待名士，交接将相，谦恭克己，生活也注意俭约。一次王莽母亲患病，公卿列侯各遣夫人慰问，王莽的夫人相迎，衣不曳地，布蔽膝，见之者以为僮仆，知道是夫人后，人人惊异。

绥和元年（前8），王莽任大司马。汉哀帝时，一度罢官就第，杜门自守。三年后，又被征召。元寿二年（前1），汉哀帝去世，王莽得太皇太后授权，控制了朝廷中枢部门，掌握了禁卫部队的指挥权。

汉平帝九岁即位，太后临朝称制，王莽复任大司马，总揽朝政。一时附顺者拔擢，忤恨者诛灭。元始元年（1），进位太傅，号安汉公。元始四年（4），王莽的女儿被立为皇后。元始五年（5），王莽得到"加九锡"的封赏，其威仪已经近于皇帝。

九　锡

古时天子赐予诸侯、大臣的九种器物，体现最高礼遇。《左传·庄公元年》："锡者何？赐也。命者何？加我服也。"汉代学者何休注："礼有九锡：一曰车马，二曰衣服，三曰乐则，四曰朱户，五曰纳陛，六曰虎贲，七曰弓矢，八曰铁钺，九曰秬鬯。"王莽谋汉，先邀"九锡"。魏晋六朝执政大臣夺取最高权力，建立新的王朝，往往袭王莽故事，于是"九锡"被看作篡位先声。

因为能够苦身自厉，"折节力行，以要名誉"，一时"宗族称孝，师友归仁"，最终以道德积分的优势，取得了最高政治权力。[3]这可以说是刘姓集团无奈的政治退却，也可以看作社会上下共同的文化选择。

《汉书·王莽传上》说他节操谦谨，生活俭约。王莽有子四人，除一人病逝外，其余三个儿子都在年届三十岁，政治上即将自立时，因罪被王莽逼迫自杀。按照班固的说法，王莽这样做的目的，在于"以示公义"。这在中国古代帝王中是相当少见的特例。

王莽的政治表演有极其虚伪的性质，史书曾经称之为"匿情求名"。另一方面，王莽又往往"敢为激发之行"，行政时无所顾忌。

汉平帝死后，王莽借口"卜相最吉"，拥立年仅两岁的孺子婴，自己以"摄政"的名义控制了最高权力。朝会称"假皇帝"，臣民称"摄皇帝"，车服称号皆如天子之制，改元"居摄"。

后来，王莽又利用民间慕势钻营之徒迎合上意所伪造的符命，宣称汉祚已终，于初始元年（8）正式自立为帝，改国号为"新"，结束了西汉王朝的统治。[4]第二年，改年号为"始建国"。

王莽从"假皇帝"成为"真天子"。

第十二章

新政的试验

面对西汉末年尖锐的社会矛盾和深重的政治危局，王莽正式取得帝位之后，即附会古礼，托古改制，期求以社会改革的形式，调整执政者与民众的关系，改善国家效能，希望恢复政局的稳定。王莽新政的试验没有成功。

第一节　王田私属

西汉末年社会问题的症结，是土地问题和奴婢问题。

汉哀帝时，师丹辅政，曾经建议以限田、限奴婢的形式缓和社会矛盾。汉哀帝发布诏书说，诸侯王、列侯、公主、吏二千石及豪富民聚集奴婢、田宅，没有限制，与民争利，百姓往往失业，重困不足。他指示朝臣制订予以限制的条例。[1]丞相孔光、大司空何武随即制订了限定的额度和限制的措施。规定贵族官僚及一般民众皆得名田，诸王、列侯得名田于国中，列侯在长安者及公主得名田于县道，关内侯、吏民名田的数额不得超过三十顷。占有奴婢的限定数量，诸侯王为二百人，列侯、公主为一百人，关内侯、吏民为三十人。以三年为期，"犯者没入官"，即违反这一规定的要受到严厉的惩处。然而这一设想遭到了当政的外戚、官僚的激烈反对，并没有能够真正实行。²

王莽也认识到土地问题和奴婢问题是西汉末年社会问题的要害。

王莽在始建国元年（9）下令，更名天下田为"王田"，奴婢为"私属"，都严禁买卖。他又参照孟子曾经说到的"井田制"一夫一妇授田百亩的原则，宣布凡男口不满八人而土地超过一井（九百亩）的，应当分余田予九族邻里乡党中无田和少田的人。没有田的民户，则按照一夫百亩的制度受田。

王莽的这一措施，意图在于缓和土地兼并造成的矛盾，同时防止农民奴隶化。但是诏书颁布之后，分田授田的规定并不能够真正落实，仅仅只是冻结了土地和奴婢的买卖。地主、官僚和工商主当时违禁继续买卖土地和奴婢以致获罪的不可胜数，于是纷起反对。王莽无力坚持，只得在始建国四年（12）宣布买卖土地和奴婢不再治罪，承认了这项改革尝试的失败。

地皇三年（22），王莽在新朝政权崩溃的前夕，最后废除了关于王田、私属的法令。

第二节　五均六筦

在王莽推行的一系列新政中，又有被称为"五均六筦"的城市经济政策。

"五均六筦"，即"五均赊贷"和"六筦"的制度。王莽曾经试图通过这一形式，改善对工商业和财政的管理。

"五均六筦"，即对六种经济活动实行管制，包括对盐、铁、酒实行专卖，政府铸钱，名山大泽产品收税，以及五均赊贷（即政府对城市工商业经营和市场物价进行管制，并办理官营贷款业务）等。

居延汉简中可以看到这样的简文："……枚，缣素，上贾一匹直小泉七百枚，其马牛各且倍，平及诸万物可皆倍。牺和折威侯匡等所为平贾，夫贵者征贱，物皆集聚于常安城中，亦自为极贱矣。县官市买于民，民……"[3] 简文中所谓"牺和折威侯匡"，可能就是《汉书·食货志下》中说到的主持"五均六筦"的"羲和鲁匡"[4]。事实证明王莽时代推行的"五均赊贷"制度不仅限于"盐铁钱布帛"，可能也曾试图涉及物资，包括"马牛"，"及诸万物"。

当时实行"五均"的六个城市，称为"五均市"。"五均市"就是：长安（今陕西西安西北）、洛阳（今河南洛阳东）、邯郸（今河北邯郸）、临菑（今山东淄博东）、宛（今河南南阳）、成都（今四川成都）。

《汉书·食货志下》记载，王莽当时颁布诏令说，《周礼》有"赊贷"制度，《乐语》有"五均"形式，传记等诸种典籍又多说到"斡"，其作用在于使众庶得到平均，使兼并得到抑止。于是在长安及五都设立"五均官"，更名长安东、西市令及洛阳、邯郸、临菑、宛、成都市长皆为"五均司市师"。东市称"京",西市称"畿",洛阳称"中",其余四都各用"东""西""南""北"为称,分别设置交易丞五人,钱府丞一人。

当时,新朝政府宣称希望通过类似的经济管理方式,限制商人对农民的残酷盘剥,制止高利贷者非法牟取暴利的行为,以完备国家的经济制度,调整社会的经济关系。但是,这些措施也多有不利于实行的成分,遭到了工商业者的联合反对,导致了明显的经济混乱。

王莽政权的最高决策集团,在确定改革的方向和步骤时,没有经过成熟的理论思考;在推行改革的法令和措施时,也没有进行必要的理论说明。他们只是简单地以传说中古代圣王的制度作为改革的理论基础。分田授田的规定,是依照孟子所谓"井田制"一夫一妻授田百亩的原则制定的。"五均六筦"制度的名号,也是儒者刘歆以古文经《周礼》和《乐语》为依据提出来的。

耐人寻味的是,"五均"政策本来是以汉武帝"平准法"为基点制定的,而"六筦"中,盐、铁专卖和政府铸钱也都是承袭汉武帝旧制,酒的专卖在汉武帝时代也曾经实行,但是新法的宣布,并不对汉武帝时代制度的利弊与成败进行总结和说明,却只是以古制相标榜。

"五均六筦"法实行了十数年,并没有取得理想的收效。到王莽地皇二年(21),设计和主持"五均六筦"的刘歆、鲁匡在朝廷议政时受到公开指责。王莽"以百姓怨非故",考虑到"众意"的压力,将鲁匡降职[5],已经对"五均六筦"政策表露出否定的倾向。然而这一政策还没来得及正式废除,王莽的新朝政权就覆亡了。

第三节　分州定域

王莽据说素好鬼神，迷信符命，惊惧变怪[6]，政治行为往往"伪稽黄、虞，缪称典文"[7]，事事都要在圣王事迹和儒学经典中寻求根据。虽然王莽改制缺乏完备的改革思想作为理论基础，其理论基点表现出盲目复古的倾向，只是简单地"追监前代"，"专念稽古之事"[8]，但是新朝所试图进行的政治文化区与经济文化区的重新划分，却在一定意义上体现出文化地理观正逐步走向成熟。

王莽先据《尚书·尧典》正十二州名分界，又据《禹贡》改为九州。他又曾经"以《周官》《王制》之文"更改地名和官名，将政治中心向东方转移的计划也列入了日程。

汉平帝元始五年（5），王莽曾经因为"皇后有子孙瑞"，开筑了由长安翻越秦岭通达汉中的子午道。[9]子午道的开通，是地理与人文相互印合的特殊的史例，反映了当时神秘主义观念对于政治生活的影响。

《汉书·王莽传上》记载，王莽期望在处理四夷之事方面有突出的成就，以为当时"既致太平，北化匈奴，东致海外，南怀黄支，唯西方未有加"，外交在北方、东方和南方都多有创获，只是在西方并不理想，于是派人多持金币引诱塞外羌人献地内属。随即有羌人首领良愿等率其部族一万二千人愿为内臣，献鲜水海、允谷盐池。王莽说，当时已有东海、南海、北海郡，未有西海郡，于是以所受良愿等所献地为西海郡。期望奄有四海，透露出王莽地理观的政治文化基点。此后，又增置五十条新法令，违犯者徙之西海，徙者多以千万计，事实上开始了大规模充实西海的移民。

王莽又按照传说中先古圣王的行政区域规划，讨论确定州名及州界问题，以经义正十二州州名、分界。王莽始建国四年（12），又以"为万国主"的身份，宣布"分州定域，以美风俗"，再次讨论了十二州和九州的建置问题。这一次则确定按照《禹贡》中提出的制度，置定九州。[10]

王莽的新朝建立之后，一时志欲方盛，"以为四夷不足吞灭"，于是又以强制性的行政方式确定了所谓"天下""四表"。《汉书·王莽传中》记载，其东出至玄菟（郡治在今辽宁新宾西南）、乐浪（郡治在今朝鲜平壤南）、高句骊（在今辽宁东部）、夫余（在今吉林中部）；南出则逾徼外，历益州；西出则至西域；北出者，至匈奴庭。

西方和南方，为了追求"九族和睦"的虚名，"尽改其王为侯"，将边地少数部族领袖由"王"贬称为"侯"。又授匈奴单于印，变易文字，不再称"玺"而改称"章"。匈奴单于称谓也被改为"降奴服于"。王莽轻视边地少数部族的做法导致了边境的动乱，一时匈奴单于大怒，东北与西南夷发生变乱，西域地区也随即因此叛离。

王莽时代大规模更改地名，后来成为历史上的笑柄。他在建立新朝之初，就改明光宫为定安馆，又更名长乐宫为常乐室，未央宫为寿成室，前殿为王路堂，长安为常安。郡县名称也纷纷更改。尤其引起行政烦乱和民间不便的，是地名的反复更改。《汉书·王莽传中》说，地名往往一年之内反复变更，有的郡名甚至先后五次变易，而最终又恢复原名。地名的频繁变化，使吏民不能明辨，于是每次颁布诏书涉及地方政策时，不得不在新地名之后说明原先地名。王莽推行的改革措施，往往随意性很强。心血来潮，朝令夕改，"号令变易"，"数变改不信"[11]的情形相当多见。

西汉末年经济进步的显著标志之一，是关东地区从非政治重心的基点出发，经过累年的发展，已经逐步取得了其生产形势可以牵动全国经济重心的地位。秦代及西汉前期实行"强干弱支"[12]"强本弱末"[13]的政策，以行政强制的方式剥夺关东地区，从而导致"东垂被虚耗之害"的做法，在当时已经被有识之士所否定，以为"非久长之策也"[14]。

王莽专政时，最高执政集团已经看到了这一形势。当时所谓"分州定域"的政治地理和文化地理的基本观念的调整，已经表现出对东方地区经济文化优势的倾重。

第四节　王莽的"东都"规划

王莽得到最高权力不久，就曾经宣布所谓"置五威司命，中城四关将军"的政治军事举措。关于"中城四关将军"的任命，《汉书·王莽传中》记载，前、后、左、右"四关"，分别位于商洛山、太行山、崤山、陇山山地的"固""厄""险""阻"之处，其防卫的方向分别为荆楚、燕赵、郑卫、戎狄。事实上，王莽心目中政治统治最基本的根据地，已经不仅仅是关中，在一定意义上可以说也包括了河洛地区。

王莽又为先祖帝王修治陵园，七处致祭之地之中，仅一处在关西，其余所在地均在关东。也就是说，和秦王朝与西汉王朝不同，王莽新朝的神学体系，已经将祭祀重心转移到了东方。

关东地区经济地位的上升，使得最高统治集团不得不在当地寻求能够领导经济运行的都市，而洛阳自然成为首选。洛阳在历史上曾经据有相当重要的地位。[15]秦汉以来，东方经济文化的发展，使得洛阳又成为"富冠海内"的"天下名都"。[16]王莽"于长安及五都立五均官"，"五都"为洛阳、邯郸、临菑、宛、成都，均位于关中以外的地区，而"洛阳称中"。[17]

王莽时代，还开始在洛阳经营所谓"东都"。

王莽始建国四年（12），曾经正式宣布：周王朝有东都、西都之居。现今受命，仍旧遵照周代制度，其以洛阳为新室东都，常安（长安）为新室西都。于是洛阳已经具有了与长安相并列的地位。第二年，王莽又策划迁都于洛阳，也就是以洛阳取代长安，使其成为唯一的正式国都。这一决定曾经一时在长安引起民心浮动。据史书记载，当时，长安城中百姓听说王莽准备迁都洛阳，不肯修缮房屋，甚至有的不惜将原有住宅拆毁。王莽于是借口以符命为根据，预定在三年之后，即始建国八年，正式迁都于洛阳；并宣布在此之前，西都长安的城市建设不能受到影响。

不过，历史上却没有出现所谓"始建国八年"，在第二年，王莽就决定改元为"天凤"。天凤元年（14）正月，王莽又宣示天下，要从二月起"行巡狩之礼"。这一"巡狩之礼"，将完成东巡、南巡、西巡、北巡，在北巡之礼完毕之后，就要将政治重心转移到"土中"，正式定居于"雒阳之都"了。也就是说，原定迁都于洛阳的时间表又将大大提前。

王莽"一岁四巡"的计划被大臣们以为不可行而提出反对。王莽于是又推迟了迁都洛阳的计划，迁都计划预定将在公元 21 年正式实施。

由于民众反抗运动的迅速爆发和蔓延，王莽以洛阳为都的预定计划没有能够真正落实，但是洛阳的地位在这一时期仍然在上升。当时人称严重威胁新莽政权的民间武装暴动为"百姓怨恨，盗贼并起"，"欲动秦、雒阳"。[18] 地皇三年（22），在农民军威势日益壮大的情况下，王莽发军征抚东方，又以洛阳作为主要的指挥中心与后勤基地。在当时非常的战争形势下，实际上洛阳已经被赋予仅次于长安的另一政治军事中心的地位。

王莽的东都规划虽然并没有能够完全实现，但是在某种意义上仍然为东汉定都洛阳初步奠定了根基，为此后全国经济重心和政治文化重心的东移准备了必要的条件。

第十三章

新莽王朝的覆灭

王莽改制，在各方面推行的新政策使原有的政治经济秩序受到摧毁性的冲击，然而又不能够建立起合理有效的新体制。官爵制度的变革，使得大批官吏竟为奸利，广收贿赂以自给。货币制度的变革，又使农商失业，食货俱废。经济结构的混乱无序，也致使整个社会面临严重的动荡。在社会上下一致反对的浪潮中，新莽王朝归于覆灭。

第一节 赤眉军与绿林军

王莽把握朝政以至公开代汉，曾经激起刘氏宗室政治势力在各地的武装反抗。不过，这些反抗只在有限的社会集团中发起，影响也只限于局部地区，很快就被王莽扑灭。

王莽为了镇压这些反抗，曾经以封侯等手段鼓励告密，吸引敌对势力中的不坚定分子叛归，民间于是流传"力战斗，不如巧为奏"[1]的民谣。王莽这样的做法，表现出专制政权统治者心理的阴暗，为后来历朝黑暗政治开了不好的先例。

由社会矛盾的普遍激化而引起的民众暴动，迅速蔓延扩展，震动全国，形成了导致新朝政权走向崩溃的社会洪流。

反对王莽新朝的农民暴动，首先发生在北边地区。

王莽为了出击匈奴而进行赋役征发，边地和内郡民众不堪其苦，于是聚众而反。始建国三年（11），大批边民弃城郭流亡，在各地发起暴动，并州（今山西北部）、平州（今河北北部）的反抗活动更为激烈。天凤二年（15），因为大军集结于边郡，边民负担沉重，五原郡（郡治在今内蒙古包头西）、代郡（郡治在今河北蔚县东北）的民众举兵，并且以数千人为集团，已经开始超越郡界流动作战。

天凤四年（17）临淮人瓜田仪在会稽长洲（今江苏苏州西南）发动的武装反抗，以及随后不久的琅邪女子吕母在海曲（今山东日照）发动的暴动，也都有较大的影响。

天凤年间，荆州（今河南南部及湖北、湖南大部分地区）因连年久旱，饥苦不堪的百姓多流落于山泽间，以采集野生植物为生，逐渐会聚成小有规模的武装集团。新市（今湖北京山东北）人王匡、王凤被推为首领。他们经常出击附近的乡聚，位于今湖北京山北的绿林山，成为他们休整和隐蔽的根据地，这支人数增长到七八千人的武装力量于是被称为"绿林军"。

地皇二年（21），王莽政权的荆州牧发兵二万进攻绿林军。

绿林军迎击政府军获胜,绿林军又曾经攻拔竟陵(今湖北潜江西北),转击云杜(今湖北京山)、安陆(今湖北云梦),部众增加到数万人。

次年,当地疾疫流行,死者众多。绿林军分作两支队伍出山,一支由王常、成丹率领,西入南郡(郡治在今湖北江陵),称"下江兵";一支由王匡、王凤、马武率领,北上南阳(郡治在今河南南阳),称"新市兵"。两支部队的首领都自称"将军"。

新市兵在攻略随县(今湖北随州)时,平林(今湖北随州北)人陈牧、廖湛率众响应,于是农民武装中又有"平林兵"加入。

汉宗室刘玄当时也投入到平林兵中。同样作为汉宗室成员的南阳豪强地主刘演和刘秀,以恢复汉家天下为号召,也起兵反抗新朝的统治,所组织的军队人数达七八千人,称"舂陵兵"。舂陵兵与下江兵联合作战,合兵而进。

地皇四年(23)二月,绿林军为了顺应民间倾向汉室的正统观念,在淯水之滨设置坛场,拥立时称更始将军的刘玄为天子,建元为更始元年。刘演被任命为大司徒,刘秀时任太常偏将军。同年五月,刘演攻占宛(今河南南阳),更始帝刘玄随即在这里建立了统治中心。

稍晚于绿林军起义,琅邪人樊崇在莒县(今山东莒县)举兵。不久,青、徐等地的武装民众多所归附。这支农民军沿袭汉朝乡官小吏的称谓,各级首领称为"三老""从事""卒史"等,彼此之间以"巨人"相呼。部队没有文书、旌旗,不设部曲、号令,纪律只有口头相约:"杀人者死,伤人者偿创。"农民军用朱红色涂染其眉以为标识,时称"赤眉军"。

地皇三年（22），王莽派太师王匡和更始将军廉丹率军十余万进攻赤眉军。新莽军队强横残暴，残害民众，百姓作歌道："宁逢赤眉，不逢太师，太师尚可，更始杀我。"赤眉军在成昌（今山东东平）一战大破新莽军，杀廉丹，歼敌万余人。王匡逃走。赤眉军又转战于淮海、中原，势力大为扩展。

当时奋起反抗新莽政权的民众暴动，最著名的武装力量还有地皇元年（20）巨鹿（郡治在今河北巨鹿南）马适求军，地皇二年（21）南郡（郡治在今湖北江陵）秦丰军，平原（郡治在今山东平原南）迟昭平军等。《汉书·王莽传下》说，同年，"三辅盗贼麻起"，指出新莽王朝的政治腹心地区也爆发了多起武装反抗活动。

地皇三年（22），"四方盗贼往往数万人攻城邑"，处死二千石以下新莽官吏。王莽看到天下溃叛，形势危急，派专员分行天下，废除改制以来颁布的诸种法令，宣布即位以来所有诏令有不便于民者统统收回。

不过，这时新莽政权的基础和支柱已经完全朽坏，有如大厦将倾，最后的末日已经临近了。

第二节　昆阳之战

地皇四年（23），王莽派司徒王寻、大司空王邑调发州郡兵四十二万人进攻绿林军，号称"将兵百万，其甲士四十二万人"，"旌旗辎重，千里不绝"，据说还曾经驱诸猛兽虎豹犀象等，以助威武之势。[2] 按照《汉书·王莽传下》的说法，"车甲士马之盛，自古出师未尝有也"。

六月，新莽军前锋十余万人围王凤、王常所部绿林军八九千人于昆阳（今河南叶县）。新莽军围城数十重，列营百数，旗帜蔽野，埃尘连天，战鼓之声传闻数百里，又以高数十丈的云车俯瞰城内，积弩乱发，矢飞如雨，兵士挖掘地道，并用撞车攻城。城中守军面临异常危急的形势。

危难之中，刘秀等十三骑夜突重围，发郾（今河南郾城南）、定陵（今河南舞阳北）营兵数千人救援昆阳。

刘秀亲自率领步骑兵千余，在大军前四五里处列阵。新莽军也遣兵数千合战。刘秀奋勇冲击敌阵，斩首数十级。农民军中诸将议论道，刘将军平生见小敌似有怯意，今见大敌却分外奋勇，真是令人惊异！

刘秀率部挺进，新莽军后退，农民军乘势进攻，斩首数百千级。刘秀又故意伪造宛地农民军增援部队已抵达的情报，使新莽军士气沮败。而农民军将士连获胜捷，胆气益壮，无不以一当百。刘秀又亲率敢死士三千人冲击敌军中坚。新莽军阵营溃乱，刘秀乘势奋勇冲杀，分割敌军，并杀死王寻。城中守军也鼓噪冲出，内外合势，震呼动天地。新莽军溃败，士卒四散，奔逃求生，相互践踏，百余里道路上，到处都是仓皇流窜的新莽军人。当时又逢巨雷暴风，大雨如注，洪水暴涨，士卒溺死者数以万计。

新莽军各部士卒大多奔逃四散，只有王邑与所率领的长安勇敢士数千人回到洛阳。

昆阳之战后，王莽已经无力调集军队主动攻击农民军。新莽政权大势已去。

刘秀在昆阳之战中立有大功，刘演所部则攻克宛城。刘演的势力和威望逐渐凌驾于绿林诸将之上。更始帝刘玄因农民军中若干部将的建议，杀害了刘演。刘秀闻讯赶赴宛城请罪，以求自保。他内心深埋悲痛，不敢自矜昆阳之功，又不敢为刘演发丧，饮食言笑一如平常。更始帝刘玄于是拜刘秀为破虏大将军，封武信侯。

昆阳之战后，绿林兵乘胜分两路进军。一路由王匡指挥，北上攻洛阳；一路由申屠建指挥，西入武关（在今陕西商南南）进攻长安。

当绿林兵奉更始帝刘玄之命攻击长安时，赤眉军也在中原奋战。更始帝刘玄占据洛阳之后遣使者招降赤眉军，樊崇等二十余人还接受了刘玄的列侯封号。

在农民武装强大的军事威势下，三辅震动，一时海内豪杰纷纷起兵响应，杀其牧守，自称将军，使用汉朝年号，旬月之间，烽火遍于天下。[3]

王莽众叛亲离，仍然借用符命迷信自欺欺人。新莽政权上层统治集团也发生了分裂。卫将军王涉、国师刘歆和大司马董忠等密谋劫持王莽投降更始政权，只是因为准备"待太白星出"起义，以致计划终于败露，董忠被处死，王涉、刘歆被迫自杀。[4]

王莽外有出师之败，内有大臣之叛，朝廷一片混乱。这时，天水成纪（今甘肃庄浪西）人隗嚣及其家族起兵反新莽，隗嚣称大将军。析（今河南西峡）人邓晔、于匡率众攻取析、丹水（在今河南西峡西），攻武关。长安受到东西两个方向重兵进攻的威胁。

第三节　渐台斗柄

王莽面临军事危局，仓皇无定，不知所措。有人建议说，《周礼》和《左传》都说，国有大灾，则哭以厌之，《周易》也有相关的文字，不妨仿效古制，"呼嗟告天以求救"。王莽自知即将败亡，于是率群臣到南郊九庙，自述受符命而登基之前后经过，仰天呼叫："皇天既命授臣莽，何不殄灭众贼？即令臣莽非是，愿下雷霆诛臣莽！"[5] 又捶胸大哭，直至气绝，伏而叩头。又作千余言告天之策，自陈功劳。并且组织诸生小民早晚大哭，专门备以粥饭，恸哭最为悲哀以及能够诵念策文的，任用为郎，多至五千余人。

在反新莽大军逼近长安的时候，王莽组织城中囚徒出城抵抗。但是这支临时组成的部队刚刚行过渭桥，就一起哗变，并且掘毁王氏祖坟，烧其棺椁，又焚烧九庙、明堂、辟雍等礼制建筑。

十月戊申日这一天，绿林军从宣平门入长安。第二天，长安城中少年朱弟、张鱼等火烧作室门，斧斫敬法闼，高呼："反虏王莽，何不出降？"皇宫已经受到直接的冲击。火势亦延及宫中。王莽到宣室前殿避火，大火熊熊紧随而至。他身着礼服，戴玺韨，手持虞帝匕首，占问时日的栻柄放置于前，时辰变换，座席随着斗柄转移。他说："天生德于予，汉兵其如予何？"[6] 这是袭用《论语·述而》中孔子的话："天生德于予，桓魋其如予何？"不过，王莽因为未能进食，体力渐渐不支。

庚戌日清晨，群臣搀扶着王莽登车，来到渐台，希望利用渐池之水阻挡绿林军。王莽仍然随身抱持符命、威斗。台上台下双方弓

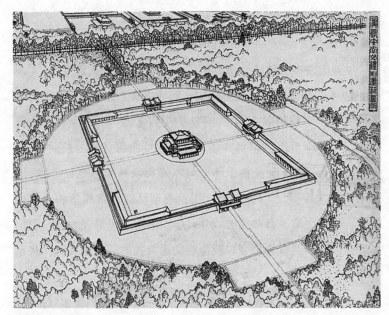

图 13-1　王莽礼制建筑遗址复原图

弩互射，矢尽，即短兵相接。王莽身边护卫都战死，绿林军冲上渐台。王莽被冲入宫中的商人杜吴杀死。新莽政权灭亡。

杜吴的"商人"身份，有人理解为商贾，也有人理解为商县（今陕西丹凤）人。

王莽生命的最后时刻，仍然以符命、斗柄自欺欺人。元代诗人郝经的诗句"天定岂容人复胜，新莽犹然事符命。汉家王气满咸阳，空向渐台看斗柄"[7]，描写了当时情势。

王莽的首级后来被传送到宛城，悬挂在市中示众，百姓纷纷掷击，"或切食其舌"[8]。有人竟然切割他的舌头食用，也反映民众对于王莽反复无常、虚伪轻浮的政治表演的厌恶。

第四节 "复古"的失败

王莽在六十八年的生涯中，暴起暴落，进行了种种政治表演。对于王莽的政治行为，批评之说不绝于史，近年则又有人给予"改革家"的评价。如果我们调整视角，尝试以文化考察的眼光透视其人格特征，也可以获得有意义的发现。

王莽因篡汉而长期受到传统的文化舆论的否定。《汉书·王莽传下》称之为"篡盗之祸"。流传极广的蒙学课本《三字经》说："高祖兴，汉业建。至孝平，王莽篡。"清人编撰的《历代国号总括歌》也写道："汉能顺取治杂霸，新莽篡者旋灭亡。"事实上，当西汉王朝的衰落已经难以挽救时，期望新的政治形象、新的文化风格取而代之，以扭转危局，成为一种共同的心愿。王莽正是在这样的社会文化背景下结束了西汉王朝的统治。

王莽曾经从名儒受《礼经》，"勤身博学"，在历代新王朝的开创者之中，是极罕见的有较好文化素养的帝王。然而他似乎未能真正领会儒学文化的精髓，只是经常无聊地炫耀对于儒经的皮毛之见，于是起初因此而得势，不久又因此而败亡。《汉书·王莽传下》写道："昔秦燔《诗》《书》以立私议，莽诵六艺以文奸言，同归殊涂，俱用灭亡。"说秦时焚禁儒学经典，王莽则宣传儒学词句粉饰其"奸言"，两相比较，文化立场虽然表面看起来相反，却走向同样的结局。

《汉书·王莽传下》说:"及其窃位南面,处非所据,颠覆之势险于桀纣,而莽晏然自以黄、虞复出也。乃始恣睢,奋其威诈,滔天虐民,穷凶恶极,毒流诸夏,乱延蛮貉,犹未足逞其欲焉。是以四海之内,嚣然丧其乐生之心,中外愤怨,远近俱发,城池不守,支体分裂,遂令天下城邑为虚,丘垄发掘,害遍生民,辜及朽骨,自书传所载乱臣贼子无道之人,考其祸败,未有如莽之甚者也。"班固认为王莽败亡之惨痛,超过了历史记载中所有的"乱臣贼子无道之人"。其行为"滔天虐民,穷凶恶极","颠覆之势险于桀纣",然而却"晏然自以黄、虞复出也"。其言与行、宣传与行政、承诺与实践的反差,成为千古笑柄。班固说他不仅"慕古法",而且"好空言",这也是他迅速走向败亡的原因之一。

王莽政治行为的欺骗性,很早就有人予以揭露。《抱朴子》外篇卷四《诘鲍》写道:"王莽奸猾,包藏祸心,文致太平,诳眩朝野,觊觎外域,使送瑞物。"指出"瑞物"之外来,其实是有意伪造的。所说史实,即《汉书·地理志下》:"平帝元始中,王莽辅政,欲耀威德,厚遗黄支王,令遣使献生犀牛。"《汉书·王莽传上》载,王莽奏言:"越裳氏重译献白雉,黄支自三万里贡生犀。"以为"太后秉统数年,恩泽洋溢,和气四塞,绝域殊俗,靡不慕义"的体现。然而《汉书·王莽传中》又说,"肇命于新都,受瑞于黄支",来自黄支的"生犀"又成为暗示王莽"受命","当代汉有天下"的"德祥之符瑞"。其实,符瑞种种,本质上都是伪造的虚言。白居易曾经说王莽之流"色仁行违,先德后贼","其初皆有动人之才,足以惑众媚主,莫不合于始而败于终也"。[9] 所谓"先德后贼"，可以说比较敏锐地发现了这位政治人物的个性。所谓"王莽谦恭未篡时"[10] 的名句，更是人所熟知。"德"与"贼"，是政治道德评价。如果以民间文化倾向作为评定的尺度，也可以看到王莽失败之必然。当农民军逼近长安时，王莽组织囚徒出城抵抗。但是这支临时纠集的武装人群刚刚行过渭桥，就迅速哗变，又掘毁王氏宗族墓园，焚烧王莽兴建的礼制建筑。王莽曾经"呼嗟告天"的庙堂被付之一炬，表现出民众对于这种政治宣传的反感和轻蔑。

第四篇

东汉史

第十四章

刘秀的帝业

在大规模的民众武装反抗运动摧毁了新莽政权的条件下，宗室成员刘秀重新实现了统一，建立了东汉王朝。

在诸多反抗王莽的政治活动家之中，刘秀有较为远阔的战略眼光，团结了具有较高文化素养的人才集团，运用了较为灵活的军事策略，确定了较为开明的执政方针，因而取得了较为显著的成功。

刘秀曾经宣布愿"以柔道""理天下"，体现了东汉王朝的政治风格。

第一节　刘秀："事田业"的乡村士人

刘秀，南阳人，汉高祖九世之孙。汉初刘邦父子兄弟四人，其家族至汉平帝时，成员已经有十余万人。[1]刘秀这样的刘姓宗室成员，并没有享受多少政治经济特权，他九岁就失去父母，被收养在叔父刘良家。据《后汉书·光武帝纪上》说，刘秀"性勤于稼穑"，好"事田业"，看来是一位传统农耕经营方式的继承者。不过，刘秀在王莽天凤年间曾经前往长安读书，受《尚书》，略通儒学大义。

刘秀在长安就读期间，因为资用匮乏，曾经和同学合钱买驴，令从者代人载运，以运费补给开支。王莽地皇三年（22），南阳（郡治在今河南南阳）饥荒，刘秀当时避居新野（今河南新野），曾经卖谷于宛（今河南南阳）。从刘秀的生活经历看，他熟悉农耕业的基本形式，又有一定的儒学修养，而且能够采用较灵活的生存方式。

刘秀被族人看作"谨厚者"，有较为宽容的个人品格。又为人谨慎，史称"量时度力，举无过事"[2]。他能够团结部众，历经坎坷，终定大局，其文化资质的优势起到显著的作用。而东汉王朝的政治风格较为保守温和，也与刘秀的性格倾向有一定关系。

《后汉书·皇后纪上·光烈阴皇后》说："初，光武适新野，闻后美，心悦之。后至长安，见执金吾车骑甚盛，因叹曰：'仕宦当作执金吾，娶妻当得阴丽华。'"可知青年刘秀的人生理想不过美人官位。见"车骑甚盛"而发抒感慨，一如早年刘邦、项羽。然而与他们见秦始皇车列感叹"大丈夫当如此也""彼可取而代也"的壮语比较，刘秀的话确实体现了"量时度力，举无过事"的性格。

建武十七年（41）冬十月，刘秀回到家乡章陵（今湖北枣阳南），回顾往时宅院田庐，置酒作乐。当时刘姓诸母酒酣欢悦，相互夸赞刘秀年少时谨慎柔和的性情，说"文叔少时谨信，与人不款曲，唯直柔耳"，所以今天才能如此。刘秀听后大笑道："吾理天

下，亦欲以柔道行之。"[3] 所谓"谨信""直柔"，所谓"以柔道""理
天下"，都反映了刘秀性格特征与东汉政风的关系。

第二节　刘秀发兵捕不道

刘秀的政治成功，有谶纬的影响作为文化基础。

通常所说的谶纬，是西汉成哀年间开始流行，到东汉时全面影
响社会政治生活的一种文化现象。

谶纬的内容，有的解经，有的述史，有的论说天文、历数、地
理等，更多的则侧重于宣扬神灵怪异，阴阳五行思想混杂于其中。
这些内容，保存了一部分思想史资料，透露了一部分自然科学进步
的轨迹，记录了一部分古史传说，"就其原始状态而言，很可能从
一个角度反映了汉代文化思想的概貌"[4]。然而另一方面，其主题
虚妄离奇，其内容绝大部分荒诞不经。其文意的隐晦含混，又极便
于人们穿凿附会，进行随意的解释。王莽称帝，就曾经利用了谶纬
中被理解为政治预言的若干内容。刘秀也是如此。

王莽时，曾征通"天文、图谶、钟律、月令、兵法"等"天
下异能之士，至者前后千数"。[5] 其中许多是方术之士，大量制作
图谶，将零星的谶语汇成篇籍。《河图赤伏符》说："刘秀发兵捕
不道，四夷云集龙斗野，四七之际火为主。"[6] 据《汉书·楚元王
传》，刘歆于汉哀帝建平元年（前6）改名秀，应劭注即引此谶为
说，而刘秀正生于这一年，可见这一谶文在此前早已流传。所谓
"四七之际火为主"，四七为二十八。刘秀于王莽地皇三年（22）

起兵，刘邦于公元前206年灭秦称汉王，由高帝灭秦到光武起兵正好二百二十八年，合于四七之数。《河图赤伏符》之谶可能出于汉成帝末年，成哀之际，流传已广，所以才有刘歆改名应谶的事。光武帝取名秀是否也有应谶之意或属偶合，现在已经难以确考。刘秀帝业的成就，曾经借助了谶纬的宣传。王莽时，卜者王况为李焉作谶，有"荆楚当兴，李氏为辅"[7]的话。刘秀的同乡有一位名叫李守的，据说"好星历谶记"，王莽时任宗卿师，他也曾经造"汉当复兴，李氏为辅"的谶语。[8]李守的儿子李通就利用这条谶语鼓动刘秀起兵。后来刘秀又应《河图赤伏符》之谶即皇帝位。

第三节　铜马帝

绿林军攻入长安，灭亡新莽王朝之后，更始帝刘玄又迁入洛阳，随即派遣刘秀以破虏将军行大司马事的身份率军镇抚河北。刘秀前往河北，借着可以独力决策军政的条件，在这里充分发挥了自己的政治才干，迅速扩充了自己的政治势力，逐步形成了实力最为强大的武装集团。

当时河北有铜马、大肜、高湖、重连、铁胫、大抢、尤来、上江、青犊、五校、檀乡、五幡、五楼、富平、获索等部农民军，据说人众合计多达数百万。除了农民军以外，各地豪强地主武装和王莽政权残余力量结成的地方割据势力也有相当强固的影响。

在进军河北途中，南阳新野（今河南新野）人邓禹向刘秀建议，应"延揽英雄，务悦民心"[9]，以充实政治实力，扩大政治影响。颍川父城（今河南平顶山西北）人冯异发现刘秀在刘演死后虽然不敢公开显露悲戚的心情，然而每当独居时，则不饮酒食肉，枕席往往残留泪痕，觉察到他与更始军最终必然分手，于是建议他利用独当一面的机会，尽力争取民众的支持。刘秀接受了这些建议，所过之处注重抚慰民众，安定人心，废除王莽时代的苛政，又尽量避免杀戮，于是"吏人喜悦，争持牛酒迎劳"[10]。

刘秀部进展顺利，至邯郸（今河北邯郸）后，又长驱直进真定（今河北石家庄北）。刘秀到邯郸时，故赵缪王子刘林建议："赤眉今在河东，但决水灌之，百万之众可使为鱼。"刘秀没有理睬这番话。刘秀到真定后，刘林于是诈以卜者王郎冒充汉成帝之子子舆，立其为天子，以邯郸为都城，宣布政治独立，又派遣使者，控制了邯郸附近各郡国。

刘秀这时正北进征抚，至于蓟（今北京西南）。故广阳王子刘接则起兵蓟中以回应王郎。刘秀被迫出逃，沿途历经困苦，直到信都（今河北冀州）方才得到接应，脱离了险境。

刘秀征发附近诸县兵壮，得四千人，相继攻占了堂阳（今河北新河北）、贳县（今河北辛集西南）等地。王莽时任命的和成郡（郡治在今河北平乡西南）行政长官举郡来降，也使刘秀的军力得以壮大。

此后，又有昌成（今河北冀州西北）、宋子（今河北赵县东北）民众开城归附。刘秀又北进占领了下曲阳（今河北晋州西），流散的部下逐渐会合，军队已经多达数万人。河北地区的豪强地主率宗族、宾客先后归附刘秀，成为刘秀安定河北的强大助力。

刘秀挥师北上进击中山，攻克其首府卢奴（今河北定州），并移檄边部，号召共击王郎。刘秀以其政治形象和军事实力双重的作用，得到诸郡县的普遍响应。刘秀军在柏人（今河北内丘东北）大破王郎大将李育，又得到上谷（郡治在今河北怀来东南）、渔阳（郡治在今北京密云西南）等郡武装的增援。更始军也派军征讨王郎。更始二年（24）五月，刘秀军攻拔邯郸，诛王郎。刘秀至此已经大体控制了河北诸郡。

更始帝刘玄立刘秀为萧王，令其罢兵南归。刘秀则借口"河北未平"，拒绝从命。

刘秀继续用兵河北，逐一吞灭了铜马、高湖、重连等部割据地方的农民军，当时被关西人称之为"铜马帝"。

不久，刘秀派遣吴汉等袭杀更始政权的尚书谢躬，与农民军公开决裂。

清人吴伟业《梅村集》卷一七《读光武纪》诗写道："雷雨昆阳战，风云赤伏符。始知铜马帝，远胜执金吾。""铜马帝"刘秀当时已经具有了逐鹿中原的实力。刘秀集团的主力兵员，来自所收编的河北地区的原农民军。[11]《水经注·浊漳水》说，巨鹿有"铜马祠"："铜马祠，东汉光武庙也。更始三年秋，光武追铜马于馆陶，大破之，遂降之。贼不自安。世祖令其归营，乃轻骑行其垒。贼乃相谓曰：'萧王推赤心置人腹中，安得不投死乎！'遂将降人分配诸将，众数十万人。故关西号世祖曰'铜马帝'也。祠取名焉。"巨鹿"铜马祠"，是"铜马帝"刘秀经营河北取得成功的纪念。

第四节 平定中原与关中

农民武装反抗破坏了专制的政治秩序，也破坏了正常的经济生活。更始军占领关中之后，各部终日以抢劫掳掠为事，一时"横暴三辅"。

刘玄住在长安长乐宫，沉浸在宫廷享乐生活中，无心理政，日夜与妇人饮宴后庭，群臣请求上奏言事，往往醉而不能见。有时实在不得已，竟然令宦者坐在帷帐中应付臣下。

刘玄又大封诸王，滥授官爵，长安于是有"灶下养，中郎将；烂羊胃，骑都尉；烂羊头，关内侯"的传言。有人建议应当变革制度，招纳英俊，因才授爵，以辅佐朝政，竟然激怒刘玄，被投入狱中。于是民众失望，"关中离心，四方怨叛"。诸将出征，往往各自委派地方行政长官，以致州郡官员交错，民众不知所从。[12]

更始二年（24）十二月，赤眉军数十万人西进入关，连续摧毁更始军的阻拒，进军到华阴（今陕西华阴东）。军中巫者以天神代言者的身份说，本来应当做执政者的，为什么要做"贼"呢？有人借此劝说樊崇，现今将军拥百万之众，西向帝城，而无称号，被人看作"群贼"，这样是不可以持久的。不如立刘姓宗室，挟义而诛伐。以此号令，谁敢不服？樊崇于是立刘氏宗室刘盆子为帝，自号建世元年。

更始集团中有人建议勒兵掠长安以自富，东归南阳，如果再败，不妨再入湖池中为盗。刘玄否定了这一建议。于是有劫更始帝以东归的密谋。更始集团上层的政争，导致了流血事件。长安发生内乱，赤眉军占领长安，刘玄单骑出城。后来在赤眉军威逼之下，更始帝刘玄请降。

赤眉军在长安劫夺财物，虐暴吏民。城中粮食消耗尽净，又收载珍宝，纵火焚烧长安宫室市里，"民饥饿相食，死者数十万"，长安成为废墟，"城中无人行"。[13] 又引兵而西。乱军发掘汉帝陵寝，取其宝货。除霸陵、杜陵外，都遭到盗掘。班固在《汉书·王莽传下》所谓"天下城邑为虚，丘垄发掘，害遍生民，辜及朽骨"，正是当时社会空前动乱的写照。《后汉书·刘盆子传》也记载，此后二十余日，赤眉军贪求财物，再次出动进行大规模劫掠。"城中粮食尽，遂收载珍宝，因大纵火烧宫室，引兵而西。过祠南郊，车甲兵马最为猛盛，众号百万。(刘)盆子乘王车，驾三马，从数百骑，乃自南山转掠城邑，与更始将军严春战于郿，破(严)春，杀之，遂入安定、北地。至阳城、番须中，逢大雪，坑谷皆满，士多冻死，乃复还，发掘诸陵，取其宝货，遂污辱吕后尸。凡贼所发，有玉匣殓者率皆如生，故赤眉得多行淫秽。"[14] 赤眉军对西汉帝陵的破坏，后人有"四关重扰"之说。[15] 军事集团公开以武力发掘帝陵，开历史上同类事件之先河。而污辱墓主尸身事，在历史上尤为引人注目。

赤眉军起初西走陇阪，寻找出路，在受到地方割据势力隗嚣的抵抗和大风雪的袭击之后，又折返长安。赤眉军与更始军在关中反复交战，使关中社会遭到严重破坏。"时三辅大饥，人相食，城郭皆空，白骨蔽野，遗人往往聚为营保，各坚守不下。"赤眉军在掳掠无所得的情况下引而东归。当时尚有二十万众，然而行军途中，仍不断流散。[16]

当赤眉军入关进攻更始集团时，刘秀派邓禹率军引兵而西，又派冯异拒守孟津。赤眉军迫近长安时，刘秀以当时民间流传的《赤伏符》所谓"刘秀发兵捕不道,四夷云集龙斗野,四七之际火为主"为宣传,在鄗(今河北高邑东)南千秋亭五成陌设坛场,于六月己未日即皇帝位,建元建武。

同年十月,刘秀入洛阳,在这里定都,仍用汉朝国号,史称东汉。

刘秀的军队在继续镇压河北农民军余部的同时,又扫平了分立于中原各地的割据武装。

建武二年(26)春正月,邓禹军入长安。九月,大破赤眉军于杜陵(今陕西西安东南)。建武三年(27)闰正月,冯异军在崤底(今河南渑池西)大破东进的赤眉军主力。刘秀又亲自率军进攻南向宜阳(今河南宜阳西)的赤眉军余众。赤眉军战败投降。建武五年(29),刘秀又先后削平了渔阳郡的彭宠、南郡的秦丰和齐地的张步等割据地方的武装集团。于是黄河流域各地的主要割据势力被逐一消灭,北方的主要地区得以平定。

第五节　统一局面的实现

建武六年(30),刘秀相继翦灭了盘踞江淮的李宪、董宪、庞萌等割据势力,使关东地区得以统一。后来又迫使据有河西的窦融归附。

新莽统治时期,隗嚣集团曾经勒兵十万进攻长安,占领安定(今甘肃泾川)。是时东方农民武装已经抵达长安,长安人起兵诛王莽。隗嚣于是分遣诸将西向陇西(郡治在今甘肃临洮)、武都(郡治在今甘肃西和南）、金城（郡治在今甘肃永靖西北）、武威（郡治在今甘肃武威）、张掖（郡治在今张掖西北）、酒泉（郡治在今甘肃酒泉）、敦煌（郡治在今甘肃敦煌西）诸郡，大体控制了西北地区。

应更始政权的征召，隗嚣至长安，先后任右将军、御史大夫。赤眉军西入关，更始集团内乱，隗嚣参与其中，与数十骑逃归天水，收拾原有力量，据有故地，自称西州上将军，实现了对天水地区的割据。隗嚣曾经击溃汉军叛将，又成功阻击赤眉军西进主力，于是接受了邓禹所授"西州大将军"的封爵，并握有专制凉州、朔方军政的权力。然而他仍然私怀割据西北，"案秦旧迹"，然后东向发展的政治企图，在刘秀部署进攻蜀地割据军阀公孙述时，多次抗命。

建武九年（33），刘秀毅然出军平定了依陇山之险割据天水的隗嚣集团。

王莽天凤年间，公孙述任导江卒正（即蜀郡太守）。新莽政权覆灭后，各地豪杰起兵以应汉。公孙述北迎以"定汉"为标榜的宗成等入蜀。然而宗成等至成都，"虏掠暴横"，危害百姓。公孙述召集当地豪杰说："此寇贼，非义兵也！"于是以武力予以铲除。公孙述又击破更始帝刘玄派遣收略蜀地的军队，自立为蜀王，都成都。建武元年（25）四月，公孙述又自立为天子，建元曰龙兴元年。

公孙述尽有未遭到战乱破坏的益州之地，又曾经进据汉中（郡治在今陕西安康西北），出陈仓（今陕西宝鸡东），图谋占有三辅，被击败后，有的部众转移到南阳（郡治在今河南南阳），占领数县。公孙述又派遣任满率军出江关（今重庆奉节），屯兵于临沮（今湖北远安西北）、夷陵（今湖北宜昌东南）之间，有欲取荆州诸郡的意图。建武八年（32），又出军下江关，拔巫（今重庆巫山北）、夷陵、夷道（今湖北宜都）。

建武十一年（35），汉光武帝刘秀派遣岑彭、吴汉进军击公孙述。次年，汉军平定蜀地。

这时，刘秀实现新的统一的事业终于得以大体完成。

第六节　光武功臣集团的儒者气象

刘秀在王莽天凤年间，曾经往长安求学，在中大夫庐江（郡治在今安徽庐江西南）人许子威门下受《尚书》。[17]

清代史学家赵翼曾经发现"东汉功臣多近儒"的事实。他指出，西汉王朝的开国功臣，多出于亡命无赖。至东汉中兴，则军事领袖"皆有儒者气象"。赵翼以为这是"一时风会不同"。刘秀少时曾经远道长安求学，登上天子之位后，仍然多次引公卿郎将讲论经理。"帝本好学问"，与刘邦鄙视儒生不同，"而诸将之应运而兴者，亦皆多近于儒"。刘秀身边的主要功臣，确实多有儒学资质。赵翼所举邓禹、寇恂、冯异、贾复、耿弇、祭遵、李忠、朱祐等凡十四例，都具有一定的儒学修养。可见"光武诸功臣，大半多习儒术"。[18]赵翼的分析，反映了刘秀功臣集团构成的基本特征。

事实上，整个东汉一代，其官僚政治的人才基础已经大体是儒生。这是两汉政治文化基点不同的地方，也是东汉政治体制对于后世表现出开创性意义的地方。

考察文官制度的历史渊源，或许也可以通过东汉政治史的研究有所发现。

东汉上层统治集团在执政的一百九十五年间，始终是比较重视以儒学教育充实自身的文化实力的。

对于儒学的特殊推重，其实是从汉光武帝刘秀的时代就开始了的。

《后汉书·儒林列传上》记载，"光武中兴，爱好经术"，每到一地，未及下车，而先访儒问雅，对于儒学的学术建设有特殊的关心。于是当时据说"四方学士""云会京师"。刘秀将政治中心迁至洛阳时，据说运载"经牒秘书"的车辆，竟然多至二千余辆。在兵火频仍、战事尚未定局的年代，专意以庞大的车队装载经典文书，可见其对于文化事业的重视。建武五年（29），天下未定，刘秀即"修起太学"，形成了所谓"起太学博士舍，内外讲堂，诸生横巷"[19]的文化盛况。

后人总结汉光武帝刘秀政治管理的风格时，有"退功臣而进文吏"[20]的说法。刘秀确实能够正视"文吏"对于成功执政的作用，他虽然封功臣为侯，赐予丰厚的爵禄，但是禁止他们干预政事。《后汉书·贾复传》说，"中兴"将帅胶东侯贾复和高密侯邓禹知道"帝欲偃干戈，修文德，不欲功臣拥众京师"，于是削除甲兵，推重儒学，得到刘秀的赞许。

对诸侯王和外戚的权势，刘秀也有意多方限制。所以当时宗室诸王和外家亲属都比较遵奉法纪，不能对朝政构成严重的危害。

第七节　河南帝城，南阳帝乡

东汉政权实现统治的主要基础，是在经济上恃富足之势又有积极参政要求的豪族地主。

刘秀年轻时在南阳家乡有经营"稼穑""田业"的经历，自然在情感上接近当时在社会生活中影响越来越显著的豪族地主。

建武二年至十四年（26—38）间，刘秀曾经连续六次颁布释放奴婢的诏令。诏令规定，凡属王莽代汉以来吏民被略卖为奴婢而不符合汉法的，青、徐、凉、益等割据区域吏民被略卖为奴的，吏民的妻子遭饥乱被卖为奴而要求离去的，一律免为庶人。奴婢主人如果拘执不放，按汉"卖人法"和"略人法"治罪。

建武十一年（35），刘秀又连续颁布诏令，宣布：杀奴婢的不得减罪；炙灼奴婢的依法惩治，免被炙灼者为庶民；废除奴婢射伤人弃市罪。

刘秀反复重申破除奴婢制度的决心，是因为东汉王朝所依恃的统治基础，已经并非先前以奴婢为主要劳动力的生产经营者。汉光武帝刘秀和豪强地主集团的特殊关系，使得他可能解决奴婢问题，但是却不可能解决越来越严重的土地兼并和人口荫附问题。

东汉时期的土地兼并和人口荫附现象，一开国就成为显著的社会隐患。刘秀及其政权的统治阶层本来就属于豪强地主集团，这时凭借其政治权势，更变本加厉地搜括土地，占夺人口。

土地兼并和人口荫附问题的严重性，在豪族比较集中的地区最为突出。当时，都城洛阳附近以及汉光武帝刘秀的家乡南阳地区，成为这一社会现象最为典型、最为突出的地区。

刘秀是南阳人，又是春陵侯刘买之后，父亲刘钦为南顿（今河南项城西）县令，起初曾为济阳（今河南兰考东北）县令，刘秀本人就出生在济阳县舍。由于存在这样几重关系，于是这几个地方都屡屡得到"复"，也就是免除赋役的特殊优待。与帝王有某种特殊关系的地区，往往还因这种特殊关系，享有一些并不著于明文的特权。

最为著名的史例，就是所谓"河南帝城""南阳帝乡"特殊地位的形成。

《后汉书·刘隆传》记载，因检核垦田数而产生了中央政府和河南、南阳地方豪强地主集团的矛盾。当时，天下垦田数字多不如实统计，又户口年纪也互有增减，豪强地主以所控制耕地和人口的数量的虚假统计，对抗中央政府的经济管理。建武十五年（39），汉光武帝刘秀颁布诏书，下令州郡检核其事，而刺史太守多不能公正执法，豪右之家依然得到优遇，更变本加厉地侵夺贫苦民户，以致百姓怨恨。当时官场有所谓"颖川、弘农可问，河南、南阳不可问"的说法，这正是因为"河南帝城多近臣，南阳帝乡多近亲，田宅逾制，不可为准"。[21] 因为"多近臣"与"多近亲"的关系，"田宅逾制"的情形无法得到控制。

所谓"河南、南阳不可问"，所谓"河南帝城多近臣，南阳帝乡多近亲，田宅逾制，不可为准"，如果我们离开地方主义的特定条件来理解，其实可以说明东汉时代豪强地主集团的特殊地位。

刘秀对于豪强地主集团在土地兼并和人口荫附问题上与中央政府的对抗，采取了姑息的态度。他在处死度田不实的河南尹张伋等十几名郡守之后，即下令停止度田，正式向豪强地主集团让步。

刘秀自称："吾理天下，亦欲以柔道行之。"这里所说的"柔道"，实际上就是以宽怀纵容的态度，扶植和保护豪强地主集团的势力。

第八节　刘秀执政的"安静"原则

汉光武帝刘秀为了巩固东汉政权的统治，采取了一系列缓和社会矛盾的政策。除了释放和禁止虐杀奴婢而外，又减省刑法，假民和赋民公田，减免租赋，并且任用"循吏"。其总的政策原则，是减轻民众的负担，促进农业生产的发展，实现社会经济的恢复。

刘秀即帝位之初，建武二年（26），就宣布大赦天下，颁布诏书谴责"狱多冤人，用刑深刻"的现象，明令有关官员"议省刑法"。据说刘秀就是因为曾经在社会下层洞察吏治的黑暗和百姓的艰难，于是才下决心减轻刑法对民众的压迫。正如《后汉书·循吏列传》所说，"初，光武长于民间"，所以对行政执法的弊病颇为了解，又对稼穑之艰难、百姓之病害，都有切身的认识，至天下已定，决心采用以"安静"为原则的施政方针，一改王莽时期用法繁密的倾向，恢复西汉前期标榜"轻法"的政策。

光武年间，刘秀曾多次指出"狱多冤结，元元愁恨"[22]的社会问题，下令平反冤狱，释放囚犯[23]。刑法制度的改进，对于缓和社会矛盾有重要的意义。

刘秀缓和社会矛盾的另一做法，是减免租赋。

田赋征收是国家和耕作者直接发生经济关系的主要形式。田赋征收的额度，决定政府可能控制的财力。田赋征收的比例，又决定农耕生产者的生活水平和生产积极性，从而影响到社会的治与乱。

刘秀注意到调节田赋征收的意义，重视采用这一方式缓和政府与民众的矛盾。建武六年（30），在虽已削平黄河流域的主要割据势力，北方的主要地区得以安定，而隗嚣、公孙述未平，全国战事尚未结束的情况下，刘秀下诏宣布：此前因为战争状态尚未解除，军费用度不足，因而实行什一之税；现今军士屯田，粮储有所积蓄，"其令郡国收见田租三十税一"，如旧时制度。[24]

"三十税一"，是汉文帝时代曾经实行的田赋制度。刘秀当政的年代是否切实施行了"三十税一"的制度，是否一直实行着"三十税一"的制度，现在都不能确知。但是这一诏令的颁布，无疑可以在一定程度上表现出刘秀努力避免因田赋征收过度而导致社会危机的意向。

当然，刘秀推行减免田赋的政策，受益的小自耕农户数量可能相当有限，而豪强地主集团显然得益偏多。然而东汉王朝决策者缓和社会矛盾的主要目的显然是实现了。

第九节　循吏"勤约之风"

任用循吏，是东汉前期政风的基本特征之一。

汉光武帝刘秀有在社会下层生活的经历，对于弊政的形式与危害有所了解，天下大定之后，期望以安定平和的形式推行统治，于是重视任用守法循理的官吏即所谓"循吏"以改良吏治。

刘秀自身节俭庄重，穿着俭朴，不重装饰，不喜好郑卫之音，不贪恋珠玉之玩，后宫没有私爱，近臣没有偏恩。建武十三年（37），异国来献名马，据说能够日行千里，又进奉宝剑，价值至于千金，刘秀诏令以马驾鼓车，以剑赐卫士。他又宣令减损服务于皇族的宫苑管理人员，废止耽湎于游逸的骋望弋猎之事。

刘秀的作风实际上为"循吏"做出了典范。于是一时政界"勤约之风，行于上下"。

循 吏

《史记·循吏列传》太史公曰："法令所以导民也，刑罚所以禁奸也。文武不备，良民惧然身修者，官未曾乱也。奉职循理，亦可以为治，何必威严哉？"司马迁提示从政人员注意，官吏"奉职循理"，是"为治"的根本。而要求得"治"，必须处理好与"民"的关系。司马贞《索隐》为《循吏列传》解题，以为循吏即"本法循理之吏"。所根据的应是《史记·太史公自序》所谓"奉法循理之吏，不伐功矜能，百姓无称，亦无过行"。其所本之"法"，所循之"理"，是以民本主义为主题的。颜师古解释《汉书·循吏传》之"循吏"身份："循，顺也，上顺公法，下顺人情也。"《汉书·循吏传》表彰的"循吏"，其品格和作风"皆谨身帅先，居以廉平，不至于严，而民从化"。《后汉书·循吏列传》记录了十二位能够"导德齐礼"，被看作"一时之良能也"的模范官员的"殊闻显迹"。他们的行政实践，使得"民得利益"，于是"父老称歌"，"以仁惠为吏民所爱"。

刘秀当政的时代，经常召集官员到御座之前，调查基层吏治得失，了解民间政治情况，所以能够令上下都严谨执政，使"百姓宽息"。刘秀又亲自考察地方主要官员，选用最有能力者以充分发挥其才干。如杜诗为南阳太守，被当地民众尊称为"杜母"，任延、锡光移变边地落后风习，也是政绩最为显著的。此外第五伦、宋均等人，也都有值得称颂的事迹。[25]

《后汉书·循吏列传》还写道，建武年间，"吏事深刻"，往往因一句传言，就撤革更换地方行政长官。当时有人以此为缺乏"殷勤"之意的"峻政"，予以否定。其实，当时吏治比较清明，应当与对官吏的严格要求有关。

刘秀时代许多著名的地方官员留下了清正能治的盛名。

邓晨为汝南（郡治在今河南平舆北）太守，兴修水利，灌溉数千顷田，汝南地方于是丰殷富足，鱼稻之饶，甚至"流衍它郡"。建武五年（29），郭伋为渔阳（郡治在今北京密云西南）太守，在职五年，户口倍增。建武六年（30），李忠为丹阳（郡治在今安徽宣城）太守，以儒学变改当地风俗，起筑学校，教习礼容，于是得到当地民众的拥护，垦田显著增多，三年之间，流民回归者多至五万余口。张堪任渔阳太守，捕击奸猾，赏罚必信，取得当地民众拥护，又开稻田八千余顷，劝民耕桑，以致殷富，于是流传"张君为政，乐不可知"的民歌。卫飒任桂阳（郡治在今湖南郴州）太守时，兴办教育，改革婚俗，使民间风习逐渐与中原文化接近。

"循吏"们所营造的政治风范，在当时无疑表现出有益于改善政治生活、调节社会关系的积极作用。"循吏"们在各地的政绩，对于当时社会经济的发展和社会文化的进步，显然也有不可忽视的意义。

第十节　建武时代的西部形势

　　与东部地区治理取得成效形成鲜明对比的，是西部地区的政治军事形势。

　　刘秀是在控制东方之后，继而平定西部地区的。建武九年（33），击灭盘踞西北的隗嚣。建武十二年（36），破公孙述，征服西南。此间刘秀曾感慨道："人苦不知足，既平陇，复望蜀。每一发兵，头须为白。"[26] 于是后世有"得陇望蜀"的成语。而刘秀的话，确是肺腑之言。多年战事之后，民生苦乏，百业凋敝，东汉王朝终于无力对西部经营持积极态度。最典型的例证，是听任关中的残破，以及放弃了西域的控制权，而汉武帝以来西北方向的军事胜势，也彻底败落。

　　两汉之际的战乱，使古来称作"天府"、长期于农耕文化的发展起到先进示范作用的关中地区遭受严重破坏，一时"城郭皆空，白骨蔽野"[27]。刘秀曾经数次往来关中祭祠西汉十一陵，对于当地形势，应当是清楚的。然而除了下令修复西京园陵、修理长安高庙而外，史书中看不到恢复关中经济地位的有效措施。

　　刘秀对于西北边事有所忽视。两汉之际，匈奴以军事强权控制了西域地区。建武年间，西域诸国多次请求汉王朝派遣都护，均遭到拒绝。"鄯善王上书，愿复遣子入侍，更请都护。都护不出，诚迫于匈奴。"刘秀竟然回答："今使者大兵未能得出，如诸国力不从心，东西南北自在也。"[28] 于是鄯善国和车师国不得不归附匈奴。

　　《后汉书·南匈奴列传》说："及关东稍定，陇、蜀已清，其猛夫扞将，莫不顿足攘手，争言卫、霍之事。帝方厌兵，间修文政，未之许也。"此后，建武二十七年（51），北匈奴大疫，又遭遇旱蝗之灾，又有大臣提议乘此时机命将临塞，策划出击，以为如此则"北虏之灭，不过数年"。而刘秀的答复强调"柔能制刚，弱能制强"，以所谓"务广地者荒，务广德者强"拒绝了这一建议。[29]这种片面讲究"柔"、向往以"文政""广德"的思想所主导的消极政策，对于历史的走向确实产生了影响。唐代诗人元稹《代曲江老人百韵》诗有"拨乱干戈后，经文礼乐辰"，"光武休言战，唐尧念睦姻"句，以肯定的语调评价刘秀的西部策略。然而，事实上中国西部民族关系的总体形势，却在这一讲究"经文礼乐"的时期发生了显著的变化。

于是，与儒学"经文礼乐"精神大不相合的以民族纷争为主题的历史文化，由西部影响到东部，自东汉之后在中国持续了数百年之久。而以关中地方为代表的西部，其具有优秀历史传统的区域文化复兴，延迟至隋唐时代方得以实现。对于东晋十六国时期到隋统一以前这段历史的总体评价，可以有不同的意见，但是连续的战乱对于经济进步的阻断，对于文化传统的摧残，却是有目共睹的。

另一方面，刘秀的西部方略，看来有心对秦皇汉武以来过度使用民力而连年开边扩张的做法有所纠正，也可以看作对王莽处理西北民族问题的错误政策的"拨乱"。同时，刘秀有关思路的形成，也是以天下初安、国力贫弱的实际情形为背景的。也可以说，刘秀的决策，在某种意义上也是一种无奈的选择。事实上，汉高祖刘邦也曾经有平城之围受制于匈奴的屈辱。不过，我们应当看到，刘邦和刘秀政治思想的基点是有明显差异的。前者更多地倾向于进取，后者更多地倾向于保守。正如李贽所说，"光武与高祖不同。高祖阳明，光武阴柔"[30]。

第十五章

经学普及的时代

东汉时期的经济取得突出的进步，而政治风格也体现出与西汉不同的特征。这些历史变化在东汉初期已经有所表现，在东汉中期更为引人注目。司马光《稽古录》卷一三这样分析刘秀以来东汉前期的政治文化形势："天下已定，不失旧物，乃偃武修文，崇德报功，勤政治，养黎元，兴礼乐，宣教化，表行义，励风俗。继以明章，守而不失，于是东汉之风，忠信廉耻，几于三代矣。"

所谓"明章""守而不失"，指出了汉明帝、汉章帝继承了刘秀时代确定的"修文德"的原则，继续"修文""崇德"，"宣教化，表行义，励风俗"，将儒学的文化权威抬高到空前的地位。这一文化趋势一直延续到东汉晚期。

第一节　太学建设

汉明帝崇儒，本人能通《春秋》和《尚书》。永平二年（59），他曾经亲自到太学讲经。《后汉书·儒林列传上》记载当时情形，"帝正坐自讲，诸儒执经问难于前"，旁听围观的群众多至以十万计。可见儒学隆赫一时的盛况。此后，又为功臣贵族后代别立校舍，搜选其中有才能者以受其业，并指示期门、羽林之士，都要通《孝经》章句。永平十五年（72），汉明帝又亲御讲堂，命皇太子、诸王解说儒家经典。[1]

汉和帝也曾经"数幸东观，览阅书林"[2]。

汉顺帝永建六年（131），又重修太学，扩建二百四十房，一千八百五十室，令公卿子弟为诸生。[3]

汉质帝时，临朝执政的梁太后颁布诏书，令秩级在六百石以上的官员，都"遣子就学"[4]，太学生人数多至三万人[5]。官办儒学教育进入了高潮期。

汉灵帝熹平四年（175），又诏令诸儒正定《五经》文字，刊于石碑，树立于太学之门，使天下读书人有所标范，也成为文化史上的要闻。而"东京学者猥众"，也是东汉时代引人注目的文化景观。

第二节　《白虎通义》

汉章帝建初年间，又曾经在白虎观集会群儒，就儒学经义进行学术辩论，考详同异，这次重要的儒学学术活动，连续数月方才结

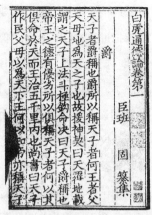

图 15-1 《白虎通德论》书影

束。汉章帝亲临称制，"顾命史臣，著为通义"。东汉儒学巨帙《白虎通义》于是成书。由班固撰成的这部书将阴阳五行和谶纬之学的系统内容与今文经学融为一体，成为董仲舒以来儒学神秘主义哲学的总结。《白虎通义》又称为《白虎通》《白虎通德论》。

有的学者指出："根据《白虎通义》所引的经传看来，它是尽其杂糅混合的能事的，它把《易》《诗》《书》《春秋》（包括各家的序传）《礼》《乐》《论语》《孝经》以及各种逸文，和图谶纬书混合在一起，望文附会，曲解引申，特别是谶纬，构成《白虎通义》的依据。"论者还指出："如果把《白虎通义》的文句和散引于各书中的谶纬文句对照，各篇都是一样的，百分之九十的内容出于谶纬。我们认为，《白虎通义》之为庸俗经学和神学的混合物，从宗教仪式和宗教信仰两方面都可以看出来。""《白虎通义》的宗教仪式是十分繁缛的，在这方面就需要杂引经义来做附会的理由；但是宗教更要求把过去的传统遗说，唯理地庸俗化，《白虎通义》在这方面就大量地'鳞括纬候，兼综图书'[6]，以曲说六经，附和皇帝完成国教的意志了。因此，《白虎通义》与其说是杂引经义本文，不如说主要是杂糅图谶纬候。""作为'国宪'或'大律'或'专制正法'的白虎观奏议，是有一套宗教化的理论体系的。"其性质是要谋求"谶纬经学国教化"。[7]

中国专制时代这种已经凝定为文化定式、形成了文化惯性、以国家行政手段确定指导思想和舆论导向的文化专制形式，可以说是从《白虎通义》开始的。

第三节　经学世族的兴起

东汉中期的士大夫中，出现了一些累世专攻一经的家族。他们世代相继，广收门徒，弟子往往多至数百人乃至数千人。《后汉书·儒林列传下》说，当时私学兴盛，学者所在，求学者往往不远万里之路，讲读之舍暂建，担负口粮前往就读者动辄千百。而著名的经学大师开门授徒者，名籍往往注册不下万人。陈留雍丘（今河南杞县）人楼望，诸生著录九千余人。汝南南顿（今河南项城西）人蔡玄，门徒常千人，其著录者一万六千人。

在当时的选举体制下，这种学术群体自然会演化成政治集团。这些家族的成员通过经学入仕，又形成了一些累世公卿的家族。

例如，世传"孟氏《易》"之学的汝南袁氏家族，自袁安之后，

"累世隆盛"[8]，四世中居三公高位的多达五人。世传"欧阳《尚书》"之学的弘农杨氏家族，自杨震之后，四世皆为三公。这样的经学世族，一方面"显传学业"，形成了学术的垄断；一方面"俾匡时政"，把握着政治的强权[9]，在学术生活和政治生活中都发挥着重要的影响。

经学世族兼而成为学术群体和政治集团的情形，反映了东汉政治文化的一个特殊现象，即儒学文化对专制政治发生影响，使之有所规范。这种影响和规范可以积世累代，有长久的历史惯性。

当然，经学世族作为中间链环联系政治生活和学术生活的作用，也可以使文化受到腐恶的政治因素渍染。

第四节　民间儒学教育

东汉时期成书的《四民月令》，被看作反映洛阳地区农耕生活的论著。《四民月令》中有关于乡村学校的内容："（正月）农事未起，命成童以上入大学，学'五经'，师法求备，勿读书传。研冻释，命幼童入小学，学书篇章。""（八月）暑小退，命幼童入小学，如正月焉。""十一月，研水冻，命幼童读《孝经》、《论语》、篇章、小学。"根据原书本注，"幼童"是指九岁至十四岁的孩子。有的学者分析《四民月令》提供的信息，指出"汉代教育制度，八九岁的小孩入小学识字和计数；十二三岁的大小孩进一步学《孝经》《论语》，仍在小学；成童以上则入太学学'五经'"[10]。有的学者总结说："蒙养教育在秦汉以后便进入有教材有组织形式的阶段。"[11]

《四民月令》中的相关资料，反映乡间存在早期启蒙教育的形式。避开酷暑和严寒季节，是当时童蒙教育的原则之一。事实上，后来每个学年休暑假和寒假的学制定式，在汉代民间教育形式中已经可以看到萌芽。而所谓"（正月）农事未起，命成童以上入大学"，"（十月）农事毕，命成童以上入大学"，则说明更高一级的"成童"教育，有避开农忙季节的特征。

汉代童蒙教育的进步，是当时文化成就的突出内容之一。汉代童蒙教育在中国古代教育史上也有特别值得重视的地位。

《四民月令》所说的"学书篇章"，《太平御览》卷六〇八引作"学篇章"。有学者以为，"篇章是《六甲》《九九》《急就》《三仓》之属；其中《急就》《三仓》等字书，应当学会书写，《九九》是算学初步，仅仅书写不够，必须领会、熟练"[12]。《汉书·食货志上》说到传统农耕社会的生产和生活秩序的基本原则，其中包括文化教育的内容。例如："八岁入小学，学六甲五方书计之事，始知室家长幼之节。十五入大学，学先圣礼乐，而知朝廷君臣之礼。"所谓"小学"，是最基础的文化教育。所谓"学六甲五方书计之事"，应是指基本知识和书写计算的技能。顾炎武说："'六甲'者，四时六十甲子之类；'五方'者，九州岳渎列国之名；'书'者，六书；'计'者，九数。"[13]当时"小学"教育重视地理知识和数学知识，是值得注意的。

"始知室家长幼之节"在"学六甲五方书计之事"之后，可知依当时教育理念，道德教育似乎是寓于知识教育之中的。对于当时蒙学的这一特点，有教育史家分析说："启蒙教育犹重品德伦常和日常行为规范的培养，并且寓于书算教材和教学之中，以收课程简、重点突出之效。"[14]

第五节　神童故事

《太平御览》卷三八四引《东观汉记》说到张堪"年六岁"，"才美而高，京师号曰'圣童'"的故事。大致正是在东汉前后，又出现了"神童"的说法。

《艺文类聚》卷三一引《先贤行状》说，杜安在太学读书时，"号曰'神童'"。《后汉书·乐恢传》说到"颍川杜安"。李贤注引《华峤书》说，杜安十三岁入太学，"号'奇童'"。"奇童"是和"神童"语义相近的称谓。东汉晚期著名大学问家郑玄，据说十六岁时就得到了"神童"称号。[15]据《太平御览》卷三八五引《管辂别传》，有人称赞管辂"此年少盛有才器，听其言语，正似司马子《游猎》之赋，何其礌硞雄壮，英神畅茂，必能明天文地理变化之数"。于是在徐州地方声名响亮，号称"神童"。《说郛》卷五七上陶潜《群辅录》说到所谓"济北五龙"："胶东令卢泛昭字兴先，乐城令刚戴祈字子陵，颍阴令刚徐晏字孟平，泾令卢夏隐字叔世，州别驾蛇邱刘彬字文曜，一云世州。右济北五龙，少并有异才，皆称'神童'。当桓灵之世，时人号为'五龙'。见《济北英贤传》。"在陶潜笔下，此"五龙"和"八俊""八顾""八及"并说，应当也是"桓灵之世"社会舆论人物品评的记录。值得我们特别注意的，是所谓"济北五龙，少并有异才，皆称'神童'"。出身同一个地区的"神童"组合，体现了当时区域文化的某种特征。

《后汉书·郑玄传》记载，任暇得到郑玄"有道德"的称赞。据《初学记》卷一七引王瑱之《童子传》，他从十二岁时就师，"学不再问，一年通三经"。于时学者号之为"神童"。[16]《隋书·经籍志三》著录："《任子道论》十卷，魏河东太守任暇撰。"这部书就是这位汉末"神童"的文化贡献。在汉末荒乱之年，任暇家贫卖鱼，因为官府征税，鱼价上涨数倍，他却依然照平时价格取直，于是因其"德行"受到敬重。看来，当时的"神童"绝不仅仅"夙智蚤成"，同时尤其重视道德修养，任暇的事迹是引人注目的。作为品德教育典范的著名的孔融让梨故事，《太平御览》卷三八五也是列于《人部·幼智》题下的："《孔融列传》曰：孔文举年四岁时，每与诸兄共食梨，引小者。人问其故，答曰：我小儿，法当取小。由此宗族奇之。"

汉末名士何晏，据说"七八岁便慧心大悟"，众人都因此惊异，看重他的才华。曹操读兵书，有疑而未解的地方，曾经试探性地询问何晏，何晏都能够完满地解释疑团，一一予以说明。神童何晏竟然熟悉兵学，其知识面之广，确实令人惊异。

在汉魏之际活跃于政治舞台的钟会，也曾经是著名的神童。他的事迹告诉我们，神童也是通过勤奋学习方能完成自我锤炼的。《三国志·魏书·钟会传》说他"少敏惠夙成"。五岁的时候，曾经去见中护军蒋济，蒋济赞叹他特殊的才智，说："非常人也！"裴松之注引钟会母亲的传记，说夫人性格庄重严肃，注重教训引导，钟会虽然是个孩子，依然"勤见规诲"。钟会四岁的时候，夫人就为他讲授《孝经》，钟会于是"七岁诵《论语》，八岁诵

《诗》，十岁诵《尚书》，十一诵《易》，十二诵《春秋左氏传》《国语》，十三诵《周礼》《礼记》，十四诵成侯《易记》，十五使入太学问四方奇文异训"。夫人对钟会说：学习方法不正确就容易劳倦，劳倦就导致精神怠惰，我担心你读书时精神怠惰，所以一步一步地引导你，现在你可以自学了。钟会"雅好书籍"，对历书也有所研究，特别喜好《周易》和《老子》。后来钟会当了尚书郎，夫人握着他的手教导他说：你年纪这么轻就担任重职，"人情不能不自足"，如果不自足，那么损害和祸端就潜伏在其中呢，你千万要谦虚谨慎，牢记历史上的教训啊！钟会日后的政治取向姑且不论，他在自我设计的特定人生道路上取得的成功，与他母亲的引导和教育有着直接的关系。钟会的母亲所教给他的，不仅仅是知识，更重要的是人生的哲理和历史的经验。

东汉神童故事，都是在特定的时代背景下发生的。当时社会比较普遍地重视读书，重视学习，应当是神童较广泛出现的文化因素和历史因素。我们读这样的故事，不只限于知道一两个儿童的"异才"和"慧心"，而应当领略和理解当时社会的文化气氛和时代精神。

第六节　东汉知识女性

元代诗人王恽《题胡笳十八拍图》曾经有"才慧其如薄命何"的感叹，又写道："寥寥谁识班姬后，得续《离骚》幸尽多。"[17] 明代诗人周鼎《蔡琰归汉图》也有"纵多文思出天机，赢得胡笳泪满衣"的诗句。[18] 所谓"才慧""文思"，都歌颂了汉末女学者蔡文姬非凡的文化资质和突出的文化贡献。据说蔡邕的四千余卷藏书在战乱中丧失之后，蔡文姬因曹操的指令，凭记忆重新抄写出其中的四百余篇。

在东汉儒学教育的空前普及以及社会对于学习的共同重视的背景下，有不少熟悉典籍文献并对前代文化积累有所理解的知识女性，曾经在历史上留下了文化印迹。历史记载告诉我们，许多普通的妇女也有一定的文化水平。

汉明帝马皇后是名将马援的女儿，《后汉书》说她"能诵《易》，好读《春秋》《楚辞》，尤善《周官》《董仲舒书》"。《周官》就是《周礼》，《董仲舒书》应当就是董仲舒的著作《春秋繁露》。汉章帝窦皇后六岁的时候就"能书"。汉和帝皇后邓绥是名将邓禹的孙女，六岁"能史书"，十二岁时已经精通《诗经》和《论语》，可以和兄长们讨论儒学经传中的学术问题。《后汉书》说她"志在典籍，不问居家之事"，母亲时常批评说：汝不习女工以供衣服，乃更务学，难道会被推举为"博士"吗？邓绥不愿意违抗母命，于是白天按照常例完成女子的家政训练，晚上诵读经典，家中都称她为"诸生"。任朝廷高官的父亲邓训欣赏她的才能，事无大小，都与邓绥商议。入宫后，"从曹大家受经书"，又兼及天文、算数之学，往往白天处理政务，夜间勤奋读书。她发现书籍文字多有错误，于是指派专人进行整理。汉殇帝的生母左姬"善史书，喜辞赋"。汉顺帝梁皇后名叫梁妠，据说小时候就"好史书"，"九岁能诵《论语》，治《韩诗》"。汉灵帝喜爱的王美人，"聪敏有才明，能书会计"，也是宫廷贵族女子热心掌握知识的例子。汉末中山无极女子，后来的魏文帝甄皇后，据《三国志》注引《魏书》说：

"年九岁，喜书，视字辄识。"她经常使用兄长们的笔砚，兄长说：汝当习女工。读书写字，难道要做"女博士"吗？她回答道："闻古者贤女，未有不学前世成败，以为己诫。不知书，何由见之？"甄家女儿的这番话，表达了好学女子博古通今的志向。

向邓绥传授经书和天文、算数之学的"曹大家"，就是在中国文化史上享有盛名的女著作家班昭。班昭是班彪的女儿，班固的妹妹。班固是《汉书》的主要作者。他去世时，这部史学名著尚有八表和《天文志》没有完成。汉和帝命其妹班昭续撰，后来又命跟随班昭学习《汉书》的马续继续完成了《天文志》。班昭的其他著作，有"赋、颂、铭、诔、问、注、哀辞、书、论、上疏、遗令，凡十六篇"，留到今天的还有《东征赋》《针缕赋》《大雀赋》《蝉赋》《为兄超求代疏》《上邓太后疏》《欹器颂》以及《女诫》等。当时的大儒马融，曾经在班昭门下学习《汉书》。

班昭多次被皇帝召入宫中，"令皇后诸贵人师事焉，号曰'大家'"。班昭丈夫的妹妹名叫曹丰生，据说"亦有才惠"，曾经写信就《女诫》的内容向班昭提出批评，且"辞有可观"。这是历史上少见的女子相互进行学术文化辩论或者道德伦理辩论的故事。班昭的论著由她的儿媳丁氏整理。这位丁氏又曾经作《大家赞》总结班昭的文化贡献。看来，在特定情形下，汉代甚至曾经出现过由才具先进的女性组成的文化群体。汉和帝邓皇后曾经命令宫中宦官学习经典，然后向宫女们传授，后宫中于是形成了学习儒学经典的风气："诏中官近臣于东观受读经传，以教授宫人，左右习诵，朝夕济济。"马融让自己的妻女一起习读班昭的《女诫》，也是当时妇女共同学习的实例。

关于东汉妇女文化学习的多数例证是上层社会的故事。马融的女儿马芝"有才义"，曾经作《申情赋》追怀亲长，荀爽的女儿荀采"聪敏有才艺"，也都体现出家族文化影响。但是我们也可以看到平民女子好学博闻的历史记载。《后汉书·列女传》写道，吴人许升的妻子吕荣屡屡劝说许升"修学"，沛人刘长卿的妻子言谈之中随口引述《诗经》文字。这些都是学习风气普及的史例。又如："安定皇甫规妻者，不知何氏女也。规初丧室家，后更娶之。妻善属文，能草书，时为规答书记，众人怪其工。"安定人皇甫规的第二任妻子，出身不详，应当不是名门。她写作能力很强，书法亦精，为皇甫规起草文书，看到的人都惊异其文辞的优美和缮写的完好。应当注意，所谓"善属文"，是对文化能力很高的评价。《汉书》《后汉书》和《三国志》对于兒宽、陈汤这样的名臣，对于崔骃、张衡这样的学者，对于曹植、王粲这样的大文学家，也都是使用了"善属文"这样的文字。

第七节 都市图书市场

通过东汉思想家王充的学习经历，可以看到当时洛阳这样的都市中图书市场的作用。

《后汉书·王充传》记载："（王充）家贫无书，常游洛阳市肆，阅所卖书。一见辄能诵忆，遂博通众流百家之言。后归乡里，屏居教授。"王充完成的文化名著《论衡》，在学术史上具有里程碑的意义。他的学术基础的奠定，竟然是在洛阳书肆中免费阅读"所卖书"而实现的。

东汉时期还有另一位在书店读书积累学问的学者。《太平御览》卷六一四引司马彪《续汉书》："荀悦十二能读《春秋》。贫无书，每至市间阅篇牍，一见多能诵记。"荀悦后来成为著名的历史学者。他所撰写的《汉纪》，成为汉史研究者必读的史学经典之一。

汉代图书在市场上的流通，有不同的情形。卖书的人有时候是出于特殊的目的。

《后汉书·文苑传下·刘梁》写道："（刘）梁，宗室子孙，而少孤贫，卖书于市以自资。"《太平御览》卷四八五引《文士传》说："（刘梁）少有清才，以文学见贵。梁贫，恒卖书以供衣食。"学者因为贫困不得不"卖书于市"，以求取最基本的"衣食"资费，是历史上常见的情形。"鬻书易粟"这种精神生活消费与物质生活消费的强烈对比，透露出了某种文化史的悲哀。这里更值得我们注意的，是当时"书"可以交易于"市"并且大约可以较快销出的历史事实，体现了文化传播方式的进步。

第十六章

田庄生产与豪族经济

东汉经济生活最显著的现象，是形成一定规模的田庄生产在当时的农耕社会占据了重要的地位。控制着大片土地和众多农人的豪族，成为经济领域举足轻重的社会力量。

这些豪族因经济地位的上升，有意扩张武装实力，并且力争在政坛上拥有更多的发言权，于是在东汉历史上形成了不宜忽视的影响。

第一节　土地兼并现象和豪强的兴起

汉光武帝刘秀之后的几代帝王，继承了刘秀努力缓和社会矛盾的执政纲领。他们重视赦除重罪之犯，"减死罪"[1]，"除半刑"[2]，往往"减死"之后，允许诣边地防戍，妻子可以相随，父母兄弟等其他愿意相从的，也不予限禁[3]。此外，在土地问题上，东汉帝王往往将国有土地借给或赐给没有耕地的贫民使用，以此作为解决土地问题的措施之一。

汉明帝永平九年（66），诏令郡国以公田赐贫人。永平十二年（69），又颁布诏书，宣布将滨渠卑下之田，"赋与贫人，无令豪右得固其利"[4]。已经暗示这一举措的目的，是要有意减轻"豪右"兼并田地、奴役"贫人"所造成的严重危害。

汉章帝元和元年（84），因牛疫流行，作物歉收，诏令郡国招募无田而愿意前往其他田土宽饶地方的民众，组织迁徙。到新居地后，政府赐给公田，用较优惠的方式提供种子与农具，同时减免五年田租，并减免三年算钱。以后愿意迁回本乡也不加禁止。[5]元和三年（86），又诏令常山（首府在今河北元氏西北）、魏郡（郡治在今河北磁县南）、清河（首府在今山东临清东）、巨鹿（郡治在今河北平乡西南）、平原（郡治在今山东平原南）、东平（首府在今山东东平东）等地尚未垦辟的可耕地"悉以赋贫民"，政府给予粮种，要求务尽地力，避免使农人成为不事农耕的所谓"游手"。[6]

汉和帝永元五年（93）二月，曾经诏令政府有关机构省减皇家及朝廷管理的马厩以及凉州诸苑马，京师离宫上林、广成囿等，都假以贫民，允许随意采捕，不收其税。同年秋九月，又宣布郡县所有的陂池，允许民众采取，两年内勿收假税。永元九年（97）六月蝗灾，又诏令国有山林陂池的饶利渔产用以救济灾民。永元十一年（99），也在诏书中宣布，民间因遭受灾害而不能自存者，允许在山林池泽从事渔业采集，政府不收假税。永元十五年（103），又诏令鳏寡百姓，可以在皇家陂池渔采，两年之内免收假税。[7]

汉章帝元和三年（86），曾经诏令出巡所经过的地方只收全年田租的一半，以奖劝农人勤劳耕作。[8]汉和帝时，又曾经多次减免租赋。永元四年（92），令遭受蝗灾的地区减产40%以上者勿收田租、刍稾。永元九年（97），又令蝗灾灾区"皆勿收租、更、刍稾"，其他情形也酌情有所减免。永元十三年（101），诏令天下当年的田租、刍稾征收一律减半。永元十六年（104），再次宣布了同样的诏令，同时申明"其被灾害者，以实除之"[9]。可知在遭受自然灾害的地区，减免幅度可以更大一些。

东汉政府对农耕生产者采取如此优容的态度，是因为农人在严酷的土地兼并情况下，已经九死一生，频繁而严重的天灾又经常使他们陷于完全绝望的境地。当然，实际上，在土地兼并现象十分严重的情况下，田赋的减免可能使豪强地主获利更多。

东汉时期，"富人名田逾限，富过公侯"[10]，已经成为十分普遍的现象。南阳豪族樊宏开广田土三百余顷。刘康占有私田八百顷。南阳新野阴氏家族田有七百余顷。马援有牛马羊数千头，谷数万斛，所拥有的土地也应当不在少数。名士郑太也家富于财，有田四百顷。

曾经把持朝政的外戚贵族梁冀，据说其势力范围"包含山薮，远带丘荒，周旋封域，殆将千里"[11]。宦官侯览侵夺他人的资产中，就包括田一百一十八顷。当权的宦官霸占田业也成为风气。"天下良田美业，山林湖泽"[12]，都成为他们竞夺占有的目标。东汉末年，宦官张让专政时，其家族党羽竟然占有了京畿附近诸郡膏腴美田至数百万顷。

荀悦曾经说，现今豪民占田有的多至数百千顷，其富已经超过王侯。国家赋税虽然有限，然而豪强富人占田逾侈，所输赋税超过大半。实际上政府征收的赋税不过百分之一，民众实际缴纳的却仍然要超过百分之五十。官家的恩惠，或许优于夏商周三代；而豪强之残暴，却酷于亡秦。他叹息道，朝廷的惠政不能落实于下层民众，利益都被豪强于中劫夺。如果不扭转豪强兼并的基本形势，而只是减免租税，只不过使豪强得到更多实利。[13] 荀悦的分析，说明了减免田赋政策的实质，确实主要是使豪强得益。

土地兼并的形式是多种多样的。可能有用心"营理产业"，以致"财利岁倍"的情形。[14] 然而更普遍的是依恃经济实力和政治实力的残暴侵夺。富商兼有大片田地，也是常见的情形。正如《论衡·偶会》所说："富家之商，必夺贫室之财。"握有政治权力，则通常是实现土地兼并的更有利的条件。这就是王充所谓"一旦在位，鲜冠利剑，一岁典职，田宅并兼"[15]。

第二节 "闭门成市"的田庄经济

东汉晚期著名政论家仲长统在描述豪强地主的经济生活时，除了说到其室宅之豪奢、田园之广阔、商运之辽远、积储之丰盈之外，又曾经以所谓"奴婢千群，徒附万计"形容其富足。[16] 这里所说的"徒附"户，是豪强地主荫庇自己的宗族、宾客而形成的新的社会阶层。他们直接服务于豪强地主，逃避了朝廷的赋税和徭役负担。以这一阶层为基础形成的田庄，其实是在一定程度上隔闭于专

图 16-1　四川成都曾家包汉墓出土"农作图"画像砖　房舍前有四块水田和一个水塘。水塘里有荷花、鱼、船，其右则是水芋田。

制王朝、相对独立的社会结构。

豪强地主经济实力的根基，正是他们经营的大田庄。豪强地主的田庄经济在东汉时期发育已经相当成熟。

汉光武帝刘秀外祖南阳樊重的田庄，"广起庐舍，高楼连阁，波陂灌注，竹木成林，六畜放牧，鱼蠃梨果，檀棘桑麻，闭门成市，兵弩器械，赀至百万。其兴工造作，为无穷之功，巧不可言"。这样的田庄的主人，于是有"富拟封君"的地位。[17] 关于樊重田庄，《后汉书·樊宏传》又有"上下戮力，财利岁倍"，"池鱼牧畜，有求必给"的记述。

田庄内部能够"闭门成市"，甚至可以"有求必给"，即农林牧副渔诸业并兴，又有做工"巧不可言"的手工业，其基本生活消费可以不必依赖田庄以外的市场。

今山东滕州宏道院出土的汉画像石，甚至有地主田庄中冶铸锻造铁器的画面。[18]

许多出土资料表明，这样的记述反映了历史的真实。汉墓出土的壁画、画像砖、画像石，多有表现乡村生活景色的内容。例如内蒙古和林格尔汉墓壁画，记录了墓主拥有的田庄和墓主的田庄生活。田庄图展现出山丘、森林、宅院、水井、车舍、谷场、牛栏、马厩、猪圈，农人在耕作、采桑、锄草。此外，耕耘图和放牧图也反映了田庄的生产形式和生产规模。[19] 山西平陆汉墓壁画描绘了丘陵、树木、田宅等，反映耕作情景的画面上，可以看到用于灌溉的水渠，又有一人蹲踞在树下，手持棍棒，注视着田间的劳动者，其身份可能是监工。[20]

张衡在《南都赋》中曾经描述他的家乡，也是汉光武帝刘秀主要功臣集团的出身地南阳的田庄景色。他写道，"其水则开窦洒流，浸彼稻田"，水利设施的完备可以"为溉为陆"，农田里不同品种的作物可以"随时代熟"，园圃中有多种蔬菜，山林中有多种果木。[21]

据《后汉书·仲长统传》，这位出身山阳高平（今山东鱼台东北）的名士，也曾经著文说到田庄生活的清雅与逍遥。其中所谓"使令足以息四体之役"，"妻孥无苦身之劳"，透露出这种表面看来优雅恬静的生活，是以残酷的奴役劳动作为基本条件的。

王褒的《僮约》以主与僮的劳务合同的形式，说明了当时田庄中处于底层的劳动者的繁重负担。他必须承担农耕、渔采、伐木、制作等劳作，同时还有卫戍田庄安全的责任。

东汉中期实现的经济水平的提高，主要表现在中小型水利工程的建设、先进农耕工具的推广以及精耕细作的园艺技术的进步。这些历史贡献，许多都可以通过田庄经济得以总结。

田庄经济的发展，使许多地区实现了显著的经济进步，同时，又使得豪族地主可以"富过公侯"[22]，"富过王侯"[23]，"荣乐过于封君，埶力侔于守令"[24]。这种情形的出现，毕竟对于原先传统贵族社会以贵而富的常规形成了冲击。从这一角度来考察东汉时期的豪强地主集团的生成和发展，或许可以有新的认识。

第三节　《四民月令》：东汉农耕生活的典式

西汉农学经典是《氾胜之书》。东汉农学最高成就的代表，则是崔寔所著《四民月令》。成书于东汉后期的《四民月令》，是田庄经营经验的总结。《四民月令》以历书的形式记录了许多农业生产经验和管理经验。《隋书·经籍志三》把这部书也列为农家著作。[25]

《氾胜之书》是以关中地区作为试验区的农书。《四民月令》所记述的则是以洛阳地区为主要对象的农耕生活规范。

从《氾胜之书》到《四民月令》，反映了两汉经济中心东移的历史变化。

崔寔是冀州安平（今河北安平）人。父亲去世之后，他移居洛阳。他著作《四民月令》，应当在移住洛阳之后。《四民月令》中说，元旦"谒贺君、师"，在洛阳方有可能。关于正月测量地气，明说"此周雒京师之法，其冀州远郡，各以其寒暑早晏，不拘于此"，也明白指出了成书地点在洛阳地区。书中所反映的农事规则中与季节相关的内容，也和洛阳地区的情形相符。

崔寔的《四民月令》也反映了田庄的生产形式和生活形式。田庄的经营活动，包括大田作物栽培，兼及蔬菜、果木及染料作物，种植的竹木除竹、桐、梓、松、柏外，还有漆。蚕桑作业也受到重视。药材的采集，以及酒、醋、酱、饴糖等物的酿造加工，禽畜的牧养，纺织手工业，农具和兵器的修造，贱买贵卖的周期性商业活动，培养子弟的文化教育活动等，都被列入详密的安排之中。可见，田庄就是一个相当完备的微型社会。其生产规范的细致，反映了东汉农耕作业园艺化的程度已经相当高。田庄主和主妇亲自率领家人养蚕，丝绸制品和麻布等都是在田庄内自己织造的。

从《四民月令》的内容可以看到，东汉典型的农耕形式以田庄为基本单位。《四民月令》中所说的"家长"，就是田庄主。田

图 16-2　四川成都曾家包汉墓出土画像砖图　分三部分：上图为狩猎图；中图可见到人们在织布、酿酒的情形，一旁还有马厩、马车和兵器架；下图则左方人在提井水，右方人在生火，旁边有许多鸡、鸭和狗。画面表现了当时人的生活情形。

庄中的依附和隶属人口，有负责饮食的"典馈"，负责蚕桑的"蚕妾"，负责纺织的"女红"，负责缝洗的"缝人"，负责采集的"司部"，以及负责其他事务的"执事""家人"等。

《四民月令》中对田庄内子弟学业的重视，是西汉有关资料中不多见的。此外，有关"曝经书"即以日光照晒儒学经典的内容，也十分引人注目。

除了学制的严谨表现出关东地区儒学传统的深厚而外，礼俗制度的地域化特征也比较明显。《四民月令》中说道，田庄和官府之间，田庄和田庄之间，每逢过年过节，都要进行访候"君、师、故将、耆老"的社会礼仪活动。上坟祭祖不仅在本宗族内进行，还及于已故官吏和邻里耆老，以体现所谓"慎终不背之义"。对于田庄中的贫户，也有相应的"分厚彻重""振赡匮乏"等活动形式，以联络亲族间的情感，可知宗族关系依然受到特殊重视。年终时，又由田庄主集合"宗族、婚姻、宾旅"共同聚会，"讲好和礼，以笃恩纪"。

《四民月令》中有关"籴""粜"等买卖谷物以及三月可"买布"、八月买"韦履"以备冬寒、十一月"买白犬"以供祭祀之用等内容，反映了农村商业行为的活跃。《四民月令》的"四民"，指士农工商，而其主体是农。在《四民月令》的安排中，虽然没有"列肆卖侈功"的市场，但是有农副产品的季节性买卖。这种认识倾向，在崔寔的个人经历中已经有所表现。据《后汉书·崔寔传》说，崔寔在父亲去世后，出卖田宅以起冢茔；安葬父亲后，资产竭尽，因为穷困，曾经经营酿造生意。当时许多人讥笑他，崔寔却不以为耻。不过经营目的只是在于取足，并不追求有多的盈余。对于工商，崔寔与王符在《潜夫论·务本》中的观点是一致的。他们认为，农桑是本，以致用为目的的百工和以通货为目的的商贾也是本。这种对工商在一定程度上的肯定，是有积极意义的。这种观念的产生和发展，是以东汉经济的进步为时代基础的，也是以关东地区特别是洛阳附近地区的工商业传统为地域条件的。

第十七章

东汉政治生态

历朝的妥协，使豪族地主势力得以扩张。于是在东汉历史文化的大舞台上，豪强地主集团成为表演的主角之一。这一社会势力往往既可以在民间横霸地方，又可以在朝中握有重权；既有广泛的文化影响，又有强劲的武装实力。

东汉时期，官僚士大夫形成了有影响力的政治集团。门阀大族成为具有特殊地位的阶层。

在当时的政治生活中，"清议"之风的兴起和"党锢"的发生，也是具有时代特色的历史文化现象。

外戚和宦官轮番把握最高政权，是从东汉开始出现的情形。外戚集团和宦官集团的阴谋争斗，使东汉政治史的画卷被涂染上昏暗的色调。

第一节　强豪奸暴不禁

据《四民月令》记载，在豪强地主的田庄中，有"警设守备"，"缮五兵，习战射"的武装活动。汉墓普遍出土的陶制庄宅模型，多有碉楼高墙等防卫设施，有的还有表现田庄主的私兵以弩机据高四望，严密戍守田庄的细节。东汉墓葬出土画像多有放置兵器的架子，即所谓"兰锜"，也可以说明当时豪族地主私家武装的普遍存在。

地主的田庄往往成为内聚力相当强的社会群体，因为拥有自己的武装，在适当的条件下很容易演变成一种军事集团。地方豪强往往筑起坞壁，缮治甲兵，以强权危害地方。[1] 这种武装集团多有危害社会的恶行。所谓地方多强豪往往"奸暴不禁"[2] 的情形，经常表现为"人客放纵"[3]，"人客数犯法"[4]。并且这一势力常常成为与政府相对抗的力量。他们或者"各拥部曲，害于平民"[5]，或者"自为营堑，不肯应发调"[6]。甚至往往有逃避国家司法检察，"财赂自营，犯法不坐，刺客死士，为之投命"[7] 的情形。

北海大姓公孙丹新造居宅，卜人以为因此当有死者，公孙丹竟然指使其子杀害道上无辜行人，置尸体于房舍之中。北海相董宣处死公孙丹父子，其宗族亲党三十余人竟然携兵器前往北海相府骚扰。武威大姓田绀子弟宾客为人蛮横残暴，伏法后，其少子田尚竟然纠集轻薄少年数百人，自号"将军"，夜攻郡城，最终方被政府军击破。东汉末年，有的豪族武装甚至"阻兵守界"，拒绝郡级行政机关委派的地方官员入境。

东汉末年纷起于各地的军阀势力，许多就是由拥有较强悍的宾客部曲的地方豪强势力发展起来的。

第二节　门生故吏的政治交谊关系

东汉时期，察举和辟除是主要的两条选官途径。豪强大族以雄厚的政治实力，控制了这两条途径，于是出现了以自身为中心、以众多的门生故吏作为围护的政治群党关系。

豪族操纵察举，并不主要看被举者的品德和才能，而更注重扩张自己的势力。许多士人为了求官，往往依附于名门望族，充当"门生"。许多所谓"门生"其实并未真正受业，只在名义上建立师生关系。所以，名门望族的门下，常常聚集大批自称"门生"的依附者。当时郡国守相进行察举时，甚至往往有意尽可能选择年少有条件长期报恩的人。

东汉地方高级长官可以自行辟除下属掾吏。被辟除者一经任用，与举主之间即形成了牢固的从属关系而称为"故吏"。这一关系并不因被辟除者日后的地位变化而改变，不管被辟除者以后地位如何上升，举主地位如何下降，前者永远都是后者的"故吏"。

门生故吏

"门生"有再传弟子的意义，如《后汉书·贾逵传》："皆拜逵所选弟子及门生为千乘王国郎，朝夕受业黄门署，学者皆欣欣羡慕焉。"后"门生"又泛指学生弟子。"故吏"即旧时属下官吏。豪强大官僚身边的"门生故吏"，曾经结成凝聚力相当密切的集团。《后汉书·袁绍传》："袁氏树恩四世，门生故吏遍于天下。"《后汉书·灵帝纪》："诏党人门生故吏父兄子弟在位者，皆免官禁锢。"《后汉书·谢弼传》："其为酷滥，骇动天下，而门生故吏，并离徙锢。"《后汉书·党锢列传》："又诏州郡更考党人门生故吏父子兄弟，其在位者，免官禁锢，爰及五属。"

清人王士禛《池北偶谈》卷七"重师"写道："汉人最重其师，门生故吏至有弃官行服者。"这种关系原本体现出"重师"的情感，然而与政治利益掺杂，就有了复杂的内涵。当时，宗师与门生，举主与故吏，虽然相互之间只是一种私恩关系，在当时的背景下，却如同君臣与父子一样，形成了严格的宗法规则。门生对于宗师，故吏对于举主，有许多政治责任和社会责任。杨震的政敌攻讦杨震时，有"邓氏故吏，有恚恨之心"的话，说他为大官僚邓骘所辟，因"故吏"身份，在邓氏致罪后心怀不满。杨震死后，也是杨震的门生虞放、陈翼等诣阙追讼杨震冤情，使得杨震终得平反。[8]

著名学者和高级官僚死后，"门生挽送"[9]成为一种通常的礼俗。汉顺帝时，北海国相景某死去，故吏服三年孝者多达八十七人。从汉代碑文提供的资料看，宗师和举主去世时，故吏门生往往会聚众举行能够烘托出极其悲哀气氛的礼仪集会和礼仪游行。例如《外黄令高彪碑》："凡百切伤，槥椟旋归，故吏门生，奔送相随，盈道充涂，如云如□，□旗翩翩，靡不哀惟。"[10]《梁相费汎碑》："凡百陨涕，缙绅懔伤，门徒小子，丧兹师范，悲将焉告，卬叫穹仓。"[11]尽管其中可能有某种虚伪表演的成分，但是这种社会关系的异常紧密，也是显而易见的。

名儒大吏去世，"海内门生故吏□□□采嘉石树灵碑"[12]，是常见的情形。为太尉陈球立碑的，有"故吏故民"四十人。[13] 为繁阳令杨君立碑的，有"故吏故民"一百三十四人。[14] 太尉杨震墓碑的背面，刻有他的孙子沛相杨统的"门生"一百九十余人的姓名。[15] 冀州太守王纯墓碑的背面，刻有"门人"姓名计一百九十三人。[16] 而为司隶校尉鲁峻办理丧事的"门生"竟多达三百二十人。[17] 太尉刘宽墓碑背面刻录的"门生"姓名，则超过三百五十人，其中各级官员九十七人，地方行政官员中，就包括县令长三十七人、郡太守四人、州刺史二人。[18]

宗师与门生、举主与故吏之间，实际上是一种庇护与依仰的关系，是一种主导与随护的关系。据"建安七子"之一徐幹当时的批评，这种风气使得政府大员无心正常的行政事务，而汲汲于网罗"宾客"。[19] 这种关系的建立，绝不是为了国家和民众的利益，不是出于理想和道德的追求，而主要是为了谋求私利，即所谓"徒营己治私，求势逐利而已"。[20]

门生故吏的政治群党关系，形成了若干内聚力相当强，而且有共同的利益、共同的立场以及一荣俱荣、一损俱损的集团。这些集团的存在和活动，对于东汉后期的政治史和文化史有重要的影响。

第三节　门阀大族的社会影响

东汉时期，一些世居高位的家族在社会生活中显示出重要的影响。其代表人物往往既是拥有辽阔土地的大地主，同时又是士大夫的领袖，门生、故吏遍于天下。

所谓门阀大族，就是表现出这种特征，在经济、政治和文化诸方面都享有特权的家族。

东汉时，选士首先要看族姓阀阅，极端重视候选者的门第家世，祖先有功业的世家巨室，一般都受到特别的看重。门阀大族的子弟，在察举、征辟中总是可以优先。这就是王符《潜夫论·交际》中所说的"贡荐则必阀阅为前"。

门阀大族，是朝中各个政治集团都不能不关注其政治态度，特别注意与之相交结的具有特殊地位的社会力量。

门阀大族在本州、本郡的势力，更表现出垄断的性质。太守莅郡，往往要辟当地的门阀大族为掾属，把他们作为执政的主要依靠力量。南阳人宗资为汝南太守，委政于汝南大族范滂。弘农人成瑨为南阳太守，委政于南阳大族岑晊。于是当时民间曾经流传这样的歌谣："汝南'太守'范孟博（滂），南阳宗资主画诺；南阳'太守'岑公孝（晊），弘农成瑨但坐啸。"[21]

门阀大族的代表是实际上把握权力的"太守"，而朝廷任命的太守只是名义上的地方官。

操纵了本州本郡行政权力的门阀大族，实际上主导着这些州郡政治运行的基本方向。

第四节　外戚集团和宦官集团

东汉王朝专制主义政治体制的加强，使皇权进一步取得天下独尊的地位。强化皇权的措施，包括集中权力于中朝的尚书台，而号称"三公"的太尉、司徒、司空，只具有政府首辅的名义。皇帝择定亲信的三公或其他大臣主持尚书台事务，实际上等于自己直接指挥尚书台。此外，宫内西汉时期原本"亦引用士人，以参其选"的某些官职，这时则专由出身阉人的宦官充任，"不复杂调它士"，以便皇帝能够直接控制，随心指使。[22]

然而，权力的高度集中，又往往导致在政治机制衰乱的时代，少数人可以挟主专权。

东汉中晚期，皇权所倚恃的亲重，因觊觎最高权力，都力图挟持皇帝并控制朝政。自汉和帝时代起，两个权力集团为此相互激烈争斗，使东汉王朝的政治关系越为复杂，政治统治越为昏暗。这两个权力集团就是外戚集团和宦官集团。

外戚集团易于接近皇帝，往往利用皇帝幼弱，掌握朝中大权。而宦官集团则利用皇帝逐渐成年而亟欲亲政的条件，取外戚的地位而代之。外戚集团和宦官集团轮番执政，相互间排斥异己，无所不用其极。

在士大夫看来，宦官与门阀势力相远，是"舞文巧态，作惠作威"的"刑余之丑"[23]，因此在外戚和宦官的争斗中，外戚集团可以较多地得到士大夫的支持。但是，也有少数士大夫与有权势的宦官保持比较亲密的关系，苟且以求利。

汉和帝即位时只有十岁，窦太后临朝，太后兄窦宪执掌朝政，"专总权威"。窦宪家族成员各居亲要之职，大批窦氏党徒也占据了朝中和地方的主要职位。窦氏的奴客缇骑甚至杀人越货，横行京师。汉和帝有心重新控制中枢之权，然而身居深宫，"内外臣僚，莫由亲接，所与居者，唯阉宦而已"[24]，不得不依靠宦官。永元四年（92），宦官郑众受命指挥所控制的一部分禁军，以政变形式清除了窦氏兄弟的势力。郑众于是因功封侯，并参与朝事，这是宦官专理朝权和封侯成为贵族的开始。《后汉书·宦者列传》写道："（郑众）遂享分土之封，超登公卿之位，于是中官始盛焉。"

元兴元年（105），汉和帝去世。邓皇后立出生仅百日的汉殇帝，自己以太后身份临朝称制，邓氏兄弟参与禁中决策。不久汉殇帝死去，年仅十三岁的汉安帝即位。

汉安帝登基时尚是少年，掌握实权的是和熹邓太后和她的兄弟邓骘等人。邓骘是汉光武帝刘秀开国时主要功臣邓禹的孙子。邓氏家族自东汉初以来，累世贵宠，凡有侯者二十九人，公二人，大将军以下十三人，中二千石级的官僚十四人，列校二十二人，州牧、郡守四十八人，其余任侍中、将、大夫、郎、谒者等官职的不可胜数。邓太后除了重用外戚，还起用名士杨震等，以求取得士大夫的支持。邓太后去世之后，汉安帝与宦官李闰、江京等合谋，铲除了邓氏势力。此后，宦官李闰、江京等专权。他们"手握王爵，口含天宪"[25]，所执掌管理的，已经绝不单纯是后宫服务于皇族的食宿游乐诸事了。当时，皇后阎氏的兄弟阎显等人也身居要职，形成了宦官集团和外戚阎氏共同专权的局面。

延光四年（125），宦官孙程等十九人杀掉阎显，拥立十一岁的济阴王刘保为帝，是为汉顺帝。汉顺帝当朝时，孙程等十九人皆得封侯，时称"十九侯"。孙程被封为浮阳侯，食邑万户，又任为骑都尉。宦官的权势于是大为增长，他们不但能够充任朝官，甚至还可以养子袭爵。

后来，汉顺帝也扶植外戚势力，相继拜皇后的父亲梁商和皇后的兄长梁冀为大将军。

汉顺帝死后，梁太后和梁冀先后选立两岁的汉冲帝、八岁的汉质帝、十五岁的汉桓帝。梁冀为大将军平尚书事，把握朝权近二十年，一贯恣心横暴，多行非法之事。汉质帝初立，不满梁冀骄横，称之为"此跋扈将军也"，竟然被梁冀派人毒杀。当时四方调发，岁时贡献，都先将等次最优良的送到梁冀宅中。官员重金贿赂以求升迁的，往来不绝。梁冀还派遣宾客出塞，交通外国，广求异物。他还大兴土木，营造第舍，又广开园囿，采土筑山，多拓林苑，禁同王家，据说其范围殆近千里。他曾经规划营造数十里菟苑，有人误杀一兔，转相告言，竟然有十余人因此被处死。梁冀还占夺良人以为奴婢，多至数千人，名之为"自卖人"。梁冀地位之高，曾经得以"入朝不趋，剑履上殿"，礼仪等级竟等同萧何；又增封至于四县，实利一如邓禹；而所受赏赐金钱、奴婢、彩帛、车马、衣服、甲第等，又仿佛霍光。一时专擅威柄，凶恣日积，朝廷重要决策都不能不由梁冀最后决定。宫中近卫侍从都是梁冀所亲自指派，因而皇帝一举一动都在梁冀视野之内。当时百官迁召，都要到梁冀门下谢恩，接受他的各种要求，然后再到尚书机关报到。官员中不能顺从的，往往被梁冀杀害。梁冀当权多年，一门之中，有七人封侯，三人为皇后，六人为贵人，二人任大将军，女子食邑称君者七人，与公主结婚者三人，其余任卿、将、尹、校者五十七人。

延熹二年（159），梁皇后去世，汉桓帝与宦官单超等五人于是合谋诛梁冀，发皇宫近卫千余人围梁冀府，梁冀自杀。梁氏家族的势力于是一举被肃清。随后所牵连的公卿列校刺史二千石等高级官员死者数十人，梁冀故吏宾客被罢免者多至三百余人，据说一时

"朝廷为空"。因为事发急促，朝中上下官吏多不知所措，政局昏乱，以致"公卿失其度，官府市里鼎沸，数日乃定"，然而"百姓莫不称庆"。梁冀被抄没的财货价值三十余万万，充入官府后，竟然得以使当年"减天下税租之半"。[26]

梁冀被诛灭后，宦官独揽朝权，单超等五人同时封侯，当时世称"五侯"。单超拜车骑将军。单超死后，其余四侯横行天下，大起宅第楼观，穷极伎巧，又多取良人美女，珍饰华侈，生活消费完全仿拟宫中制度。其兄弟姻戚宰州临郡，残害百姓，与盗贼没有区别。宦官集团的暴戾，激化了社会矛盾。"五侯"的宗族宾客以残虐的行政风格为害遍天下，以致"民不堪命"，不得不起来反抗。[27]

东汉外戚集团和宦官集团的最后一次激烈的争斗，发生于公元189年。汉灵帝死后，何太后临朝，太后兄大将军何进密谋诛宦官，计划泄漏，反为所害。司隶校尉袁绍收捕宦官，无论老少统统处死，计二千余人。宦官张让等数十人劫持少帝至黄河之滨上，追兵赶到，张让等投河而死。

第五节　太学生运动

在外戚集团和宦官集团的争斗中，太学教育却得到发展。东汉中晚期，太学生多至三万人。

在民生多艰、朝政昏乱的形势下，太学生议政成为风气。

太学生中虽然相当一部分人出身于官僚富户阶层，和官僚士大夫有比较密切的关系[28]，但是他们少年英锐，思想较为新进，言行较为勇敢，又以尚未跻身于官场的身份，和民间有较多的接触，对于弊政的危害也有较为直接的感受。汉安帝以来风起云涌的农民武装反抗，使他们受到深刻的思想震动，认识到东汉王朝已经面临崩溃的严重危机。他们所接受的儒学教育，其中民本思想的积极因素也对他们的观念倾向产生了一定的影响。

东汉后期，官僚士大夫中形成了以品评人物为基本形式的政治批评风气，当时称为"清议"。太学成为清议的中心。太学生们试图通过清议影响现实政治，反对导致政治黑暗的宦官外戚，特别是当权的宦官，挽救陷于严重政治危机的东汉王朝。

在宦官外戚的统治下，州郡牧守在察举征辟时往往逢迎当朝权贵的私意，望风行事，而不附权贵的刚正士人则受到排斥。汉顺帝初年，河南尹田歆应当察举六名孝廉，而"多得贵戚书命，不宜相违"，当权的豪门贵族交相请托，当事者无法违命，而又有心按照自己的意愿荐举一位"名士"以报国家，于是所举权贵的私人竟然占据了五个名额。[29] 推想在通常情况下，真正的"名士"入选的可能性微乎其微。

汉桓帝以后，察举体制更为腐败，察举多不当其才德，于是当时民间流传这样的说法："举秀才，不知书；察孝廉，父别居；寒素清白浊如泥，高第良将怯如鸡。"士大夫阶层中，也多有趋炎附势、逐利忘义者。这些人丑恶的政治表现，助长了黑暗政治的威势。于是太学清议在攻击腐败朝政的同时，注重赞美敢于对抗权贵罪恶的士人。

名臣朱穆起先为梁冀所辟用。梁冀骄暴不悛，朝野多有怨愤之声，朱穆曾经以故吏的身份切谏，期望他避免衅积招祸。汉桓帝永兴元年（153），朱穆任冀州刺史，举劾权贵，惩处贪污的郡县长官，打击横行州郡的宦官势力。宦官赵忠丧父，归葬安平（郡治在今河北冀州），曾经僭用天子葬具。朱穆下令案验，于是发墓剖棺，陈尸出之，将其家属法办。后来朱穆因此被治罪，罚往左校服劳役。太学生刘陶等数千人诣阙上书，申明朱穆出于忧国之心，志在肃清奸恶的立场，指责宦官不仅在中朝以非法手段把持国家权力，而且父兄子弟分布地方，如虎狼一般残害小民，赞扬朱穆亢然不顾个人危难，"张理天网"的勇气，表示愿意代替朱穆服刑劳作。汉桓帝于是不得不赦免朱穆。[30]

汉桓帝延熹五年（162），一向"恶绝宦官，不与交通"的议郎皇甫规在论功当封时拒绝贿赂当权宦官，受到诬陷，也以严刑治罪。太学生张凤等三百余人随同若干高级官僚一起诣阙陈诉，又使皇甫规得到赦免。[31]

太学清议，是中国古代社会舆论影响政治生活的较早的史例。当时太学生的议政运动，使黑暗的政治势力被迫有所收敛。所谓"豪俊之夫，屈于鄙生之议"[32]，"自公卿以下，莫不畏其贬议"[33]的情形，表现出积极的社会影响力。

当时郡国学的诸生，也与太学清议相呼应，形成了更广泛的舆论力量。

太学生以其活动的正义性受到黑暗势力的敌视。汉灵帝熹平元年（172），因朱雀阙出现匿名书，指斥宦官专权，公卿无敢忠言者，主持清查的段颎四出逐捕，收系太学生竟多至千余人。

第六节　党锢之祸

东汉中晚期，士大夫中正直激进的分子，采取半公开乃至完全公开的形式和当权的宦官集团抗争，曾经结成了有共同政治倾向、表现出一定凝聚力的群体。这些同道同志者，当时被称为"党人"。政府迫害"党人"而发起的政治运动，当时被称作"党事"。当权的黑暗政治势力对"党人"的迫害，有禁止其出任官职并限制其活动的形式，时称"党锢"（又写作"党固"），也称作"党禁"。

东汉中晚期，时政的昏暗，使得一些有胆识的士人奋起批判当朝权贵，揭露社会矛盾，发表不同政见。如《后汉书·党锢列传》所记述，在汉桓帝、汉灵帝在位前后，主上荒暗，政治昏乱，国家权力委于宦官，士人羞于与其为伍，于是出现"匹夫抗愤，处士横议"的情形，又"激扬名声，互相题拂"，品核公卿大臣，裁量执政贵族，刚直不阿的品格由此得以风行于世。

士大夫清议之风兴起，李膺、陈蕃、王畅特别受到崇重。三万余太学生的领袖郭泰、贾彪等与他们关系紧密，太学中流传这样的赞语："天下模楷李元礼（膺），不畏强御陈仲举（蕃），天下俊秀王叔茂（畅）。"其中李膺的声名最高，士人得与之交游者，名为"登龙门"。

李膺任主持京师附近中枢地区行政的最高长官司隶校尉。当权宦官张让的弟弟张朔为野王（今河南沁阳）令，贪残无道，甚至杀害孕妇，听说李膺执法威严，畏罪逃还京师。李膺追捕张朔，依法处死。一时宦官集团不得不小心谨慎，甚至休假日也不敢迈出宫门。

延熹九年（166），术士张成预言不久当有赦令颁布，于是指使其子杀人。李膺依法处死张成。张成生前以方伎之术与宦官集团关系密切，其弟子牢修于是上书诬告李膺等指使太学游士，交结诸郡生徒，相互结为朋党，攻击朝廷，扰乱风俗。在宦官势力的作用下，汉桓帝震怒，下令郡国大捕"党人"，于是李膺等人被逮捕，并且又牵连陈寔等二百余人。有逃遁未捕获的，都悬赏购募，一时传令追捕逃亡者的使者频繁四出各地，道路上车马可以相望。

第二年，李膺等人被释放，允许归还田里，然而宣布禁锢终身。"党人"的姓名，也都一一记录在官府。

党锢之祸发生后，海内士大夫阶层益发群情激昂，他们将鄙视宦官专政并敢于反抗的正直的天下名士，加上"三君""八俊""八顾""八及""八厨"等光荣称号，广为传扬，形成了更为强劲的反抗当权宦官集团的舆论力量。度辽将军皇甫规没有列入"党人"名单，甚至自以为耻，上书请求以附党之罪连坐。[34] 可见"党人"在当时社会的特殊的舆论形象。《后汉书·党锢列传·李膺》写道："（李）膺免归乡里，居阳城山中，天下士大夫皆高尚其道，而污秽朝廷。"士人舆论皆敬仰"党人"的崇高风格，鄙视朝廷的丑恶作为。

汉灵帝建宁元年（168），名士陈蕃为太傅，与大将军窦武共同执政。他们起用李膺和其他被禁锢的名士，密谋诛杀作恶的宦官。宦官集团却抢先动作，双方对阵，宦官利用以往对禁军的控制，迅速瓦解了窦武率领的军队。这次政治变乱的结果是，陈蕃、窦武都被杀害，宗亲宾客姻属也都被收捕诛杀，其门生故吏均免官禁锢。

侍御史景毅的儿子景顾为李膺门徒，因"党人"名单遗漏，所以没有直接受到迫害。景毅慨然说道，正是因为李膺贤良，才令儿子以他为师的，怎么能够因为名籍偶然漏脱而求苟安呢！于是主动上表免归，时人皆称颂其义。³⁵ 被列为"八顾"之一的议郎巴肃起初与陈蕃、窦武合谋诛杀宦官，事败后，宦官集团并不知他曾参与始谋，只是坐党禁锢，察觉后方下令收捕。巴肃从容不迫，自己乘车前往县府投案。县令面见巴肃，解下印绶准备和他一起逃亡。巴肃镇定地说，作为人臣的，有政见不敢隐瞒，有罪过不会逃避。既然不隐瞒政治见解，又怎么能逃避刑罚呢！于是被害。

被列为"八及"之首的张俭，曾经打击过宦官势力，久为宦官集团疾恨。建宁二年（169），宦官上书，说张俭与同乡二十四人别相署号，共为部党，图谋危害社稷，而张俭是其首脑。于是诏令收捕张俭。张俭流亡于各地，沿途所投靠的民家，无不看重其名行，不惜冒着破家的危险予以收留，不惜牺牲自己予以掩护。"其所经历，伏重诛者以十数，宗亲并皆殄灭，郡县为之残破。"³⁶

朝廷大规模逮捕党人时，李膺正在故乡隐居，乡人得知消息，劝他暂时逃避。李膺回答道："事不辞难，罪不逃刑，臣之节也。吾年已六十，死生有命，去将安之？"他拒绝出逃，自赴诏狱，终于死于狱中，其妻子徙边，门生故吏及其父兄都被禁锢。³⁷

范滂在大诛党人之际，姓名列于诏书。督邮吴导至县传舍，抱诏书，伏床而泣。范滂知道后说：一定是为我的缘故。于是自诣狱。县令郭揖大惊，自解印绶，说：天下如此之大，子何为在此？愿意和他一同逃亡。范滂说：我死则此祸可以了结，怎么能够牵累你，又让老母颠沛流亡呢？范滂的母亲在告别时说：你现在得以与李膺、杜密齐名，死亦何恨！路边人看到这一情景，没有不流泪的。范滂被处死时，年三十三岁。

这次残酷的政治迫害过后，"党人"横死狱中的达百余人，被牵连而死、徙、废、禁的又有六七百人。汉灵帝又诏令州郡大举钩党，天下豪杰名士陷党籍者甚多。熹平五年（176），州郡受命禁锢"党人"的门生故吏和父子兄弟。直到黄巾起义爆发后，"党人"才被赦免。

以记录和总结东汉历史而著名的史学家范晔曾经为党锢之祸发表感叹：李膺在个人面临危难的政治形势中，宣传正义的主张，影响民间的风习，赞颂"素行"以鄙弃"威权"，崇美"廉尚"以撼动"贵势"，从而使天下之士奋迅感慨，形成向黑暗政治抗争的潮流，深牢监禁，家族破败，都不能动摇其志向，甚至于"子伏其死而母欢其义"³⁸，这是何等的壮勇啊！党锢之祸，严格说来，是统治阶层内部的争斗。但是，东汉"党人"的正义感、无私情操、抗争意志和坚定气节，却代表着一种值得肯定的文化精神。东汉"党人"的气质与品格，体现着曾经被鲁迅称为"中国的脊梁"³⁹的人们所代表的民族精神的主流，后来成为一种文化传统，为历代有血性有骨气的士人所继承。

在东汉末年农民起义导致的社会动乱中，被赦免的"党人"一旦恢复政治生命，就立即和当权的宦官相互联合，一同来镇压反抗的农民了。这是由社会关系的历史大势所决定的。

第十八章

东汉边疆与民族问题

东汉初年起，匈奴一部分部落逐渐移入塞内，称南匈奴。南匈奴与东汉王朝建立了和睦的关系，甚至以军事力量助汉守边。在其北部的北匈奴则时常侵扰汉境，还胁迫西域诸国对抗汉王朝。

汉明帝时，汉王朝远征军数次出击北匈奴，转战至于西域地区和蒙古高原。北匈奴被迫远徙西北，其故地逐渐为鲜卑族占据。

汉军在和北匈奴作战时，派遣班超出使西域。班超在西域活动近三十年，取得成功，使西域诸国重新内属。班超又曾经派遣甘英出使大秦国，西行至于波斯湾，因海路辽远、航程艰辛而东归。后来，大秦王的使节来到洛阳，罗马帝国和东汉王朝两个大国，东方和西方两个文化系统，于是有了正式的直接接触。

聚居于今甘陕地区的羌人，不断和东汉王朝发生武装冲突。东汉王朝和羌人的战争持续达四十年之久。

东汉时期复杂的民族关系，反映了当时发放出强力辐射的汉文化与周边各民族文化相互交融的历史过程。

第一节 燕然勒石

东汉建国之初，汉光武帝刘秀专心统一大业，没有特别关注"沙塞之外"的边事，对于匈奴支持内地分裂势力的行为，采取宽让的态度。双方通使往来，单于虽"骄踞""悖慢"，光武帝仍以平和之心待之如初。匈奴势力转盛，对汉地的劫掠日益猖獗。东汉王朝徙幽、并边人，即将今内蒙古南部、山西及河北北部、辽宁西部边地的居民迁居于常山关（在今河北涞源南）、居庸关（在今北京延庆南）以东，匈奴左部于是转居塞内。此后"入寇尤深"，光武帝建武二十年（44），曾经入侵上党（郡治在今山西长子西）、扶风（郡治在今陕西兴平东南）、天水（郡治在今甘肃通渭西北）。次年，又至于上谷（郡治在今河北怀来南）、中山（首府在今河北定州）。"杀略钞掠甚众，北边无复宁岁。"[1]匈奴重新成为东汉政权的严重威胁。

不久，匈奴地方连年遭受旱蝗之灾，草木尽枯，赤地数千里，人畜饥疫，死耗大半。匈奴贵族集团内部又发生争夺统治权的内讧，此外，又有东方乌桓势力的逼迫。建武二十四年（48），匈奴日逐王比被南边八部拥立为南单于，并袭用其祖父呼韩邪单于的称号，率部众到五原塞，请求内附，为东汉王朝所接受。从此匈奴分为南北两庭。

南匈奴逐渐转为定居生活，从事农耕经济，并且逐渐向东向南迁移。北匈奴依然经常侵扰北边郡县，掳掠汉人和南匈奴人，并且以武力控制了西域地区。东汉王朝为了保障河西地区的安全，并且恢复和西域地区的交通，发动了对北匈奴的战争。

汉明帝永平十六年（73），汉军四路出击，祭肜、吴棠出高阙塞（在今内蒙古乌拉特后旗西南），窦固、耿忠出酒泉塞（在今甘肃酒泉），耿秉、秦彭出张掖居延塞（在今内蒙古额济纳旗东南），来苗、文穆出平城塞（在今山西大同东北）。窦固、耿忠所部追击北匈奴到天山及蒲类海（今新疆巴里坤湖），占据伊吾（今新疆哈密西），设置了屯田基地。

汉和帝永元元年（89），窦宪、耿秉率军出击北匈奴，北匈奴降者二十余万人。汉军出塞三千余里，直至燕然山（今蒙古杭爱山），刻石记功而还。后人有"会扫边氛尽，燕然勒石回"[2]诗句。这一事件已经被看作汉文化扩张史上一个醒目的标志。

次年，汉军再次占领了伊吾。永元三年（91），汉军出居延塞，围击北匈奴单于于金微山（今阿尔泰山）。北匈奴战败，单于逃亡，不知所在。

自此之后，匈奴东面的鲜卑族逐步西进，占据了匈奴故地。

第二节　羌人武装反抗与"平羌"战争

《后汉书·西羌传》记述了羌人先祖爰剑在秦厉公时曾经为秦人奴隶而后来逃亡的传说。羌人称奴隶为"无弋"，所以爰剑又称为"无弋爰剑"。当时羌人聚居的河湟地区少有五谷而多禽兽，羌人于是以射猎为事。无弋爰剑将在秦地得到的农耕知识传授给当地羌人，因而更受敬重，不断有羌人氏族部落前来归附。通过有关无弋爰剑的传说，可以知道西方羌人是在公元前 5 世纪前后接受了中原农耕文化的影响，将经济形式由以射猎为主转变为以田畜为主的。

到了两汉时代，无弋爰剑的子孙计有一百五十部。此外，还有属于别部的先零羌、当煎羌、牢姐羌等羌人部落，这些部落和部落联盟大多分布在今青海和甘肃西部地区。另有发羌、唐旄等部，分布在西藏地区。这些羌人部落据说和后来的吐蕃、藏族在族源上有一定的关系。羌人在西北方面也有广泛的分布。如新疆天山以南有婼羌，以西又有葱茈羌、白马羌、黄牛羌等。1953 年，新疆沙雅于什格提遗址发现了一枚"汉归义羌长印"，印铜质，以卧羊为纽。这件文物正可以证明当时南疆羌族的存在。

羌人在西北地区的活动，对于当地经济的早期开发和文化的早期进步，有重要的贡献。

东汉著名学者马融的作品中，有《长笛赋》传世，其中写道："有庶士丘仲，言其所由出，而不知其弘妙。其辞曰：近世双笛从羌起，羌人伐竹未及已。龙鸣水中不见己，截竹吹之声相似。"可见，当时曾经流行笛的发明权属于羌人的说法。《太平御览》卷五八〇引《风俗通》也说："笛，汉武帝时工人丘仲所造也，本出羌中。"古来羌笛的凄婉哀怨之声，曾经形成过深沉悠远的文化影响。可见，汉代中原主流文化的形成和发展，也有来自羌文化的积极因素。

西汉初年，匈奴强大，羌人曾经臣属于匈奴。记录汉代历史的文献中于是有"羌胡"的称谓。汉景帝时，无弋爰剑玄孙研曾经率领所属的留何部归附汉王朝，被内迁安置在今甘肃南部。汉武帝时，取"隔绝羌胡"[3]的战略，设置河西四郡，汉王朝军事势力又进而占据河湟地区，一部分羌人被迫西迁，离开湟中（今青海西宁附近），前往西海（今青海海晏西北）、盐池（今青海刚察东南）左右。金城郡（郡治在今甘肃永靖西北）置破羌县（今青海民和西北）、临羌县（今青海湟源东南），又筑护羌城（在今青海湟源西南），都是监视和镇压羌人的政策的表现。汉印有"临羌长印"，是可以说明当时历史的文物。一些汉朝地方行政长官和军事将领对羌人实行野蛮奴役和残酷屠杀的政策，迫使羌人奋起反抗。汉宣帝时，名将赵充国率军平定羌地，以空前规模的战争行动使羌人遭受严重损失。汉元帝时，又向起义的陇西羌彡姐部等羌人的七个种姓用兵。右将军冯奉世率军艰难苦战，终于击败羌人，使羌人诸部死亡几近三分之一，余部不得不流落塞外。

王莽执政之后，为了渲染四海升平的假象，威胁利诱羌部族首领献西海之地。置西海郡（郡治在今青海海晏），所辖五县，其中有一县竟然被命名为"监羌"。两年后，羌人反攻西海，驱逐西海太守程永出境，试图夺回故土，然而被王莽派遣护羌校尉窦况镇压。王莽政权覆亡之后，羌人又重新收复了这一地区。

东汉时期，羌人不堪专制政府的压迫，不断进行反抗。于是羌人起义成为东汉政治史中极其引人注目的现象。

东汉时期规模比较大的羌人起义计有五次。第一次，建初二年（77）到永元十三年（101），河湟地区以烧当羌为首，约集封养、烧何、当煎、当阗、卑湳等部，并与湟中的月氏胡、张掖的卢水胡联合起义。第二次，汉安帝永初元年（107）至元初五年（118），金城、陇西、汉阳三郡戍羌在开往西域途中，至河西的酒泉郡（郡治在今甘肃酒泉）举事，与屯聚在陇西的先零羌和钟羌联合，展开了以北地、安定、陇西三郡为中心的武装反抗，并在北地郡建立滇零政权。东汉王朝为镇压羌人调用兵力二十多万，耗费军资二百四十余亿。第三次，从汉顺帝永和四年（139）到永嘉元年（145），金城、陇西两郡的且冻、傅难诸部与安定、北地两郡的罕羌、烧何诸部，在凉州各郡以及关中西部展开反对汉朝将佐官吏贪污暴政的抗争。第四次，汉桓帝延熹二年（159）到建宁二年（169），陇西的烧当等八种羌、安定的先零羌、上郡的沈氏羌先后在各郡武装反抗暴政，东羌的兵力曾经攻入三辅的扶风、京兆一带。历时十一年，东汉王朝耗费军资四十四亿。第五次，中平元年（184）到建安十九年（214），金城、陇西、汉阳三郡爆发了以金城的"义从羌"和陇西的先零羌为主，后又加入湟中的"义从胡"和一部分汉人的武装反抗。先锋部队曾经抵达三辅的西部。[4] 与羌人作战所耗用的军费，是东汉王朝主要的经济负担之一。四川中江塔梁子汉代崖墓出土壁画，榜题文字可见"鸿芦拥十万众平羌"[5]，或许记录了另一次"平羌"战争。

有学者指出，"羌民起义给东汉王朝以沉重打击"[6]。关于羌乱动摇东汉王朝统治的情形，《潜夫论·劝将》说："前羌始反时，将帅以定令之群，藉富厚之蓄，据列城而气利势，权十万之众，将勇杰之士，以诛草创新叛散乱之弱虏，击自至之小寇，不能擒灭，辄为所败；令遂云烝起，合从连横，扫涤并、凉，内犯司隶，东寇赵、魏，西钞蜀、汉，五州残破，六郡削迹。"又《潜夫论·救边》："往者羌虏背叛，始自凉、并，延及司隶，东祸赵、魏，西钞蜀、汉，五州残破，六郡削迹，周回千里，野无孑遗，寇钞祸害，昼夜不止，百姓灭没，日月焦尽。"其中两次说到的"西钞蜀、汉"，或许与塔梁子崖墓壁画榜题"平羌"事有关。而所谓"权十万之众"，有学者指出，"下篇云'诸郡皆据列城而拥大众'，或疑'权'为'拥'之误"[7]。若作"拥十万之众"，则与塔梁子崖墓壁画榜题"拥十万众"文辞十分接近。

王莽时代"平羌男家丞""新西国安千制外羌佰右小长"以及东汉时的"征羌国丞"等官印，作为文物资料，都可以说明当时中央政府与羌人部族的关系是相当紧张的。

羌人武装反抗被镇压之后，许多羌人部族被迫内徙。移居三辅（今陕西关中）、汉阳（郡治在今甘肃甘谷）、安定（郡治在今甘肃镇原东南）、北地（郡治在今宁夏吴忠）、上郡（郡治在今陕西榆林南）、西河（郡治在今山西离石）等地的羌人，史称"东羌"。而依旧定居于河湟一带的羌人，史称"西羌"。所谓"东羌"与汉人杂居，较多地受到中原先进文化的积极的影响。

还应当看到，即使在汉人和羌人民族矛盾十分复杂尖锐的时代，一些羌人部族仍然和汉王朝保持着比较密切的关系。汉印所见"汉归义羌长""汉破虏羌长""汉归义羌佰长"等，都可以说明这一情形。

第三节　乌桓与鲜卑

乌桓与东胡有渊源关系，其部族为匈奴所灭，余部退保乌桓山，因以"乌桓"为号。民俗善骑射，以弋猎禽兽为事，随水草放牧，居无常处。

乌桓在匈奴强盛之时，以孤弱之势，"常臣伏匈奴，岁输牛马羊皮"[8]。汉破匈奴，徙乌桓于上谷、渔阳、右北平（郡治在今内蒙古宁城西南）、辽西（郡治在今辽宁义县西）、辽东（郡治在今辽宁辽阳）五郡塞外，为汉侦察匈奴动静。汉设护乌桓校尉，管理监视其部族。

东汉初，乌桓与匈奴往往联结侵犯边境，朝发穹庐，暮至城郭，代郡（郡治在今山西阳高）以东受害最为严重，至于郡县损坏，百姓流亡。

建武二十二年（46），匈奴国内乱，乌桓出兵击破匈奴。匈奴北徙数千里，漠南出现军事权力真空。汉光武帝刘秀以钱币、缯帛笼络乌桓。建武二十五年（49），辽西乌桓大人郝旦等九百二十二名乌桓部族首领诣阙朝贡，东汉王朝封其渠帅八十一人为侯王君长，皆安排其居于塞内，分布在缘边诸郡。东汉又重新在上谷宁城（今河北万全）设置护乌桓校尉，兼领鲜卑，并管理与乌桓、鲜卑互市事务。

在东北方向，汉明帝、汉章帝、汉和帝三世，大体保境无事。汉安帝、汉顺帝时代，乌桓多次以武力犯边，并与东汉军队接战，胜负无常。汉灵帝初，上谷（郡治在今河北怀来东南）、辽西（郡治在今辽宁义县西）、辽东（郡治在今辽宁辽阳）、右北平（郡治在今河北丰润东）乌桓诸部族领袖皆称王。中平四年（187），前中山（郡治在今河北定州）太守张纯叛入乌桓众中，自号弥天安定王，为诸郡乌桓元帅，寇掠青、徐、幽、冀四州。次年，幽州牧刘虞购募斩张纯首，北方边地大略安定。

汉献帝初平年间，乌桓王蹋顿以勇力武略统一各部族，形成号令一致的部族联盟。建安年间，蹋顿曾经击破将军公孙瓒，从袁绍处得到"单于"印绶。中原战乱，幽州、冀州吏民投奔蹋顿的多至十余万户。

鲜卑也是东胡的一支，曾经以鲜卑山为基地，因以为号，其言语习俗大体与乌桓相同。东汉初年，鲜卑人常与匈奴、乌桓合兵寇抄北边，杀掠吏民。汉光武帝末年，许多鲜卑大人相继内属，东汉王朝封其为王侯，青州、徐州每年给钱二亿七千万成为常制。汉明帝、汉章帝两朝，北方边境得以安定。

东汉击破匈奴，北单于逃走后，鲜卑转徙据有其地。匈奴残留十余万落，也自号鲜卑，与鲜卑人逐渐融合，鲜卑于是逐渐兴盛。此后，鲜卑屡次攻掠东汉北边郡县。五十年间，或降或叛，而始终成为北边的威胁。

汉桓帝时，鲜卑大人檀石槐以"勇健有智略"，"兵马甚盛"，东西部大人都倾心归附。[9] 檀石槐立庭于弹汗山歠仇水上（今河北尚义南大青山东洋河畔），南抄汉地边境，北拒丁零，东却夫余，西击乌孙，尽据匈奴故地，东西一万四千余里，南北七千余里间，山川水泽盐池草场，一切都在鲜卑贵族管辖之下。檀石槐连续寇扰北边。延熹九年（166），一次即分骑数万人同时攻入缘边九郡，杀掠官吏百姓。东汉王朝不能抵御，于是遣使持印绶封檀石槐为王，欲与和亲，为檀石槐拒绝。

檀石槐将其所控制的地域分为三部，从右北平以东至辽东为东部，从右北平以西至上谷为中部，从上谷以西至敦煌、乌孙为西部，各部分置大人主管，皆隶属于檀石槐。鲜卑"兵利马疾，过于匈奴"，其领袖又"才力劲健，意智益生"，汉人逃亡出塞者又往往为鲜卑武装内侵策划向导，于是鲜卑势力和乌桓势力共同成为北边安全的严重威胁。[10]《后汉书·乌桓鲜卑列传》说："石槐骁猛，尽有单于之地，蹋顿凶桀，公据辽西之土。其陵跨中国，结患生人者，靡世而宁焉。"正说明了当时的形势。

汉灵帝光和四年（181），檀石槐死，继任者才力不及其父，"断法不平，众畔者半"[11]，鲜卑部族分裂，实力逐渐衰落。

第四节　马援南征

"长沙、武陵蛮"或"五溪蛮"，是东汉时期长期受到关注的民族力量。他们的原始居地在长沙、武陵两郡，即今湖南湘江、资江和沅江流域及洞庭湖沿岸地区。

汉光武帝建武年间，武陵五溪蛮据其险隘与中央政权对抗，出兵进攻郡县，并击败前往进剿的武威将军刘尚军。建武二十五年（49），伏波将军马援以六十二岁高龄率军至长沙、武陵地区，历尽艰辛方才将其击破。马援最终也病逝于征途中。

此后，蛮人反抗东汉王朝的武装抗争延绵不绝，此伏彼起。汉章帝时代、汉和帝时代、汉安帝时代、汉顺帝时代、汉桓帝时代乃至汉灵帝时代，都曾经发生较大规模的蛮人"以郡县徭税失平，怀怨恨"，"攻城杀长吏"的武装反抗。政府除了"以恩信招诱"以外，多采取残厉的手段施行武装镇压。[12]

值得注意的是，"州郡募善蛮讨平之"[13]，也是东汉王朝多次实行的策略。

例如，汉章帝建初元年（76），武陵澧中蛮陈从等起兵反抗，"零阳蛮五里精夫为郡击破（陈）从"。建初三年（78），溇中蛮覃儿健等起兵反抗，政府"募充中五里蛮精夫不叛者四千人，击澧中贼"。精夫，是部族领袖。汉安帝元初二年（115），澧中蛮联合充中诸种二千余人起兵反抗，"州郡募五里蛮六亭兵追击破之"。[14]政府多次利用所谓"善蛮"讨平蛮人反抗，是值得重视的历史文化现象。

东汉时期，有汉光武帝建武十二年（36）"九真徼外蛮里张游率种人慕化内属"[15]的记载。《后汉书·南蛮传》还写道，征侧、征贰起义，"九真、日南、合浦蛮里皆应之，凡略六十五城"。这里所说的"里"，又写作"俚"。三国时吴人万震作《南州异物志》也写道，"俚"分布于广州之南，苍梧（郡治在今广西梧州）、郁林（郡治在今广西桂平）、合浦（郡治在今广西合浦东北）、宁浦（郡治在今广西横县）、高良（郡治在今广东阳江）五郡皆有之，地方数千里。其活动地域，大致包括今广西大部地区和广东部分地区。

《后汉书·马援传》说，马援南征，"于交趾得骆越铜鼓"。铜鼓是一种青铜铸作的打击乐器，主要分布在中国的广西、广东、云南、贵州、四川、湖南诸省区，以及越南、老挝、柬埔寨、缅甸、马来西亚、印度尼西亚等东南亚国家。中国是铜鼓分布最为密集、出土数量也最多的国家。"骆越铜鼓"见于著录，反映这种南方少数民族古乐器曾经发出极其悠远的历史回声。

南方蛮人服饰的风格，也给当时的中原人以深刻的印象。《后汉书·南蛮传》说，盘瓠"其毛五采"，其子孙用木皮织绩，用草籽印染，好五色衣服，又说其民俗"衣裳班兰"。据唐代李贤的注释，这些文字已经见于东汉学者应劭的《风俗通义》一书。也就是说，自称盘瓠后代的南方少数民族"衣裳班兰"的风俗，东汉时已经为中原人所熟知。

第五节　越巫与越文化

西汉时期，曾经有越人北徙。[16] 史籍中也可以看到长安有越巫的活动。[17] 建章宫的规划和建设，就是根据越巫的建议。[18] 西汉学者刘向在《说苑·善说》中记述的一则政治寓言，保留了一首《越人歌》，这是我们看到的最早的越民族语言文学作品。从译成楚语的文字看，其意境和文采都是值得称道的。[19]

《文选》卷二张衡《西京赋》又有"东海黄公，赤刀粤祝，冀厌白虎，卒不能救，挟邪作蛊，于是不售"语，李善注引《西京杂记》说："东海人黄公，少时能幻，制蛇御虎，常佩赤金刀。及衰老，饮酒过度，有白虎见于东海，黄公以赤刀往厌之，术不行，遂为虎所食。"按照薛综的解释，"东海有能赤刀禹步，以越人祝法厌虎者，号曰'黄公'"。所谓"赤刀粤祝"，一时成为主要的巫术表演形式，也说明当时民间"越巫"的活跃。

汉印中的"黄神越章",或许可以看作"越巫"之术社会影响的物证之一。

第六节　班超经营西域

班超少时家贫,常为官府抄录文书以维持生计,长久劳苦不堪,一次,辍业投笔,感叹道:大丈夫没有其他的志略,也应当仿效张骞等人立功异域,以取封侯,难道能够长期在笔砚间消磨生命吗?胸怀"当封侯万里之外"之志的班超,后来果然从军出击匈奴,又使西域,平定五十余国,以功封定远侯。

匈奴势力西移后,更加强了对西域地区的控制。王莽时代西域五十五国,北道诸国受匈奴控制。莎车(今新疆莎车)王康曾经屏护受到匈奴攻击的汉王朝西域都护吏士及其眷属千余人,在塔里木盆地西端与邻近诸国军队一同抗击匈奴的侵犯。汉光武帝建武五年(29),莎车王康致书河西,询问中原形势。河西大将军窦融承制立康为"汉莎车建功怀德王西域大都尉"。建武十四年(38),莎车王贤与鄯善王安遣使请汉王朝派都护到西域,汉光武帝刘秀无力用兵西北,不得不拒绝。此后匈奴因旱蝗之灾,国力衰竭,莎车骄横一时,攻掠西域诸小国。于是建武二十一年(45)有车师前部(今新疆吐鲁番西北)、鄯善(今新疆若羌)、焉耆(今新疆焉耆)等十八国遣王子入侍,再次请求汉王朝派遣都护,汉光武帝以中国初定,北边未服,没有满足这一愿望。刘秀任由诸国执政者自主,实际上放弃了中央政府对于西域的控制权。于是鄯善、车师(今新疆吐鲁番附近）、龟兹（今新疆库车）等国均归属匈奴。后来攻灭莎车的于阗（今新疆和田南），也为匈奴所控制。

汉明帝永平十六年（73），窦固将兵伐北匈奴，班超率部别击伊吾（今新疆哈密西北），战于蒲类海（今新疆巴里坤湖），有功。次年，东汉以陈睦任西域都护。窦固占领伊吾后，派假司马班超率吏士三十六人出使西域南道诸国，争取他们与东汉军队合力抗击匈奴。

班超先到鄯善，当时也有匈奴使者前来，鄯善王首鼠两端，态度暧昧。班超以"不入虎穴，不得虎子"，"死无所名，非壮士也"的壮烈言辞激励随行者，夜烧匈奴使者营幕，杀匈奴使者，鄯善"一国震怖"。[20] 班超控制鄯善后，又西行于阗，迫使于阗王攻杀匈奴使者，归降东汉。永平十七年（74），班超又前往西域西部的疏勒（今新疆喀什），废亲匈奴的龟兹王所立疏勒王，另立亲汉的疏勒贵族为王。

永平十八年（75），汉明帝去世，焉耆以中国大丧，攻没西域都护陈睦，班超孤立无援。汉章帝建初元年（76），东汉撤销西域都护，召班超归国。疏勒、于阗等国担心匈奴卷土重来，苦留班超。班超于是决意留驻西域。他果断地镇压了疏勒国中亲匈奴的势力，又请得东汉王朝援兵，迫使倾向匈奴的莎车投降，又击败了龟兹援救莎车的军队。西域南道于是畅通。

汉和帝永元二年（90），贵霜（辖地包括今阿富汗、巴基斯坦及印度西部）远征军七万越过葱岭入侵。班超坚壁清野，进犯者钞掠无所得，联络龟兹以求救，又为班超伏兵截击，于是被迫撤军。永元三年（91），龟兹、姑墨（今新疆温宿）、温宿（今新疆乌什）都归降东汉王朝。东汉朝廷以班超为西域都护，驻守龟兹。永元六年（94），班超发龟兹、鄯善等八国兵七万余众征讨焉耆。焉耆王降。

班超以坚定勇毅的风格用兵镇伏反对汉王朝的势力，威震西域。西域五十余国于是都专心归服，遣质子臣属于汉。东汉王朝封班超为定远侯。

班超在西域从事外交、军事活动三十一年，经历了汉明帝、汉章帝、汉和帝三代皇帝执政的时期，始终能够宽简为政，团结吏士，人心向附，威望甚高。他以艰苦的人生实践，推进了汉文化在西北方向的传播。永元十二年（100），班超"自以久在绝域，年老思土"，上疏请求回归中土，其中有"臣不敢望到酒泉郡，但愿生入玉门关"等语，言辞十分恳切。班超的妹妹班昭也上书请求准许班超入塞回乡。其中也写道，班超以一身转侧绝域，往来各国宣扬汉王朝的国威，至今已经三十年。骨肉生离，不复相识，当初相随的友伴，也都已经亡故。班超其中年纪最长，现在已经接近七十岁，衰老被病，头发尽白，两手麻痹，耳目迟钝，手扶木杖方能够勉强前行。"妾诚伤超以壮年竭忠孝于沙漠，疲老则便捐死于旷野，诚可哀怜。"汉和帝为她的言辞所感动，终于准许班超返回内地。班超于永元十四年（102）回到洛阳，同年九月病逝，时年七十一岁。[21]唐人胡曾《玉门关》诗写道："西戎不敢过天山，定远功成白马闲。半夜帐中停烛坐，唯思生入玉门关。"[22]又令狐楚《从军行》诗："暮雪连青海，阴云覆白山。可怜班定远，出入玉门关！"[23]都因这一故事发表感叹。班超在西域的军事外交实践，使这一地区和中原的联系空前密切，为东西文化的交往创造了必要的条件。

第七节　甘英穷西海

汉和帝永元九年（97），班超派遣甘英出使大秦，即罗马帝国的东部地区。

甘英的使团来到在今伊拉克境内的条支海滨，安息西界人谈到海上航行的艰难时说，前方海域广阔，往来者如果逢顺风，要三个月方能通过；若风向不理想，也有延迟至于两年之久的，因此入海者都不得不携带三年口粮。海中情境，令人思乡怀土。船行艰险，多有因海难而死亡者。甘英于是知难而止，没有继续西行。后来有人推测，安息人阻挠汉人西入大秦，是为了垄断丝绸贸易。梁启超后来就此曾经发表言辞深切的感慨："班定远既定西域，使甘英航海求大秦，而安息人（波斯）遮之不得达，谬言海上之奇新殊险，英遂气沮，于是东西文明相接触之一机会坐失。读史者有无穷之憾焉。"历史的偶然事件，或许确实是由必然的规律所决定的。如梁启超所说，"我国大陆国也，又其地广漠，足以资移殖，人民无取骋于域外"，"谓大陆人民，不习海事，性或然也"，这应当是"海运业自昔不甚发达"，"航业不振"的主要原因。[24]

甘英虽然未到大秦即中止西行，但是也创造了中国古代王朝官方使节外交活动之西行极界的历史记录。这一极点，在元明时代之前的一千多年间，一直没有被超越。唐代诗人杜牧在《郡斋独酌》诗中所谓"甘英穷西海，四万到洛阳"[25]，说到甘英的功业。"四万"，是指从汉王朝西境到洛阳的行程共计四万里。

虽然甘英作为东汉帝国的正式外交代表，对于越海远行的保守态度留下了永久的历史遗憾，但是这一时期民间商队的往来却并没有

图 18-1　楼兰故城东汉墓出土"登高明望四海贵富寿为国庆"锦

图 18-2　江苏徐州贾旺"羽人、麒麟"画像砖　中央的羽人正在喂食左右的麒麟，两侧则是八条行龙。

中止。罗马著名学者普林尼（Pliny，23—79）在他的名著《博物志》（*Naturalis Historia*）中记载了中国丝绸运销罗马的情形："（赛里斯）其林中产丝，驰名宇内。丝生于树叶上，取出，湿之以水，理之成丝。后织成锦绣文绮，贩运至罗马。富豪贵族之妇女，裁成衣服，光辉夺目。由地球东端运至西端，故极其辛苦。赛里斯人举止温厚，然少与人接触，贸易皆待他人之来，而绝不求售也。"

当时中原与西亚、非洲乃至欧洲的联系，有许多历史现象可以说明。从徐州贾旺东汉画像石中的麒麟画面看，当时人已经有了对于出产于埃塞俄比亚和索马里的长颈鹿的认识。山东曲阜和嘉祥出土的汉画像石以及江苏连云港孔望山摩崖石刻所见裸体人像，据有的学者研究，"都间接出自希腊罗马的裸体石雕艺术"[26]。

第八节　海西幻人的来路

汉明帝永平十二年（69），"益州徼外夷哀牢王相率内属，于是置永昌郡"[27]。汉王朝所实际控制的地域，"始通博南山，度兰仓水"，至于今云南保山附近。永昌郡所辖，已包括今缅甸北部部分地区。当时因距内地遥远，"行者苦之，歌曰：'汉德广，开不宾。度博南，越兰津。度兰仓，为他人。'"[28] 至此，滇缅道路终于得以正式打通，汉王朝通过哀牢地区和掸国建立了联系。

汉和帝永元九年（97），"徼外蛮及掸国王雍由调遣重译奉国珍宝，和帝赐金印紫绶，小君长皆加印绶、钱帛。"西南丝绸之路的主要路段，于是均处于汉王朝控制之下。《后汉书·西南夷传》还记述说："永宁元年，掸国王雍由调复遣使者诣阙朝贺，献乐及幻人，能变化吐火，自支解，易牛马头。又善跳丸，数乃至千。自言我海西人。海西即大秦也，掸国西南通大秦。明年元会，安帝作乐于庭，封雍由调为汉大都尉，赐印绶、金银、彩缯各有差也。"《后汉书·陈禅传》也记载了"幻人"经西南夷地区转入中原的史实。永宁元年（120）由西南夷掸国王进献的这些据说"能变化吐火，自支解，易牛马头"的魔术艺术家，自称来自"海西"，海西也就是大秦。其实，大秦往中原的通路，据《三国志·魏书·乌丸鲜卑东夷传》裴松之注引《魏略·西戎传》，应当有三条：其一，西域陆路；其二，交趾海路；其三，海陆兼行的益州、永昌路。这三条通路共同发挥文化交流的作用，是在东汉中期。

古大秦所在，学界一般有三种认识：一种以为指罗马帝国东部，一种以为指罗马帝国，一种以为指黎轩即亚历山大城。海西幻人的东来，表明汉与遥远的西方文化交往道路已开通。掸国王雍由调特受恩宠，也正是因为西南夷地区对于由此实现的文化交流，有重要的意义。

汉桓帝延熹九年（166），大秦王安敦，即罗马皇帝马可·奥勒留（Marcus Aurelius Antoninus，161—180 年在位）派使者来到洛阳，实现了中国和罗马帝国的第一次正式的直接接触。

海西幻人经行的道路，有人称之为"西南丝绸之路"。云南晋宁出土的西汉青铜双人盘舞透雕饰件，舞人足踏长蛇，双手各执一盘，舞姿带有明显的印度风格。类似的文物资料，都可以证明这一通路在当时联系着中国西南地区与印缅地方的历史事实。东汉所谓"海西幻人"即西亚杂技艺术家们曾多次经由这一通道来到洛阳表演的事实，说明了所谓"西南丝绸之路"当时曾经十分畅通。

第十九章

东汉晚期政治危局与黄巾之乱

东汉王朝的弊政到晚期已经发展到极点。最高统治者的极端昏庸和官僚阶层的彻底腐败，使许多人都看到社会危局已经无可挽救。而频繁的天灾所造成的危害，因政治黑暗更为加重。

黄巾军起义，使东汉政权受到摧毁性的打击。但是东汉的真正灭亡，其直接原因却是统治阶层内部的军阀官僚之间的激烈争斗。

第一节　铜臭：汉末腐败政治

汉灵帝时，宦官把持朝政，横行天下。汉灵帝公开宣称："张常侍（张让）是我公，赵常侍（赵忠）是我母。"一时宦官得志，无所惮畏。有的当权宦官，其管理家事的私奴可以"交通货赂，威形煊赫"，其布列地方的亲戚往往"所在贪残，为人蠹害"，其典据州郡的宾客同样"辜榷财利，侵掠百姓"。[1]

汉灵帝本人奢侈荒淫，后宫采女数千余人，衣食之费，每天竟高达数千金。光和元年（178），他甚至公开设西邸出卖官职，级别不同，各有价格，又私下授意连公卿这样的高位也可以出卖，公一千万钱，卿五百万钱。[2]其他官位，二千石的官职二千万钱，四百石的官职四百万钱。而通过正常方式荐举者，要取得实职，也需要缴纳一半或三分之一的数额。[3]

大官僚崔烈在中平二年（185）由廷尉任为司徒[4]，竟然也是入钱五百万而得到这一职位的。朝拜之日，汉灵帝甚至对身边亲幸者说，后悔当时没有抬高一点价格，否则本来是可以卖到一千万的。崔烈出身"世有美才"的"儒家文林"，当时"有重名于北州"，此后则声誉衰减。他心不自安，问其子崔钧：我位居三公，人们有什么议论吗？崔钧答道：大人少有英称，历位卿守，论者没有说不当为三公的；但是，今登其位，天下失望。崔烈追问其中原因，崔钧回答道："论者嫌其铜臭。"[5]

地方政权的黑暗也达到十分严重的程度。把握地方大权的官员，多怠于行政，精于逐利，往往违背法律，专纵私情，残害民众，小民百姓怨愤无所诉说。[6]地方官员贪赃枉法，成为惯习。所谓"政令垢玩，上下怠懈"[7]，正反映了当时国家政治机器已经被腐败风气全面锈蚀的情形。地方官吏为了应付考绩，常常隐瞒灾情，虚报户口和垦田数字，使更为沉重的赋税负担被强加于民众的肩上，于是迫使大批农民流亡他乡。

第二节　灾变与流民运动

在以农业为主体经济形式的古代中国，长期形成了安居本土而不轻易迁徙的文化传统。因而有所谓"安土重迁，黎民之性"[8]，"安土重居，谓之众庶"[9]的说法。不过，由于种种原因，历史上经常发生民众离开土地大规模流徙的流民运动。严重的流民问题往往导致对于政治结构的强烈冲击，由于与其他历史因素的交互作用，流民运动又时常成为社会大动荡的先声。

因战乱而发生的流民问题，曾经造成较严重的社会影响。然而对社会产生更为剧烈的震撼的，其实往往是非战乱因素引起的流民运动。东汉晚期，严重的自然灾害导致大批流民离开家园往异乡漂泊。

汉顺帝永建六年（131）因连年水灾，百姓多有弃业，流亡不绝，以及永和四年（139）太原郡（郡治在今山西太原西南）发生严重旱灾，"民庶流冗"[10]，都是类似的史实。

汉桓帝永兴元年（153），又一次发生由严重自然灾害引起的流民运动，当时三十二郡国都先后遭受蝗灾，黄河决口，民众饥穷，流落四方，多至数十万户。[11]《后汉书·朱穆传》也记载，永兴元年，黄河泛滥，漂害人众数十万户，百姓饥馑，流移道路。

汉灵帝时，幽、冀地区因流民众多，郡县空虚，万里萧条。据《后汉书·刘陶传》，刘陶上疏说到河东、冯翊、京兆等地区流民问题的严重：今三郡之民，大量流亡，留居原地的只有十分之三四，也都有外流求生之心。

流民的冲击，又使得受纳流民地区的经济形势也受到严重的破坏性的影响。例如,东汉末年,中原战乱,而徐州地区百姓殷盛,谷米丰赡,"流民多归之"[12]。然而,不久则又出现所谓"徐方士民多避难扬土"[13],即徐州地区民众又流亡扬州地区的现象。徐州地区由流民的受纳地转变为流民的发生地,固然有战乱终于波及这一地区的因素,但是短时间内大量流民的迅速涌入,无疑也是导致当地经济形势恶化的原因之一。

东汉末年张角等领导的黄巾军,据说就是以流民为主体成分的。因而司徒杨赐曾经建议严厉敕令州郡地方政府,沿途护送流民,以此分化流民,使各护归本郡,以削弱黄巾军的力量,以为如此则"可不劳而定"[14],即可以不用兵而平息动乱。

流民成为"盗贼",转化为激烈反抗政府的军事力量,由于本身习惯于流动生活的特点,因而长于运动游击,战斗力较强。正如《后汉书·梁统传》李贤注引《东观记》谈到陇西、北地、西河"盗贼"时所说,"越州度郡,万里交结,或从远方,四面会合,遂攻取库兵,劫略吏人",政府调动军队大举追捕,也仅仅只能"破散"其众,而不能真正根绝。

在专制主义政治占主导地位的时代,政府总是把控制尽可能多的户籍作为最基本的行政要务之一。东汉时期,政府也有针对流民的严厉法令。然而,流民的反抗因已经挣脱乡土田宅等因素的束缚,往往表现出异常的勇敢坚定。正如当时一首民谣所说:"发如韭,剪复生;头如鸡,割复鸣;吏不必可畏,小民从来不可轻!"事实上,当流民运动已经形成较大声势时,指望以严酷手段平息其影响的企图,只是一种妄想。

第三节　大疫及其影响

东汉末年的严重的天灾导致了社会生产力的大幅度衰颓，当时疾疫的大规模流行也致使人口锐减。据《续汉书·五行志五》记载，汉桓帝至汉献帝时代发生的"大疫"，六十六年间竟然多达九次。

汉桓帝至汉献帝时代大疫

时间	疫情
汉桓帝元嘉元年（151）正月	京都大疫
汉桓帝元嘉元年（151）二月	九江、庐江又疫
汉桓帝延熹四年（161）正月	大疫
汉灵帝建宁四年（171）三月	大疫
汉灵帝熹平二年（173）正月	大疫
汉灵帝光和二年（179）春	大疫
汉灵帝光和五年（182）二月	大疫
汉灵帝中平二年（185）正月	大疫
汉献帝建安二十二年（217）	大疫

以汉献帝建安二十二年的"大疫"为例，曹丕曾经回忆道，因此疾疫，亲人故友多有遇难者。在这一年，"建安七子"中的陈琳、王粲、徐幹、应玚、刘桢五人皆死于疾疫。曹植也曾经说，在这次"大疫"中，几乎家家都有亲属死去，甚至有的举族丧生。[15]

政治制度的弊病，使得当时的社会没有力量有效地抵御自然灾变，反而加剧了其危害。特别是军阀连年争战，给民众带来了更为深重的苦难。

第四节 "妖贼"的秘密信仰和地下联系

民间信仰对于社会生活的影响往往可以比正统文化更为广泛深刻。在社会发生动乱时期，这种文化形式常常可以有力地引发民众心理的冲动，激荡起狂热的社会风潮。

汉安帝永初元年（107）十一月，又曾经发生很可能与汉哀帝时流民行西王母诏筹而惊走相类似的所谓"民讹言相惊"，以致司隶、并州、冀州民人流移的事件。[16]

东汉末年的类似情形，则可以表明民间秘密宗教和农民武装反抗的密切关系。

东汉末年的流民暴动往往被称为"妖贼"。如《后汉书·顺帝纪》记载，阳嘉元年（132）三月，扬州六郡"妖贼"章河等侵扰四十九县，杀伤地方官吏。《后汉书·桓帝纪》记载，和平元年（150）二月，扶风"妖贼"裴优自称"皇帝"；延熹八年（165）十月，渤海"妖贼"盖登等，称"太上皇帝"。《后汉书·臧洪传》记载，汉灵帝熹平元年（172），会稽"妖贼"许昭起兵句章，自称"大将军"，立其父许生为"越王"。[17] 对于黄巾之乱，也有"伪托'大道'，妖惑小民"[18]的说法。当时的统治者，或称之为"妖民"[19]"妖贼"[20]，又称之为"妖寇"[21]。这里所谓"妖"，是对非正统的民间秘密宗教信仰的诬蔑性称谓。黄巾之乱领袖张角曾经利用过的《太平清领书》，也被指斥为"妖妄不经"[22]。

以黄巾之乱为代表的东汉末年的农民武装反抗，表现出组织严密[23]、发动迅速[24]、影响阔远[25]、斗志坚强[26]等特点，民间秘密宗教信仰的作用是不可忽视的。

《后汉书·刘陶传》说，张角"伪托'大道'，妖惑小民"。这里所谓"大道"，取义于《老子》十八章、二十四章、五十三章中的用语，然而所尊奉的是已经神化的老子。此后的原始道教及其所发动的反政府的武装抗争，仍然使用"大道"一称。所谓"大道"，不但是黄巾之乱所奉事的原始道教宗教实体的名称，而且从东汉末年到魏晋南北朝曾经普遍使用。"大道"之外，黄巾之乱所奉事的宗教实体还有其他流行的名称，即"天师道"与"太平道"。[27]

黄巾之乱的主要领袖张角宣传鼓动和组织联络部众的形式，据说包括用符水咒说治疗疾病，病者多得痊愈，因而百姓信从追随。张角于是分遣弟子使于四方，"以善道教化天下"，转相宣传，十余年间，众徒多达数十万。[28]关于张角等人团结和组织民众的策略，也有"执左道"[29]，"托有神灵"[30]等说法。显然，借用巫术的神秘主义功用，也是黄巾暴动发动民众的方式之一。

第五节 "黄天当立"

光和七年（184）是干支纪年的甲子年，张角准备在这一年起义。其信众传诵这样的口号："苍天已死，黄天当立。岁在甲子，天下大吉。"大意是，汉王朝的政治统治已经走向终结，新的政治实体即将诞生，正是在"甲子"这一神圣的时刻，伟大的政治转变将要完成。他们在京师和州郡官府门上用白土书写"甲子"字样，作为起义的号令。

起义的发动，计划以大方马元义等先收荆、扬数万人，期会发于邺（今河北磁县西南）。马元义还多次活动于京师，约定以宦官中信奉张角"大道"者作为内应，准备在三月五日这一天内外同时举事。

然而"张角弟子济南唐周上书告之"，因叛徒出卖，马元义被捕，并被车裂于洛阳。汉灵帝下令案验皇宫官署及百姓中与张角所宣传的"大道"有关者，诛杀千余人，并下令通缉张角等。

张角不得不提前仓促起义，光和七年二月，他晨夜"驰敕四方"，部众"一时俱起"，起义者都头着黄巾以为标识，时人称之为"黄巾"。张角、张宝、张梁兄弟分别称"天公将军""地公将军""人公将军"。黄巾之乱迅速爆发，形势风起云涌，黄巾军在各地燔烧官府，劫略聚邑，州郡长官不能控制局势，纷纷仓皇逃亡。"旬日之间，天下响应，京师震动。"[31]

东汉政府匆忙布置防守和镇压。以精兵驻守京师，在洛阳四围设置八关校尉，形成了严密的防卫圈。这时有人又提醒汉灵帝："党锢久积，人情多怨，若久不赦宥，轻与张角合谋，为变滋大，悔之无救。"[32]担心作为政治反对派的"党人"和起义民众相结合，将造成严重的患害，汉灵帝接受了赦天下党人的建议，解除了党锢，并且召还已经徙往边地的党人妻子故旧。

东汉朝廷发天下精兵镇压黄巾之乱。各地的豪强武装也和官军联合与黄巾军作战，处处阻截黄巾军，杀戮民众。被诬称为"蚁贼"的黄巾军人众极多，声势浩大，但是往往携妻子老幼行军作战，影响了机动性，终于为强悍的政府武装和豪强武装的联合镇压所挫败。

东汉朝廷发五校三河骑士并募精勇四万余人，以左中郎将皇甫嵩和右中郎将朱儁各领一军，进攻颍川（郡治在今河南禹州）黄巾。另遣北中郎将卢植征河北黄巾。

颍川黄巾击败朱儁军，又包围了皇甫嵩军，然而因为缺乏军事知识，在大风之夜依草地结营，被皇甫嵩军借风势以火攻击破。皇甫嵩军、朱儁军和曹操军三军合击，扑灭了颍川黄巾，被屠杀者数万人。

政府军又东进击败了汝南（郡治在今河南平舆北）黄巾、陈国（首府在今河南淮阳）黄巾。继而皇甫嵩军击败了东郡（郡治在今河南濮阳南）黄巾，朱儁军击败了南阳（郡治在今河南南阳）黄巾。

以张角兄弟为首领的巨鹿（郡治在今河北平乡西南）黄巾，是黄巾军的主力。他们相继抗击了卢植、董卓、皇甫嵩指挥的政府军主力的进攻。张角病死，张梁率军败于皇甫嵩。被杀者三万人，赴河死者五万余人。皇甫嵩又杀张宝，斩杀俘虏其部众十万余人。

黄巾之乱在二月爆发，到十一月，颍川、河北、南阳等黄巾军的主力一一被消灭。

黄巾之乱的主力部队作战失败之后，各地黄巾军仍然以"黄巾"为标志坚持与东汉王朝的武装抗争，前后达十余年。汉献帝初平二年（191），青州黄巾转战太山（郡治在今山东泰安东）、渤海（郡治在今河北沧州东南），人众多至百万。次年为东郡太守曹操击败收编时，仍然有"卒三十余万，男女百余万口"[33]。

黄巾之乱基础的广泛，计划的周密，发动的迅速，士气的旺盛，在历史上是空前的。黄巾之乱虽然最终没有能够建立起以"黄天"为象征的政权，但是却摧毁了东汉王朝的基础，扫荡了东汉王朝的皇威，这一政权从此名存实亡。而与东汉王朝相依托的代表黑暗政治势力的宦官集团和外戚集团，经过短暂的反复之后，也在政治舞台上消逝了。

第六节　割据军阀的生成

东汉末年，出身军人、性粗猛而有谋断的董卓在汉灵帝病危时被拜为并州牧。他驻屯河东（郡治在今山西夏县西北），拥兵自重。汉灵帝死后，大将军何进和司隶校尉袁绍合谋诛除宦官集团，私召董卓进京，以为军事依靠，压制反对势力。后来计划泄露，宦官杀何进兄弟，袁绍勒兵入宫欲讨宦官，宦官张让等劫持少帝和陈留王出逃。董卓闻讯引兵驰抵洛阳，领有何进部曲，势力更盛。京都兵权于是都把握在董卓手中。他废少帝为弘农王，又将其杀害，立汉灵帝少子陈留王为天子，是为汉献帝。

董卓位居太尉，又迁相国，封郿侯，可以入朝不趋，剑履上殿。他统率精兵控制京师，适值帝室大乱，得以独意决断皇帝废立，据有武库甲兵与国家珍宝，一时威震天下。董卓专权，开了历史上军阀依恃武装力量控制朝政的先例。

董卓出身西北多战之地，以军功晋升，性格极端残忍，用高压手段宰制朝臣，以严酷刑罚控制属下，睚眦之隙必报，朝中官僚人不自保。他纵使部下士兵以"攻贼"为名，残酷地杀掠洛阳附近的和平民众，在洛阳开阳门焚烧所斩头颅，使都城笼罩在严酷的恐怖气氛中。

东方实力派军事首领和地方豪强纷纷举兵讨伐董卓,黄巾军余部也相继起兵关东。董卓恐惧不宁,于是在初平元年(190)二月,徙天子都长安,挟持汉献帝西行。离开洛阳时,董卓焚烧宫室民居,发掘帝陵及贵族冢墓,劫取宝物,使洛阳这一当时东方文明的中心一派残破。[34]

迁都长安后,董卓据有太师之位,号为"尚父",宗族内外并列朝廷。又筑郿坞,高与长安城相等,号"万岁坞",积谷可以支用三十年。自称事成可以雄踞天下,不成,守此足以毕老。

司徒王允与吕布等合谋诛董卓。初平三年(192)四月,汉献帝于未央殿大会群臣,董卓入朝时为吕布所杀。消息传出,"士卒皆称万岁,百姓歌舞于道,长安中士女卖其珠玉衣装市酒肉相庆者,填满街肆"[35]。董卓体态肥胖,人们燃火置其脐中,以发泄愤恨。

董卓专权,是中国历史舞台上黑暗的一幕。然而社会遭受如此的浩劫,也是东汉后期以来腐败昏暗政治演进的必然后果。

镇压黄巾之乱和讨伐董卓集团等军事过程,为关东地区军阀势力的兴起提供了适宜的历史条件。

建安元年(196)以前,有这样一些军阀集团割据各地:

1. 董卓及其部将李傕、郭汜据有关中(今陕西中部)。

2. 公孙度据有辽东(今辽宁东部)。

3. 公孙瓒、刘虞据有幽州(今河北北部及辽宁西部)。

4. 袁绍据有冀州、青州和并州(今河北大部、山西大部、山东大部)。

5. 曹操据有兖州(今山东西部、河南东北部)。

6. 袁术据有南阳(今河南南阳),后据有扬州(今江苏南部)。

7.陶谦、刘备、吕布先后据有徐州（今江苏北部、山东东南部）。

8.孙策据有江东（今江苏南部、江西北部、安徽南部）。

9.刘表据有荆州（今湖北、湖南）。

10.刘焉据有益州（今四川、贵州及云南北部）。

11.马腾、韩遂据有凉州（今甘肃）。

12.张鲁据有汉中（今陕西南部）。

这些军阀集团为了自身的利益，或相互勾结，或相互争斗，经过几年的激烈兼并，到建安四年（199）前后，有实力的军事集团尚有江东孙策、荆州刘表、益州刘璋、凉州韩遂与马超、辽东公孙度以及袁绍和曹操等。其中势力最为雄厚的是北方的袁绍集团和曹操集团。

董卓死后，屯驻在陕（今河南三门峡陕州区）的部将李傕、郭汜请求得到赦免，遭到拒绝，李、郭于是举兵西进，以十万余人围攻长安。长安城破，纵兵掳掠，死者数万人。当时长安城中"人相食啖，白骨委积，臭秽满路"。李傕劫持汉献帝，郭汜则将朝臣公卿劫留于营中。李、郭两部又相互猜忌，直至引兵相攻。董卓强迫迁都长安时，关中民众尚有数十万户，连年战乱，百姓饥困，至于人相食，两三年间，这一历史上曾经最为繁荣发达的地区，人口几乎绝尽。[36]

历经百战的中原地区，情况也大致相同。军阀混战，往往使农耕区经历反复洗劫，千里尽为荒野。[37]战争连年不已，民众被残酷屠杀，据说户口减耗的程度，至于十分之九[38]，有的地方已经荒无人烟[39]。据说北方十二州，说起民众户口数字，不过相当于汉代盛世的一个大郡而已。[40]曹操来到家乡沛国谯县（今安徽亳州），曾经深切感叹道："旧土人民，死丧略尽，国中终日行，不见所识，使吾凄怆伤怀！"[41]

曹操的《蒿里行》曾经用这样的名句真切描述了当时中原地区百业残破、民生维艰的情形："铠甲生虮虱，万姓以死亡。白骨露于野，千里无鸡鸣。生民百遗一，念之断人肠！"

最早发育中华农耕文明的富庶的黄河中游地区，已经被灾变和战乱洗荡成一片凄冷的荒野。

汉末军阀混战之中，袁绍以"门生故吏遍于天下"的优越家世背景，实力逐渐雄厚，控制了冀州，即比较富足的河北地区。当时，关于冀州地方的经济实力，有"民人殷盛，兵粮优足"[42]的说法。曹操后来取得冀州，也曾经说，案冀州户籍，"可得三十万众"[43]。

早年袁绍和曹操起兵讨伐董卓时，一次袁绍问曹操："若事不辑，则方面何所可据？"曹操反问："足下意以为何如？"袁绍说："吾南据河，北阻燕、代，兼戎、狄之众，南向以争天下，庶可以济乎？"[44]可见，占有河北以为取天下的基地，是袁绍长久的夙愿。

袁绍久自心怀"势盛兵强"，"天下群英，孰逾于此"[45]的得意，据有当时比较殷实的冀州后，确实成为东方割地称雄军阀中最强大的一家。

曹操是主要依靠"机警，有权数"[46]的个人资质而逐步取得成功的政治家。对时事人物每月一评的所谓"月旦评"的领袖人物汝南许劭，曾经这样评价曹操："子治世之能臣，乱世之奸雄。"[47]曹操曾参加镇压黄巾之乱的战争。董卓进京，时任典军校尉的曹操变易姓名，间行东归，散家财，起兵讨董卓。

经过几年混战，汉献帝回到洛阳时，曹操已经破青州黄巾，收降卒三十万，又相继击败袁术、陶谦、吕布，占有兖州，任兖州牧。迎汉献帝都许（今河南许昌东）后，又占有豫州。

　　战争形势的演变，使得袁绍和曹操这两个青年时代的朋友、征讨董卓时的战友，终于兵刃相向，开始以战争形式争胜于天下。

　　建安四年（199）三月，袁绍刚刚战胜公孙瓒，就整束精兵十万、骑万匹，准备向曹操发动进攻。袁绍号称要攻许，却又没有实时出兵。曹操却利用这段时间，巩固和加强了防御力量。同年八月，曹操进兵黎阳（今河南浚县北），使在青州地方有雄厚社会基础的臧霸防御东方，制止袁谭从青州攻许。曹操又在大河以南驻军设防，自己在许坐镇指挥。

　　袁绍拉拢曾多次与曹操作战并占有南阳（今河南南阳）的军阀张绣，未能成功。张绣归降曹操，解除了曹操南北两面受到夹击的忧患，张绣部较为精悍的凉州兵加入，又增强了曹操军的战斗力。

　　建安五年（200）正月，曹操又出兵徐州，击败和袁绍联合的刘备军。出军时，多有人担心主要敌手袁绍会"乘人之后"，曹操却果断地说："夫刘备，人杰也，今不击，必为后患。袁绍虽有大志，而见事迟，必不动也。"[48]曹操迅速出击，刘备战败，妻子被俘，主要将领关羽投降。刘备逃往河北投靠袁绍。直到曹操还军官渡（今河南中牟东北），袁绍果然始终未动。

　　同年二月，袁绍进军黎阳。袁绍遣大将颜良攻曹操别将刘延于白马（今河南滑县东北），自领大军进驻黎阳，准备过河。曹操采用了谋臣荀攸的建议，虚张声势，引兵趋延津（今河南卫辉东），佯作要从延津北渡河抄袭袁军后路，引诱袁绍分兵西来应战，然后集中兵力，快速行军，直趋白马。曹操大破颜良军，临阵斩颜良，解白马之围，于是徙白马军民，沿河西撤。

这时，袁绍从黎阳渡河追击，双方在延津南又一次会战，曹操军取胜。随后，曹操退兵到官渡，袁绍随之进兵到阳武（今河南原阳东南）。同年八月，袁绍进逼官渡。

八月到十月，袁、曹两军在官渡相持，袁军兵多势强，占据攻势，曹军兵少势弱，取守势。九月，曹军截击袁军的运粮车队，烧其辎重车数千辆。冬十月，袁军启程于河北的军粮一万多车，停宿于距离袁绍大营四十里的乌巢（在今河南封丘西）。曹操亲率精锐步骑往袭乌巢粮屯，火烧粮谷。袁绍派往攻击曹军大营的张合投降曹操。至此袁绍败局已定。消息传来，袁军大溃。袁绍只和儿子袁谭逃回河北，官渡之战以势弱的曹操军战胜势强的袁绍军结束。

袁绍回到河北后不久死去，袁绍集团内部的矛盾于是爆发。建安九年（204）至建安十年（205），曹操相继击破相互攻击的袁尚、袁谭兄弟，取得冀州，平定青州。建安十二年（207），曹操又出军卢龙塞（在今河北宽城南），冲击鲜卑统治中心，兵锋东指柳城（今辽宁朝阳南），平定了幽州，征服了乌桓。于是曹操发起统一战争的后方得到安定。

建安十三年（208）七月，曹操出兵南征，表面上的目标是占据荆州的刘表，而潜在的敌手还有投靠于刘表的刘备和雄踞江东的孙权。

刘表是汉末名士，党锢事件中的闻人。安定荆州后，中原士人归附者多至千数，刘表都予以庇护安置。当时关中人口逃到荆州的有十万余家，也得到安定的生活条件。然而，刘表作为政治人物却徒有其表，胸无雄略，缺乏政治进取的能力。[49]

刘表收容刘备，礼遇甚隆，然而又心存疑忌，"惮其为人，不甚信用"[50]。刘备在荆州数年，最大的收获是结识了诸葛亮，使这位才智超群的人物参与今后政治军事的谋略。

曹操大军尚未到荆州，刘表病死。次子刘琮继立，决意投降曹操。刘备当时居于樊城（今湖北襄樊北），听到消息，仓皇率军过襄阳（今湖北襄樊）奔江陵（今湖北江陵）。曹操到襄阳，任刘琮为青州刺史，刘表时期会集于荆州的士人，都得到安排。

曹操征刘表和刘表病死的消息传到江东，上下人心震动。鲁肃和周瑜力排迎操之议，劝孙权与刘备合力抗击曹操。

十月底至十一月初，周瑜与程普、鲁肃率吴军溯江而上，与刘备军会合，进与曹操军相遇于赤壁（今湖北嘉鱼西南）。

当时正值严冬，北军初到南方，水土不服，军中又出现疾疫。初次交战，曹操军失利，于是退驻江北。周瑜驻军江南。

周瑜部将黄盖致书曹操，请求归降。在约定之日以快船装载易燃材料，乘东南风，中江举帆，在距北军二里多的地方，同时点火，"火烈风猛，往船如箭，飞埃绝烂，烧尽北船，延及岸边营柴"。周瑜等率轻锐紧随其后，擂鼓大进，北军溃败，曹操退走。[51]

曹操取道华容（今湖北潜江南），仓皇步行退往江陵，途中逢刘备军邀击，又遇泥泞，道不通，相互蹈藉，死者甚众。孙权军与刘备军水陆并进，追击曹操军。曹操遣将留守襄阳、江陵，自己领兵还邺（今河北磁县南）。

赤壁之战后，荆州为曹操、刘备、孙权三家所瓜分。刘备占领了江南长沙（郡治在今湖南长沙）、零陵（郡治在今湖南零陵）、桂阳（郡治在今湖南郴州）、武陵（郡治在今湖南常德）四郡。江北南阳（郡治在今河南南阳）、南郡（郡治在今湖北江陵）、江夏（郡治在今湖北新洲西）三郡是荆州人口较多、经济较为富庶的地区。曹操退回北方后仍然占据着江陵、襄阳，退出江陵后，仍然占有襄阳；孙权占据江夏；南郡则为刘备和曹操分治。

正是在这时，刘备才真正有了自己的地盘，三国鼎立的形势初步形成。

在这三派政治势力中，曹操集团最强，孙权集团次之，刘备集团最弱。当时，能够和曹操相抗衡的主要还是孙权集团。刘备看起来只是作为孙权的附庸，然而却有尚未施展的政治潜力。

曹操、刘备、孙权三大军事集团势力的发展，使后来的魏、蜀、吴三国得以成立。事实上，魏、蜀、吴三国都以自身的基础为条件，在割据状态下，使本地的经济得到较迅速的恢复和稳步的发展。

第五篇

秦汉社会的生活情状和精神风貌

第二十章

秦汉人的物质生活

秦汉时期物质生产的进步，促进了物质生活质量的提升。当时人的衣食住行，有了新的历史变化。物质生活中有的形式，还形成了久远的影响。物质生活是社会生活的基本内涵，认识秦汉时期社会物质生活的内容与形式，也有益于了解当时历史文化的全貌。通过秦汉人的消费风尚，也可以透视当时社会生活的特色。

第一节 衣 服

服装样式是民族文化风貌的重要表征之一。

先秦时期，因为文化渊源的不同和文化关系的隔闭，曾经有所谓"衣冠异制"[1]的情形。"大一统"政体形成之后，服饰文化有统一趋同的倾向。秦汉时期染织技术的发展，又为服饰具体形式的多样化提供了条件。我们通过文物考古资料所看到的秦汉时期服饰，其质地之精良，式样之新颖，图案之华美，都反映了当时社会的礼俗习惯、审美情趣和工艺水平。

春秋战国之交出现的上衣下裳连在一起的所谓"深衣"，直到西汉时期仍然广泛流行。《史记·刘敬叔孙通列传》写道："叔孙通儒服，汉王憎之。乃变其服，服短衣楚制，汉王喜。"这里所说的"短衣楚制"，应当是适合湿热地区实际需要而着用的短袖衣服。从一些画像资料看，楚国的劳动者往往穿着短衣。到了汉代，穿这种衣服谒见刘邦，仍不失体统。深衣原本是楚人效法北方各国而着用，但是到了西汉，由于开国君臣多为楚人，所以楚风流布全国，北方原有的着深衣的习尚为楚风所影响益发盛行。战国墓葬出土的着胡服的人像，汉代已经难以看到。当时，包括士兵、厮役在内的各色人等无不着深衣，不过衣长略短，掩在身后的衣裾也比较窄。

女式深衣则在式样上更加翻新，这时不仅将以前垂于衣下的一枚尖角增为两枚一组的"燕尾"形式，并且添加了飘带，形成了一种巧妙的装饰。这种装饰形式流行的时代相当长。

男式深衣的历史则并不很久。东汉时，男子着深衣的情形已经比较罕见。汉画像石中常见的人物多着宽大的直裾长衣，应当就是所谓"襜褕"。[2] 襜褕在西汉时已经出现，不过在当时还不被看作正式的礼服。《史记·惠景间侯者年表》记载："（武安）侯（田）梧坐衣襜褕入宫廷中，不敬，国除。"《史记·魏其武安侯列传》也说："武安侯坐衣襜褕入宫，不敬。"司马贞《索隐》解释说："谓非正朝衣，若妇人服也。"东汉时情形则不同，耿纯率宗族宾客

图 20-1 马王堆汉墓出土素纱禅衣

图 20-2　马王堆汉墓出土对纹绮地乘云绣

二千余人皆衣缣襜褕，奉迎汉光武帝刘秀，刘秀大悦。[3] 襜褕较为宽大，穿着随和舒适。[4] 与耿纯等衣"缣襜褕"不同，还有服用"麛襜褕"[5]"貂襜褕"[6]的。可见也有皮毛质料的襜褕。

袍，也是秦汉时期较为普及的服装。先秦时所谓袍是指内衣，东汉时则以袍为外衣。

当时的短衣有衫、襦等。衫是单内衣。襦是及于袭上的绵夹衣。秦汉人贴身着裈。裈有两种，一种不缝出裤管，仅以一布缠于腰股之间；一种"上通于腰，与裆相连，左右缝之"。[7] 袴也有两种，一种是不合裆的，其计量单位为"两"，和履、袜相同。因此日常生活中或可不着袴。着短衣时，则必须穿合裆袴。合裆袴就是《汉书·外戚传上·孝昭上官皇后》中所说的"穷袴"。[8]

汉武帝召见江充时，江充请求以平常所着用的衣冠入宫，得到准许。江充衣纱縠禅衣，衣角分垂两边如燕尾状，戴丝织冠，行步则摇，以鸟羽作缨。江充又为人魁岸，容貌甚壮。汉武帝见而异之，对左右说，燕赵之间果然多有奇士。江充于是大受信用，被拜为可以举劾贵戚近臣的"直指绣衣使者"[9]。"绣衣"，也是特殊权力的标志。从江充的故事，可以通过衣冠小事看到汉武帝的个性风格，也可以由此发现当时社会风习的有关特征。

第二节　饮　食

《盐铁论·散不足》曾经对比先秦与秦汉的消费生活的差异，其中不乏夸张之辞，但是关于饮食生活的比较，仍然可以反映秦汉

图 20-3　东汉"庖厨"画像砖

饮食内容和形式的历史变化，即更为讲究饮食的精美，肉食的成分
有所增加，烹饪技术有所进步，食品样式也有所创新。

　　秦汉时代主食的基本构成是黍、粟、麦、稻、菽。不同地区的
主食成分有所区别。踏碓、石磨等粮食加工工具的普及，使得民间
可以食用经过精加工的粮食。洛阳金谷园汉墓出土陶仓有"大麦屑"
题字，说明当时已经能够分离麦麸和麦粉。秦汉人麦食的形式，有
麦饼、麦饭、麦粥等。豆类食品加工的多样化，也可以看作汉代人
对文明进步的一项创造。

　　作为副食的肉类，以羊、猪、狗、鸡食用较为普遍。家畜以外
的野生动物作为肉食资源的，以鹿数量最多。马王堆 1 号汉墓出土
随葬品中有食品多种，其中可见二十四种动物标本遗存。据中国科
学院动物研究所脊椎动物区系分类研究室与北京师范大学生物系的

《动物骨骼鉴定报告》[10]，并参考其他文物资料[11]，可知梅花鹿的数量与家鸡相同，是最多的。汉代画像石、画像砖等图像资料，多见反映猎鹿场面的内容。《九章算术·衰分》中有这样的算题："今有大夫、不更、簪袅、上造、公士，凡五人，共猎得五鹿。欲以爵次分之，问各得几何？"也可以说明鹿确实是民间行猎的主要对象之一。食用鹿肉的记载，又有《三国志·吴书·赵达传》所见"有美酒一斛，又有鹿肉三斤"待客的故事。对秦汉人的饮食结构进行分析，可以发现嗜食鱼的普遍倾向。作为文物资料的汉代画像中多见鱼的形象。这些画面除了有些可能体现具有某种神秘主义意味的观念而外，大多直接反映鱼类作为食品在社会生活中的意义。汉代陶灶上，多画鱼鳖形状，也可以作为汉人嗜食鱼鳖的证明。所谓"捕鱼以助粮食"[12]，"资渔采以助口实"[13]，可能是当时较为普遍的情形。

　　司马迁分析经济生活时所谓"通鱼盐""通鱼盐之货"以及"逐渔盐商贾之利"，即以渔业收获作为商品，尤其可以反映当时水产品在饮食生活中的地位。经营鱼类转贩者可因此成为巨富。当时，以"鲐鮆千斤，鲰千石，鲍千钧"为资产者，据说经济实力相当于"千乘之家"。[14]

　　秦汉人也以食用"盐菜"作为最简易的佐食形式。当时人的饮食内容中，还有所谓"酱菜"。《后汉书·胡广传》李贤注引谢承《后汉书》："（李咸）自在相位，约身率下，常食脱粟饭、酱菜而已。"这里所说的"酱菜"，可能与"盐菜"相近，也可能是概指"酱"与"菜"。我们从历史资料中可以看到，秦汉民间饮食生活中应用最为普遍的调味品，是"酱"和"豉"。尽管肉酱、鱼

图 20-4 江苏徐州贾旺"盘中鱼"画像砖

酱在当时富足阶层的生活中已经相当普遍，然而，民间一般食用的酱则是用豆麦等谷物发酵制成的。秦汉人饮食生活中消费最为大量的，可能还是用豆类为原料制作的酱。"豉"，即用煮熟的大豆发酵制成的豆豉，也是当时人饮食生活中最普遍的消费品之一。史籍中又多见"盐豉"并称的情形。

　　饮酒风气的盛行，也是秦汉时期饮食生活中值得重视的现象。在当时人的意识中，"酒者，天之美禄"，不仅可以"享祀祈福"，而且能够"扶衰养疾"，于是形成了"百礼之会，非酒不行"的风习。[15] 居延汉简中所见有关"酒"的文字遗存，可以看作从一个侧面反映当时社会生活风貌的重要信息。居延汉简的简文多有河西边塞戍守官兵饮酒生活的记录。有些简例似乎还可以说明当时军营中可能存在专门经营酒业的机构。居延汉代军人饮酒酗酒可能相当普遍，我们从作为法律文书的简册中，还看到了一起因酒后争言械斗造成杀伤的特殊案例。[16]

汉代酒政史中可以看到有关政策的制定和执行。汉文帝后元元年（前163）颁布的诏书，曾经对"为酒醪以靡谷者多"提出批评。[17]汉景帝中三年（前147），"夏旱，禁酤酒"。而后元元年（前143）夏，"民得酤酒"。[18]颜师古注："'酤'，谓卖酒也。"《汉书·武帝纪》记载，天汉三年（前98），"初榷酒酤"。颜师古注："应劭曰：'县官自酤榷卖酒，小民不复得酤也。'韦昭曰：'以木渡水曰榷。谓禁民酤酿，独官开置，如道路设木为榷，独取利也。'"居延汉简中也有关于"禁酤酒群饮"的简文。[19]

第三节 住 居

秦汉的住居形式，也表现出引人注目的时代特点。

秦汉宫殿建筑的规模和形制都达到空前的水平。贵族官僚豪强大族也都纷纷仿效，形成相竞追求富丽豪华的世风。然而从洛阳发掘的汉代平民住居遗址看，为了施工的简便，社会下层人们的住居，有些还采用半地下的结构。

湖北云梦睡虎地秦简《封诊式·封守》说到查封一位被审讯人的家产，其住居为一堂二室。[20]《封诊式·穴盗》关于一起盗窃案的案情记录，被盗者的住居结构同样是一堂二室。[21]晁错为北边新经济区移民计划进行设计时，注重规划邑里住居，包括"先为筑室，家有一堂二内门户之闭，置器物焉"[22]，也是一堂二室。看来，"家有一堂二内"，可能是秦汉时期一般民户住居的通常结构。汉

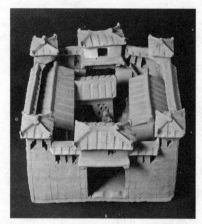

图 20-5　广东广州出土陶屋

墓出土的性质为明器的陶制住宅院落建筑模型，则大多体现了富足之户的住居样式。

秦汉时期的住居，建筑形式以夯土与木框架的混合结构为主。规模较小的住宅，房屋的构造除少数用承重墙结构外，大多数采用木构架结构。

陶质建筑材料逐步提高了质量，增加了品种，同时铁工具广泛使用，都促进了木结构和石作以及装饰雕刻技术的结合。中国古代建筑的结构体系和建筑形式的若干特点到汉代已经基本上形成。从整个中国古代建筑的发展来说，秦汉时期的建筑是继承和发展前代成就的一个重要环节。

砖瓦的普遍应用，是秦汉时期民居建筑的重要特征。秦汉砖瓦的形式，时代风格十分鲜明。

西汉时期，兴起于春秋时期而在战国时得到进一步发展的高台建筑仍然流行，但是从东汉起，高台建筑逐渐减少，而多层楼阁大量增加。

秦汉时期的民居建筑已经综合运用绘画、雕塑等方式，以图像和文字等构成各种构件的装饰，以实现结构与装饰的有机组合。这一形式也成为以后中国古代建筑的传统手法之一。[23]

第四节　出　行

秦汉时期，交通事业得到空前的发展。交通的发展，实际上成为秦汉辉煌的文明创造的重要条件之一。交通建设的成就，是秦汉时期社会进步的主要表现之一。秦王朝将中央政府统一规划的交通建设视为执政要务之一，除了"决通川防，夷去险阻"之外，还由中央直接主持，进行了"治驰道"的伟大工程。秦"为驰道于天下，东穷燕齐，南极吴楚，江湖之上，濒海之观毕至"，全国交通网的基本形成，成为大一统的专制主义王朝施行统治的重要条件。汉代帝王也同样将交通建设看作执政的首要条件。汉武帝时"治南夷道"，"治雁门阻险"，"通回中道"等事，都录入《汉书》帝纪。作褒斜道，通漕渠，也由汉武帝亲自决策动工。[24]王莽"以皇后有子孙瑞，通子午道"，汉顺帝"诏益州刺史罢子午道，通褒斜路"[25]等，都说明重要交通工程往往由最高统治中枢规划组织。秦汉时期，政府于交通建设投入甚多，这固然首先是出于军事和政治的目的[26]，而社会生活中普遍的出行行为也因此得到了便利。

自秦汉大一统体制建立之后，政府移民实边，而"富商大贾周流天下，交易之物莫不通"[27]，生产与消费都冲破了原来的地域界限。所谓"农工商交易之路通"[28]的经济形势的形成，正是以社会出行活动的广度和密度为条件的。广泛而频繁的出行活动，愈益使各经济区都融并入"财物流通，有以均之"[29]的经济共同体之中，经济意义上"海内为一"[30]的局面终于形成。

秦汉时期社会出行活动对于经济发展的有力推动，突出体现为商运的空前活跃极大地促进了物资的交流，"农商交易，以利本末"[31]，因而使得经济生活表现出前所未有的活力。当时，"重装富贾，周流天下，道无不通"[32]，"千里游敖，冠盖相望，乘坚策肥"[33]，"船车贾贩，周于四方"[34]，"东西南北，各用智巧"[35]。以繁忙的出行活动为基础的民间自由贸易，冲决政府抑商政策的重重限遏，对于秦汉经济的繁荣表现出显著的历史作用。

文人学子千里负笈而游学求师的出行行为，官僚吏员升迁谪黜而转仕四方的出行行为，对于文化的融会和进步也都有特殊的积极意义。

尽管汉武帝时代交通建设的成就为统一的汉文化的发育创造了条件，从司马迁《史记·货殖列传》的记述中仍然可以看到各地文化风情的差异。班固《汉书·地理志下》也有关于各地风俗隔离与演变的记录，其中还特别说到汉以来风俗史的特殊背景，即所谓"汉承百王之末，国土变改，民人迁徙"。秦汉时期包括交通条件演变在内的历史变迁，确实使社会文化面貌发生了重要的变化。各地区的文化差异，随着交通的进步已经较前代逐渐淡化。黄河流域在西汉晚期至于东汉，已经可以大致归并为关东（山东）、关

图 20–6　广东广州出土陶船

西（山西）两个文化倾向有所差异的基本文化区。而东汉以后由于军役往来、灾民流徙、异族南下、边人内迁等特殊的出行活动的作用，文化融合的进程进一步加速。扬雄《方言》中的某些方域语汇，到了郭璞《方言注》的年代，已经成为各地通语，许多关西关东方言，当时已经混一。魏晋以后，于是出现了江南、江北两个文化区并峙的局面。由"关东·关西"到"江南·江北"这种文化区划的演变，诸种历史因素中，其实有社会出行活动的作用。

　　回顾文化史的进程，应当充分肯定出行活动对于秦汉时期文化统一的积极意义。正如有的学者曾经指出的，"交通的便利、行旅安全的保障、商运的畅通和驿传制度的方便，都使得汉代的人民得以免除固陋的地方之见，他们的见闻比较广阔，知识易于传达。汉代的官吏士大夫阶级的人多半走过很多的地方，对于'天下'知道得较清楚，对于统一的信念也较深。这一点不仅影响到当时人政治生活心理的健康，而且能够加强了全国文化的统一性，这些都不能不归功于汉代交通的发达了”[36]。

秦汉时期出行形式的技术性进步，除了表现为道路和运河的建设以外，车辆舟船的普及和运输动力的开发也有重要的意义。在这一时期，制作简便且可以兼而运货载人的“鹿车”（即独轮车）出现，战国时期发明的双辕车得以普遍应用于民间。由于畜牧业的发展，马、牛、骆驼等广泛用于车辆牵引动力。

基于社会文化方面的其他原因，秦及西汉人出行崇尚轻车肥马，而东汉人则有喜爱乘坐牛车的倾向。

第五节　社会消费风尚

如果重视经济史的演变，不能不注意到繁荣与衰落、富足与贫困的演换和反复。而考察社会生活史，特别是社会风习的历史变迁，又可以发现世风之淳质与浮华、俭朴与奢侈的演换和反复。

据说中国古代经济思想有三项基本的教条，即“贵义贱利”“重农抑商”“黜奢崇俭”。奢与俭，作为社会消费倾向，其实曾经有或起或伏的历史波动。在秦汉时期，也曾经出现数次反复。大致在政治安定、经济发展、社会富足的历史时期，奢侈之风往往抬头。

秦末社会大动乱及楚汉战争之后，天下残破，经济凋敝，直至文景时代方才得以恢复。汉文帝时，已经有对“厚葬以破业”的批评。[37] 在汉武帝专政时期，国力强盛，民间殷富，一时奢风盛起。经济实力的充备，使得"天下侈靡趋末"形成时代风潮，也暴露出作为社会问题的严重性。[38] 虽然汉武帝统治晚期又经历了对外战争及国内行政紊乱导致的经济破坏，但是昭宣时代浮侈风气又进一步弥荡全社会。西汉晚期和平安定的局面保障了经济的进步，但是正如《汉书·食货志上》所说，"天下亡兵革之事，号为安乐，然俗奢侈，不以畜积为业"。按照班固的说法，当时"百姓訾富虽不及文景"，但是堪称"天下户口最盛"，而社会富足的另一面，则是"宫室苑囿府库之臧已侈"。西汉末年，奢侈之风愈为炽烈，汉成帝在永始四年（前 13）六月颁布的诏书中沉痛地说道："方今世俗奢僭罔极，靡有厌足。"他指出，公卿列侯亲属近臣"奢侈逸豫，务广第宅，治园池，多畜奴婢，被服绮縠，设钟鼓，备女乐，车服嫁娶葬埋过制。吏民慕效，寖以成俗"。[39] 汉成帝以为，社会风气是受贵族官僚奢侈之风的影响而败坏的。汉哀帝时，也曾经在诏书中惊呼"世俗奢泰文巧"的危害，《汉书·礼乐志》以为其原因是"贵戚五侯定陵、富平外戚之家淫侈过度"。

王莽改制失败之后，一时"官民俱竭"[40]。两汉之际严重的社会大动乱造成的经济破坏，将可以恃以奢淫的物质基础尽行摧毁，人相食的历史惨境，说明生产者最低的生存条件也已经得不到保障。

然而东汉初年天下初安，就有桓谭在"陈时政所宜"时就"多通侈靡，以淫耳目"提出了严肃的警告。[41] 东汉初期经济得以初步恢复之后，汉明帝永平十二年（69）五月的诏书中，又指出"今百姓送终之制，竞为奢靡"，"车服制度，恣极耳目"的情形。[42]

东汉末年的自然灾害和社会动乱造成了更严重的历史劫难。黄河流域最富庶的地区成为千里荒野。不过，在社会动乱与自然灾害并不十分严重的地区，奢侈之风依然盛势不减。《三国志·蜀书·刘二牧传》记载，成都一次火灾，就烧毁了益州牧刘焉私自仿照皇家乘舆制度造作的车具千余乘。《三国志·蜀书·董和传》也写道，在刘璋统治时期，"蜀土富实，时俗奢侈，货殖之家，侯服玉食，婚姻葬送，倾家竭产"。即使在曹魏治下，经济稍有恢复，京师风气，也有"天下奢靡，转相仿效"[43]的倾向。在吴主孙皓当政期间，也曾经出现"富贾商贩之家，重以金银，奢恣尤甚"，"弃功于浮华之巧，妨日于侈靡之事"的情形。当时人指责这一现象，称之为"仓廪无储，世务滋侈"，"民贫而俗奢"。[44]当然，论者以为吴地经济尚落后贫穷的意见，可能只是相对而言。

秦汉时期的一些开明之士，比较清醒地注意到浮侈世风的社会危害，他们提醒社会上下警惕这种危害，呼吁执政集团抑制这种风气所做的种种努力，表现出值得称许的政治识见和历史责任心。

两汉批判浮侈世风的开明之士指出，浮侈世风可以造成严重的社会危害。包括：

第一，浮侈之风可以破业伤生。消费生活的极度奢侈，往往导致刘向《新序·刺奢》所谓"罢民力，殚民财"，即社会财富的无端流失，社会生产力的严重浪费。汉文帝遗诏所谓"厚葬以破业，重服以伤生"，就接近于这样的认识。司马迁在《史记·孝文本纪》中宣传这一见解，应当说是别有深意的。对于倡引浮侈风气的人，他称之为"浮食奇民""浮淫并兼之徒"[45]，又指斥其为"浮淫之蠹"[46]，实际上也指出了浮侈世风对社会经济活力的严重蛀蚀。《论衡・对作》所谓"宜禁奢侈，以备困乏"，就是从这一角度开出的药方。

第二，浮侈之风可以腐化人心。社会风气的浮侈倾向，有败坏人心、摧伤道德的严重的文化腐蚀作用。主父偃所谓"骄奢易为淫乱"[47]，就指出了这一事实。《汉书·礼乐志》所谓"世俗奢泰文巧，而郑卫之声兴"，"则淫辟之化流"，也提出了类似的认识。东汉时期挑战奢风的代表作是王符的《潜夫论·浮侈》。其中也说道，"今民奢衣服，侈饮食"，于是"事口舌而习调欺，以相诈绐"，甚至"或以谋奸合任为业"。不过，他还指出，浮侈世风的种种恶象，其实"皆非民性"，而是"乱政薄化使之然也"，只要导向合理，是可以"变风易俗"的。

第三，浮侈之风可以导致败亡。奢侈世风往往会导致政治危局乃至王朝覆亡的悲剧发生。司马迁所谓"骄奢以虐民"[48]，"奢侈，厚赋重刑"[49]，"争于奢侈"而"无限度"，以致"物盛而衰，固其变也"[50]等，都指出了这种带有规律性的历史现象。司马迁曾经举出了许多历史上"淫乐奢侈"[51]以致败亡的例子。汉章帝建初元年（76），马太后下诏申明以"好俭"之风"率下"的心愿，谴责贵戚之家的奢侈之风，就曾经严正地以"重袭西京败亡之祸"相警告。[52]可见奢侈以致"败亡"的历史教训，经许多开明政论家的宣传，已经深入人心。桓宽《盐铁论》就提请人们警惕和抵制奢风这一意义而言，表现出积极的价值。其中《国疾》篇说到"富贵奢侈，贫贱篡杀"，也指出了"奢侈"和政治危局之间的关系。著名的《散不足》篇在尖锐批判浮侈之风后指出，"国病聚不足即政怠，人病聚不足则身危"。当政者崇尚奢侈，则"百姓离心，怨思者十有半"。王符在《潜夫论·浮侈》中也明确警告说，浮侈之风兴起，本末不足相供，则民饥寒，"饥寒并至，则安得不为非？为非则奸宄，奸宄繁多，则吏安能无严酷？严酷数加，则下安能无愁怨"。愁怨者多，"下民无聊，而上天降灾，则国危矣"。

许多有识者指出，对浮侈世风的纠治，应先自"上行"而后求"下效"。班固《白虎通·三教》说："教者效也，上为之，下效之。"汉代开明之士首先注重对社会上层浮侈风习的批判，以为以上率下，才有可能扭转世风。

司马相如为赋，极言帝王贵族生活之浮华奢丽，又发表批评说，对淫乐侈靡的风气，其实是应当予以坚决否定的。相互就奢侈荒淫进行攀比、竞赛，并不能够宣扬名誉，相反恰恰只能自贬自损。司马相如这种委婉的批评，受到司马迁的重视。他在《史记·司马相如列传》最后，以"太史公曰"的形式写道："相如虽多虚辞滥说，然其要归引之节俭，此与《诗》之风谏何异？""余采其语可论者著于篇。"司马迁和司马相如在这里，就对于最高统治者浮侈之风的批判，产生了思想的共鸣。

在同一历史背景下，"时天下侈靡趋末"，东方朔对汉武帝"吾欲化民，岂有道乎？"的回答，也以汉文帝为标范，说这位著名的崇尚节俭的帝王富有四海，而衣食器用都十分朴素，于是天下望风成俗，昭然化之。与此对比，东方朔还尖锐地批评了汉武帝本人宫室服用的富丽豪华，说道："上为淫侈如此，而欲使民独不奢侈失农，事之难者也。"[53]

奢侈之风往往自上而下蔓延，已经是社会公认的事实。汉成帝诏书中曾经说，方今世俗奢僭没有极点，无可厌足，原因正在于

"公卿列侯亲属近臣""奢侈逸豫"，于是"吏民慕效，寝以成俗"，又说如果不能扭转这样的现象，"而欲望百姓俭节，家给人足，岂不难哉"。⁵⁴ 贵族豪门的腐化固然是影响社会风气的重要原因，但是究其本源，皇帝本人的责任是不可逃脱的。两汉开明之士在批判浮侈之风时，指出最高权力集团特别是皇帝本人"泰奢侈"的恶劣作用，其识见和勇气都是值得肯定的。

第二十一章

秦汉人的精神世界

　　秦汉时期是中国古代文化史上的重要时期，诸多杰出历史人物以及广大普通民众的活动使得我们民族文明的宝库在这一时期得到了显著的充实，汉文化的主体格局在这一时期得以基本形成。秦汉人精神生活的丰富多样以及富有创造意义的内容，对后世有很大的影响。

　　与其他历史时期比较，秦汉时期的精神文化表现出若干富有时代特色的面貌。秦汉社会独有的精神现象，是我们在回顾自身民族文化演进的漫长的轨迹时，不可以忽视的历史存在。秦汉人精神世界的某些重要的特征，对于中国古代社会意识的考察是有典型意义的。

第一节　秦汉宗教礼俗

一、佛教的传入

从西汉晚期到东汉初期，中国文化开始受到一种外来文化的强大影响，这就是产生于印度而辗转传入中国的佛教。

佛教传入中国内地的年代，有多种说法。

一说汉哀帝元寿元年（前2），博士弟子景卢受大月氏王使伊存口授《浮屠经》。[1]《浮屠经》即佛经，是为佛教传入内地之始。

一说汉明帝永平年间，梦见神人，身有日光，飞在殿前，欣然悦之。次日问群臣："此为何神？"通人傅毅回答说，臣闻天竺有得道者，号之曰"佛"，飞行虚空，身有日光，陛下所见，可能就是此神。汉明帝于是派遣中郎蔡愔、羽林郎中秦景、博士弟子王遵等十二人往西域访求佛法，于大月氏写佛经四十二章。[2]或说永平十年（67），蔡愔等人于大月氏遇沙门迦叶摩腾、竺法兰二人，并得到佛像经卷，用白马驮回洛阳。汉明帝特为建立精舍，是为白马寺。据说摩腾与竺法兰二人在寺里译出《四十二章经》。

就江苏连云港孔望山东汉佛教摩崖造像的发现[3]，有的学者结合东汉佛教盛行于东海地区的记载，推想孔望山佛教艺术从海路传入的可能性很大。佛教传入内地，或许并不只是途经中亚一路。

佛教传入中国内地后，最早的信奉者多为帝王贵族，如楚王刘英为斋戒祭祀，汉桓帝在宫中立祠等。不过，当时人将佛教教义理解为清虚无为、省欲去奢，与黄老学说相似，所以浮屠与老子往往一同敬祭。楚王刘英"诵黄老之微言，尚浮屠之仁祠"[4]，汉桓帝也"设华盖以祠浮图、老子"[5]，"宫中立黄老、浮屠之祠"[6]。实际上，正如汤用彤所指出的，"黄老之道，盛于汉初"，"而其流行之地，则在山东及东海诸地，与汉代佛教流行之地域相同，其道术亦有受之于佛教者。而佛教似亦与其并行，或且借其势力以张其军，二者之关系实极密切也"。[7]

汉献帝初平四年（193），丹阳人笮融为徐州牧陶谦督广陵（郡治在今江苏扬州）、下邳（首府在今江苏邳州南）、彭城（首府在今江苏徐州）等地运漕，他利用手中的武装，截取这三郡贡给朝廷的委输自己支配，大造佛祠，高铸佛像，广招佛徒。"乃大起浮图祠，以铜为人，黄金涂身，衣以锦采。垂铜盘九重，下为重楼阁道，可容三千余人。悉课读佛经，令界内及旁郡人有好佛者听受道，复其他役以招致之。由此远近前后至者五千人余户。每浴佛，多设酒饭，布席于路，经数十里。民人来观及就食且万人，费以巨亿计。"[8] 这是关于佛教造像立寺的最早的记载。

二、道教的生成

东汉后期，黄老学说的某些内容与阴阳五行之说以及民间流行的巫术相结合，老子又被加以神化，于是逐渐形成了早期的道教思想和反映这种思想的著作。

《后汉书·襄楷传》说，于吉曾经有"神书百七十卷"，号"太平清领书"。其弟子琅邪人宫崇进献汉顺帝。其内容"以阴阳五行为家，而多巫觋杂语"。今存残本《太平经》就是从《太平清领书》演化而来，成为道教的主要经典。

据说黄巾军领袖张角"颇有其书",现在看来,和今本《太平经》属于两部不同的著作的《太平经钞·甲部》,可能和黄巾之乱有更密切的联系。张角自称大贤良师,广为收养弟子,以符水咒语为人治病。黄巾起义,就是张角等人分派弟子到四方,宣传"太平道",以原始道教作为信仰基础,秘密组织徒众发动的。

与张角等人宣传原始道教同时,道教的另一派"五斗米道"在交通相对隔闭的秦岭巴山之间取得了特殊的成功。汉顺帝时,张陵学道于蜀地鹄鸣山中,以符书招致信徒,通道者出米五斗,于是称"五斗米道"。张陵死,其孙张鲁传其道,在汉末战乱中据有汉中地区。他自号师君,置祭酒以治民,不用长吏。诸祭酒于途次作义舍,置义米肉,行路者可以量腹取足。道徒有病,令自首其过。百姓犯法,宽恕三次,然后才行刑。张鲁占据汉中的二十多年中,这一地区的政治生活和经济生活都比较安定。建安二十年(215),曹操灭张鲁。他评价张鲁政权政教合一的性质,曾经称之为"此妖妄之国耳"[9]。此后"五斗米道"依然流传,后世以张陵为教主的"天师道",主要就是从"五斗米道"发展而来。

从出土镇墓券和陶瓶镇墓文等文物资料看,当时民间流行的原始道教对于社会生活有相当广泛的影响。

三、谶纬:儒学的神学化

谶纬,是西汉成哀年间开始流行,到东汉时大兴的一种文化现象。谶,是以诡语托为天命的预言,有时又附有图,所以又称图谶。纬,是与经相对而得名的,是托名孔子以诡语解经的书。

纬书的实质，是神学迷信、阴阳五行说和经义的结合。就内容来说，谶直接假托鬼神，纬直接假托孔子；谶通常以政权兴亡为主题，影响较广阔的社会层面，纬则依傍经书发表神学预言。有的学者认为，谶和纬本来没有实质上的区别。王鸣盛《蛾术编》卷二"谶纬"条说："纬者，经之纬也，亦称谶。"俞正燮《癸巳类编》卷一四"纬书论"也写道："纬固在谶，谶旧名也。"姜忠奎《纬史论微》卷一说"纬其名也，图谶符录皆别名"，犹如《易》《书》《诗》《礼》等统称为经。顾颉刚在讨论"谶纬的造作"时也指出，"谶是预言，纬是对经而立的"，"这两种在名称上好像不同，其实内容上并没有什么大分别。实在说来，不过谶是先起之名，纬是后起的罢了"。[10]

事实上，从现有的历史遗存看，谶出现较早。《史记·赵世家》记载，秦穆公说："帝告我：'晋国将大乱，五世不安；其后将霸，未老而死；霸者之子且令而国男女无别。'""秦谶于是出矣。"而秦始皇时代所谓"亡秦者胡也"，所谓"始皇帝死而地分"，所谓"今年祖龙死"等[11]，也都是著名的"秦谶"。陈胜、吴广发动大泽乡起义之前制造舆论时的故事，实际上揭示了造作谶语的实际情形："卜者知其指意，曰：'足下事皆成，有功。然足下卜之鬼乎！'陈胜、吴广喜，念鬼，曰：'此教我先威众耳。'乃丹书帛曰'陈胜王'，置人所罾鱼腹中。卒买鱼烹食，得鱼腹中书，固以怪之矣。又间令吴广之次所旁丛祠中，夜篝火，狐鸣呼曰：'大楚兴，陈胜王。'卒皆夜惊恐。旦日，卒中往往语，皆指目陈胜。"[12]

西汉晚期，谶与纬实现合流。纬书中也包括谶语，有的谶语也依傍经书。谶纬著作有时又附有图，所以又称"图谶"或"图纬"。[13]

有的学者指出:"谶纬的出现,既依附于孔子和儒家经典,又可以借助于宗教神权的力量来指导现实和预示未来的吉凶祸福。这样既便于同汉代的现实和政治结合,并以神权的力量增加了经学的权威性,从而巩固了经学的统治地位,这就是谶纬附经亦以辅经的妙用。"[14] 谶纬之学是在对儒学加以神学装饰的过程中出现的。谶纬之学的盛起,使得儒学的人文精神和实践精神都遭到败坏。儒学在追求人与自然的和谐关系、个人与社会的和谐关系方面表现出来的智慧闪光,也因此黯淡。

东汉初年,谶纬之书主要有八十一篇。当时的儒生为了迎合上意,追求利禄,大都兼习谶纬。有人认为,谶纬是在西汉晚期危机日益严重的背景下发生的,是一种潜隐状态的社会抗议运动的曲折表现。可是,从中国古代思想史的总体考察,应当充分认识这种文化现象的消极作用。

谶纬的内容,有的解经,有的述史,有的论说天文、历数、地理等,更多的则侧重于宣扬神灵怪异,阴阳五行思想混杂于其中。这些内容,除保存了一部分思想史资料,透露了一部分自然科学进步的轨迹,记录了一部分古史传说而外,绝大部分均荒诞不经。

汉光武帝刘秀利用图谶兴起,统一天下之后,格外崇信谶纬,在处理政务遇到纷争而犹疑不定时,常常注重借谶纬来帮助决策。在建武中元元年(56),又曾经正式"宣布图谶于天下"[15],进一步确定了图谶作为法定经典的地位。谶纬神学的尊严得到了政治权力的维护。一时"儒者争学图纬,兼复附以妖言"[16]。

刘秀将谶纬作为政治统治的重要工具。他发布诏书,颁行政令,任免官员,往往都要引用谶纬。谶纬的地位,在某种意义上甚至超过了经书。曹魏代汉，也造作谶言"代赤者，魏公子"，"鬼在山，禾女连，王天下"。[17]利用民间谶纬迷信，以实现政权的转换。

谶纬流行，今文经学谶纬化，致使学术出现空疏荒诞的倾向。一些有识见的学者都明确表示反对谶纬。桓谭力言谶不合经，自称不读谶书。[18]王充以为言谶纬者为"俗儒"[19]。张衡指出谶纬之说自身"互异"之处，以为"殆必虚伪之徒，以要世取资"，主张应当限制图谶的传播，在民间彻底禁绝。[20]

在反谶纬思潮的影响下，许多儒生专攻或兼攻古文经。古文经学者许慎、郑玄的学术成就，除了抑制今文经和谶纬发展的作用外，对于古史、古文字、古文献的研究，也有突出的贡献。

三国时期，曹魏政权曾经"科禁内学"[21]，凡谶纬诸书都要上缴，藏匿拒不送官的问罪。晋武帝司马炎在泰始三年（267）十二月又正式宣布"禁星气谶纬之学"[22]。谶纬盛行的历史终于演出了尾声。

四、民间礼俗迷信

巫觋活动、数术之学在秦汉时期有十分广泛的社会影响。当时，生老病死，衣食住行，处处都可以看到这种文化形式的作用。

比如传统禁忌形式，就曾经十分严格繁密。湖北云梦睡虎地秦简《日书》的内容中，就有关于行归宜忌的规定。《日书》是选择时日吉凶的数术书。在总计四百二十五支简中，简文直接涉及行归宜忌的多达一百五十一支。在行忌十数种之中，仅以排除存在重复可能的六种计，全年行忌日已经超过一百五十一天，约占全年总日数的 41.3%。由于存在不便统计的因素，这种计算是极不完全的，如果严格遵行睡虎地秦简《日书》规定的各种禁忌，则行忌日的总数还会大大超过这一数字。可见在这种文化状态下，人在社会生活中的自觉和自由都是很有限的。

巫蛊迷信的盛行，也是秦汉时期民间礼俗迷信的征象之一。

民间礼俗迷信的影响，往往通过"巫"的作用集中表现出来。汉并天下后，长安设祠祀官，分别有梁巫、晋巫、秦巫、荆巫，我们还可以看到反映胡巫和越巫活动的史料。可见，当时不仅"巫"在民间十分活跃，"大一统"政权的主持者也非常注意尊重和利用各地不同的有关的民间礼俗形式。

司马迁在《史记·封禅书》中记述说，秦始皇迷信鬼神，汉武帝同样"尤敬鬼神之祀"，曾经"作画云气车，及各以胜日驾车辟恶鬼"。又在皇室祠祀活动中始用"越祠鸡卜"之术。甚至在军事行动中应用巫术，"丁夫人、雒阳虞初等以方祠诅匈奴、大宛"，是汉代战争史上引人注目的现象。

民间非官方、非正统的祭祀一般称作"淫祀"，其祀所设置称作"淫祠"。"淫祀"被看作不合礼制的祭祀。对于"淫祀"与"淫祠"的态度，是历代专制政权的重要文化政策之一。

《汉书·郊祀志上》曾经说到当时文化政策的这一基本原则："各有典礼，而淫祀有禁。"《后汉书·第五伦传》记载："会稽俗多淫祀，好卜筮。"民常以牛祭神，百姓财产因此匮乏。巫人宣传，有自食牛肉而不以荐祠者，将发病，临死时先为牛鸣。这一陋俗，历任官员未能禁止。第五伦主持地方行政，传达行政文书到属县，晓告百姓：其巫祝有依托鬼神诈怖愚民的，都要严厉治罪。有妄屠牛者，也予以处罚。百姓起初有所恐惧，甚至有祝诅妄言者，第五伦严厉处罚违禁行为，后来终于禁绝淫祀，使社会文化环境有所净化，百姓得以安宁。

据《三国志·蜀书·诸葛亮传》裴松之注引《襄阳记》记载，蜀汉名相诸葛亮去世之后，各地民众多请求立庙纪念，朝议以为不合礼制，予以否决。百姓则在相应的时节"私祭之于道陌上"。有人建议允许立庙于成都，后主刘禅不从。步兵校尉习隆、中书郎向充等联名上表说，诸葛亮道德崇高，功勋盖世，蜀汉政权能够存在，其实有赖于他的努力，而现今国家不予祭祀，民间则百姓巷祭，戎夷野祀，显然不能有利于"存德念功，述追在昔"。但是现在如果完全顺应民意，则渎而无典，建祠于京师，又将影响皇室宗庙。建议立祠于沔阳（今陕西勉县东），以近其墓，而"断其私祀，以崇正礼"，于是得到批准。蜀汉王朝为诸葛亮立祠的考虑，反映了当权者对于民间"淫祠""淫祀"的微妙态度。

民间礼俗迷信对正统社会机制有修补和维护的作用。中国古代"符瑞"迷信曾经成为政治文化的特殊内容之一。以西汉时期为例，汉文帝时见黄龙，汉武帝时获白麟、得宝鼎、获赤雁，汉昭帝时凤凰集、神爵集，汉成帝时甘露降，都被看作体现统治成功的"嘉瑞"。王莽政治地位的巩固，以致终于取得帝位，也曾经以"符瑞"欺骗民众。

中国民间礼俗迷信也可能形成威胁正统政治权威的社会影响。历代反政府的民众运动，常常利用民间礼俗迷信作为宣传鼓动的手段。例如陈胜、吴广发动起义时就曾经采取了这种方式：

鱼腹丹书"陈胜王"以及篝火狐鸣"陈胜王",使同行戍卒内心惊恐敬畏,陈胜的威望显著提高。

第二节　秦汉人的富贵追求

《史记·陈涉世家》写道:"陈涉少时,尝与人佣耕,辍耕之垄上,怅恨久之,曰:'苟富贵,无相忘。'[23]庸者笑而应曰:'若为庸耕,何富贵也?'陈涉太息曰:'嗟乎,燕雀安知鸿鹄之志哉!'"《项羽本纪》又记载,项羽拒绝定都关中的建议,"心怀思欲东归,曰:'富贵不归故乡,如衣绣夜行,谁知之者!'"看来,博取"富贵"和显示"富贵",是当时社会有突出历史表现的心理倾向。

对"富贵"的热切的追求,是秦汉社会意识考察不宜忽略的现象。这一情形,首先同经济生活的进步有关。

秦汉人有耻贫贱而乐富贵的意识倾向。《后汉书·郎𫖮传》说到"君子耻贫贱而乐富贵"。《三国志·魏书·卫觊传》中卫觊上疏,也有"人之所乐者,富贵显荣也"的说法。又如《三国志·魏书·王昶传》:"富贵声名,人情所乐。"都说明当时社会对于"富贵"有比较一致的价值取向。

通过朱买臣的故事,可以体会秦汉时人的"富贵"观。《汉书·朱买臣传》说,吴人朱买臣,家境贫穷,好读书,不治产业,砍柴为生。他常常挑着柴担,边走边大声诵书。妻子背柴相随,因朱买臣歌讴道中而羞耻,要求离去。朱买臣笑着说:我年五十当富贵，今已四十余矣。你跟随我辛苦多年，待我富贵将会回报你的辛劳。妻子恚怒，说：像你这样的人，最终只会饿死沟中，何能富贵？朱买臣不能留，任其离去。后来，朱买臣独行歌道中，负薪墓间，遇前妻与夫家一同上冢。二人看到买臣饥寒，请他来一同饮食。之后同郡人严助在汉武帝身边，力荐朱买臣。朱买臣得到信用，被拜为中大夫。后来又被任命为会稽太守。汉武帝对朱买臣说："富贵不归故乡，如衣绣夜行，今子何如？"朱买臣行礼辞谢。会稽地方听说太守就要到任，调发民众修治道路，县吏集合送迎，车辆多至百余乘。"入吴界，见其故妻、妻夫治道。买臣驻车，呼令后车载其夫妻，到太守舍，置园中，给食之。"一个月之后，前妻自杀而死。

朱买臣争取"富贵"和表现"富贵"的形式，有一定的典型性。汉武帝"富贵不归故乡，如衣绣夜行"语，也具有文化代表性。而朱买臣"故妻"故事中因"富贵"而发生的起初"羞之"而后"恚怒"，最终"自经死"的情节，特别发人深思。

《汉书·匡衡传》可见"夫富贵在身而列士不誉，是有狐白之裘而反衣之也"的说法，也从两个方面突出显现出"富贵"的意义：其一，"富贵"应当得到称誉；其二，"富贵"应当予以展示。

秦汉人往往心怀"富贵累世"梦想。人们祈求"富贵"，又希望这种人生幸福能够长久。《汉书·宣元六王传·淮阳宪王刘钦》记载谏大夫王骏对刘钦的劝导，请他"留意慎戒"，"悔过易行"，"如此，则长有富贵，社稷安矣"。所谓"长有富贵"，是一种理想。《汉书·宣元六王传·东平思王刘宇》说："诸侯在位不骄以致孝道，制节谨度以翼天子，然后富贵不离于身，而社稷可保。"

所谓"富贵不离于身",也表达了同样的意思。《汉书·元后传》说到的"富贵累世",则显然超越了"富贵不离于身"的期望,而梦想"富贵"世袭。对于《后汉书·冯衍传上》所谓"富贵传于无穷",也可以有同样的理解。

汉印可见"富贵""长生大富""至富""长富""常富贵""日贵"等文字,反映社会意识中对"富贵"的重视。又有"王富之印""毛富之印""周常富""孙贵""茆寿贵印""魏弦贵"等。[24]"富""贵"成为人名用字,是重要的文化信息。"富贵"追求,在当时完全是一种正面的人生目标,人们毫不掩饰地公开宣示这一志愿。"富贵"追求,是当时社会共同的理想。

我们看到,除了"长生如石""生如山石""予(与)天相保不知老"等长生祈祝外,汉代镜铭文字还反映了当时民间对于所谓"富宜昌""贵富昌"的热切期盼。[25]

汉代瓦当文字所谓"富贵""大富""宜富昌""富贵昌""大富吉""严氏富贵""并是富贵""富贵毋央""日乐富昌""富贵万岁""万岁宜富安世""千万岁富贵宜子孙""千金宜富贵当"等,也可以看作包含同样文化信息的资料。这些文字毫不掩饰对富贵的炽烈追求。

汉代画像多见挽弓向树上射猴射鸟的画面。已经有学者指出,其主题应当理解为射侯射雀(爵),应当读作"射爵图",取义在于"射官取富贵"。[26]这样的理解,是有说服力的。汉墓随葬的钱树和汉代装饰形式中常见的钱纹图案,也都是反映"富贵"追求之社会意识的文物资料。

秦汉人对富贵功名的追求,值得我们在研究意识史的时候关注。期求"富贵",被看作一种健康的理想、一种高远的志向,于是为社会舆论所肯定。《后汉书·文苑列传下·郦炎》说,郦炎"有志气",曾经作诗:"贤愚岂常类,禀性在清浊。富贵有人籍,贫贱无天录。通塞苟由己,志士不相卜。陈平敖里社,韩信钓河曲。终居天下宰,食此万钟禄。德音流千载,功名重山岳。"对于所谓"富贵有人籍,贫贱无天录",李贤解释说:"富贵者为人所载于典籍也,贫贱者不载于'天录'。'天录',谓若萧、曹见名于图书。""居天下宰",则"食""万钟禄",而这种"禄"又与"籍""录"的"录"有关。郦炎所谓"德音""功名",竟然是和"富贵"相联系的。

第三节　秦汉人的乡土观念

秦汉时期,对于华夏文化共同体的总体认识以及对于各文化区域不同文化特色的认识,已经成为当时社会意识的重要内容之一。而当时人的乡土观念,也是我们在认识秦汉社会文化时不能不予以注意的。

对于所谓乡土观念,有的学者认为,所研究的主体应当是"以农民为主要构成的乡里群体——包括有组织的民间集团和无组织的人民大众"。"乡里民众在共同的社会活动和历史传承过程中,形成了区别于其他群体的日常生活意识,包括人们的理想、愿望、情感、价值观念、社会态度、道德风尚等等心理因素。这些心理因素是在文化贫困的群体活动中自发形成的,同文化层次较高的群体心理相比，它相应缺乏理性思维的机能，对于人生、历史和社会，表现为一种高于生存本能而低于逻辑运筹的精神状态。然而，乡里民众的社会心理是依靠丰富的生产、生活和阶级斗争经验而直接产生的，与人们的共同的生存条件息息相通，因而又是支配着人们日常言行的现实性和实践性很强的意识。它作为一种被人们引为同调的深层心理力量，将分散的乡里大众联系在一起。"[27]然而我们在这里所讨论的"乡土观念"，则是指当时人对于自己家族与自己本人出生与生活的家乡故土的特殊的心理、特殊的观念、特殊的感情。所研究的主体对象，也并不仅限于所谓"以农民为主要构成的乡里群体"以及所谓"文化贫困的群体"，而涉及较广阔的社会层面，其关心与注目的对象，自然也包括所谓"文化层次较高的群体心理"。

在秦汉时期，人们在相当广泛的社会文化活动中，都表现出十分强烈的乡土观念。

项羽是"万人敌"的英雄，虽出身名将之门，又有离乡"避仇"的经历，然而他对于"故乡"的观念，却似乎并没有超越一般农人的乡土观念，仍表现出狭隘偏执的心理倾向。《史记·项羽本纪》记述了这样一个著名的故事：项羽引兵西屠咸阳，"杀秦降王子婴，烧秦宫室，火三月不灭；收其货宝妇女而东"。有人建议说，关中有山河四塞围护，土地肥饶，在这里建都，可以称霸天下。项羽看到秦宫室已遭焚烧残破，又"心怀思欲东归"，回答说，富贵不归故乡，好比穿着锦绣衣裳在夜里行走，谁会看得到呢！建议者有"楚人沐猴而冠"的批评，竟被项羽杀害。

所谓"心怀思欲东归"，反映了乡土观念的浓烈与沉郁。这种意识竟然影响了项羽军事集团的战略决策，以致曾经成为天下霸王的一代英豪最终归于覆灭的命运。

垓下战役，刘邦军与项羽军进行最后的战略决战，《史记·项羽本纪》记载，项羽夜闻汉军四面皆楚歌，于是大惊，以为"汉皆已得楚"。随后夜起，饮帐中，"悲歌忼慨"，"泣数行下，左右皆泣，莫能仰视"。四面楚歌，致使项羽意气沮丧，而"左右皆泣"，说明全军的斗志都已受到影响。据说项羽当时曾"自为诗曰：'力拔山兮气盖世，时不利兮骓不逝；骓不逝兮可奈何，虞兮虞兮奈若何！'"据说，"歌数阕，美人和之"。张守节《正义》引《楚汉春秋》云："歌曰：'汉兵已略地，四方楚歌声。大王意气尽，贱妾何聊生。'""意气尽"，可能是全军士气凋丧的写照。在当时乡土观念极其浓重的作用下，故土已陷导致的心理打击，竟然可以使曾经屡战屡胜的项羽军将士军心沮败。

事实上，项羽最终拒绝乌江亭长单舟"急渡"的建议，执意不肯过江东，说："天之亡我，我何渡为！且籍与江东子弟八千人渡江而西，今无一人还，纵江东父兄怜而王我，我何面目见之？纵彼不言，籍独不愧于心乎？"项羽悲剧人生的最后结局，也可以理解为与乡土观念的影响有一定关系。

作为项羽敌对一方的刘邦军事集团，在被迫南下汉中时，也多见因思乡而逃亡东归者。《史记·淮阴侯列传》写道："至南郑，诸将行道亡者数十人。"刘邦自己也说："吾亦欲东耳，安能郁郁久居此乎？"

汉《铙歌十八曲》中有《巫山高》，其中抒发旅人思归的凄切愁绪："巫山高，高以大；淮水深，难以逝。我欲东归，害梁不为？我集无高曳。水何梁，汤汤回回。临水远望，泣下沾衣。远道之人，心思归，谓之何？"陈直分析说："此篇疑描写汉高祖都南郑时军士思归之情，属于军乐类。"又说："楚汉战争时，高祖所用，多丰沛子弟，久战思归，见于《汉书·韩信传》。其时都于南郑，属于巴蜀地区，故歌曲以巫山为代表，与淮水互相对照。后高祖初拟都洛阳时，军士皆欲东归，皆与此诗可以互证。此歌虽未必即为西汉初作品，至迟亦在西汉中期。"[28]

陈直所说《汉书·韩信传》的有关记载，与《史记·淮阴侯列传》是相同的。韩信拜贺刘邦语，《史记》有所谓"以义兵从思东归之士，何所不散"，《汉书》写作"以义兵从思东归之士，何不散"。

关于所谓"后高祖初拟都洛阳时，军士皆欲东归"的记载，见于《史记·刘敬叔孙通列传》。娄敬说秦地形势的优越，建议入关而都之。"高帝问群臣，群臣皆山东人，争言周王数百年，秦二世即亡，不如都周。上疑而未能决。"高帝群臣"皆山东人"，其狭隘的乡土观念险些影响到确定国家政治重心的战略大计，幸得有思想较阔达的政治家张良支持娄敬的正确主张，于是终于排除众议，确定定都关中，"及留侯明言入关便，即日车驾西都关中"。

《史记·高祖本纪》记述了刘邦平定天下之后回归故里的故事，其乡土情感之殷切，在司马迁笔下有生动的表现。司马迁写道，高祖还归，经过沛地时留居。置酒于沛宫，召集故人父老子弟纵酒，组织沛中儿童一百二十人，教之歌。酒酣，高祖击筑，自为歌诗曰："大风起兮云飞扬，威加海内兮归故乡，安得猛士兮守四方！"高祖乃起舞，慷慨伤怀，泣数行下。又对沛父兄说："游子悲故乡。

吾虽都关中，万岁后，吾魂魄犹乐思沛。"刘邦还乡时酒酣击筑，为歌起舞，慷慨伤怀，泣数行下的情节，以及所作《大风歌》中对于"海内""四方"与"故乡"的情感发抒，可以发人深思。

"衣绣夜行"的说法，又见于《华阳国志·巴志》：汉高帝灭秦，阆中人范目，为募发賨人，参与定秦之役。秦地既定，先封范目为长安建章乡侯，而賨人欲归。刘邦对他说："富贵不归故乡，如衣绣夜行耳。"于是改封为阆中慈乡侯。又《汉书·朱买臣传》记载，汉武帝拜吴人朱买臣为会稽太守，对他说："富贵不归故乡，如衣绣夜行，今子何如？"又如《后汉书·景丹传》记载，冯翊栎阳人景丹，建武二年（26），定封为栎阳侯。汉光武帝对他说，现今关东故王国，虽数县，不过栎阳万户邑。"富贵不归故乡，如衣绣夜行"，所以以此封卿。两汉所谓"富贵不归故乡，如衣绣夜行"已经成为通行惯用语，而项羽虽然因此招致"楚人沐猴而冠"之讥，但此语仍然出自汉高祖、汉武帝与汉光武帝这样雄健有为的帝王之口，而且似乎并无轻忽调侃之意。对这样的现象进行社会语言学的思考，也可以进一步认识当时人的乡土观念。

迁徙是秦汉时期普通民众社会生活空间急剧转换的一种形式，一般都以之为极严重的苦难。

秦汉时期，曾经多次出现大规模的移民运动。有学者指出："在这五个世纪间的移民数量达到了很大的规模，并对此后的人口分布和迁移以至中国历史的发展产生了深远的影响。"自发性移民的存在，"是因为一方面，法律并不一定能得到严格的执行，特别是在社会秩序不正常，朝廷控制能力不强的情况下，如汉初关东诸侯招诱逃亡，与朝廷争夺民户；西汉中期以后以及东汉的大部分时期出现大批流民，豪强将破产农民据为己有"。而政府以强制手段组织的移民，也是不容忽视的社会历史存在，即"另一方面，统治者为了自身的利益和政权的巩固，也需要组织和强制推行移民，将某种类型和一定数量的人口迁到规定的地区，如秦和西汉时的实关中，自秦至东汉都在进行的移民边疆，三国时各国掳掠对方人口，对战俘和罪犯的强制迁移等"。[29]

《汉书·晁错传》记载，汉文帝时策划往北方边地大规模移民，在讨论新经济区的建设规划时，晁错说到妥善安置移民的措施。其中指出，政府移民政策要取得成功，要点是应当完善诸种安置措施。"使先至者安乐而不思故乡，则贫民相募而劝往矣"，使民"轻去故乡而劝之新邑"，"使民乐其处而有长居之心"。也就是说，首先要创造极其优厚方便的生产生活条件，才可以使百姓克服眷恋乡土的传统意识。

《汉书·元帝纪》记载，汉元帝永光四年（前40）就初陵不置县邑颁布诏书，也说道："安土重迁，黎民之性；骨肉相附，人情所愿也。"而强制移民，"令百姓远弃先祖坟墓，破业失产，亲戚别离，人怀思慕之心，家有不安之意"，废除此制则可以"使天下咸安土乐业，亡有动摇之心"，这样的分析是符合当时最普遍的社会心理和民众意识的。

秦汉时期，民间乡土观念的社会文化表象，还突出体现于出行者思乡怀土的情感记录。

尽管"安土重居"是一般人的心理定式，但是，汉代仍然有许多探险荒外、立功绝域的英雄。张骞之"博望"，班超之"定远"，都反映了这一不宜忽视的社会文化现象。

郦炎《见志诗》其一写道:"大道夷且长,窘路狭且促。修翼无卑栖,远趾不步局。舒吾陵霄羽,奋此千里足。超迈绝尘驱,倏忽谁能逐。"修翼远趾,大道长夷,超迈绝尘,志在千里,和许多行旅诗一样,借出行以比喻人生,体现了面对艰苦生涯的一种奋斗精神。曹操所谓"举翅万余里"[30],"神人共远游"[31],曹植所谓"丈夫志四海,万里犹比邻"[32],以及"驾超野之驷,乘追风之舆,经迥漠,出幽墟,入乎泱漭之野"[33]等,也都借远行为喻,用浪漫笔法抒发了积极进取的人生态度。

"超野"而"远游",其实也是一种比较开阔宏达的区域文化观的呈示。这其实是几乎可以作为文化考古断代标尺的一种超迈其他许多历史时代的精神现象,是秦汉时期极有价值的文化遗存。最为突出的例子,应当说是马援的"马革裹尸"壮语。《后汉书·马援传》记载,马援说:"方今匈奴、乌桓尚扰北边,欲自请击之。男儿要当死于边野,以马革裹尸还葬耳,何能卧床上在儿女子手中邪?"马援本人的军事实践,也确实以"北出塞漠,南度江海,触冒害气,僵死军事"著名。所谓"又出征交趾,土多瘴气,援与妻子生诀,无悔吝之心"的事迹,尤其感人。

第四节　秦汉人的国家意识

对于汉王朝这一政治文化实体,汉代人有"大汉"的自称。《史记·司马相如列传》记录司马相如遗札,其中写道:"大汉之德,逢涌原泉,沕潏漫衍,旁魄四塞,云尃雾散,上畅九垓,下泝八埏。"有注家解释，所言是说"大汉之德"磅礴盛大。汉武帝发兵征伐闽越，淮南王刘安上书谏，文中陈说反战主张，也曾经使用"大汉"的说法，"大汉"已经是置于军事外交背景前明确的国家代号。扬雄的《河东赋》也有"函夏之大汉"的说法，颂扬"大汉"历史文化的宏大包容性。《汉书·叙传上》又记录了班固这样一段文辞："方今大汉洒埽群秽，夷险芟荒，廓帝纮，恢皇纲，基隆于羲、农，规广于黄、唐；其君天下也，炎之如日，威之如神，函之如海，养之如春。"论者对于推进历史、创造空前文明收获和政治成功的"大汉"，以极其华丽的语句加以形容。又如《汉书·礼乐志上》所谓"大汉继周"，《汉书·沟洫志》载贾让奏言所谓"大汉方制万里"，前者以时间定位体现出"大汉"在当时人历史意识中的崇高地位，后者以空间定位显示出有关"大汉"在当时人地理观和天下观中的广阔幅面。而扬雄《解嘲》"今大汉左东海，右渠搜，前番禺，后陶涂。东南一尉，西北一候"，也是有关"大汉"辽阔疆域的表述。

建武六年（30），执金吾朱浮上疏以"大汉之兴"与"尧舜之盛"相并列。[34] 汉明帝时，博士曹充上言，也以"大汉"和"五帝""三王"并说。熹平六年（177）七月，诏问灾变事，蔡邕回答说："天于大汉，殷勤不已，故屡出祅变，以当谴责，欲令人君感悟，改危即安。"[35]

看来，自西汉中期到东汉时期，"大汉"已经成为人们称指当朝的惯用语。

《潜夫论·实贡》也说到"大汉之广土，士民之繁庶，朝廷之清明，上下之修正"。而杜笃《论都赋》的主题，据说就是"因为述大汉之崇"。应劭《风俗通义》一书中，则可见对当时政治体制有所谓"大汉之朝"的自称。[36] 看来，"大汉"之说，不仅是一种政治宣传，也体现出一种文化态度。

与"大汉"相近，又有"皇汉"的说法。更始时，索卢放有言："今天下所以苦毒王氏，归心皇汉者，实以圣政宽仁故也。"[37] 班固《西都赋》开篇就说："有西都宾问于东都主人曰：'盖闻皇汉之初经营也，尝有意乎都河洛矣。……'""皇汉"的说法，和"大汉"十分接近。[38]

《汉书·叙传下》总结《匈奴传》的内容时写道："大汉初定，匈奴强盛，围我平城，寇侵边境。至于孝武，爰赫斯怒，王师雷起，霆击朔野。宣承其末，乃施洪德，震我威灵，五世来服。"其中"大汉初定，匈奴强盛"句，"大汉"也是作为民族战争中的一方而出现在班固笔下的。《汉书·匈奴传上》记载："单于遣使遗汉书云：'南有大汉，北有强胡。胡者，天之骄子也，不为小礼以自烦。今欲与汉闿大关，取汉女为妻，岁给遗我糵酒万石，稷米五千斛，杂缯万匹，它如故约，则边不相盗矣。'"匈奴自称"强胡"，而称汉王朝为"大汉"，其中也许有因对"汉女"以及"糵酒""稷米""杂缯"等物资的贪求而不得不委婉其词的因素。不过，此语同前引"大汉初定，匈奴强盛"其义甚近，难以判断是否有汉人语译或记录时加工修饰的可能。类似的情形，又见于《汉书·陈汤传》关于匈奴郅支单于事迹的记载。郅支在杀害和虐待汉使的同时"因都护上书"，书中也称汉王朝为"强汉"。朝廷有关外交政策的讨论中，谷吉上书，有"建强汉之节，承明圣之诏"语。谷吉的壮言，体现出当时中原人对于汉王朝国力和军力的自豪和自信。

《汉书·陈汤传》记录了汉军破郅支城（今哈萨克斯坦江布尔）、击杀匈奴单于之后甘延寿、陈汤的上疏："臣闻天下之大义，当混为一，昔有唐虞，今有强汉。匈奴呼韩邪单于已称北藩，唯郅支单于叛逆，未伏其辜，大夏之西，以为强汉不能臣也。郅支单于惨毒行于民，大恶通于天。臣延寿、臣汤将义兵，行天诛，赖陛下神灵，阴阳并应，天气精明，陷陈克敌，斩郅支首及名王以下。宜县头槀街蛮夷邸间，以示万里，明犯强汉者，虽远必诛。"这段一百二十六字的文字中，三次使用了"强汉"一语。特别是所谓"犯强汉者，虽远必诛"一语，绝不仅仅是个别军官的激烈之辞，而应当理解为当时较广泛社会层面共有的一种强国意识的鲜明表现。对于是否悬郅支单于首在长安街头示众，朝廷发生争议，最终确定"悬十日乃埋之"，以形成对"蛮夷"的威慑。

建宁元年（168），破羌将军段颎上言，有"奉大汉之威，建长久之策"[39]语。窦宪、耿秉率军出鸡鹿塞，于稽落山击破北匈奴，是东汉民族史和军事史上的重大事件。他们"登燕然山，去塞三千余里，刻石勒功，纪汉威德"。这里所谓"汉威"，有助于我们理解段颎所谓"大汉之威"。燕然山刻石"令班固作铭"，班固在其序文中写道："上以摅高、文之宿愤，光祖宗之玄灵；下以安固后嗣，恢拓境宇，振大汉之天声。"所谓"振大汉之天声"，李贤注："天声，雷霆之声。"

东汉初年，耿纯与汉光武帝刘秀对话，主动求为地方行政长官。《后汉书·耿纯传》记载其文辞，有"大汉复兴，圣帝受命"的说法，当面直接将"大汉"与"圣帝"并说。祭遵在说到"大汉厚下安人长久之德"的同时，也称颂"昔高祖大圣，深见远虑"[40]，"大汉"与"大圣"的并列，同样引人注目。杜笃《论都赋》中有"天命有圣，托之大汉；大汉开基，高祖有勋"语，也体现了同样的观念。蔡邕《释诲》中，也可以看到"大汉"和"圣主"的明确的对应关系。

值得我们特别注意的是，汉代人的文字遗存中已经可以频繁地看到"国家"这一词语。[41]例如贾谊《过秦论》说秦孝文王、秦庄襄王"享国日浅，国家无事"。《史记·项羽本纪》载项羽语："国家安危，在此一举。"《史记·高祖本纪》写刘邦登基事："汉王三让，不得已，曰：'诸君必以为便，便国家。'"又说："镇国家，抚百姓，给馈饷，不绝粮道，吾不如萧何。"《史记·孝文本纪》也记录了汉文帝"明于国家之大体"的说法。

汉代文物资料中，也可以频繁地看到所谓"国家"。例如马王堆汉墓出土帛书《五行》："……则乐，乐则有德。有德则国家与〔兴〕□□□"[42]，"乐而笱（后）有（德），有德而国家与〔兴〕。国家与〔兴〕者，言天下之与《兴》仁义也……"[43]马王堆汉墓出土帛书《十六经》中的《五正》《姓争》《兵容》《三禁》《本伐》《前道》等篇，都说到"国家"。中山怀王墓出土《文子》中，"国家"字样连续出现五次。

汉代镜铭中所见"国家"，已经出现在确定语式中。比较典型的文例，如湖北洪湖黄蓬乡1979年出土汉镜铭文记载："李氏作镜四夷服多贺国家人民息胡虏殄灭天下复风雨时节五谷孰长保二亲得天力传告后世乐""宜子孙"。[44]在有的镜铭中，相近文例却有另外的词句，如《金索》金六·四〇六"龙氏镜"："龙氏作竟四夷服多贺君家人民息胡虏殄灭天下复风雨时节五谷孰蒙禄食长保二亲子孙力得天福。"又如湖北沔阳出土汉镜:"龙氏作竟四夷服多贺君家人民息胡羌捈灭天下复风雨时节五官位尊显蒙禄食长保二亲乐无已。"[45]

镜铭"国家"变化为"君家",是值得注意的。汉代铜镜应用于极广泛的民众社会生活。看来在汉代一般人的意识中,"君家"就是"国家"。我们分析汉代人的国家意识,不能不关注这一历史现象。顾炎武《日知录》卷一三《正始》说:"有亡国,有亡天下。亡国与亡天下奚辨?曰:易姓改号谓之亡国。仁义充塞,而至于率兽食人,人将相食,谓之亡天下。"政权的颠覆,是"亡国"。文化的败坏,则是"亡天下"。"保国者,其君其臣,肉食者谋之;保天下者,匹夫之贱与有责焉耳矣。""保国",是权力集团和利益集团考虑的事。而"保天下",则匹夫有责。"国家"其实也就是"君家","国"只是君主的私产。似乎这样的道理,在汉代至于"匹夫之贱"者已经有了初步的觉察。

《后汉书·耿恭传》记载中郎将郑众为耿恭请功上书,说耿恭以薄弱之兵力固守孤城,"当匈奴之冲,对数万之众,连月逾年,心力困尽。凿山为井,煮弩为粮,出于万死无一生之望。前后杀伤丑虏数千百计,卒全忠勇,不为大汉耻。恭之节义,古今未有。宜蒙显爵,以厉将帅"。其中"不为大汉耻"的说法,可以看作后来"国耻"意识和"为国争光"追求的早期表现。[46]

与"不为大汉耻"的说法相接近,淮南王刘安反对征闽越,有"窃为大汉羞之"语。《后汉书·耿恭传》最后一段评述就苏武事迹发表感慨,也说到"不为大汉羞"。与"国耻""国羞"反义,人们以"国华"表示国家的光荣。张衡《西京赋》说到的"国华",体现出当时的一种国家荣誉观。

秦汉时期，是中原华夏文化主动西向，同时又空前集中、空前强烈地感受到西方文化东来影响的历史阶段。当时人对于外域文明的辗转影响，一方面有所欢迎，一方面又心存疑惧。《史记·秦始皇本纪》说，秦始皇沿海巡行，在琅邪梦与海神战，又听信占梦博士的话，以为海上恶神以大鱼蛟龙为前沿警卫，如果除去，则善神可致，于是"自以连弩候大鱼出射之"，果然在之罘见巨鱼，射杀一鱼。这样的记载，反映了这位帝王在探索外域文化时既以为神奇又深怀疑惧的心态，而同时内心仍然保持着一种文化自信和文化自尊。在汉武帝时代，这种自信和自尊又有超过其合理度，而演变成一种文化虚荣的情形。《史记·大宛列传》所谓"览示汉富厚"，所谓"令外国客遍观各仓库府藏之积，见汉之广大，倾骇之"，都是以表面上的"富厚""广大"向外人炫耀。

汉成帝时期，为了向"胡人"显示资源的富饶，发动右扶风民众入南山，于西自褒斜[47]，东至弘农，南至汉中[48]的广大山区广张罗网，捕捉各种野兽，用槛车装载，集中运送到位于今陕西周至的长杨宫射熊馆中，设置围栏，纵禽兽于其中，令"胡人"徒手搏取，皇帝亲自观看"此天下之穷览极观"。为了这种虚假的展示，农人不能及时收获庄稼。扬雄曾经随从汉成帝亲临其事，他在所作《长杨赋》中设"主人"与"客"正反两方就此事的意义进行辩论。"主人"发表的维护这种做法的见解，竟然是"客徒爱胡人之获我禽兽，曾不知我亦已获其王侯"[49]，以"大夸胡人"的虚假形式展示富有之"国华"，被看作文化威慑甚至文化征服的一种手段。

如汉武帝"览示汉富厚"，"令外国客遍观各仓库府藏之积，见汉之广大，倾骇之"，以及汉成帝"大夸胡人以多禽兽"这种现象，在后来的历史中，仍然屡有再现。梁启超在《祖国大航海家郑和传》中分析说，与西方航海家"其希望之性质"不同，"若我国之驰欲外观者，其希望之性质安在，则雄主之野心，欲博怀柔远人、万国来同的虚誉，聊以自娱也"。布置假象，以期望得到"怀柔远人、万国来同的虚誉"，是无聊的"自娱"，其实也是一种"自欺"。古代中国外交活动中的这种"大夸"现象，与"目中夏而布德，瞰四裔而抗棱"[50]的自大的心理基点有关。不过，中国的这种文化虚荣，不仅仅表现为"雄主之野心"，而自有民众观念的基础。上究其渊源，或许可以在汉代社会的国家意识中发现其起点。

第五节　秦汉人的情感寄托

汉代铜镜的铭文中，常常可以看到"长相思"的字样。比如"愿长相思"，"愿长相思，幸毋见忘"，"大乐未央，长相思，愿毋相忘"，"常贵富，乐未央，长相思，不相忘"，都是常见的汉镜铭文。

陕西扶风太白乡良峪唐家沟 1974 年征集的一面汉镜，铭文写道："常贵富，乐未央，长相思，毋相忘。"

我们还看到一面这样的西汉铜镜，内圈铭文为"君有行，妾有忧，行有日，反无期，愿君强饭多勉之，卬天大息长相思，毋久"，外圈铭文为"长相思，毋相忘，常贵富，乐未央"。内圈文字似乎还没有结句，大意是：丈夫外出，妻子在家思念，心中担忧，出行已经有了一些日子了，却回归无期。她希望丈夫在外能够注意保养、健康平安，自己的"长相思"之情无以远寄，只能仰天叹息而已。内圈文字告诉我们，当时人们有时甚至是把"长相思"的情感，放置在"贵富"或者"富贵"之前的。

汉镜铭文中的"长相思"寄意，其实是后世闺情诗的滥觞。其中情感的纯挚和执着，通过未加粉饰的简单语句也得到了真切的表达。

《艺文类聚》卷四一引录《乐府古诗》："客从远方来，遗我双鲤鱼。呼儿烹鲤鱼，中有尺素书。长跪读素书，书中意何如？上有加湌饭，下有长相思。"通常以为汉代诗作，有人判定是蔡邕作品，编入《蔡中郎集》卷四。远方来客，鱼腹寄书，上一句说"加湌饭"，下一句说"长相思"。可见，"长相思"是当时人们使用相当普遍的词语，也寄寓了一种共同的情感祝福。"上有加湌饭，下有长相思"的诗句，正和我们前面说到的汉镜铭文"愿君强饭多勉之，卬天大息长相思"语意一致。还有这样的汉诗，写道："客从远方来，遗我一书札。上言长相思，下言久离别。"又如："客从远方来，遗我一端绮。相去万余里，故人心尚尔。文采双鸳鸯，裁为合欢被。著以长相思，缘以结不解。"这里的"长相思"，指丝绵絮，取"丝""思"谐音，"长""绵"同义。这可能是中国古代巧妙地利用语音文字技巧以表述深情的比较早的例证了。

后人仿拟李陵和苏武诗作中，有这样一首，第一句是"结发为夫妻，恩爱两不疑"，最后一句是"生当复来归，死当长相思"。虽然是后人作品，作者却了解汉代人惯用"长相思"一语。然而说死后依然"长相思"，意境又进了一步。

汉长安城遗址出土了两面"延寿长相思"文字瓦当。"延寿长相思"当然要比"死当长相思"更好。甘泉宫遗址城前头村采集到两面"长毋相忘"文字瓦当,这些遗存可能帮助我们理解汉代人的心理。看来"长相思,毋相忘"的追求,在民间和宫廷中都是大致相同的。

第六节　秦汉时代精神

鲁迅曾经由鉴赏汉代铜镜这样的艺术品,发表过对汉代文化特征的评论。他说:"遥想汉人多少闳放,新来的动植物,即毫不拘忌,来充装饰的花纹。""汉唐虽也有边患,但魄力究竟雄大,人民具有不至于为异族奴隶的自信心,或者竟毫未想到……绝不介怀。"[51]对于美术风格,鲁迅也曾经说:"惟汉人石刻,气魄深沈雄大,唐人线画,流动如生,倘取入木刻,或可另辟一境界也。"[52]这里所说的"魄力""气魄",当然已经不限于艺术,而涉及了文化精神。

所谓"闳放"和"雄大",其实既可以看作对秦汉时代社会文化风格的总结,也可以看作对当时我们民族性格、民族精神的表述。秦人和汉人,比后来一些时代的人有更多的率真、更多的勇敢、更多的质朴、更多的刚强。而我们国民性中为近代激进学者所深恶痛绝的虚伪与懦弱、曲折与阴暗,在当时还并不明显。有人说当时是中国文化的少年时代,是有一定道理的。

当时虽然是在专制制度之下,依然有不少敢想敢说敢做的人,他们的心理并没有完全被臣民的奴性所锁锢。侠风的盛起，就是这种精神倾向的社会表现之一。

当时所谓"游侠"，指壮勇豪放，重义轻死，虽然未必据有权位和财富，然而在民间的影响却十分显著的人。荀悦在《汉纪》卷一○《孝武一》中说："立气势，作威福，结私交，以立强于世者，谓之'游侠'。"司马迁《史记》特别为他们立传，又称述其独异于社会其他人等的品格，说他们能够"救人于厄，振人不赡"，"不既信，不倍言"，所谓"仁者""义者"，与他们相比，也有不足。[53] 他们实际上在另一层次上实践了"仁""义"。当时的"游侠"，其实是社会文化活泼生动之特色的一种人格代表，也是时代精神豪迈阔放之风貌的一种人格象征。司马迁在《史记·游侠列传》中，开篇就说到游侠的文化品格。韩非说："儒以文乱法，而侠以武犯禁。"二者都受到批评，而社会声誉依然很高。"今游侠，其行虽不轨于正义，然其言必信，其行必果。"游侠为了实践诺言，救人危难，往往奋不顾身。游侠的行为虽然并不遵循传统的社会规范，但是他们的诚信品德与牺牲精神，表现出强有力的文化影响。司马迁注意到游侠精神传递的悠远，这种传递并不凭借经典文献而得以承继；也注意到游侠社会声誉的广大，这种声誉也并不凭借权势地位而得以张扬。司马迁写道，世间"闾巷之侠""匹夫之侠"，虽然往往违犯当时法禁，对于社会却并无贪求，因而值得肯定。其名声之远播，群众之追随，不是没有原因的。对于放纵私欲、奴役贫民、欺凌孤弱的行为，游侠其实也是鄙视的。司马迁不满意将游侠与"暴豪之徒"等同的官方见解，似乎反映了一种"体制外"的思想个性。然而他的见解，也是大体符合历史真实的。秦汉时代的"游侠"曾经进行过引人注目的表演。他们的活动和影响，为当时的社会风貌涂染了鲜丽的色彩。而司马迁的态度，则表现出较高层次的文化人的情感倾向。看来，当时文化"正统"的力量还并不十分强大，人们坚持与执政者不同的立场，发表与执政者不同的意见，尚有一定的自由空间。《汉书·游侠传》分析游侠兴起的背景时所谓"禁网疏阔，未之匡改也"，应当说是客观的分析。

一个民族的精神风貌在不同的历史时期有所不同，这种变化往往也是与文化节奏的历史差异有关的。秦代与西汉前期，社会有一种特别明显的积极进取的时代精神。这种时代精神表现出激进急烈的节奏特征。秦始皇统一天下，推行"急政"，泰山刻石所谓"不懈于治"，琅邪刻石所谓"勤劳本事"，都体现了这种风格。汉武帝执政，用事四夷，以武力拓边，尚武之风益起，影响到社会生活节奏转而更为骤急。当时人们热心一种飞车竞驱的"驰逐"运动，《史记·货殖列传》和《汉书·东方朔传》中都有反映。被《淮南子·说林》称作"追速致远"的这种追求高速度的竞技形式，为社会上下普遍喜好。汉武帝喜好亲手击杀熊和野猪，挽弓纵马，追逐野兽，也可以看作相关社会风尚的表现。

我们看到，汉武帝决策发起对匈奴的远征，有足够的雄心和魄力，但是他本人的民族情结，其实却一点儿也不狭隘。比如匈奴贵族子弟金日磾受到信用，甚至受顾命而辅幼主，就是明显的例子。劳榦在为《创造历史的汉武帝》一书所写的序言中说："旧说'非我族类，其心必异'，然自武帝托孤于休屠王子，天下向风，共钦华化，而金氏亦历世为汉忠臣，虽改朝而不变。"[54] 这样的历史事实，值得我们深思。当时汉王朝的主力军中有"胡骑"部队。"巫蛊之祸"时，和政府军抗争的太子刘据争取"长水胡骑"和"宣曲胡骑"的支持而未遂，是其失败的主要原因之一。汉人私自越境前往匈奴地区的诸多"亡人"，也把中原先进技术带到了草原地区。而张骞和苏武都曾经娶匈奴女子为妻，也体现当时民族关系中，在战争的怒涛之下，也有亲和的缓流。

就秦汉时代社会文化风格的总体趋势而言，按照鲁迅的表述，"闳放"是基于"自信"，"雄大"的另一面则是"深沈"。这是我们认识和理解秦汉社会的精神现象时应当注意的。

第二十二章

秦汉人的文化创造

秦汉时期是一个文化成就充实的历史阶段。秦代的文化专制主义并没有斩断各家文化流脉,汉代学术的复苏再次形成了新的文化高峰。《汉书·叙传下》总结"艺文"的源流时说:"秦人是灭,汉修其缺。"总括秦汉而言,这一时期的学术文化和科学发明以及艺术创作,都有新的创制和新的积累。文化的丰收,首先取决于当时人的创造热情。而当时社会提供的较好的历史条件,也是文化进步的重要的因素。

第一节　学术文化

一、《史记》和《汉书》

汉代画像石中大量表现前代历史故事的画面,说明当时史学在

图 22-1　司马迁像

五帝本紀第一

史記一 〔集解〕駰案：徐氏義採經傳訓詁解釋并集衆家義以別之

黃帝者，少典之子〔集解〕譙周曰有熊國君少典之子也徐廣曰號有熊，姓公孫，名曰軒轅。〔集解〕徐廣曰號有熊。生而神靈，弱而能言，幼而徇齊〔集解〕徐廣曰墨子作遂齊斯遠也又云遂達言聖德幼而疾速也駰案孔安國曰徇疾也齊速也言聖德幼而疾速也，長而敦敏，成而聰明。

軒轅之時，神農氏世衰。〔集解〕皇甫謐曰易稱庖犧氏沒神農氏作是為炎帝班固曰教民耕農故號曰神農諸侯相侵伐，暴虐百姓，而神農氏弗能征。於是軒轅乃習用干戈，以征不享〔集解〕應劭曰享獻也諸侯不享者征之孔子三朝記曰天子告朔于諸侯諸侯侵陵不享者，諸侯咸來賓從。而蚩尤最為暴，莫能伐。〔集解〕應劭曰蚩尤古天子瓚曰孔子三朝記曰蚩尤庶人之貪者也

炎帝欲侵陵諸侯，諸侯咸歸軒轅。軒轅乃修德振兵，治五氣〔集解〕王肅曰五行之氣，蓺五種〔集解〕蓺樹也詩云蓺之荏菽韋昭曰五種黍稷菽麥稻也，撫萬民，度四方〔集解〕王肅曰度安撫之，教熊羆貔貅貙虎〔集解〕徐廣曰貙獸名以與炎帝戰於阪泉〔集解〕服虔曰阪泉地名皇甫謐曰在上谷之野。三戰然後得其志。

蚩尤作亂，不用帝命。

民间有相当生动的传播方式，具有相当广泛的文化影响。

当时史学的学术性成就的顶峰，是司马迁的《史记》和班固的《汉书》。

《史记》原名《太史公书》，全书一百三十卷，是一部上起传说时代的黄帝、下迄汉武帝时代的中国通史，作为史学著作，其内容之完整，结构之周密，在历史上是空前的。《史记》以人物纪、传为主，辅以表、书，合编年、纪事诸史书文体之长。《史记》所创造的纪传体体裁，成为此后两千年王朝正史编纂形式的规范。

《史记》在中国文化史上占据着重要的地位。历代评价所谓"贯穿经传，驰骋古今"[1]，"其文疏荡，颇有奇气"[2]，"深于《诗》者也"，"千古之至文"[3]，"《五经》之囊钥，群史之领袖"[4]，"史家之绝唱，无韵之《离骚》"[5]等，都说明在作为中国传统文化主体内容的"文""史"之中，《史记》久已具有标范性的影响。

《史记》的宝贵价值，首先体现于在当时的文化基点上，能够真实地、完整地描绘出社会历史的各个层面。司马迁在记述政治史的同时，对于经济史、文化史和社会生活史等，也在《史记》中有生动的记述。与帝王将相等政治活动家同样，学者、商贾、医生、游侠、农民军首领等人物的事迹也受到重视。在司马迁笔下，游侠的侠义精神受到赞美，酷吏的残暴行径有所揭露，项羽和秦始皇、汉高祖一同列入本纪，农民军首领陈胜和诸侯一同列入世家。司马迁在颂扬汉武帝的功绩的同时，又斥责他"内多欲而外施仁义"[6]。由于持这种背离传统的历史态度，《史记》曾经被称为"谤书"。

《汉书》是《史记》之后的又一部史学名著。班固的父亲班彪作《后传》数十篇，准备将《史记》续写到西汉末年为止。班固用了二十余年时间，继承父业，完成了这部记述西汉历史的史学专著的绝大部分。就保存西汉历史资料来说，《汉书》是最为全面、最为完备的史籍。对于汉武帝中期以前的历史，《汉书》基本沿承了《史记》的记载，但是由于作者历史观的差异，材料取舍标准不同，也往往增补新的内容。对于汉武帝中期以后的西汉历史的记述，《汉书》的史学价值是独一无二的。

《汉书》是中国第一部完整的断代史。《汉书》的《古今人表》《百官公卿表》《刑法志》《五行志》《地理志》《艺文志》，是《史记》之后所新创。《汉书》的体例，对后来的纪传体正史影响很大。但是班固生活在儒学确立了文化统治地位的东汉时期，历史观受到儒家正统思想的影响，以致《汉书》的历史批判精神较《史记》逊色。

东汉已有学者注说《汉书》。赵翼《廿二史劄记》指出，隋唐时代，"《汉书》之学大行"。宋代学者洪迈说："班固著《汉书》，制作之工，如英茎咸韶，音节超诣。后之为史者莫能及其髣髴，可谓尽善矣。"[7]

二、《淮南子》和《论衡》

回顾中国古代思想史，可以发现秦汉时期是成就最为集富、内容最为多彩的历史阶段之一。除了儒学成为统治者奉为正统的思想，吸引了诸多学人从事研究、充实和发展的工作而外，其他一些思想收获也值得重视。

淮南王刘安是当时皇室贵族中学术修养较为深厚的人，他招致宾客方术之士数千人著书立说，"作为《内书》二十一篇，《外书》甚众，又为《中篇》八卷，言神仙黄白之术，亦二十余万言"[8]。然而流传下来的只有《内篇》二十一篇，即现在的《淮南子》，又称《淮南鸿烈》。

《淮南子》一书，可以看作西汉前期思想的总结。《汉书·艺文志》将它列为杂家，其实这部书大体还是具备完整体系的。

《淮南子》同时批判儒家和法家，而积极提倡"无为"的原则，这是和汉初政治文化形势相一致的。然而《淮南子》所说的"无为"，"非谓其凝滞而不动也"[9]，而是要人们注意顺应事物的发展规律，"因其自然而推之"[10]。

《淮南子》的社会历史观也有以民意为重的内容。《淮南子·泰族》写道，汤、武革命，之所以能够胜而得天下，"因民之欲也"；能够因民欲，"则无敌于天下"。《淮南子·齐俗》也写道："事周于世，则功成；务合于时，则名立。"历史上英雄人物要"功成""名立"，则应当使自己的思想和实践"周于世"而"合于时"。只要顺应时势，顺应民心，则可以无往不胜。"夫乘众人之智，则无不任也；用众人之力，则无不胜也"，"乘众人之制者，则天下不足有也"[11]。

《淮南子》的作者著作这部书时，大致在西汉建国七十年前后。在东汉历史大体相当的阶段，著名思想家王充写作了《论衡》一书。

王充自称其思想违背儒家之说，符合黄老之义。他以道家自然之说立论，又对自然做了唯物论的解释。他指出儒家天人感应学说是虚妄的，因为天道自然无为，如果谴告人，则是有为，因而显然是非自然的了。

王充认为精神依存于形体，"形须气而成，气须形而知"[12]。根据这样的道理，他揭穿了鬼神迷信的愚妄。

王充在《论衡》一书中对于传统的学术和思想，甚至对孔孟和儒家经典，敢于独立思考，大胆提出怀疑。在《论衡·问孔》中，他对孔子的言论反复提出问难。对于孟子、墨子、韩非、邹衍等人的思想，他也都进行了批判。王充反对圣人迷信，反对偶像崇拜，在当时被斥为"妖变"[13]。但是其思想的积极内容，对于后世的人们却产生了深远的影响。

三、汉赋和乐府诗

赋是从骚体演变而来的散文和韵文并用的文体。赋的成就也继承了先秦诸子散文巧文多智的特色。

西汉早期的赋，如贾谊的《吊屈原赋》《鵩鸟赋》等，都借物抒怀，意境深沉。枚乘的《七发》，开汉武帝时代长篇赋的先河。

汉武帝时，赋的创作走向全盛阶段，名家名作迭出，其中最为著名的是司马相如及其作品。他的《子虚赋》和《上林赋》，是这一时期赋作中有代表性的精品。这些赋以气势恢廓、景物迷离、辞藻华美而奇丽为特征，正反映了当时文化气度的宏阔广大，时代精神的豪迈勇进，物质生活和精神生活的丰富多彩。

西汉后期，最著名的赋作家是扬雄。东汉时期，则班固、张衡的作品地位最高。除了他们之外，两汉时期有成就的思想家、文学家，几乎都是赋的重要作者。

东汉后期，长篇赋渐少，各种抒情写物的短篇赋兴起。这些短篇赋摆脱了长篇赋文辞铺张的弊病，意境较为清新。

有些赋作家期望以这种文体作为讽谏的工具干预政治，例如司马相如作《大人赋》，就有批评汉武帝神仙迷信的意图，不过这种讽谏往往是"劝百讽一"，并不能发生效用。

乐府诗是中国古代文学宝库中极有价值的宝贵遗产。乐府本来是政府的音乐机构，其最初设立可能在汉武帝以前。汉武帝以李延年为协律都尉，主持编制庙堂乐歌，歌词主要由文人编写。同时，乐府广泛地在民间采风配乐，赵、代、秦、楚等地的歌谣都是乐府采集的对象。乐府采集的民歌，经过加工配乐，就称为乐府诗或乐府。

乐府采集的民歌，多有民间优秀作品，其内容往往真切地反映了社会生活，表述了民众情感，因而新鲜生动，富有感染力，从而也具有了珍贵的艺术价值。这一部分乐府诗，是秦汉时期文学的最大成就。建安年间的叙事诗《孔雀东南飞》，在乐府中属于杂曲歌辞一类，是这一时期乐府民歌中的杰作。

西汉时期已经出现了五言诗。东汉时，在乐府民歌的影响下，出现了一些模仿乐府创作的五言诗。这些作品与乐府诗相比，一般篇幅较长，叙事较曲折。《文选》所收录的《古诗十九首》，其中的大部分，都是东汉时创作的五言诗。

四、兵学的普及和进步

兵学作为实用科学，又直接服务于政治，在中国传统社会曾经长期受到特殊的重视。《史记·项羽本纪》说，秦时项梁曾"教

（项）籍兵法"，项梁"与（项）籍避仇于吴中"，"阴以兵法部勒宾客及子弟"。而项羽在战争实践中的表现，也体现出兵法的运用和发展。《史记·留侯世家》记载秦汉之际张良事迹中黄石公授《太公兵法》，"良因异之，常习诵读之"的传说，也反映兵学的薪传方式。据说楚汉战争中，"良数以《太公兵法》说沛公，沛公善之，常用其策"。韩信背水为阵的故事，灵活运用"置之死地而后生"的原则，也反映了对兵法的熟悉。从秦末到汉初的许多历史迹象表明，秦始皇焚书并没有对兵书在民间的包藏和传播形成大的影响。

《汉书·艺文志》对兵学文献进行了总结，列"兵家"于诸子之中，分为"兵权谋十三家"，"兵形势十一家"，"阴阳十六家"，"兵技巧十三家"，"凡兵书五十三家，七百八十篇，图四十三卷"。可以看到，汉代是兵学发展的重要时期。汉代人对于兵学的继承、整理和著述，有突出的历史贡献。

《汉书·艺文志》著录"兵书五十三家"，而名列第一的是"《吴孙子兵法》八十二篇。图九卷"，第二即"《齐孙子》八十九篇。图四卷"。以往人们多因孙武事迹不见于《左传》而怀疑其人存在。也有以为传本《孙子兵法》是后人伪托的观点，又有人认为《孙子》十三篇是曹操所删定。《汉书·艺文志》虽然有关于《吴孙子》和《齐孙子》的记载，但是因为后者不见于《隋书·经籍志》，有人也提出异议。一般多以为《孙子兵法》起于孙武而成于孙膑，是春秋战国时代长期战争经验的历史总结，并不是一个人的著作。

简牍本《孙子兵法》和《孙膑兵法》同时出土于山东临沂银雀山汉墓，而前者又可见"十三扁（篇）"字样[14]，终于使长期以来不能辨明的历史疑案得以澄清。

根据《史记·孙子吴起列传》的记载，齐魏桂陵之战并不涉及庞涓事迹，十二年后，齐魏马陵之战则有庞涓兵败自杀事。而银雀山出土汉简《孙膑兵法》中却有《禽（擒）庞涓》一篇，说孙膑擒庞涓于桂陵[15]。从现有材料看，孙膑擒庞涓可能确实在桂陵而并非马陵。

显然，对汉代简牍本兵书的研究，是讨论汉代思想学术历史面貌不可忽视的方式。同时我们也应当注意，对汉代简牍本兵书的深入研究，也有必要考察当时思想学术的总体背景。

秦汉时期军事理论和军事技术的文字总结，又见于除兵家以外的诸子学说中。

《吕氏春秋》成书于战国晚期，然而对于秦代政治与文化有重要的影响。其中《荡兵》《振乱》《禁塞》《怀宠》《论威》《简选》《决胜》《贵卒》等篇，体现了先秦兵家的军事思想。《老子》书中的军事思想受到一些学者的重视。

张家山汉简出土《盖庐》中体现的兵阴阳学的内容，也值得关注秦汉思想学术研究的学者重视。

秦汉时期兵学的继承和总结，有诸多军事人才的事迹可以为例。除了前面说到的项羽、张良、韩信等例证之外，又如《汉书·衡山王刘赐传》记载，汉武帝时代，衡山王刘赐谋反，"求能为兵法候星气者"。又《汉书·成帝纪》说，元延元年（前12）秋七月，诏令"北边二十二郡举勇猛知兵法者各一人"。《汉书·哀帝纪》也记载，建平四年（前3）冬，"诏将军、中二千石举明兵法有大虑者"[16]。《汉书·平帝纪》：元始二年（2）秋，"举勇武有节明兵法，郡一人，诣公车"。可知当时民间确有研习兵法者。这些人有的确实被朝廷发现、任用。如《汉书·翟义传》："东郡王孙庆素有勇略，以明兵法，征在京师。"王莽也曾经选拔熟悉兵法的人才。[17]《后汉书·光武帝纪上》记载："王莽征天下能为兵法者六十三家数百人，并以为军吏。"《续汉书·天文志上》："能通兵法者六十三家，皆为将帅，持其图书器械。"

《汉书·艺文志》说，汉兴以来整理兵法凡三次，即汉初张良、韩信，汉武帝时杨仆，又"至于孝成，命任宏论次兵书为四种"，则最后一次汉成帝时整理兵学论著，是皇帝明确指令。汉成帝以后屡次征求"知兵法""明兵法"的人才，反映了朝廷对继承兵学的重视。

史籍记载，赵充国"少好将帅之节，而学兵法"[18]，张博遗书淮阳宪王刘钦："闻齐有驷先生者，善为《司马兵法》，大将之材也。"[19]《汉书·冯奉世传》说，冯奉世"读《兵法》明习"。《后汉书·冯异传》记载："（冯异）好读书，通《左氏春秋》《孙子兵法》"。《耿弇传》说："（耿秉）博通书记，能说《司马兵法》，尤好将帅之略。"《窦固传》也说："（窦固）好览书传，喜兵法。"又《冯绲传》："（冯绲）少学《春秋》《司马兵法》。"《三国志·魏书·贾逵传》写道："（贾逵）自为儿童，戏弄常设部伍，祖父习异之，曰：'汝大必为将率。'口授兵法数万言。"《蜀书·先主传》裴松之注引《益部耆旧杂记》说："（杨）修以公所撰兵书示（张）松，松宴饮之间一看便暗诵。"

除了对兵学进行总结、整理、说明和阐释的工作之外，汉代军人主要都是通过实战对前人经验进行发展创新。汉末著名军事家曹操和诸葛亮则在继承传世兵法的基础上做出了新的理论贡献。《三国志·魏书·武帝纪》裴松之注引孙盛《异同杂语》说："（曹操）博览群书，特好兵法，抄集诸家兵法，名曰《接要》，又注《孙武》十三篇，皆传于世。"《三国志·蜀书·诸葛亮传》："亮性长于巧思，损益连弩，木牛流马，皆出其意；推演兵法，作《八阵图》，咸得其要云。"《三国志·魏书·王昶传》所说王昶"著兵书十余篇，言奇正之用"等，也是增进兵家学说发展进步的实例。

东方朔自称"十九学《孙吴兵法》，战阵之具，钲鼓之教，亦诵二十二万言"[20]。《史记·司马穰苴列传》："太史公曰：余读《司马兵法》，闳廓深远，虽三代征伐，未能竟其义，如其文也，亦少褒矣。若夫穰苴，区区为小国行师，何暇及《司马兵法》之揖让乎？世既多《司马兵法》，以故不论，著穰苴之列传焉。"东方朔、司马迁并非军人，前者"学《孙吴兵法》"，自称能够记诵，后者也曾"读《司马兵法》"，并能把握其思想学术主旨，可知兵学在社会普遍的文化影响。又《史记·孙子吴起列传》："太史公曰：世俗所称师旅，皆道《孙子》十三篇、《吴起兵法》，世多有，故弗论，论其行事所施设者。"可见对于"《孙子》十三篇、《吴起兵法》"等，司马迁也是熟悉的。《三国志·吴书·孙权传》裴松之注引《吴录》说，沈友"善属文辞。兼好武事，注《孙子兵法》"，当是另一种情形。

建安年间，曾经"科禁内学及兵书"[21]，可知汉代社会确实曾经时兴兵学。这一文化现象，在乱世之秋，似乎曾经引起统治阶层中一些人的深心恐惧。

第二节　科学发明

一、农学成就

《汉书·艺文志》中著录农书九种，其中至少有三种是西汉时期的著作，可见当时农学已经成为一种专门的学科。

西汉农学专著中，以《氾胜之书》最为重要。

汉成帝时任议郎的农学家氾胜之，曾经在三辅地区指导农耕，据说关中农业经济之丰穰，与他成功地推广先进的农耕技术有关。《氾胜之书》是中国历史上第一部完整的农学著作，在《汉书·艺文志》"农家"类中称为"氾胜之十八篇"。其中关于种子处理技术、防治虫害技术等，都是相当先进的农业技术。使用氾胜之总结的溲种法，据说亩产可以达到一百石以上。

《氾胜之书》中说到的区田法，是一种自成体系的农田丰产技术。运用这种技术的目标，实际上是要把大田的耕作提高到园艺水平，对技术条件和人力条件的要求都比较高。

氾胜之的农学成就在汉代已经有广泛的影响。东汉末年著名学者郑玄注《周礼》和《礼记》，都曾经引用"氾胜之术"和《氾胜之书》。氾胜之对于农学的贡献，是当时农学发展水平的代表，正如唐人贾公彦《周礼疏》所说："汉时农书有数家，《氾胜》为上。"

《四民月令》成书于东汉后期，是对当时以洛阳地区为中心的中原田庄经营经验的总结。《四民月令》以历书的形式记录了一年十二个月内的许多农业生产经验和管理经验。《隋书·经籍志三》把这部书也列入农家著作之中。

《四民月令》记录了农副业经营的内容和方式。其所体现庄园经济注重因地制宜发展多种经营的农学思想的特征，特别引人注目。

二、中医学体系的建立

秦汉时期，中医学的体系建立起来。

编撰于战国时期、在西汉时最后写定的《黄帝内经》，是中国最早的一部较为完整的医书。其中《素问》部分假托黄帝与岐伯的对话，用阴阳五行思想解释人体生理病理现象和治疗原则。《灵枢》（或称《针经》）部分则记述针刺之法。汉代还有《难经》一书，用问难法解释《黄帝内经》，对其中的脉法、针法内容多有发挥。东汉时期出现的《神农本草经》，共收药物三百六十五种，是中国第一部完整的药物学著作。

《史记·扁鹊仓公列传》保存了治病多验的仓公（淳于意）诊籍二十余例，是最早的病案记录。考古发现的医药资料，有湖南长沙马王堆汉墓出土的《五十二病方》、湖北江陵张家山汉墓出土的《脉书》，以及武威医简、居延医简等，河北满城汉墓还出土有金制医针。四川绵阳双包山 2 号汉墓出土的针灸经脉漆木人形，是迄今为止世界上所发现最早的标有经脉流注的木质人体模型。

建安时期的名医张机、华佗，是当时病理学和医术造诣最高的人。张机针对汉末疾疫流行的灾难，著《伤寒杂病论》，后人整理为《伤寒论》和《金匮要略》二种。前者对伤寒诸症分析病理，提出疗法，确定药方；后者则是杂病医方的汇集，被尊奉为"群方

图 22-3 《五十二病方》帛书残片

图 22-4　马王堆汉墓出土《导引图》复原图

之祖"。张机因此被尊奉为"医圣",他的著作长期以来被看作中国医学的经典。

华佗精通方药针灸。对于针药不治的难症,他善于用外科手术加以治疗。术前令病人用酒调服"麻沸散"实行麻醉,然后进行手术。华佗认为人必须经常活动,方能血脉流通,强心健身。他倡起"五禽之戏",模仿动物的姿态以锻炼身体。马王堆汉墓出土有《导引图》,张家山汉墓出土有《引书》,五禽戏可能和导引之术相类似。

三、天文历算之学

在中国古代,天文与人文有神秘的关系。因此天文历算之学的发展,有特殊的条件。

东汉著名科学家张衡是有成就的文学家和反谶纬的思想家。他主张浑天说，认为天地之象如卵之裹黄，天外地内，天动地静。他撰有《灵宪》一书，解释天体演运的道理。书中正确地阐明了月光是日光的反照，月食是因月球进入地影形成的；还认识到行星运动的速度与距太阳的远近有关。张衡在天文学家落下闳、耿寿昌创制的浑天仪基础上，设计了一种新的浑天仪，其星宿出没与灵台观象所见完全符合。张衡还创造了候风地动仪，以测定地震的方位。

张衡的发明创造被当时人视为神异，于是有"数术穷天地，制作侔造化"，"奇伎伟艺"，"与神合契"的赞誉。[22]

秦代和汉初使用《颛顼历》。长沙马王堆汉墓出土的《五星占》和山东临沂银雀山汉墓出土的元光元年（前134）历谱，用的都是《颛顼历》。汉武帝命司马迁、唐都、落下闳等人修改历法，于太初元年（前104）颁行，称为《太初历》，以正月为岁首。这是中国第一部记载完整的历法。汉章帝元和二年（85），又改用新的《四分历》。

至迟在汉武帝时期，中国第一部天文历算著作《周髀算经》已经问世。这部书记载了用竿标测日影以求日高的方法，从而使勾股定理得以发现。

西汉时期，张苍、耿寿昌也整理过古代的算书。《汉书·艺文志》"历谱家"一类中，还有"《许商算术》二十六卷"，"《杜忠算术》十六卷"，然而都已经失传了。

汉代最重要的算学著作是《九章算术》。这是一部经过长期修改、充益而成的数学专著，其最后定型当在汉和帝时期。这部书是二百四十六个算术命题和解法的汇编，分为《方田》《粟米》《衰分》《少广》《商功》《均输》《盈不足》《方程》《勾股》等九个篇章。《九章算术》成书，标志着中国古代数学的完整体系的形成。在世界数学史上，《九章算术》也有重要的地位。

1983 年底至 1984 年初，湖北江陵张家山汉墓出土竹简有《算数书》，对于数学史研究来说是可贵的发现。《算数书》共有六十九个题名，按照现代数学的分类，其内容可以归纳为算术和几何两大类：算术部分，包括整数、分数、比例、盈不足；几何部分，包括体积、面积等。[23]

从《算数书》的内容可以了解当时中国数学已经发展到相当高的水平，在世界数学史上占有重要的地位。《算数书》对分数性质及运算法则进行了系统的归纳，并附有复杂的运算实例。而由此体现的对分数的完整认识，"在印度要迟至公元 7 世纪初方才出现，在欧洲要迟得更多"[24]。《算数书》有关分数除法的算法较刘徽注要早四个世纪。盈不足术是中国古代数学家所创造的[25]，《算数书》的发现又把盈不足术出现的年代大大提前了。《算数书》奠定了中国古代数学发展的基础，完成了先秦至秦代数学成就的系统的总结，对于汉代另一部数学名著《九章算术》的完成有着直接的影响。

湖北江陵张家山汉简《算数书》的发现，使我们对于秦汉时期数学发展的进程，有了更新更具体的认识。

湖南里耶秦简有关于所谓"九九表"的内容，这是目前所能够看到的简牍中有关"九九表"的最早记载。居延汉简也发现记录乘法口诀的简文。这些情形都反映数学应用方式在民间的普及。

四、纸的发明

秦汉时期，曾经普遍以简帛作为主要书写材料。但是，简编笨重，缣帛昂贵，都不便于文书的普及。"纸"，原本是书契所用缣帛的名称，后来却被用以称呼这种用植物纤维制造的书写材料了。

《后汉书·宦者列传·蔡伦》说，自古以来文书大多用竹简编集而成，也有用缣帛书写的，一般称之为"纸"。缣帛价贵而竹简沉重，都有不便于收藏和不便于流传的缺点。蔡伦于是独创新意，使用树皮、麻头、破布和渔网加工造成新的"纸"，在汉和帝元兴元年（105）呈献皇帝，皇帝赞赏他的巧思精意，从此信用有加，于是天下都称这种纸为"蔡侯纸"。

现在人们一般公认，所谓"蔡侯纸"并不是最早的纸。

近数十年考古工作的收获表明，陕西西安灞桥、新疆罗布淖尔、陕西扶风、居延肩水金关遗址和甘肃敦煌马圈湾遗址都曾经有西汉麻纸残片发现。对于所谓"灞桥纸"的性质，目前还存在异议。而"马圈湾纸"中最大的一片，长三十二厘米，最宽二十厘米，同出纪年简，最早为汉宣帝元康年间。可见早在西汉中期，纸已经出现。而1986年甘肃天水放马滩汉墓中出土的纸质地图残块，是目前所知最早的纸张实物，可以证实西汉早期已经发明了可以用于绘写的纸。至西汉末年，造纸技术已经相当成熟。甘肃武威旱滩坡东汉晚期墓中，还发现了留有文字墨迹的纸片，可以辨识"青贝"等字。可知偏远地区已经用纸。新疆民丰东汉墓曾经出土揉成卷的纸，说明当时纸已经传布到西域地区。今后可能还会有年代更为明确的用作书写材料的古纸出土。

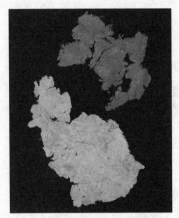

图 22-5　敦煌马圈湾出土西汉麻纸

　　近年关于中国造纸史的讨论中，西汉纸是否存在以及蔡伦的地位如何判定，成为争论的焦点。承认西汉已经存在用于书写和绘图的古纸，同时充分肯定蔡伦总结民间造纸技术，利用宫廷作坊的财力物力加以试验和改进，使造纸工艺定型化，同时降低生产成本，提高纸张质量的历史功绩，应当说，这样的态度是比较科学的，这样的认识是比较接近历史真实的。

　　《艺文类聚》卷三一引马融《与窦伯向书》："孟陵奴来，赐书，见手迹，欢喜何量，次于面也。书虽两纸，纸八行，行七字，七八五十六字，百一十二言耳。"又引张奂《与阴氏书》："笃念既密，文章灿烂，名实相副，奉读周旋，纸弊墨渝，不离于手。"又如《北堂书钞》卷一〇四引延笃《答张奂书》："伯英来，惠书四纸，读之反复，喜不可言。"可见纸已经逐渐应用于民间通信活动中。《艺文类聚》卷三一又引崔瑗《与葛元甫书》："今遣奉书，钱千为贽，并送许子十卷，贫不及素，但以纸耳。"这四封年代大约为东汉中期的书信，都反映当时纸已经成为较为普遍地应用于民间的书写材料。

造纸术是中华民族的伟大发明。纸的发明，在古代中国所谓"四大发明"中，或许应当说是年代较早、影响则最为久远、对文明发展的积极推进作用也最为显著的文化贡献。纸在社会生活中的广泛应用，使得信息的记录、储存、传播和继承，都有了革命性的进步。

第三节　艺术成就

一、美　术

秦咸阳宫遗址出土壁画残片，说明当时的宫殿建筑大多采用彩画作为装饰。王延寿《鲁灵光殿赋》所谓"图画天地，品类群生，杂物奇怪，山神海灵，写载其状，托之丹青，千变万化，事各缪形，随色象类，曲得其情"，应当是普遍的情形。考古发现的汉墓壁画有天象、神仙、山川、龙凤和历史人物等主题，笔法活跃生动，色彩富丽鲜明。

画像石和画像砖的画面，有些内容今人已经不易理解，但是其艺术手法的高超，依然显示出无穷的感染力。漆器图案明丽鲜艳的色调和流动如生的线条，也显现出秦汉艺术的骄人光彩。出土帛画

图 22-6　秦咸阳 1 号宫殿遗址出土壁画

图 22-7　甘肃武威雷台汉墓出土"天马"

作品因历时长久而画面已经不再鲜亮，以服务于神秘主题的庄重与充实，呈示出艺术手法的优越。

雕塑作品的大宗是墓葬出土的明器。陶俑往往形态逼真、表情生动，陶质动物模型的制作也细致精心。木雕作品保存至今的数量有限，也是研究艺术史的珍贵标本。秦始皇铸作的十二"金人"，我们今天已经难以详知其具体形制。而秦汉青铜器附属结构出现的人形装饰，也是意匠高超的艺术作品。甘肃武威雷台汉墓出土青铜"天马"，可以看作表现超逸奔放的艺术精神的杰作。以"舞人"为表现对象的玉人，则以双重形式反映了秦汉艺术的风格和水平。

二、音乐舞蹈

善击筑者高渐离"举筑朴秦皇帝"的故事[26]，说明秦宫廷对音乐的喜好。李斯《谏逐客书》所谓"真秦之声"和"异国之乐"，也反映了同样的情形。垓下四面楚歌形势以及虞姬别霸王情景，说明歌舞在当时社会上下的普及程度。《史记·高祖本纪》记载，刘邦回乡，"发沛中儿得百二十人，教之歌。酒酣，高祖击筑，自为歌诗曰：'大风起兮云飞扬，威加海内兮归故乡，安得猛士兮守四方！'令儿皆和习之。高祖乃起舞，慷慨伤怀，泣数行下"。这一百二十个歌唱《大风歌》的沛中小儿，又称作"歌儿"，后来成为沛地高祖原庙的职业歌手。当时"民间祠"也是"鼓舞乐"的表演场地之一。《盐铁论·散不足》说："今富者钟鼓五乐，歌儿数曹，中者鸣竽调瑟，郑儛赵讴。"得到汉

图 22-8　陕西西安出土西汉舞俑

图 22-9　汉代"宴乐图"画像砖

图 22-10　河南南阳"优戏图"画像砖

图 22-11　四川成都出土说唱俑

武帝爱幸，后来位居皇后之尊的卫子夫原本就是这样的专职歌唱演员，《艺文类聚》卷一二引桓子《新论》称之为"歌儿卫子夫"。《史记·外戚世家》则说"子夫为平阳主讴者"，"讴者进，上望见，独说卫子夫"。《后汉书·宦者列传》指责当权宦官生活的奢贵："嫱媛、侍儿、歌童、舞女之玩，充备绮室。"李贤注："《昌言》曰：'为音乐则歌儿、舞女，千曹而迭起。'"由所谓"千曹而迭起"，可知当时服务于社会权贵阶层消费生活的"歌儿"的数量。除了"歌儿""讴者"外，这些艺术表演者还有"歌人""歌童"等称谓。《三国志·蜀书·刘琰传》说其"侍婢数十，皆能为声乐"，也反映了富家贵族注重音乐欣赏的休闲生活习尚。

《汉书·礼乐志》说到汉武帝设立"乐府"机构，"采诗夜诵，有赵、代、秦、楚之讴。以李延年为协律都尉，多举司马相如等数十人造为诗赋，略论律吕，以合八音之调，作十九章之歌。以正月上辛用事甘泉圜丘，使童男女七十人俱歌，昏祠至明"。皇家享乐生活和神祠仪式的需要，使得宫廷音乐在专家的参与下得到了艺术提升和理论总结。《史记·佞幸列传》写道："延年善歌，为变新声，而上方兴天地祠，欲造乐诗歌弦之。延年善承意，弦次初诗。"以"善歌"著称的李延年将神祠诗配乐，又对音乐学有所创新，即"为变新声"。

《汉书·艺文志》中可以看到的"乐六家，百六十五篇"，绝大部分是汉代人的著作。"歌诗二十八家，三百一十四篇"，包括宗庙歌诗，也包括各地的民间歌诗。

三、戏剧的雏形

"百戏"在汉代已经成为乐舞杂技的总称。这里出现的"戏"字，和后来戏剧的"戏"未可完全等同。不过，汉代已经出现了戏剧的雏形。

"东海黄公"故事是汉代百戏表演中的一个固定的节目。张衡《西京赋》写道："东海黄公，赤刀粤祝，冀厌白虎，卒不能救。"今本《西京杂记》卷三可以看到有关"东海黄公"的事迹，为"术"以"制蛇御虎"。又说"三辅人俗用以为戏，汉帝亦取以为角抵之戏焉"，可知"东海黄公"实际上已经成为早期"戏"的主角。

有的学者指出，"东海黄公"表演，"颇与后世戏剧有关"。"角抵之戏，本为竞技性质，固无需要有故事的穿插。东海黄公之用为角抵，或即因其最后须扮为与虎争斗之状。即此，正可说明故事的表演，随在都可以插入。各项技艺，已借故事的情节，由单纯渐趋于综合。后世戏剧，实于此完成其第一阶段。"[27]所谓"东海黄公"表演"颇与后世戏剧有关"的说法，后来又改订为"与后世戏剧具有直接渊源"。[28]所谓"后世戏剧，实于此完成其第一阶段"的说法，则改订为"后世戏剧，实于此发端"[29]，语气更为肯定。这样的意见，得到了许多戏剧史学者的赞同。[30]

四、建筑艺术

汉代画像所见关城、宫阙、市亭、桥梁，都反映出当时公共建筑设计的美学要求。

图 22-12　陕西榆林出土龟形铜灶

图 22-13　王莽礼制建筑遗址出土四神瓦当

通过墓葬出土建筑模型所看到的当时的民居建筑，结构造型也透露出当时社会普遍的审美意识绝不低俗。

即使是一般汉墓普遍作为随葬品的仓、井、灶的模型，也各有自己的艺术个性，并不相互仿拟，彼此雷同。

秦汉瓦当是其他历史时期罕见的艺术珍品。图案和文字的优美和谐的有机结合，体现出设计者和制作者的巧思。壁画、穹顶画和门画的形式，铺地花纹砖的构图，青铜建筑构件的图案，也都是说明当时建筑艺术的文物遗存。

第二十三章

秦汉妇女的地位

　　秦汉时期，妇女的地位、妇女的作用、妇女的权利保障，与其他若干历史时期比较，在某些方面有明显的不同。分析秦汉妇女的地位，也可以从一个特殊的侧面认识和理解秦汉社会生活的风貌。

第一节　秦始皇自迎太后

　　关于妇女在社会生活中的地位，秦代的历史资料有限，不过我们还是可以透过一些文化现象获得点滴的发现。

　　秦昭王母宣太后芈氏，曾经在秦政治史上有所表现。有人说，"太后"称谓，始见于宣太后事。也有人说，太后专权，正自宣太后始。《史记·穰侯列传》记载："昭王少，宣太后自治，任魏冉为政。"这一情形到范雎当政之后方才改变。我们更为注意的，是宣太后事迹中涉及性别关系的内容。《史记·匈奴列传》记述："秦昭王时，义渠戎王与宣太后乱，有二子。宣太后诈而杀义渠戎王于甘泉，遂起兵伐残义渠。于是秦有陇西、北地、上郡，筑长城以拒胡。"宣太后能够纵情而不避忌异族，又能够借情感关系而谋取军政实利，为了国家利益而不惜斩断情丝，实是奇悍女子。宣太后有关性别关系的意识，还可以通过其他事迹有所显示。《战国策·秦策二》有"秦宣太后爱魏丑夫"条，其中写道，秦宣太后与魏丑夫私情深厚。病将死时，出令曰："为我葬，必以魏子为殉。"身为太后，私情全不避外人，甚至期望死后依然专宠其爱。

又《战国策·韩策二》记载，楚攻韩，韩使者求救于秦，有"唇揭者其齿寒"之说，得以为宣太后接见。宣太后说："妾事先王也，先王以其髀加妾之身，妾困不疲也；尽置其身妾之上，而妾弗重也，何也？以其少有利焉。""夫救韩之危，日费千金，独不可使妾少有利焉。"宣太后以性爱动作为喻言国家之"利"，于史绝无仅有。清人王士禛《池北偶谈》评论道："此等淫亵语，出于妇人之口，入于使者之耳，载于国史之笔，皆大奇。"

数十年后，秦史上又一位观念和性格与宣太后颇为相近的太后，即史书有时直称"秦始皇太后"的秦王嬴政的母亲，也有引人注目的历史表演。

《史记·吕不韦列传》说，秦庄襄王薨，太子政立为王，尊吕不韦为相国，号称"仲父"。秦王年少，太后时时暗自私通吕不韦。司马迁又记述："始皇帝益壮，太后淫不止。"吕不韦又推荐大阴人嫪毐冒充宦者，以满足太后私欲。对于嫪毐之"毐"，清人黄宗炎《周易象辞》解释说："'毐'之文从士从母，即老妇士夫之谓。"

秦王政九年（前238），嫪毐因为秽乱宫闱的行为终于败露，在嬴政往雍行郊礼时发动兵变。嬴政发军平定变乱，追斩嫪毐，又在咸阳一举整肃了嫪毐集团成员数百人。在这次史称"蕲年宫之变"的事件后，相国吕不韦也因嫪毐一案免职。而嬴政的另一举措，是杀害了母后的两个私生子。

事后，秦王嬴政将对于太后的处理予以修正。《史记·秦始皇本纪》记载："齐人茅焦说秦王曰：'秦方以天下为事，而大王有迁母太后之名，恐诸侯闻之，由此倍秦也。'"秦王于是迎太后入咸阳，重新居住于甘泉宫。据张守节《正义》引《说苑》，茅焦谏言："陛下车裂假父，有嫉妒之心；囊扑两弟，有不慈之名；迁母咸阳，有不孝之行。""天下闻之，尽瓦解，无向秦者。"于是，"王乃自迎太后归咸阳"。

以宣太后和嬴政母后事迹相比较，可以看到两者均在政治上专权，生活上不谨。而秦昭襄王和秦王嬴政对母后的处置，方式则大有不同。显然前者较为宽和，后者较为严厉。秦昭襄王不废宣太后，而秦王嬴政对待太后事实上已经形同于废。如果从性别关系史的视角来考察，可以感觉到明显的历史变化。可能从最高执政者的立场来看，女性对男性的冲犯已渐不可容忍。秦国在蕲年宫之变发生，嬴政"迁母太后"时已经占据了大片东方土地，东方社会传统礼俗必然已经对秦俗发生了影响，这一历史变化也值得注意。

以这一思路考虑，则秦始皇东巡刻石强调正统道德伦理，规定性别等级定式的所谓"贵贱分明，男女礼顺，慎遵职事；昭隔内外，靡不清净，施于后嗣"，"男乐其畴，女修其业，事各有序"，"饰省宣义，有子而嫁，倍死不贞；防隔内外，禁止淫泆，男女絜诚；夫为寄豭，杀之无罪，男秉义程；妻为逃嫁，子不得母，咸化廉清；大治濯俗，天下承风，蒙被休经”等宣传，其文化背景也可以趋于明朗。

秦始皇先是“迁母太后”，后来又“自迎太后归咸阳”，对于母权先抗争后妥协，其态度的微妙变化是值得注意的。

第二节　汉代的女权

说到汉代的女权，可能有人首先会想到曾经家喻户晓的吕后专政故事。吕后多谋而果断，汉并天下后，曾经努力协助刘邦剪除异姓诸侯王。她处死韩信，力促刘邦夷灭彭越宗族。汉惠帝死后，吕后临朝称制八年，擅权用事。其实，汉代这种所谓“母党专政”“权在外家”[1]的情形屡有发生。例如东汉时期，“多女主临朝，不得不用其父兄子弟，以寄腹心，于是权势太盛”[2]，这正是外戚势力上升的原因。

汉武帝是武功卓越的帝王，而卫青以皇后卫子夫同母弟的身份被任命为大将军，霍去病以卫子夫姊子的身份被任命为骠骑将军，李广利以汉武帝所宠幸李夫人兄的身份被任命为贰师将军。汉武帝时代的三位名将都由女宠擢升，也是可以反映汉代妇女对政治生活有重要影响的迹象。

世系从母系方面来确定，是远古时代的婚姻关系所决定的。郑樵在《通志・氏族略》中曾经指出，直到三代以后，“姓之字多从女，如姬、姜、嬴、姒、妫、姞、妘、嬭、姺、嫪是也”。其实在汉代，仍然可以看到承认女系这一古老文化现象的遗存。汉景帝长子刘荣因母为栗姬，于是被称为"栗太子"。汉武帝子刘据立为太子，因其生母为卫皇后卫子夫，又被称为"卫太子"。刘据的儿子刘进，因生母为史良娣，所以又被称作"史皇孙"。平阳公主也随母姓，号"孙公主"。汉灵帝的儿子刘协，也就是后来的汉献帝，因为由董太后亲自抚养，称"董侯"。淮南国太子有称为"蓼太子"者，据说"蓼"也是"外家姓"。[3]这一现象不仅表现在皇族。高祖功臣夏侯婴的曾孙夏侯颇娶了被称为"孙公主"的平阳公主，以致后世"子孙更为孙氏"。[4]

姓氏从母，是保留古风而文明程度较为落后的民族习俗。匈奴人据说"其俗贵者皆从母姓"。[5]汉代上层社会可以看到同样的现象，是令人惊异的。

关于女性祖先"妣"，除了通常"祖妣"的说法而外，也有"妣祖"称谓。也就是说，女性祖先被置于男性祖先之前。"妣祖"之说由来尚早，如《诗·小雅·斯干》："似续妣祖，筑室百堵。"这样的说法在汉代文献中仍然可以看到。例如王粲《太庙颂》："昭大孝，衍妣祖。"《汉书·郊祀志下》记载王莽宣布的礼祀制度，说到"祀天神，祭地祇，祀四望，祭山川，享先妣先祖"。按照颜师古的解释，这是《周礼·春官》规定的"大司乐"的职能，先妣是指周人始祖姜嫄，先祖是指周部族的早期领袖先王先公。《周礼·春官·大司乐》中"享先妣"在"享先祖"之先。汉代学者郑玄的解释，确实是"先妣，姜嫄也"，"先祖谓先王先公"。传说周人世系最早始于姜嫄踩了巨人的脚印于是怀孕而生后稷[6]，以此来解释"享先妣"先于"享先祖"现象的说法，当然是可以成立的，但是王粲"衍姓祖"之说却与周人祭祀秩序没有直接关系。可能对于汉代一般人来说，"先姓"较"先祖"占据着更尊贵的地位，在祭祀礼俗中也应当更为优先的意识依然存在。

明代史学家张燧曾经著《千百年眼》一书，作纵横千百年的历史评论。这部书的卷四有"汉高祖尊母不尊父"条，说汉高祖刘邦即皇帝位后，先封吕雉为皇后，封子为皇太子，又追封其母曰昭灵夫人，但是当时其父太公却"遗而不封"，张燧以为"不可解"。张燧以为刘邦先封其母却遗忘其父大可惊异，却没有说明其中的原因。其实，能够指出"尊母不尊父"这一现象，已经是重要的历史文化发现了。

汉代还多有妇女封侯，得以拥有爵位和封邑的情形。例如，汉高祖刘邦封兄伯妻为阴安侯。吕后当政，封萧何夫人为酂侯，樊哙妻吕嬃为临光侯。汉文帝时，赐诸侯王女邑各二千户。汉武帝也曾经尊王皇后母臧儿为平原君，王皇后前夫金氏女为修成君，赐以汤沐邑。汉宣帝赐外祖母号为博平君，以博平、蠡吾两县户万一千为汤沐邑。王莽母赐号为功显君。王莽又曾建议封王太后的姊妹王君侠为广恩君，王君力为广惠君，王君弟为广施君，皆食汤沐邑。东汉时期，东海王刘强临终上疏曾经说道："天恩愍哀，以臣无男之故，处臣三女小国侯，此臣宿昔常计。"[7] 汉光武帝刘秀的儿子刘强因为无子，三个女儿都被封为"小国侯"，刘强于是终生感激。两汉史籍记载女子封侯封君事，多至三十余例。

汉代贵族妇女在婚姻关系和家庭生活中占据较高地位，也留下了比较显著的社会历史印痕。《汉书·王吉传》记载，汉宣帝时，王吉曾经上疏评论政治得失，谈到"汉家列侯尚公主，诸侯国则国人承翁主"的情形,他认为:"使男事女,夫诎于妇,逆阴阳之位,故多女乱。"将所谓"女乱"即政治生活中女子专权现象的原因,归结为社会生活中女子尊贵现象的影响。"使男事女,夫诎于妇"的情形在民间也有表现。妇女有较高的社会地位,在有些地区甚至长期成为一种民俗特征。《汉书·地理志下》关于陈国(今河南淮阳附近)地方的民间风习,就有"妇人尊贵"的记述。

汉代妇女对于个人情感生活的体验形式,与后世比较,可能也有值得注意的差异。汉武帝的姑母馆陶公主寡居,宠幸董偃,一时"名称城中,号曰'董君'"。他建议馆陶公主以长门园献汉武帝。汉武帝大悦,在探望馆陶公主时尊称董偃为"主人翁",相见欢饮,一时"董君贵宠,天下莫不闻"。于是,这种"败男女之化,而乱婚姻之礼,伤王制"的不合礼法的关系经皇帝的承认而得以合法化。据说"是后公主贵人多逾礼制,自董偃始"。[8] 汉昭帝的姐姐鄂邑盖公主"内行不修,近幸河间丁外人"。据《汉书·霍光传》,骠骑将军上官桀等甚至依照国家以往"以列侯尚公主"的制度,"欲为外人求封",遭到拒绝之后,"又为外人求光禄大夫",丝毫不以为这是一种不光彩的关系。《汉书·胡建传》则称丁外人为"帝姊盖主私夫"。当时上层社会对于这种关系,似乎也没有形成沉重的舆论压力。

汉家公主不讳私夫,天子安之若素,朝野亦司空见惯,贵族重臣甚至上书乞封。皇族妇女的这种行为能够堂而皇之面对社会,是有一定的历史文化背景为条件的。在当时的社会,寡妇再嫁是自然而合理的事。史书中记载的社会上层妇女比较著名的实例,就有薄姬初嫁魏豹,再嫁刘邦;平阳公主初嫁曹时,再嫁卫青;敬武公主初嫁张临，再嫁薛宣；王媪初嫁王更得，再嫁王乃始；许嬫初嫁龙额思侯，再嫁淳于长；汉元帝冯昭仪母初嫁冯昭仪父，再嫁郑翁；臧儿初嫁王仲，再嫁长陵田氏；汉桓帝邓后母初嫁邓香，再嫁梁纪等。

汉光武帝时，帝姊湖阳公主新寡，刘秀与共论群臣，有心微察其意向。公主说："宋公威容德器，群臣莫及。"表示对大司空宋弘德才与仪表的爱慕。刘秀愿意谋求撮合。据《后汉书·宋弘传》，刘秀后来专意接见宋弘，让公主坐在屏风后面，又对宋弘说：都说人尊贵了就会换朋友，富有了就会换妻子，这也是人之常情吧？宋弘则说："臣闻贫贱之知不可忘，糟糠之妻不下堂。"刘秀于是对公主说："事不谐矣。"告诉她事情没有办成。虽然宋弘拒绝了刘秀的暗示，其事最终"不谐"，但是湖阳公主敢于主动追求有妇之夫的行为，可以看作反映当时社会风尚的重要信息。

关于平阳公主之再嫁，《史记·外戚世家》褚少孙补述：是时平阳公主寡居，按照传统，当以列侯尚公主。公主与左右议论长安中列侯可以为夫者，众人皆言大将军可。主笑曰：此人出自我家，以前常常作为侍卫从我出入的，现在怎么能作为丈夫呢？左右侍御者曰："今大将军姊为皇后，三子为侯，富贵振动天下，主何以易之乎？"公主于是同意。言之皇后，让她转告武帝，汉武帝乃诏令卫将军尚平阳公主。可以看到，平阳公主择定再嫁的对象时，非常大方地与"左右侍御者"公开讨论，"主笑曰"云云，也反映其态度的坦然自若。而从公主一方同意，事实上已经使婚姻成为定局，可知妇女在这种婚姻再构过程中往往居主动地位。且先"言之皇后"，而后"令白之武帝"的程序，也说明女子在这种过程中的重要作用。

汉初丞相陈平的妻子，据说在嫁给陈平之前已曾五次守寡。《史记·陈丞相世家》说："户牖富人有张负，张负女孙五嫁而夫辄死，人莫敢娶。（陈）平欲得之。"城中有人办丧事，陈平"侍丧"，尽心竭力。张负于是对陈平产生良好印象，又随陈平至其家，看到家虽穷弊，然而"门外多有长者车辙"。张负对其子张仲曰：我愿意把孙女嫁给陈平。张仲以陈平"贫不事事，一县中尽笑其所为"，表示疑虑。张负坚持道：像陈平这样出色的人怎么能长久贫贱呢？于是决意成就了这一婚姻。陈平妻子多次再嫁的故事，说明当时社会舆论并不对寡妇再婚形成压力。寡妇的尊长不但不劝她守节，而且帮助她再次择偶，并不以女儿为寡妇，而降低其选定婚姻对象的标准。

汉代寡妇再嫁不受约束、不失体面的风习，至汉末仍然多有史证。三国魏、蜀、吴政权的第一个皇帝，都曾经娶过再嫁的寡妇。

在婚姻离异时也可以采取主动，同样是汉代妇女的权利。著名的朱买臣故事可以作为例证。《汉书·朱买臣传》说，朱买臣妻因丈夫家贫，"羞之，求去"，"买臣不能留，即听去"。李白有《妾薄命》诗："雨落不上天，覆水难再收。君情与妾意，各自东西流。"后来朱买臣夫妻离异故事在民间传播，以此为主题的戏曲就有元杂剧《渔樵记》、清传奇《烂柯山》、京剧《马前泼水》等。其实朱买臣富贵后重见前妻事，也并没有覆水难收的情节。[9] "马前泼水"故事的衍化，其实可能也是后世人未能真正理解汉代人精神风貌的一种反映。我们所注意的，是朱买臣妻主动离婚的事实。女方"求去"，男方"不能留，即听去"，前者要求同意，后者未能挽回，于是勉强应允。这种妇方主动提出协议离婚的情形，在汉代以后的中国正统社会中是不多见的。

《汉书·张敞传》说，汉宣帝时地位相当于京畿地区最高行政长官的京兆尹张敞，据说"为妇画眉，长安中传张京兆眉怃"。张敞这样的高级官僚亲自为妻子画眉，眉样媚好，一时传闻京中。于是所谓"京兆画眉""京兆眉妩"，成为形容夫妻和美的典实。张敞的这一行为被有关部门举奏，皇帝曾经亲自询问，张敞答对巧妙，又因皇帝爱其才能，所以未受责备。看来，"为妇画眉"，对于高官似乎是不寻常的举动，然而在一般平民中则可能未必令人惊异。东汉名士樊英患病，妻子派婢女探问，樊英竟起身下床答拜。有人不免诧异，樊英解释说："妻，齐也，共奉祭祀，礼无不答。"[10] 一个"齐"字，一个"共"字，在某种意义上表现出汉代人在家庭关系中男女平等的意识。

班固在《白虎通·嫁娶》中也曾经强调："妻，齐也，与夫齐体。"陈登原《国史旧闻》卷二八指出："汉人虽曰已轻妇女，如曰夫为妻纲[11]，如曰二女为奻[12]，如曰不敢仰视[13]，然尚有不讳再嫁之事[14]，尚有以妻为齐之说。"如果我们借用"妻，齐也"的说法总结汉代妇女在若干方面享有与男子大体相当的权利这一事实，可能也是适宜的。当然，这种权利与现代意义上的"女权"不能同日而语，但是回顾这段历史，对于真切地认识中国古代妇女史的全貌，应当是有益的。

上述有关汉代妇女在社会生活中的地位的情形，自然是在复杂的历史文化背景下形成的。据《汉书·文三王传》，梁荒王刘嘉的妹妹刘园子与梁王刘立有隐情，败露后，刘立惶恐自责，其中有

"渐渍小国之俗"语。所谓"小国之俗"，应当包括与华夏人杂居的其他部族的文化影响。推想在汉文化融合多种文化因素初步形成的时代，儒学礼制尚未能规范所有的社会层面，"夫为妻纲"的性别统治格局也还没有定型，于是存在"妇人尊贵"的现象。

第二十四章

秦汉儿童的生活

秦汉时期社会意识中"宜子孙"的愿望有明显的社会文化表现。民间"子孙蕃昌"和权贵之家"宜百子""百斯男"的祈望,与强盛宗族实力的"子孙充实"观念有关,同时体现了当时社会积极期待于未来,亦特殊爱重儿童的文化特征。秦汉儿童教育有了新的进步,儿童健康问题也得到更多的保障。

第一节 "宜子孙"意识和"子孙蕃昌"愿望

汉代文化遗存中多见作为理想表述的"宜子孙"文字。

内蒙古呼和浩特出土的西汉长乐未央砖,有"苌乐未英子孙益昌"字样。又如西汉"千秋万世"砖,文字写作"长乐未英子孙益昌千秋万世"。出土于浙江湖州的东汉永元六年(94)砖文,可见"大吉宜子孙"。四川西昌出土东汉"宜子孙"砖,有文字"宜子孙长大吉利"。汉镜铭文也频繁出现"宜子孙"字样。

汉镜铭文又多有说到"子孙具"和"子孙备具"者,反映了一种普遍的社会愿望。汉镜铭文"五男四女凡九子",或许可以帮助我们理解"子孙具"和"子孙备具"的含义。对子孙的数量,也有提出更高期求的,如"八子九孙""八子十二孙"等。汉印文字可见所谓"建明德,子千亿,保万年,治无极"。其中"子千亿",祈望子祀之多,至于惊人的程度。

汉镜铭文多见所谓"子孙蕃昌",体现出民间渴求多子的普遍愿望。考察秦汉时期的儿童生活,应当注意这样的观念背景。

第二节 "小儿医"与儿童健康的进步

《史记·扁鹊仓公列传》记载,"扁鹊名闻天下",据说"闻秦人爱小儿,即为小儿医"。名医的参与,自然会使医学的这一门类取得比较大的进步。汉代"小儿医"成为更成熟的医学专业。《汉书·艺文志》著录的"经方十一家"中,有"《妇人婴儿方》十九卷",应当是妇科和儿科知识的合集。

马王堆汉墓出土帛书中,堪称迄今为止中国已发现最古的医学方书《五十二病方》,就已经记录了若干汉代"小儿医"的医疗经验的总结。书中首列对于"外伤性疾病"的医方,其次就是针对"婴儿索痉""婴儿病闲(痫)""婴儿瘛(瘦)"的病方,足见对"小儿"疾病的重视。

《史记·扁鹊仓公列传》记载了名医淳于意事迹，涉及二十多个病例。这些医疗档案中可以看到儿童患者的病情与医疗方式记录，如"齐王中子诸婴儿小子病，召臣意诊切其脉"。汉末名医华佗医治的病例中，也有儿科疾病。《三国志·魏书·方技传·华佗》记载："东阳陈叔山小男二岁得疾，下利常先啼，日以羸困。"华佗用药，"十日即除"。一个两岁的孩子患病，身体越来越瘦弱。华佗判断与"乳中虚冷，儿得母寒"有关，后来果然药到病除。

东汉著名医学家张仲景著《金匮要略方论·妇人杂病脉证并治第二十二》有《小儿疳虫蚀齿方》，又《金匮要略方论·杂疗方第二十三》有《救小儿卒死而吐利不知是何病方》。这些记录，都是当时"小儿医"治疗经验的遗存。

汉代"小儿医"的进步，是中国传统医学迈向新阶段的学术迹象之一。中国儿科医学在这一时期奠基，也是以当时社会对儿童健康问题的重视为背景的。

第三节 "生子不举"迷信

秦汉时期"小儿医"受到重视，然而由于某种神秘主义意识的影响，一些婴儿的初生权却得不到保障。当时社会遗存关于"生子不举"的礼俗迷信，民间弃婴行为也多见于历史记载。这些反人性的现象，反映当时婴幼儿的生存权利受到漠视和侵犯的情形。认识由此体现的当时社会生命意识的薄弱，对于社会史和文化史的理解，都是有意义的。

睡虎地秦简《法律答问》有这样的内容：擅自杀子，应施黥刑，罚作城旦舂的劳役。如小儿生下时身上长有异物以及肢体不全，因而杀死，不予治罪。如新生小儿，身体完好，没有生长异物，只是由于孩子太多，不愿他活下来，就不加养育而把他杀死，应作为杀子论处。可见，法律不惩罚杀害残疾婴儿的行为，如果是发育正常的婴儿，"弗举而杀之"，应当给予"黥为城旦舂"的法律处罚。睡虎地秦简《法律答问》还有这样的条文：士伍甲无子，以其侄为后嗣，在一起居住，而擅自将他杀死，应当弃市。张家山汉简《二年律令》中的《贼律》，有父母殴打其子致死也应当抵罪的内容。

汉代否定"生子不举"行为的法律规定称作"去子之法"。《三国志·魏书·郑浑传》说到东汉末年有的地方依然存在"生子不举"的民间风习，而郑浑行政，在法律约束的同时又注重通过经济开发予以引导，"课使耕桑，又兼开稻田，重去子之法"。郑浑在"重去子之法"的同时采取了提升其经济意识并促成民间富裕的措施，于是，"民初畏罪，后稍丰给，无不举赡"。郑浑以开明的政策移风易俗，虽然改变了"生子不举"的风习，而方式却绝不生硬，因此能够大得民心，以致民间"所育男女，多以郑为字"。

第六篇

秦汉历史的转变

第二十五章

儒风的流布与正统意识形态秩序的形成

与其他历史时期比较，秦汉时期的社会文化表现出若干富有时代特色的面貌。秦汉社会独有的文化风貌，是我们在回顾我们民族文化演进的漫长轨迹时，不可以忽视的历史存在。而其中有些重要的特征，是在秦汉历史变迁的过程中逐步形成的。在总结秦汉史时，也应当就此做必要的说明。例如，儒学地位的空前提高，儒学的社会普及，儒学成为正统意识形态的主导，就是秦汉历史进程中的重大变化。

第一节　齐鲁文化的特点

齐鲁地区基础深厚的文化，在战国时代已经形成对周边地区有重要影响的显著领先的优势。秦汉时期，齐鲁文化在保持自己的个性的同时，又积极参与了"远迩同度"[1]的文化共同体的建设。

秦最后灭齐。刘邦的汉军在歼灭项羽军之后，项羽已死，楚地皆降汉，独有鲁地依然坚持。刘邦于是引天下兵欲屠之，只是因为尊重其守礼义而又为主死节的缘故，乃持项王头颅视鲁，鲁父兄方才降汉。起先楚怀王初封项羽为鲁公，及其死，鲁地最后归汉，所以以鲁公礼葬项羽于谷城（今山东平阴西南）。[2]西汉王朝在策划迁徙关东贵族豪杰名家居关中时，首先想到的便是"徙齐诸田"[3]。齐鲁地区的文化实力和文化影响，一直是处于关西的最高统治集团不可以须臾轻视的。

《史记·儒林列传》说，天下并争于战国，儒术有所削弱，但是齐鲁之间，学者独不废也。于齐威王、齐宣王之际，孟子、荀卿之列，都遵孔子之业并且润色发扬，以学显于当世。司马迁还写道，等到刘邦诛项羽，举兵围鲁，鲁中诸儒仍然在讲诵经典、演习礼乐，弦歌之声不绝，这里难道不是"圣人之遗化，好礼乐之国"吗？司马迁又说："夫齐鲁之间于文学，自古以来，其天性也。"

司马迁曾经赞颂鲁人的"揖让之礼"[4]，他还曾经亲临鲁地，感受这里特殊的文化氛围。他在《史记·孔子世家》中写道：我读孔氏之书，想见其为人。来到鲁地看到孔子的庙堂车服礼器，以及诸生按时演习礼仪的情形，我流连许久不能离去。天下君主道德能够达到贤人水平的有许多，而当时荣耀，死后则无声无息了。孔子布衣，传十余世，学者依然宗法崇敬。上自天子王侯，中国说到"六艺"都不能不以孔子的见解作为准则，孔子真可以称为"至圣"啊！《史记·齐太公世家》记载，他在踏上齐国故土时，也曾经发出由衷的感叹："洋洋哉，固大国之风也！"

可以推知，司马迁千里游学，"北涉汶、泗，讲业齐鲁之都，观孔子之遗风，乡射邹、峄"[5]的经历，对于他学术素养的形成和文化资质的造就，有重要的意义。对于鲁文化的特色，《汉书·地理志下》特别强调了其重视文教礼义的基本风格，其民有圣人之教化，所以孔子说："齐一变至于鲁，鲁一变至于道。"这样的说法是接近历史真实的。濒洙泗之水，其民涉渡河水，幼者扶老而代其任。后来民风变化，长老不自安，与少者相让，所以说："鲁道衰，洙泗之间龂龂如也。"孔子忧虑王道将废，于是修"六经"，以追述唐虞三代之道，弟子受业而通者七十有七人。所以"其民好学，上礼义，重廉耻"。

秦汉以来，齐鲁文化的特质又逐渐发生了与传统相偏离的历史性的变化。

司马迁在《史记·货殖列传》中说："鲁好农而重民。"不过，齐鲁之地也有所谓"当世千里之中，贤人所以富者"足以"令后世得以观择"的。例如，曹邴氏以经营铁冶业起家，"富至巨万"，其家族能够"俯有拾，仰有取，贳贷行贾遍郡国"。司马迁指出，在曹邴氏的影响下，邹、鲁地方"多去文学而趋利者"。

班固在《汉书·地理志下》中也指出，现今距离圣人时代已经久远，周礼的遗风渐次销微，孔子创立的教育系统也已经衰坏。于是地方风习"俭啬爱财，趋商贾，好訾毁，多巧伪"，丧祭之礼徒有形式而内容虚陋，不过，其"好学"之风则较其他地区显著。民俗虽然有所变化，"好学"的风气依然如初，所以，"汉兴以来，鲁、东海多至卿相"。

陈直曾经著文论述西汉时期齐鲁文化人的学术艺术成就，题为"西汉齐鲁人在学术上的贡献"。其中凡列举九种：一、田何、伏生等的经学；二、褚少孙的史学；三、东方朔的文学；四、仓公的医学；五、尹都尉的农学；六、徐伯、延年的水利学；七、齐人的《九章算术》；八、宿伯年、霍巨孟的雕绘；九、无名氏之书学。陈直主要讨论了齐鲁人以上九种文化贡献，其他"至于《汉书·艺文志》所载师氏的乐学、《律历志》所载即墨徐万且的历学、《曹参传》所载胶西盖公的黄老学，其事实不够具体，故均略而不论"。陈直同时指出："西汉时齐鲁人对学术上的贡献，如此之伟大，其原因远受孔子下官学的私学的影响。次则受荀卿游齐之影响，汉初齐鲁经学大师，如申培公、毛苌，皆为其再传弟子。再次则受齐稷下先生之影响，稷下为人才荟萃之地，百家争鸣，不拘一格。医学、农学、算学等，当必有从事研究者，在战国时开灿烂之花，至西汉时结丰硕之果，其势然也。"[6]

第二节　儒学的西渐

齐鲁文化扩展其影响的最突出的表现，是儒学的向西传布。

秦始皇当政时，据说"天性刚戾自用"，"天下之事无小大皆决于上"，以其绝对的刚愎自信，却仍然"悉召文学方术士甚众，欲以兴太平"，在他的高级咨政集团中有许多儒学博士承当政治文化顾问。[7]

秦始皇廷前议封建事，至湘山祠问湘君，海上"求芝奇药仙者"，都曾经听取他们的意见，"上邹峄山，立石"，又曾经直接

"与鲁诸儒生议"。[8]

就所谓"坑儒"这一著名冷酷的集体残杀儒学之士的血案看,据《史记·秦始皇本纪》,当时在秦王朝统治中心咸阳,"诸生皆诵法孔子"者,仅"自除犯禁"而"坑之咸阳"的,竟多达四百六十余人。

秦末社会大动乱中,有不少齐鲁地区的儒生踊跃参与了关东地区民众反秦的集团。据《史记·孔子世家》,孔子八世孙孔鲋,就曾经"为陈王涉博士,死于陈下"。原秦博士、出身于鲁国薛地的叔孙通被刘邦拜为博士,号稷嗣君。他"征鲁诸生三十余人"西行,合作帮助汉王朝制定朝仪。成功后,刘邦感叹道:我今天才知道做皇帝的尊贵啊!于是拜叔孙通为太常,赐金五百金。[9]

鲁地儒生被拜为九卿,使儒学的影响第一次可以依附于政治权力的作用而空前扩展。

儒学在百家之学中的主导地位的彻底确定,是在汉武帝时代。

齐地儒生公孙弘相继任博士、太常、御史大夫、丞相,封平津侯,是标志儒学地位开始上升的重要的文化信号。

《史记·儒林列传》记载,公孙弘以《春秋》为天子三公,封以平津侯,"天下之学士靡然乡风矣"。公孙弘作为齐鲁儒生的代表,建议各地荐举"好文学,敬长上,肃政教,顺乡里,出入不悖所闻者",加以培养,充实政府机构,"以文学礼义为官"。这一建议为汉武帝认可,于是"自此以来,则公卿大夫士吏斌斌多文学之士矣"。

汉初政治结构,经历了由功臣占主导地位和功臣子占主导地位这两个阶段,在汉武帝时代又开始了向"贤臣政治"的历史转变。

而齐鲁儒学之士纷纷西行，参与政治决策，恰恰是和这一历史转变同步的。

西汉后期诸朝丞相，已经以掾史文吏和经学之士为主。自昭宣时期到西汉末年，丞相计二十一人二十二任，考其出身地域，可以发现其中齐鲁人合计七八人次，人数占总人数的三分之一，以人次计，则所占比率更高。

《史记·儒林列传》说，汉武帝时代，黜黄老刑名百家之言，延纳文学儒者至于数百人，实现了所谓"罢黜百家，表章'六经'"的历史性的文化转变，儒学之士于是在文化史的舞台上逐渐成为主角。

《史记·仲尼弟子列传》中列录七十七人中，齐鲁人四十五人，约占 58.44%；卫宋陈楚吴人十二人，约占 15.58%；秦人二人，约占 2.60%；籍贯不明者十八人，约占 23.38%。《史记·儒林列传》中所列录的西汉前期著名儒生，仍然以齐鲁人为主。所见三十九人中，齐鲁人二十八人，约占 71.79%；其他燕人、砀人、温人、广川人、雒阳人共计七人，约占 17.95%；籍贯不明者四人，约占 10.26%。

然而，据《汉书·儒林传》的记载，综合考察西汉一代著名儒生的区域分布，情况则已经有所不同。我们看到，齐鲁人在西汉名儒中占 45.60%，出身其他地区者约占 46.11%，籍贯不明者约占 8.29%。

出身于齐鲁以外地区的儒学学者中，有远至蜀、淮南、九江、江东、甚至苍梧的。值得注意的是，其中三辅名儒约占总数的 5.18%，三河名儒约占总数的 5.70%。

图 25–1　山东临沂出土"讲学图"画像石

　　分析《后汉书·儒林列传》中提供的资料，可以看到当时著名的儒学学者，齐鲁人约占 36.36%，出身于齐鲁以外地区者约占 63.64%。另外，值得注意的是，其中关中学者约占 6.82%，河南、河内、南阳学者约占 7.95%，会稽、九江、豫章学者约占 6.82%，巴蜀学者约占 10.23%。

　　齐鲁儒学学者比例的下降，并不是由于当地儒学的衰落，而说明了儒学在各地的普遍传布。

　　人们进行文化区域的划分时，往往"齐鲁"统称。其实，从历史渊源分析，"齐"与"鲁"两地的文化传统表现出明显不同，而秦汉时期两地的文化风格仍然存在着若干差异。

　　鲁地是儒学的发生地，鲁人曾经因此怀有强烈的文化优越感而傲视齐人。

　　《孟子·公孙丑上》开篇就写公孙丑问道："夫子当路于齐，管仲、晏子之功可复许乎？"（您如果在齐国当权，管仲、晏子的功业可以再度兴起吗？）孟子答道："子诚齐人也，知管仲、晏子而已矣。"（你真是一个齐国人，只知道管仲、晏子而已。）……所谓"子诚齐人也"，似乎表现出鲁人对齐人的文化界隔。其实，齐文化较鲁文化，曾经具有更为开阔、更为灵活、更为积极的特质。甚至后来儒学本身，也因为齐人的精神投入而获得突出的发展。

清代学者俞樾《湖楼笔谈》卷二写道："孔子鲁人，七十子亦大半鲁人。乃微言大义传至今者，则往往出于齐人。"所举实例，有齐人公羊子说明《春秋》，汉初《诗》有三家，而《齐诗》之学独存异义等。俞樾于是感叹道："齐实未可轻也！"

在秦汉时期文化进步的历史过程中，儒风流布四方，是影响非常深远的文化现象。与此同步，各地源流各异的文化开始得以融会而一，中土比较先进的文明借助政治军事的强力向边地扩衍。

儒学以崇文为宗旨，但是却借助军事力量争取到在乱世中向各地扩展其文化影响的立足点。据说刘邦起初"不好儒，诸客冠儒冠来者，沛公辄解其冠，溲溺其中，与人言，常大骂"[10]，但是在取天下时，却接受了儒生不少有战略眼光的积极建议。当他明白"夫儒者难与进取，可与守成"[11]之后，儒士的地位更有所提高。

汉武帝即位之后，曾经大举贤良文学之士。著名儒学大师董仲舒以贤良身份，就汉武帝提出的政治文化命题发表对策，讨论成就治世的策略。他认为，秦王朝灭亡以后，"其遗毒余烈，至今未灭"，只单凭"法"和"令"而求"善治之"，是"亡可奈何"的事。他写道："当更化而不更化，虽有大贤不能善治也。"[12]认为政令推行不顺利，政治形势不理想，则应当重新调整法令政策，才能够求得行政成功。

董仲舒提出"更化"的主张时，特别强调"教化"的作用。

他以为要谋求"善治"，一定应当注重文化体制的调整。他以为，"教化大行"，则可以实现"天下和洽，万民皆安仁乐谊，各得其宜，动作应礼，从容中道"。[13]

董仲舒文化建设理论的核心，是要确定儒学占据主导地位的文化形势。他明确提出，《春秋》倡起的"大一统"，是天地之常经，古今之通谊。现今师异道，人异论，百家殊方，指意不同，是以帝王无法持一统之政；法制频繁变更，民众不知应当坚持什么。他建议"诸不在六艺之科，孔子之术者"，皆绝其道，勿使并进。认为歪理邪说消灭平息，然后统纪可以归一而法度可以明确，民众才知道应当遵从什么。[14]主张文化的"一统"和政治的"一统"是一致的，而前者又以为后者奠定深入人心的统治根基。

这样的观点，得到最高统治集团的认可。在当时的历史条件下，这种文化体制变革的发生，却是有一定的合理基础的，是有一定的积极意义的。

西汉前期，儒学在以齐鲁为基地向西传布的过程中，一方面进行着自身的学术改造，一方面完成着自身的学术统一。儒学因传承系统和流传地域不同而出现的各个学派，在当时走向逐渐统一，有政府行政力量的作用。

刘汝霖《汉晋学术编年》"汉太祖高皇帝五年己亥（前202）"条记录两件史事：田何徙关中，伏胜以《尚书》教于齐鲁之间。这是对于当时的学术大局有决定性影响的重要事件。即儒学于战乱后在齐鲁地区复苏，同时在关中取得了新的学术据点。易学大师田何"以齐田徙杜陵，号杜田生"，标志着关中地区成为儒学一个新的重心区域。汉惠帝时，田何年老，家贫，守道不仕。帝亲自往观其庐舍以受业，确定了他为《易》学大宗的地位。田何的再传弟子中，淄川杨何，元光年间征为太中大夫。"齐即墨成，至城阳相。广川孟但，为太子门大夫。鲁周霸、莒衡胡、临淄主父偃，皆以《易》至大官。要言《易》者，本之田何。"[15]

据《史记·儒林列传》记载，济南人伏生，初为秦博士，秦时禁书，伏生在壁中藏之。其后兵大起，流亡。汉定天下后，伏生求其书，亡失数十篇，仍然保留二十九篇，于是以此在齐鲁之间教授。"学者由是颇能言《尚书》，诸山东大师，无不涉《尚书》以教矣。"

儒学的学术绪统由于齐鲁学者的努力，得以世代继承，而儒学学者"至大官"，对于所继承和坚持的学术体系成为正统，自然可以发挥重要的作用。

儒学学者最集中的地域，西汉时期为齐鲁梁地区和关中地区，东汉时期则转变为中原陈夏地区。

第三节　儒学文化影响向边地的拓进

我们看到的另一个重要变化，是儒学的文化影响向边地的推衍。

在东南方，原先所谓"越俗不好学"[16]，"其俗少学者而信巫鬼"[17]，"风俗脆薄，不识学义"[18] 的文化传统得以改变。例如，卫飒少时"家贫好学问"，任桂阳太守，"修庠序之教，设婚姻之礼，期年间，邦俗从化"。[19]

在西北方，原先带有浓重军事文化色彩的凉州地区，在《后汉书》中已可见列传士人十六人，公卿十一人，凉州人士著书也多达十六种。[20] 任延年十二，"为诸生，学于长安，明《诗》《易》《春秋》，显名太学，学中号为'任圣童'"。任为武威太守后，制定学官制度，官吏子孙，都令诣学受业并免除其徭役，学成之后也都予以重用，于是当地也有了儒雅之士。[21]

在西南方，则以文翁任蜀郡太守时传布儒学的事迹最为突出。《汉书·循吏传·文翁》记载："文翁，庐江舒人也。少好学，通《春秋》，以郡县吏察举。"汉景帝晚年，任为蜀郡守，仁爱好教化。看到蜀地僻陋有蛮夷之风，文翁准备以引导的方式改造，于是选郡县小吏开敏有才者张叔等十余人亲自指教，又派遣他们到京师，受业于博士，有的则学习律令。数年之后，皆学成还归，文翁以为要职，历经察举，职务有至于郡守刺史的。

文翁选派小吏到京师学习然后予以重用的做法，是教育史上具有独创意义的新形式，作为促进文化区域间相互沟通的措施，也有值得推崇的价值。文翁还创立地方学校，使蜀地的文化地位逐渐提高。蜀地至京师学习进修的学人，可以与齐鲁相当。据说汉武帝时令天下郡国皆立学校官，就是自文翁所创始。

《汉书·循吏传·文翁》还写道，文翁在蜀地去世，吏民为他设立祠堂，年年祭祀不绝。至今巴蜀好文雅，都是由于文翁的教化。

在蜀地文化进程走向先进之后，儒学的影响进一步向西南边地推进。《华阳国志·南中志》说，汉章帝时，蜀郡王阜为益州太守，治化尤异，"始兴文学，渐迁其俗"。当地出现了一些著名的学人，

图 25-2　明杜堇绘《伏生授经图》

他们往往远道求师，而"还以教授，于是南域始有学焉"。《华阳国志·南中志》在"朱提郡"条下又写"其民好学"，"号多士人"。儒学的传播至于如此辽远的地区，确实是令人惊异的。

第四节　三纲五常

汉代儒学普及化的另一面，是实现了经典化的演进。汉章帝时，召群儒集会白虎观，讨论经义，由班固撰成《白虎通德论》一书。《白虎通德论》，又称《白虎通义》《白虎通》。这部书将阴阳五行和谶纬之学的系统内容与今文经学融为一体，成为董仲舒以来儒学神秘主义哲学的总结。正如侯外庐等所指出的，"作为'国宪'或'大律'或'专制正法'的白虎观奏议，是有一套宗教化的理论体系的"。其性质是要谋求"谶纬经学国教化"。[22] 中国专制时代这种已经凝定为文化定式，形成以国家行政手段确定指导思想和舆论导向的文化专制形式的惯性，即从《白虎通》开始。

汉代儒学经典化的同时，建构了作为道德伦理规范的基本准则，这就是被称为"纲"与"常"的行为律条。这些规范和约束社会生活的规定，其实已经成为严格的教条。

《论语·为政》说："殷因于夏礼，所损益可知也；周因于殷礼，所损益可知也。"何晏《集解》引汉代学者马融曰："所因谓三纲五常也。"

《春秋繁露·深察名号》有"循三纲五纪"的说法。有学者分析说，三纲，是指君臣、父子、夫妻之间的人伦关系；五纪，是指君臣、父子、夫妻之外的人伦关系。对于"五纪"的内涵，董仲舒没有明确的论述。而《白虎通·三纲六纪》把"五纪"扩展到"六纪"："六纪者，谓诸父、兄弟、族人、诸舅、师长、朋友也。"这些内容，"涉及人们的活动规范、行为准则与相互间的关系，以及如何培养和造就遵循这种规范和准则的人"，同时，"也关系到人们的土地、财富的占有，与赋役等负担，以及如何使这种占有与负担趋于合理化"。[23]

也就是说，这里所说的"纲""纪"，不仅是人的"纲""纪"和人心的"纲""纪"，而且是社会的"纲""纪"。这样的"纲""纪"，不仅规范社会的道德生活，也规范着社会的经济生活。

《白虎通·三纲六纪》说："'三纲'者，何谓也？谓君臣、父子、夫妇也。"《礼记·乐记》："然后圣人作，为父子君臣，以为纪纲。"孔颖达疏："《礼纬·含文嘉》云：'三纲'，谓君为臣纲，父为子纲，夫为妻纲。"对于所谓"三纲之义"，《白虎通·三纲六纪》写道："君臣、父子、夫妇，六人也。所以称'三纲'何？一阴一阳谓之道，阳得阴而成，阴得阳而序，刚柔相配，故六人为'三纲'。"其中"成"和"序"的说法，各有深义。这样的论述，可以结合《春秋繁露·基义》的如下内容理解："凡物必有合。合，必有上，必有下，必有左，必有右，必有前，必有后，必有表，必有里。有美必有恶，有顺必有逆，有喜必有怒，有寒必有暑，有昼必有夜，此皆其合也。阴者阳之合，妻者夫之合，子者父之合，臣者君之合。物莫无合，而合各有阴阳。阳兼于阴，阴兼于阳，夫兼于妻，妻兼于夫，父兼于子，子兼于父，君兼于臣，臣兼于君。君臣、父子、夫妇之义，皆取诸阴阳之道。君为阳，臣为阴；父为阳，子为阴；夫为阳，妻为阴。"凡物两两的"合"，与所谓"成"相印映。而"必有上，必有下，必有左，必有右，必有前，必有后，必有表，必有里"，则构成了"序"。

"五常"，或以为仁、义、礼、智、信五种道德准则。董仲舒《贤良策一》："夫仁、义、礼、智、信'五常'之道，王者所当修饬也。"

"五常"又有别的含义。《尚书·泰誓下》："今商王受，狎侮'五常'。"孔颖达疏："'五常'即'五典'，谓父义、母慈、兄友、弟恭、子孝，五者人之常行。"

关于"五常"的这两种解释，虽然内涵有所不同，而一说"王者所当修饬也"，一说"人之常行"，值得我们注意。也就是说，这种规范覆盖了社会上下，既是一种道德准则，也是一种政治规范。

对于所谓"六纪之义"，《白虎通·三纲六纪》有比较详尽的说明。其中写道："君臣者，何谓也？君，群也，下之所归心。臣者，缠坚也，属志自坚固。《春秋传》曰：'君处此，臣请归也。'父子者，何谓也？父者，矩也，以法度教子。子者，孳孳无已也。故《孝经》曰：'父有争子，则身不陷于不义。'夫妇者，何谓也？夫者，扶也，以道扶接也。妇者，服也，以礼屈服。《昏礼》曰：'夫亲脱妇之缨。'《传》曰：'夫妇判合也。'朋友者，何谓也？朋者，党也。友者，有也。《礼记》曰：'同门曰朋，同志曰友。'朋友之交，近则谤其言，远则不相讪，一人有善，其心好之，一人有恶，其心痛之，货则通而不计，共忧患而相救，生不属，死不托。故《论语》曰：'子路云：愿车马衣轻裘，与朋友共敝之。'又曰：'朋友无所归，生于我乎馆，死于我乎殡。'"

这里所谓"六纪之义",仍然是以确定"君臣、父子、夫妇"三组关系的"三纲"的原则为主,又增加了"朋友"。然而朋友之道和亲族关系,仍然要遵循"必有上,必有下,必有左,必有右,必有前,必有后,必有表,必有里"的规则,即所谓"朋友之道,亲存不得行者二。不得许友以其身,不得专通财之恩。友饥,则白之于父兄,父兄许之,乃称父兄与之,不听即止。故曰:友饥为之减餐,大寒为之不重裘。故《论语》曰:'有父兄在,如之何其闻斯行之也。'"这样,人际关系的"序"确定了,"义"也就落实了,于是实现了理想的社会关系的"成"。

　　汉代儒学理论家设计和论证的道德秩序,为儒教社会的成立奠定了基本的文化格局。然而以"纲""纪"之网络约束人心,以强固社会结构,实现社会总体道德规范的完善,是后代的事。

第二十六章

人口流动和文化交融

秦汉时期是人口流动规模空前的时期，多种因素造成的人口流动促成了文化交融。

《列子·天瑞》说，有人"去乡土、离六亲、废家业、游于四方而不归"者，这是什么人呢？世人一定称之为狂荡之人。这正是在秦汉时期曾经十分通行的观念。

《盐铁论·相刺》关于古时圣王治世时说道，丈夫经营农耕，女子从事纺织，"无旷地，无游人"。"无游人"，被看作理想的社会状况。"游人"，于是被看作无益于社会正常发展的闲散人口。《后汉书·酷吏传·樊晔》："凉州为之歌曰：'游子常苦贫，力子天所富。'"也体现了这样的道德指导倾向。与"游子"相对应的"力子"，据李贤的解释，是"勤力之子"。《潜夫论·浮侈》中，可以看到王符对离开乡土田亩的所谓"浮食者"的严厉批评，他们的社会行为，被称作"游手"："今举世舍农桑，趋商贾"，"游手为巧，充盈都邑，治本者少，浮食者众"。《潜夫论·务本》又写道："夫富民者，以农桑为本，以游业为末。"明确否定"游业"对于经济生活和一般社会生活的意义。

应当看到，秦汉时期所谓"去乡土、离六亲、废家业、游于四方而不归"，是比较普遍的社会文化现象。无论是主动的流动还是被动的流动，他们的社会实践都对各个地区间文化的交融产生过积极的作用。

第一节 役 人

役人是秦汉时期流动人口中数量最大、牵动社会生活也最为显著的成分。

秦汉王朝征发调动农人服事以劳作为主要内容的徭役，规模和影响都达到惊人的程度。

秦始皇时代多所兴作，往往"输将起海上而来"，以致出现《淮南子·氾论》中说到的情形："丁壮丈夫西至临洮、狄道，东至会稽、浮石，南至豫章、桂林，北至飞狐、阳原，道路死人以沟量。"

出于军事政治目的而规划的大规模的土木工程，往往调动远方民众。他们在当时的交通条件下，不得不经历极其艰苦的跋涉山水的过程。例如，发卒五十万，北筑长城，"西属流沙，北击辽水，东结朝鲜，中国内郡挽车而饷之"[1]。《史记·平津侯主父列传》所谓"天下蜚刍挽粟，起于黄、腄、琅邪负海之郡，转输北河"，体现了这种流动过程的遥远。

秦始皇陵骊山工程，调用役人数十万人，一说多达七十万。[2]
经过对秦始皇陵复土工期和工程量与当时劳动生产率的核算，可知
秦始皇陵复土工程用工人数超过七十万的记载是基本可信的。[3]

秦始皇陵西侧赵背户村发掘的秦陵修建工程劳役人员的墓地
中，发现十九人的瓦文墓志，其中计有标志死者出身地点的地名
十四个，分别属于原三晋、齐鲁和楚国故地。可见秦王朝徭役征
调，确实往往使服役人员经历不同的文化区域。

当时调用徭役之残酷，据说使得役者"苦不聊生，自经于道
树，死者相望"，以致不得不发"丁女转输"。[4] 楚汉战争时期，
仍然有"丁壮苦军旅，老弱罢转饷"[5] 的情形。而汉王朝建立之后，
依然"接秦之弊，丈夫从军旅，老弱转粮饷"[6]。

繁重的徭役，使民众经历沉重的苦难，也使社会生产力遭受严
重的破坏，但是从不同地区因此而能够得到文化交汇的条件这一角
度考察，却可以发现以苦难和破坏为代价的文化史的进步。

农人成为役人，"去乡土、离六亲、废家业"，开始经历原先
未曾经历的徭役生活，劳作虽然备极辛苦，心情虽然备极愁懑，但
是眼界却因此而阔远，识见却因此而丰富，不同区域人们的文化心
理，也因此而得以接近。

第二节　军　人

军人在秦汉时期也是比较集中地流动于不同文化区域之间的
人群。

图 26-1　陕西咸阳杨家湾汉墓出土步兵俑

　　秦末大动乱爆发的直接原因，就是陈涉等远戍渔阳的役人屯大泽乡，适逢天大雨，不能如期抵达役所，而失期依秦法当被处斩。其实军人征调远戍，原本就因远离乡土而使踏上征程者不免人心愁苦。秦时，中原人赴越地，所谓"见行，如往弃市"，甚至"行者深怨，有背畔之心"[7]，就反映了军人万里南征时的心理。

　　汉代开边定远的军事行动仍然十分频繁。征人远行万里，是很平常的事。

　　以往对汉代军制的理解，有所不同。《汉书·昭帝纪》颜师古注引如淳的见解，说："天下人皆直戍边三日，亦名为'更'，《律》所谓繇戍也。虽丞相子亦在戍边之调。"而《汉书·食货志上》董仲舒又有所谓"一岁屯戍"之说。黄今言指出，如淳讲的"戍边三日"，着重阐明的是更赋的性质及内容问题。如淳所说的"戍边三日"和《汉书·食货志上》董仲舒所谓"一岁屯戍",是从不同角度来讲"役"的形式。董说"屯戍",说的是戍卫兵役。"史实表明,研讨西汉屯戍的役期问题,不能以如淳之说为是,当以董氏之说为据。至少武帝之前如此。"西汉后期,随着小农的破产流亡,征兵制度逐渐难以推行,在役法上出现了些松动,诸如运用夷兵、刑徒及募兵等。然而戍卒屯戍一岁的制度,到西汉末年仍然没有改变。"天下人皆直戍边三日",是征收"更赋"的一个计算标准。尽管存在以钱代役的形式,"至于一般被压迫人民,却仍然存在'屯戍一岁'或'久戍不归'的情况"。[8]

《盐铁论·繇役》说到汉时军役使民众不得不涉历千万里的情形:"古者无过年之繇,无逾时之役。今近者数千里,远者过万里,历二期。长子不还,父母愁忧,妻子咏叹。愤懑之恨发动于心,慕思之积痛于骨髓。"《盐铁论·执务》也写道:"若今则繇役极远,尽寒苦之地,危难之处,涉胡、越之域,今兹往而来岁旋,父母延颈而西望,男女怨旷而相思。身在东楚,志在西河。故一人行而乡曲恨,一人死而万人悲。"

这种人口流动的幅面相当广阔。从居延汉简和敦煌汉简中的资料看,河西兵士多有来自东方远郡者。见诸简文记录的东方籍军人,有来自京兆尹、左冯翊、右扶风、弘农、河东、上党、河内、河南、东郡、陈留、颍川、汝南、南阳、山阳、济阴、沛郡、魏郡、巨鹿、常山、北海、丹阳、汉中、广汉、蜀郡、陇西、金城、武威、张掖、酒泉、敦煌、北地、西河、渔阳、淮阳、大河、赵国、广平、高密、梁国、东平、昌邑等四十一郡国一百六十七县八百余例。所见戍卒原籍郡县,约占《汉书·地理志下》所谓全国

"郡国一百三"的 39.8%，"县邑千三百一十四"的 12.7%，可见戍卒征发地域之广阔及行程之遥远。9

秦汉军人跨越不同文化区域的军事生活实践，是各个区域间文化沟通与文化融会的有利因素之一。

第三节　吏　人

吏人在秦汉时期也以其行历四方的人生实践，为文化的融合与统一创造了条件。

从秦汉时期大一统的专制主义政体确立之后，官僚政治作为中国传统社会的主体构架长期不再动摇。要实现所谓"六合之内，皇帝之土"，"经理宇内"，"远迩同度"10 的政治要求，无疑要依靠吏制的完备。

自秦汉时期起，中央政府已经注重从各地选用人才从事国家行政的管理，地方官吏的任免也往往由最高统治集团决策。官员的调任迁转，不仅相对较为频繁，而且常常辗转千里，历程辽远。

汉代官员已经有自称"牛马走"的惯用文语。司马迁的《报任少卿书》开篇即称"太史公牛马走司马迁再拜言少卿足下"。《文选》李善注解释说，"走，犹仆也"，"自谦之辞也"。有的学者以为，"牛马走"应当就是"先马走"。钱锺书指出，"先马走"，犹如后世所谓"马前走卒"，"即同书札中自谦之称'下走''仆'耳"。11"牛马走""先马走"，都强调其奔波劳碌。事实上，如牛马一般为君王驱役，千里奔走，不避风尘，是在专制帝国各级行政机构中服务的官员们生活方式的基本特色之一。

汉代制度已经有地方行政长官回避本籍的规定。汉武帝时，除了司隶校尉、京兆尹、长安县令丞尉以外，地方长官都不用本籍人。刺史不用本州人；郡守、国相不用本郡国人；县令长丞尉不用本县人，也不用本郡人。此外，郡督邮可用本郡人，但不用所督诸县之人。州之部郡从事也可用本州人，但不用所部之郡人。

东汉时期，对回避本籍制度的执行更为严格。京畿也一律不用本籍人。婚姻之家及两州人士也不得互相监临。以后又有更为严格的所谓"三互法"。"三互法"规定，如甲州人士在乙州为官，同时乙州人士又在丙州为官，则丙州人士不但不能到乙州为官，也不能到甲州为官。三州婚姻之家也是如此。[12]

这种防止地方官相互勾结庇护，以加强中央对地方控制的制度，对于从政人员本人来说，使得他们几乎都不得不远程迁转，行历各地。于是经历不同文化区域的行旅生活，自然成为大多数官员社会生活总体中最重要的内容之一。

史籍中所见官僚履历，大多历任数职，转仕于各地。《汉书·循吏传》中著名循吏召信臣曾经转仕七处，黄霸则曾经转仕九处。据《后汉书·循吏传·任延》，东汉著名循吏任延转仕地点竟然多达十处，西北至武威，东南到会稽，南至九真，都有他历任行政长官的足迹。

1971年发现的内蒙古和林格尔汉墓壁画，有记录墓主生前仕途经历的内容，可知墓主举孝廉为郎，又出任西河长史、行上郡属国都尉、繁阳令、雁门长史、使持节护乌桓校尉等职。其出生地可能是定襄武成，即墓址所在附近，为郎时当居于洛阳。西河郡治在今山西吕梁离石区，上郡属国都尉治所在今山西石楼，繁阳则在今河南内黄西北，雁门郡治在今山西朔州东，而护乌桓校尉治所则在今河北张家口万全区。壁画绘有"渭水桥"，桥上车骑间榜题"长安令"三字，显然体现的是长安渭桥。壁画又有"居庸关"图，并榜题"使君从繁阳迁度关时"，车骑行列间有"使君口车从骑"等字样，也体现了墓主当时辗转千里宦游四方的经历。[13]

行政官员在较广阔地域的交通实践，在较众多地点的实政经历，无疑会有益于他们文化素养的提高、政治视野的开阔、管理经验的成熟，以及行政事业的成功。这样的情形也可以促进不同地域文化的接近，对于社会文化结构的形式也无疑有着积极的影响。正如有的学者曾经指出的，"汉代的官吏士大夫阶级的人"往往"对于'天下'知道得较清楚，对于统一的信念也较深"，而"这一点不仅影响到当时人政治生活心理的健康，而且能够加强了全国文化的统一性"，其原因正在于他们"多半走过很多的地方"，有流移生活的经历。[14]

第四节　学　人

学人也是秦汉时期较为活跃的社会力量。他们的文化行迹，对于消弭不同区域间的文化隔阂，也有相当重要的积极意义。

秦汉学人大多经历过远道寻师求学的艰辛。在当时比较落后的交通条件下，他们往往自己背负着行李、书籍和文具，不远千里，跋山涉水，求师问学。史书中常常用所谓"千里负笈"来形容这样的社会文化活动。

"笈"，是一种主要用以盛装书籍的竹编器具。《太平御览》卷七一一引《风俗记》说："笈，学士所以负书箱，如冠籍箱也。"同卷所引谢承《后汉书》又具体说到了几位著名"学士""负笈"就学的事迹："袁闳，字夏甫，汝南人也，博览群书，常负笈寻师，变易姓名。""苏章，字士成，北海人，负笈追师，不远万里。""方储，字圣明，负笈到三辅，无术不览。"

据《后汉书·儒林列传》记载，汉光武帝刘秀兴起太学，汉明帝当政时，又曾经亲自临众讲学，听讲者据说"盖亿万计"，甚至匈奴贵族子弟也前来洛阳在太学就读，研习儒学经典。太学形势一时"济济乎，洋洋乎"，后来"游学增盛"，太学生竟多达三万余人。这些人来自全国各地，都是为了求学而经历过艰辛的行旅生活的。

当时私家教学也形成风气。各地许多办私学的学者，也吸引了万千来自远道的学人。

据说疏广"家居教授，学者自远方至"[15]。申公"归鲁退居家教，终身不出门"，"弟子自远方至受业者千余人"。[16]东汉时，私学更为繁盛。据《后汉书·儒林列传》，刘昆曾经"教授弟子恒五百余人"。洼丹"徒众数百人"。任安在家中教授学生，"诸生自远而至"。张兴讲学，弟子自远而至者，仅著录在册的就将近万人。杨伦"讲授于大泽中，弟子至千余人"。魏应"教授山泽中，徒众常数百人"，"弟子自远方至，著录数千人"。丁恭"教授常数百人"，"诸生自远方至者，著录数千人"。

图 26-2　四川成都出土"讲经图"画像砖

　　远路求学之例，有广汉绵竹人任安"少游太学"，"学终，还家教授，诸生自远而至"。济阴成武人孙期"少为诸生"，"家贫，事母至孝，牧豕于大泽中，以奉养焉。远人从其学者，皆执经垄畔以追之"。会稽曲阿人包咸"少为诸生，受业长安"。任城人魏应"诣博士受业"。蜀郡繁人任末"少习《齐诗》，游京师"。淮阳人薛汉的弟子中，以犍为人杜抚、会稽人澹台敬伯、巨鹿人韩伯高最为知名。会稽山阴人赵晔"到犍为资中，诣杜抚受《韩诗》，究竟其术，积二十年，绝问不还"，以致"家为发丧制服"。东海人卫宏曾经从九江人谢曼卿学《毛诗》，又从大司空杜林学《古文尚书》。犍为资中人董钧又曾经"事大鸿胪王临"。汝南汝阳人钟兴也曾经"少从少府丁恭受《严氏春秋》"。这种以中央政府高级官僚为师的求学生涯，自然当以游历京师为条件。豫章南昌人程曾"受业长安，习《严氏春秋》，积十余年，还家讲授"。南阳章陵人谢该曾经为河东人乐详解释《左传》疑难，有所谓《谢氏释》行于世，也反映了远行千里求师问学的现象。而出身广汉郡梓潼县（今四川梓潼）的学者景鸾，据说"少随师学经，涉七州之地"。

据《后汉书·儒林列传》记载，在路途中结束其学术生命的名儒，就有牟纡"道物故"[17]，任末"奔师丧，于道物故"，服虔"遭乱行客，病卒"等数例。

当时，"经生所处，不远万里之路"，是相当普遍的情形。

《后汉书·李固传》说，李固虽然身为最高级的官僚"三公"的子弟，然而自幼好学，"常步行寻师，不远千里"。后来潜心钻研儒学典籍，终于学有成就，于是"四方有志之士，多慕其风而来学"。李贤注引《谢承书》曾经说到他当初为了求学而不畏行旅艰辛的具体情形："（李）固改易姓名，杖策驱驴，负笈追师三辅，学'五经'，积十余年。"

《后汉书·杜乔传》李贤注引《续汉书》也记述说，杜乔"少好学"，"虽二千石子，常步担求师"。即便是高官显宦的子弟，仍然经常步行担负书籍，远道寻师求教。

行旅生活和学术成就的关系，久已受到有识见的学者们的充分重视。他们通过"读万卷书，行万里路"的人生实践，对于我们民族文化的繁荣和进步，做出了特殊贡献。

汉代文史大家司马迁也是一位大游历家。他为丰富人类文化宝库而贡献的史学名著《史记》，就是在千里行旅中同时进行实地考察的基础上写作的。据《史记》中的自述，他的游踪之远，在今天看来，无疑也是令人惊异的。我们看到，他行旅所至，遍及现今行政区划的十六个省区，当时汉文化所覆盖的各个主要地区，几乎都留下了他的足迹。《史记·太史公自序》说道，司马迁生于龙门，曾经耕牧于河山之阳，二十岁时，即"南游江、淮"，登会稽山，考察禹的遗迹，又在九嶷山勘察舜的葬地，浮沅、湘而下。继而"北涉汶、泗"，在齐鲁之都进行学术活动，体验孔子儒学遗风，在邹、峄实践传统礼仪。后来于鄱、薛、彭城等地遭遇行旅挫折，接着又游历楚、梁地区，然后回归长安。此后，又曾"奉使西征巴、蜀以南，南略邛、筰、昆明"。《史记》其他部分仍多有涉及司马迁行旅活动的内容，例如：

余尝西至空桐，北过涿鹿，东渐于海，南浮江、淮矣，至长老皆各往往称黄帝、尧、舜之处。(《五帝本纪》)

余从巡祭天地诸神名山川而封禅焉。(《封禅书》)

余南登庐山，观禹疏九江，遂至于会稽太湟，上姑苏，望五湖；东窥洛汭、大邳，迎河，行淮、泗、济、漯洛渠；西瞻蜀之岷山及离碓；北自龙门至于朔方。(《河渠书》)

余从负薪塞宣房。(《河渠书》)

吾适齐，自泰山属之琅邪，北被于海。(《齐太公世家》)

吾适故大梁之墟。(《魏世家》)

适鲁，观仲尼庙堂车服礼器。(《孔子世家》)

余登箕山，其上盖有许由冢云。(《伯夷列传》)

吾尝过薛。(《孟尝君列传》)

吾过大梁之墟。(《魏公子列传》)

吾适楚，观春申君故城。(《春申君列传》)

适长沙，观屈原所自沉渊。(《屈原贾生列传》)

吾适北边，自直道归，行观蒙恬所为秦筑长城亭障。
(《蒙恬列传》)

吾如淮阴。(《淮阴侯列传》)

吾适丰沛。(《樊郦滕灌列传》)

余至江南，观其行事，问其长老。(《龟策列传》)

可以看到，司马迁行旅生活的主要内容，是对不同区域历史文
化遗迹的调查，是对不同区域当代人文精神的体验。应当说，正是
通过这样的行旅历程，他才一步步接近了历史的真理，一步步攀登
上文化的高峰。

第五节　贾　人

贾人是秦汉时期活跃经济生活，同时也活跃文化生活的社会
成分。

以经商为生计的贾人，确实是以最旺盛的生机和最饱满的热情
往来于各个文化特色不同的区域间。

司马迁在《史记·货殖列传》中说到"天下熙熙，皆为利来；天下攘攘，皆为利往"的为趋利、逐利而辛苦奔忙的世态民情，最典型的例证就是商人的活动。

　　在司马迁所处的时代，已经出现"连车骑，游诸侯，因通商贾之利"，"贳贷行贾遍郡国"，"转毂以百数，贾郡国，无所不至"，从而取得经济成功的商贾。由于当时政府为恢复经济所实行的特殊政策，"是以富商大贾周流天下，交易之物莫不通"。

　　这些"富商大贾"不仅取得影响社会经济的实力，而且实际上又在一定程度上领导着社会风习的方向。"抑商"政策往往与"禁奢侈"相联系，原因正在这里。

　　尽管政府一次次推行打击商人的政策，他们仍然以顽强的生命力活跃在社会生活中。就其交往方式而言，他们"千里游敖，冠盖相望，乘坚策肥"[18]的行旅活动，对于民间所谓"牛马车舆，填塞道路"[19]，"车如流水，马如游龙"[20]等社会现象的形成，也有一定的前导性作用。

　　所谓"商贾错于路"，"交万里之财"，"均有无而通万物"[21]，所谓"连车骑，交守相"[22]，"东西南北各用智巧"[23]，都反映了当时商人忙忙碌碌往来各地的情形。所谓"连车骑，游诸侯"，"连车骑，交守相"，以及所谓"以财养士，与雄桀交"[24]等，又说明商贾富豪凭借其社会阅历和社会关系可以介入政治生活。另一方面，他们的社会活动又可以对文化传统不同、文化走向不同的各个区域产生重要的影响。

　　秦汉时期贾人的活动，不仅"均有无而通万物"，实现了各个区域物质文化的交流，也能够"益损于风俗"[25]，推进各个区域精神文化的融会。

最突出的史例，是浮华侈靡的消费习惯与生活方式对于全社会的普遍影响，以致形成《盐铁论·通有》所谓"世俗坏而竞于淫靡"的情形。另一方面，则是他们精明逐利的奋斗精神与经营形式对全社会的普遍影响。他们以亲身致富的典范性影响，使得"利之所在，人趋之如流水"[26]，成为最严厉的抑商政策也不能抵挡的社会潮流。

于是，社会文化呈现出"宛周齐鲁，商遍天下"[27]的局面。

第六节　四方承宇，海内合和

与人口活跃的流动有关，战国晚期以来社会影响最大的秦文化、楚文化和齐鲁文化相互融会，随着以汉族为主体的统一多民族国家得到空前的巩固，汉文化的主流形态基本形成。

司马迁在《史记·货殖列传》中列举各地物产风习时，有"夫天下物所鲜所多，人民谣俗，山东食海盐，山西食盐卤……"的说法。司马迁还写道："夫山西饶材、竹、谷、纑、旄、玉石；山东多鱼、盐、漆、丝、声色。"物质文化的地域区分，和所谓"人民谣俗"等人文现象是有关系的。《汉书·赵充国辛庆忌传》说："秦汉已来，山东出相，山西出将。"《后汉书·虞诩传》也说："谚曰：'关西出将，关东出相。'"

山东、山西或者关东、关西两个地区文化基因的不同，使得各自人才集团的素养也表现出明显的文化差异。

秦汉时期，所谓山东、山西和关东、关西，一般以崤山、华山和函谷关作为区界。

以扬雄《方言》一书为例，在论述方言区域时，"自山而西"的说法出现一次，"自山而东"的说法出现四次，"（自）山之东西"的说法出现五次。书中以"关"为区界的情形更为普遍，如说到"自关而西""自关以西""自关而东"均多至数十次。

到了东汉学者许慎写作《说文解字》的时代，情况又发生了变化。以"关东""关西"分割方言区划的情形已经不很普遍，文化区域的划分更为细密，地域标识多采用先秦国名、方国部族名、州名、郡国名、县名、山水名等。较为广阔的地域，则有三辅、南楚之外、江淮而南等说法。特别值得注意的，是《说文解字》在宏观的地域划分方面，已经使用了"南方""北方"的概念。不过，当时的概念与后世所谓"南方""北方"有所不同。

随着秦汉时期的文化融合，到了晋人郭璞作《方言注》的时代，秦汉时"关东""关西"和"山东""山西"文化区域划分的某些条件已经不再成立。这两个地区的许多方言往往已经混化，有些如郭璞所说，已经成为"今通语也"。《方言》所谓江东语、江南语、中国语、中州语，到了郭璞作注的时代，也有相混化的情形。

扬雄为蜀人。《汉书·扬雄传上》说他"博览无所不见"，然而在当时条件下难以知晓各地方言，现在似未可排除扬雄疏误而郭璞补正的可能。不过，在其曾经长期游历的关东与关西地区，方言在扬雄时代到郭璞时代的演化，似乎是可以看作真确的文化史资料的。

人口流动促进的文化融合，导致了文化史上"四方承宇"[28]"海内合和"[29]的新局面。

第二十七章

秦汉社会生活的节奏

秦代至于西汉，是中国古代对于历史文化之发展贡献甚多的历史时期。这一时期，社会生活节奏比较急骤。东汉时期，社会生活节奏则相对比较舒缓。

第一节　剽疾时代

人们认识秦史和西汉史，不能不注意到当时社会以急进为基本特征的生活节奏。当时人形容事业之成功、人生之得意时习惯使用的所谓"奋疾"[1]"驰骛"[2]"奔扬"[3]等词语，都反映出一种积极进取的"锐气"[4]。

秦王朝及西汉王朝立国，都以军事功臣作为统治集团的中坚，战争中"攻城先登"与"趣攻战疾"者得以立功封侯。[5]战争的特殊背景对社会文化心态产生了深刻的影响。所谓"剽轻"[6]"剽疾"[7]的节奏风格，一时在诸种文化心理比较中居于显著的优势。

文景时代行宽仁之政，政府对秦时苛急之政深切反思，以"无为"的原则加以纠变。然而如果对当时的社会风尚做总体考察，可以看到"无为"并不意味着消极怠惰。汉文帝和汉景帝本人其实都是勤政的模范，所谓"夙兴夜寐，勤劳天下"，可能并不是虚饰之言。这种行政风格实际上继承了《商君书·垦令》所谓"无宿治"即处理公务不过夜，以及秦始皇"以衡石量书，日夜有呈，不中呈不得休息"的传统，其作风与当时的社会风尚是一致的。政府当时鼓励"勤身从事"[8]，文景之世所谓"天下翕然，大安殷富"[9]，其实也是以"民俞勤农"，"四时之间亡日休息"[10]为条件的。

《史记·货殖列传》说到富商白圭的成功经验，其中之一就是所谓"趋时若猛兽挚鸟之发"，即抓住机遇，珍惜时间，讲究效率，一如猛兽猛禽之突发迅行。白圭说：我从事经济活动，好比伊尹、吕尚设谋，孙吴用兵，商鞅行法，都是以兵战之法用于经济。而西汉初年据说"天下言治生祖白圭"[11]，经商治生者以较为急切之节奏把握时机的经验当已相当普及。战国以来民间在长期战争的文化背景下形成的峭急骠勇之风，在汉初已经转移到生产经营方面，演化为"求富益货"[12]的狂热激情。

汉武帝执政，用事四夷，以武力拓边，尚武之风益起，影响到社会生活节奏转而更为骤急。一时"有气敢任"[13]之士多"用善骑射"[14]而得功名。战争背景所启动的勇进精神对社会风气的影响，可以说一直持续到西汉晚期。而终西汉之世，社会生活节奏之急促，仍以汉武帝时代最为典型。

战国至于西汉时期，民间曾经广泛流行称为"驰逐"的飞速驰车争先竞胜的竞技项目。

《史记·孙子吴起列传》中，有孙膑以智谋帮助田忌驰逐取胜的故事。《史记·孟子荀卿列传》说淳于髡见梁惠王，"王志在驱逐"。"驱逐"应当就是"驰逐"。《韩非子·喻老》说到赵襄王与人"逐"，三次换马而三次败北。这里所说的"逐"，也就是"驰逐"。"驰逐"力求"进速致远"，《荀子·王霸》称作"及速致远"，《淮南子·说林》称作"追速致远"。这种追求高速驰行的竞技运动，在西汉时期仍然盛行。

司马迁在《史记·货殖列传》中说到民间游戏有所谓"博戏驰逐"。《盐铁论·国疾》也说到"里""党"之间"康庄驰逐"的情形，也体现"驰逐"的普及。当时的宫廷生活和贵族生活中也流行"驰逐"运动。[15]

《淮南子·诠言》写道："驰者不贪最先，不恐独后，缓急调乎手，御心调乎马，虽不能必先载，马力必尽矣。"东汉学者高诱解释说："驰，竞驱也。"《初学记》卷二二引李尤《鞍铭》有"驵骖驰逐，腾跃覆被；虽其捷习，亦有颠沛"的文句。他在《平乐观赋》描述"驰逐"的内容中也有"或以驰骋，覆车颠倒"语。尽管"驰逐"竞技中难免发生马蹶车覆的事故，然而为了"显逸才之捷武"，人们仍然乐于在高速度的奔进竞争中追求刺激，寻求快感。

《史记·袁盎晁错列传》记载，汉文帝曾经甘愿冒"马惊车败"的危险，想从霸陵上驰下峻阪，经臣下力谏方才罢休。在当时车辆尚不具备制动装置的情况下，"骋六骓驰下峻山"的情景可以想见。[16] 在轻急之世风的影响下，以温良谨慎著称的汉文帝也期求尝试飞车疾驰的乐趣。

据《汉书·武五子传·刘髆》记载，昌邑王刘贺从昌邑（今山东金乡西）入长安，驱车疾驰，日中出发，晡时至于定陶（今山东定陶北），行一百三十五里。"日中"相当于十三时，"晡时"相当于十五时至十七时左右，推算刘贺车速可高达每小时四十五至六十七点五汉里。《汉书·王吉传》也说到，昌邑王刘贺喜好"驱驰国中"，有一次乘车前往方舆（今山东鱼台西），也曾经不到半日而驰行二百里。看来，高速驰车已经成为许多皇室贵族狂热的嗜好。

西汉时期有所谓"轻侠"之称。《汉书·酷吏传·尹赏》说到"交通轻侠"。汉初功臣集团中也有所谓"轻猾之徒"[17]。西汉时还通行"轻薄"或"轻薄少年"的称谓。以为政"残贼"闻名的尹赏就任长安令后，即曾以严酷手段打击威胁治安的"长安中轻薄少年恶子"[18]。所谓"轻"，形容其生活态度之急节浮躁，其含义与西汉时形容民风惯用语"剽轻""轻悍""轻利""精而轻"之"轻"相近，或即东汉魏晋人所鄙视的"动静轻脱"[19]"轻佻果躁"[20]。西汉"少年"好勇斗狠、激进豪放的性格特征，代表着时代精神的某种倾向。

自西汉时代起，开始有"酷吏"的称谓。所谓"急刻""酷急""刚暴强人"，是这一类官僚基本的性格特征。其行政方式，则特别突出所谓"神速"。[21] 以"暴酷""峻文""惨急"为特征的酷吏政治，从一个方面代表了西汉吏治的时代特色。

"轻侠"和"酷吏"作为社会矛盾中激烈对立的两种力量，其行为特征却表现出共同的倾向。

第二节　舒缓时代

东汉时期社会风气有所转变。社会生活节奏趋于舒缓，是这一转变的特征之一。

《三国志·蜀书·张嶷传》载张嶷与诸葛瞻书，其中说到"吴楚剽急，乃昔所记"，战国至于西汉时期吴、楚"剽急"的文化风格，到了东汉末年似乎已经成为遥远的史迹。

儒学正统对民间所谓"轻"的风习，历来持否定的态度。儒者讲究安详凝重，而鄙视轻狂疏放。《论语·学而》说"君子不重则不威"，《礼记·玉藻》说"君子之容舒迟"，都表露出同样的倾向。大致成书于两汉之际的扬雄《法言》有《修身》篇，其中更明确地陈述了儒学取"重"去"轻"的原则。[22]"轻"与"重"的内涵颇为复杂，其中也包括生活节奏倾向的轻躁与重迟的对比。皇侃《论语义疏》说："重为轻根，静为躁本，君子之体，不可轻薄也。"这种观念在东汉时期已经逐渐成为正统意识的内容之一。

据《后汉书·马援传》记载，马援兄子马严、马敦"通轻侠客"。马援在交趾前线致书告诫他们说，不要生硬地模仿侠者，而终不能得，以致"陷为天下轻薄子，所谓画虎不成反类狗者也"。这也是以"轻薄"指斥违背儒学生活准则的行为倾向。看来，以"轻"为特征的生活节奏当时已经受到社会的非议。

与西汉时曾经盛行"驰逐"运动形成鲜明对照的，是东汉社会普遍流行乘坐牛车的风习。

西汉时牛并不作为乘车的主要动力。汉初有的将相不得不乘坐牛车，只是"接秦之弊"，短暂经济崩坏时期的例外。

而东汉时期上层社会则风行用牛牵挽乘车。司徒之子刘宽出行乘坐牛车。[23]韩康应汉桓帝的征聘,乘牛车赴京。[24]寿春令时苗赴任,也乘坐牛车。[25]《三国志·吴书·鲁肃传》记载,赤壁之战前议定战和决策时,鲁肃曾经说道:"今肃迎(曹)操,操当以肃还付乡党,品其名位,犹不失下曹从事,乘犊车,从吏卒,交游士林,累官故不失州郡也。"看来,乘坐牛车已成为具有一定地位的士人的风尚。汉献帝也曾经"御牛车"出行。[26]

在安于"舒缓"的社会风气的影响下,东汉王朝的行政效率也较西汉落后。从居延汉简提供的资料看,西汉时期中央至边地文书传递不过三十余日。有军情通报从今青海地至长安往返前后不过七日的史例。[27]当时传递皇帝玺书的驿传系统,"三骑行,昼夜千里为程",已经成为制度。[28]而东汉在交通条件优于边地的地区,公文传送也往往延滞甚久。汉献帝初平五年正月改元"兴平",然而时过九个月,朝廷改元事竟然尚未通达蜀地。

第三节　社会生活节奏时代变化的文化因素

秦汉时期社会生活节奏为什么会发生这样的变化呢?

秦及西汉距战国未远,又经历战国兼并战争、秦末之乱及楚汉之争,于血战中立国,战时急烈之民风对于社会时尚会形成一定的历史影响。而武人出身的功臣主持行政,也可能导致政治生活节奏表现出严酷急进的风格。汉武帝以战争手段征服南越、朝鲜、西南夷,又组织对匈奴的大规模远征。汉武帝时代正是社会生活节奏最为急促的时代。

而东汉时期北边军事形势已经发生了重大的变化，"匈奴既分，羽书稀闻"[29]，南疆蛮夷也"往化既孚，改襟输宝"[30]，于是多年轻武备而重文功。自汉光武帝中期以后，国家无战事，而"专事经学"，于是自此世风温良稳重。[31]

正是由于世事平和，东汉时期社会生活节奏一改急切之风，历史节奏与文化节奏也转而缓渐。

不过，战争因素并不是社会生活节奏发生显著变化的唯一条件。

秦风的节奏特征相当急进。司马迁《史记·商君列传》有"商君，其天资刻薄人也"的评价。此说或许正可以与《荀子·议兵》所谓"秦人其生民郏阨，其使民也酷烈"对照读。"其使民也酷烈"，说秦法之"刻薄"。而所谓"其生民郏阨"，则体现出秦人文化基因的某种特色。《商君书·垦令》所谓"褊急之民""很刚之民"等，也都体现出秦人性格刚勇峻急的一面。

秦以国力之强盛、军威之勇进以及民风之急烈，曾经得"虎狼之国"的恶名。[32] 所谓"虎狼之秦"[33]以其暴烈贪戾形成威胁六国的所谓"秦患"[34]。秦行"苛政"[35]，执"苛法"[36]。其政治形式的特色反映了政治心理的某种特质，即《史记·张仪列传》所谓"心忿含怒"。这种心理又体现于生活节奏的急骤。《史记·刺客列传》有所谓"以雕鸷之秦，行怨暴之怒"的说法。"雕鸷"谓其行为凶暴，也形容其节奏迅捷。

秦统一之后，曾经使秦文化的节奏特征对其他地区形成影响。

《荀子·议兵》曾经说到楚人"轻利僄遬，卒如飘风"，形容其军队机动能力之强。《史记·礼书》又写作"轻利剽遬，卒如熛风"。"邀"，也就是"速"。从《史记》中还可以看到其他西汉时人对于楚军势剽疾、运动神速的评价。[37] 楚军作战轻勇且富于机动性的特征，与楚地民间风尚有关。《史记·吴王濞列传》说刘邦"患吴、会稽轻悍"，即是指民风而言。[38] 汉并天下，刘邦建立了以楚人为统治基干的新王朝，于是楚风北上，影响了中原文化的面貌。朝野上下吟讴皆楚歌，可以作为例证。

与秦地和楚地急烈之风格形成鲜明对照的，是齐地和鲁地的"舒缓"之风。

《史记·货殖列传》说，齐地"其俗宽缓阔达"。此外，三河、郑、卫、邹、鲁、梁、宋等地风习所谓"宽缓""微重""重厚""敦愿"等，在社会生活节奏方面都体现出较为"舒缓"的作风。《汉书·朱博传》中说"齐郡舒缓"，颜师古解释说："言齐人之俗，其性迟缓。"

纵观汉代史，正可以看到齐鲁文化随着儒学西渐在总体上逐步完成对秦文化和楚文化因素的改造。儒学终于确立了作为正统思想的地位，儒学思想原则终于成为维护专制主义帝国政治秩序的基本纲纪。从文化史的大势看，似乎可以认为，节奏"舒缓"的文化风格在两汉之际逐步压倒了急刻之风。

应当说，西汉中期以后儒学地位的上升，也是两汉社会生活节奏发生显著转变的重要因素之一。

从《史记·货殖列传》记录的各地民俗资料看，地近北边者往往社会生活节奏较为急促。其民风民俗其实受到北方游牧部族的明显影响。

匈奴"贵壮健，贱老弱"，"其战，人人自为趣利"，"其见敌则逐利，如鸟之集"等，都反映其生活节奏之急进。投靠匈奴的汉人中行说曾经对比汉人和匈奴人两种生活节奏当"急"与"宽""缓"时的不同特色。他说，匈奴"其急则人习骑射，宽则人乐无事"，中国"其民急则不习战功，缓则罢于作业"。[39]《汉书·韩安国传》说："匈奴，轻疾悍亟之兵也，至如猋风，去如收电。"匈奴与汉地风尚之差异，根本原因在于生产方式的不同，种、代之民"矜懻忮，好气"而"不事农商"，中山"民俗懁急"而"仰机利而食"[40]，也都说明生活节奏与经济传统的关系。东汉时北边游牧部族纷纷内附，汉王朝"开北鄙，择肥美之地，量水草以处之"，汉之边塞从此晏然。[41]中原农耕文化对北边游牧民族的影响，很可能也是当时社会生活节奏的总体倾向转而"舒缓"的因素之一。

第二十八章

江南地区的开发和经济重心的东移

从秦代、西汉到东汉时期，发生的一个重大的历史变化，就是江南地区得到空前规模的开发。而全国经济中心的东移，也促使政治和文化的地理布局发生了重要的演变。

第一节　山西和山东：盛与衰的转换

自秦始皇兼并六国，一时"六合之内，皇帝之土"，随着大一统政体的形成，全国各个地区也逐渐归并入作为秦王朝统治基础的宏大经济共同体之中。然而，当时经济区域开发的程度依然是有限的。自秦至于西汉，中央政权以为主要依靠的先进农耕区大致仍限于长城以南、长江以北，而尤以黄河中下游地区备受倚重。这一情形在东汉时期又有所变化。

司马迁在《史记·货殖列传》中综述各地物产时，曾经将全国地域大略划分为"山西""山东""江南""龙门、碣石北"四个基本经济区。一般以为，"山西"是指崤山或华山以西的地区，与所谓"关中"所指代的地域相近。[1]也有一种意见，认为这里所说的"山"是指太行山。[2]而按照《史记·货殖列传》中所谓"山东食海盐，山西食盐卤"的说法，"山东"、"山西"以太行山划分的说法似乎也可以成立。总之，所谓"山西"大致是指以关中为主体的当时的西部地区。巴蜀地区与关中交通已久，又有秦人曾以关中模式进行开发的历史背景，因而一般也可以划归同一经济区。

经过战国兼并战争、秦末战争、楚汉战争，山东地区遭受严重破坏，而关中地区则相对比较安定。于是司马迁《史记·货殖列传》曾经说，关中之地，相当于天下三分之一，人口数不过百分之三十；然而估量其富足，则相当于全国的百分之六十。《史记·高祖本纪》也有"秦富十倍天下"的说法。张良附议娄敬建都关中的主张，对于这一地区的经济实力，也有"金城千里，天府之国"[3]的评价。

关中之富足，不仅由于农业的先进，矿产及林业、渔业资源之丰盛也是重要原因。交通贸易条件之优越，也促成了经济的发达。

经两汉之际社会大动乱的破坏，关中经济一度残破，百姓饥饿相食，死者数十万，长安一时成为废墟，据说甚至"城中无人行"。然而经数十年恢复，关中在东汉时期依然具有举足轻重的经济地位。不过，值得我们注意的是，东汉中晚期涉及"山西"地区经济地位的评价时，多有强调其畜牧业成就的意见。如《后汉书·邓禹传》说，上郡（郡治在今陕西榆林南）、北地（郡治在今宁夏吴忠西南）、安定（郡治在今甘肃镇原东南）三郡，土广人稀，"饶谷多畜"。汉顺帝永建四年（129）尚书仆射虞诩上疏赞美"雍州"形势，除了"沃野千里，谷稼殷积"等文句之外，又说道："水草丰美，土宜产牧，牛马衔尾，群羊塞道。"[4]

"山东"经济区大致包容秦统一前六国故地，西自"三河"地区，东至齐鲁之郊，包括农耕文化起源甚早、积累最为丰厚的黄河中下游地区，以及华北平原北部及江汉平原、淮河两岸。作为开发很早的农业区，其中多有以精耕细作创造先进物质文化而体现先王遗风之地，又有重视通过多种经营以繁荣经济者。例如燕地有鱼盐枣栗之饶，齐地出产质地精美的丝织品，"号为冠带衣履天下"，鲁地也颇有桑麻之业。[5]

"山西"与"山东"虽然都是经济较为先进的地区，然而其经济文化的传统与形式又有所不同。所谓"山东出相，山西出将"的说法所表明的"山东"与"山西"人才素养的显著差异，当然也可以从两个地区经济文化基本形式的区别中探寻其原因。

秦据有关中形胜，击灭六国后，实际上仍以关中作为统治全国的基点。汉并天下，依然定都关中。西汉王朝组织关东贵族、富豪和高级官僚移居关中，以进一步强化关中经济优势的同时，又大规模用兵西边、北边，并就地实行屯田，使整个西部地区的经济实力得以显著充实。当时的关中地区，在天下经济的全局之中居于重心地位。

据史书记载，西汉初年，转运山东粟米以供给京师消费，每年不过数十万石。后来长安各级官署消费人口愈益增多，河渭漕运粮食四百万石，再加上政府有关部门适当收购的部分，才可以大体满足需要。汉武帝时代推行均输制度，山东漕粮年运输量曾经达到六百万石。可见，关中之富足，其实又得益于区域经济政策的倾斜。据《史记·平准书》中的记述，仅仅汉武帝时代，关中以东地区即为全国政治安定与经济平衡付出甚多。用兵两越，"江淮之间萧然烦费矣"。出军朝鲜，"则燕齐之间靡然发动"。通西南夷道，财力不足，募豪民入粟县官，"东至沧海之郡，人徒之费拟于南夷"。又如经营西北，动员十万余人筑卫朔方，转漕甚为辽远，"自山东咸被其劳"。

尽管西汉王朝一贯推行所谓"强干弱枝""强本弱末"，即剥夺关东以充实关中，令"山东"地区承负国家主要耗用的经济政策，但"山东"经济仍然得到稳步的发展。

通过《汉书·地理志下》所载汉平帝元始二年（2）郡国户口数字，可知当时三河地区户口已经远远超过三辅地区：

元始二年三辅、三河户口比较

	户	口
三辅地区	647,180	2,436,360
三河地区	754,586	3,770,288
三河与三辅比率 (%)	116.6	154.8

据《续汉书·郡国志一》所载汉顺帝永和五年（140）郡国户口数字，可以看到不过一百三十八年间，两个地区的户口比率又有惊人的变化：

	户	口
三辅地区	107,741	523,860
三河地区	461,799	2,383,188
三河与三辅比率 (%)	428.6	454.9

虽然户口的绝对数字都有所减少，但是两个地区户口比率却有显著的变化。这一变化可以反映东汉时期关中经济日衰，"山东"经济日盛，全国经济重心明显东移的历史事实。

东汉王朝的统治者从全局出发，毅然定都洛阳，无疑是在认真考察全国经济形势之后做出的清醒的决定。

将《汉书·地理志》人口数字与《续汉书·郡国志》人口数字进行比较，可以看到自西汉平帝至东汉顺帝间，在总人口数字下降的情况下，某些郡国人口数字是有所增长的。例如：

《汉书·地理志》与《续汉书·郡国志》中关东三郡国人口数字比较

郡　　国	《汉书·地理志》人口数	《续汉书·郡国志》人口数	绝对增长率 (%)
南阳郡	1,942,051	2,439,618	25.6
西汉淮阳国东汉陈国	981,423	1,547,572	57.7
梁　国	106,752	431,283	304

由此可以看到东汉时期关东有些地区经济发展较为迅速的历史事实。

实际上，自西汉中期起，"山东"许多地方的经济已经表现出显著的进步。除三河地区仍居于先进地位之外，颍川、汝南、南阳地区及梁、楚地区，即今黄河、淮河之间的中部地区经济发展尤为引人注目。

以汝南为例，许多历史记载说明，地方官员对水利事业的重视，使得这一地区农耕经济的进步具备了便利的条件。光武帝建武年间，邓晨任汝南太守时，大力兴修水利，当地逐渐殷富，其"鱼稻之饶"甚至对邻近地区也发生了积极的影响。[6]汉明帝永平年间，鲍昱拜汝南太守，曾经组织维修陂池工程，"水常饶足，溉田倍多，人以殷富"[7]。汉和帝永元年间，时任汝南太守的何敞修理旧有水利工程，百姓仰赖其利，开垦的田亩增加了三万余顷。[8]当然，汝南经济的发展应当还有其他因素，并不宜简单理解为地方行政长官的政绩。汝南走向"殷富"的变化，其实代表了黄淮地区经济史演进的大趋势。

司马迁曾经以"龙门、碣石"一线，划出当时农业经济区与牧业经济区的分界。龙门、碣石以北地区，主要出产"马、牛、羊、旃裘、筋角"等，其经济形式显然以畜牧业为主，司马迁曾经数次亲历这一地区，有亲身实地生活的经历[9]，他对于当地经济特征的总结，应当是真实可信的。《史记·货殖列传》中还写道，天水（郡治在今甘肃通渭西）、陇西（郡治在今甘肃临洮）、北地（郡治在今甘肃庆阳西北）、上郡（郡治在今陕西榆林南），与关中同俗，但是西有羌中之利，北有戎翟之畜，"畜牧为天下饶"，也强调了关中西北的四郡当时以畜牧业的优势闻名天下。

这一地区一部分是畜牧区，一部分是半农半牧，以畜产作为关中农耕经济的重要后备和补充，其经济作用不可忽视。这一地区的畜牧业当时是受到社会重视的产业，因而司马迁说，"陆地牧马二百蹄，牛蹄角千，千足羊”，均被看作显示出“富给之资”的物业。而拥有“马蹄躈千、牛千足、羊彘千双”以及“狐貂裘千皮，羔羊裘千石，旃席千具”者，其经济实力“亦比千乘之家”。[10]

《汉书·地理志下》又写道，自武威（郡治在今甘肃武威）以西，地广民稀，地理生态条件宜于发展畜牧业，因此“凉州之畜为天下饶”。汉武帝策划所谓“马邑之谋”时，匈奴入塞，“徒见畜牧于野，不见一人”[11]，或说“见畜布野而无人牧者”[12]，则说明塞内也有广袤的以畜牧业为主体经济形式的地区。塞外“随畜牧而转移”，“逐水草迁徙，毋城郭常处耕田之业”的匈奴等游牧民族，则大体经营单一的畜牧业。

西汉政府为组织对匈奴的战争，曾经大力发展马政，史称“天子为伐胡，盛养马”[13]，而官营畜牧业的主要基地均处于龙门、碣石以北地区。《续汉书·百官志二》记载，太仆属下有牧师菀，“主养马，分在河西六郡界中”。可见，汉代中央政府在龙门、碣石以北地区组织规模较大的畜牧业生产，有相当长的历史。[14]

“龙门、碣石北”经济区由于丝绸之路的开通和机动性极强的游牧民族的作用，其经济文化其实往往表现出较强的活力。

西汉王朝连年组织大规模的军队屯戍、移民实边，都为中原先进农耕技术向北传播提供了条件。而东汉时期草原游牧部族南下入塞内附，又曾在这一地区导致畜牧经济对农耕经济的冲击。

秦及西汉时期，北边新经济区的建设受到特殊重视，农耕经济区与畜牧经济区的分界曾经向北推移。秦始皇时代已开始向北边移民，西汉仍多次组织移民充实北边。通过甘肃武威磨咀子 48 号汉墓出土的西汉木牛犁模型，可以看到牛耕已在北边地区得到推广。[15]

辽宁辽阳三道壕西汉村落遗址出土的巨型犁铧，据推测可能是用数牛牵引的开沟犁[16]，可以体现当时北边地区对于水利灌溉事业的重视。《史记·匈奴列传》记载，自西汉军队取得决定性胜利之后，匈奴远遁，大漠以南无王庭。汉人北渡黄河，自朔方（郡治在今内蒙古乌拉特前旗南）以西至令居（今甘肃永登西），"往往通渠置田，官吏卒五六万人，稍蚕食，地接匈奴以北"。以水利建设为基础的农耕经济，逐渐蚕食畜牧区地域，使农业区与牧业区之分界逐渐向北推移。居延汉简所见"田卒""治渠卒"诸称谓，可能就是北边以军事化形式开发农耕经济的文字遗存。

《后汉书·南匈奴列传》记载，东汉以来，光武帝刘秀以主要力量用于平定内地，未能顾及沙塞之外，于是"徙幽、并之民，增边屯之卒"，只作消极防守。天下大定之后，猛夫勇将多跃跃欲试，争言卫青、霍去病事迹，然而刘秀未曾准许对匈奴用兵。后来匈奴内部相互争权，有部族前来投靠，汉帝"和而纳焉"，将其安置在水草肥美之地。无论是东汉王朝保守政策助长匈奴骄踞益横，频繁南侵，还是因部族内乱自争所导致匈奴奉藩称臣，殷勤内附，都使得北边"肥美之地"可能重新成为牧场。

所谓"徙幽、并之民"，即建武十三年（37）匈奴进扰河东（郡治在今山西夏县西北），州郡不能禁，于是逐步徙幽、并两州边人于常山关、居庸关以东，匈奴左部也转居于塞内。此后匈奴"入寇尤深"，北边没有一年能够安宁。后来南单于内附，于是复诏单于徙居西河美稷（今内蒙古准格尔旗西北）。此后，北地（郡治在今甘肃庆阳西北）、朔方（郡治在今内蒙古磴口北）、五原（郡治在今内蒙古包头西）、云中（郡治在今内蒙古托克托东北）、定襄（郡治在今内蒙古和林格尔西北）、雁门（郡治在今山西代县西北）、代郡（郡治在今河北蔚县东北）等北边诸郡几乎均有匈奴屯居。后来北匈奴亦"款五原塞降"，至云中、五原、朔方、北地诸郡内降者，遂分处于北边诸郡。此外，又有南匈奴"窜逃入塞者络绎不绝"。东汉王朝将西河的郡治内徙至离石（今山西离石），上郡的郡治内徙至夏阳（今陕西韩城南），朔方的郡治内徙至五原（今内蒙古包头西）。

原有农业经济遭受严重破坏，农耕区与畜牧区的分界又进一步南移。东西羌势力会合之后，又破坏了陇西（郡治在今甘肃临洮）、北地（郡治在今宁夏青铜峡南）、武威等地的农耕生活秩序。东汉王朝于是又将安定的郡治徙至扶风（今陕西兴平）[17]，北地的郡治徙至冯翊（今陕西高陵）。

北边少数民族南下的压力，导致农耕区和畜牧区的分界南移，这一历史变化，也是促成关东和关西经济地位变化的因素之一。

第二节　从卑湿之贫国到富足之乐土

"江南"地区曾经是经济文化水平相对落后的地区。

司马迁在《史记·货殖列传》中进行各地区的经济比较，曾经有"江南卑湿，丈夫早夭"语。西汉时期，江南农业还停留于粗耕阶段，生产手段较为落后，虽矿产、林产资源丰饶，然而尚有待开发。

《史记·平准书》记汉武帝元鼎二年（前115）事，山东遭受黄河水害，连续数年歉收，出现"人或相食"情形的重灾区，广阔至于"方一二千里"。汉武帝于是颁布诏书，宣布："江南火耕水耨"，允许饥民可以流徙就食于江淮间，希望在当地定居的，可以批准。可见，就当时作为社会主体经济形式的农业而言，"江南"尚处于相当落后的发展阶段。

司马迁在评价"江南""多贫"，"地广人稀，饭稻羹鱼"的经济水平时，也说到"或火耕而水耨"。所谓"火耕水耨"，是指烧去杂草而灌水种稻的简单的耕作方式。司马迁又分析说，江南地区的自然资源条件有优越之处，野生植物和水产可以方便地采获，有"地埶饶食"之称，因而没有饥馑的忧患。然而在"无冻饿之人"的另一面，也没有相对富足的"千金之家"。[18]

《汉书·王莽传下》记载，天凤年间，费兴任荆州牧，曾经这样分析当地经济形势，他说，荆州、扬州民众大多依山林水泽定居，"以渔采为业"。颜师古解释说："渔"，是说捕鱼。"采"，是说采取蔬果之类。可见直到西汉末年，长江中下游许多地区，渔猎采集在经济生活中仍然占有相当大的比重。其经济形式与中原先进农耕区相比，存在相当大的差距。

《后汉书·循吏列传·卫飒》记载东汉光武帝建武年间，卫飒任桂阳太守时指导当地经济文化进步的事迹，说他"理恤民事，居官如家，其所施政，莫不合于物宜"。卫飒的继任者茨充仍执行其"合于物宜"、促进经济发展的政策，传统"风土"特色也随之改变。据记载，茨充指导民众种植桑柘麻纻一类经济树种和经济作物，劝令养蚕织屦，民众因此得到利益。李贤注引《东观记》也说，建武年间，桂阳太守茨充教人种桑麻，人得其利。至今江南颇知桑蚕织屦，都是北方先进生产经验传入的结果。

江南水利事业也得到发展。《太平御览》卷六六引《会稽记》，说到汉顺帝时代会稽地区的水利建设：汉顺帝永和五年（140），会稽太守马臻创治"镜湖"，在会稽、山阴两县界筑塘蓄水，根据水旱状况随时调节水量，所以不再有凶年。堤塘周回三百一十里，溉田九千余顷。这是规模相当大的水利工程，而规模较小的水利设施在江南分布之普遍，可以由汉墓普遍出土的水田陂池模型得到反映。

　　汉安帝永初初年，水旱灾异连年，郡国多被饥困。据《后汉书·樊准传》，樊准上疏言救灾事，建议灾民"尤困乏者，徙置荆、扬孰郡，既省转运之费，且令百姓各安其所"，得到批准。所谓"荆、扬孰郡"，当包括二州所领辖的江南地区。《后汉书·安帝纪》记述，永初元年（107）九月，"调扬州五郡租米，赡给东郡、济阴、陈留、梁国、下邳、山阳"。则是江南租米北调江北的明确记载。《后汉书·安帝纪》又记载永初七年（113）救灾运输事："九月，调零陵、桂阳、丹阳、豫章、会稽租米"，赈给江汉、江淮地区饥民。江南地区零陵（郡治在今湖南零陵）、桂阳（郡治在今湖南郴州）、丹阳（郡治在今安徽宣城）、豫章（郡治在今江西南昌）、会稽（郡治在今浙江绍兴）租米丰饶，足以赈救江北饥民的事实可以得到确认。可见，江南地区农耕业的发展水平和经济实力，与江北许多地区相比，已经逐渐居于优势地位。

　　《三国志·吴书·鲁肃传》裴松之注引《吴书》说，东汉末年，雄杰并起，中州扰乱，鲁肃对他的从属说："中国失纲，寇贼横暴"，淮水、泗水之间已经难以生存，我听说江东"沃野万里，民富兵强"，可以避战乱之害，你们愿意与我相随，"俱至乐土，以观时变"吗？其从属皆从命。看来，秦及西汉时期的所谓"卑湿贫国"[19]，到东汉末年前后，由于地理条件和人文条件的变化，已经演进成为"沃野万里，民富兵强"的"乐土"了。

显然，自两汉之际以来，江南经济确实得到速度明显优胜于北方的发展。正如有的学者所指出的，"从这时起，经济重心开始南移，江南经济区的重要性亦即从这时开始以日益加快的步伐迅速增长起来，而关中和华北平原两个古老的经济区则在相反地日益走向衰退和没落。这是中国历史上一个影响深远的巨大变化，尽管表面上看起来并不怎样显著"[20]。

第三节　由北而南的移民热潮

秦汉时期江南地区经济文化实现显著进步的原因，是由复杂的多方面条件共同形成的，其中气候环境的变迁也是研究者不应忽视的重要因素之一。由不同途径以不同方式获取的不同资料，大体可以共同印证江南地区的气候环境于两汉之际由湿暖转而干冷的结论。

秦代及西汉时期，北方人往往以为江南地区最不利于生存和发展的因素是气候的"暑湿"。

《史记·袁盎晁错列传》《南越列传》《淮南衡山列传》等都说到"南方卑湿"，《货殖列传》则写作"江南卑湿"。《屈原贾生列传》记载，汉文帝以贾谊为长沙王太傅，贾谊听说长沙卑湿，自以为寿命不得长久，于是为赋以吊屈原。又《五宗世家》写道，长沙王因为其生母地位低下，无宠，所以"王卑湿贫国"。《汉书·严助传》记载，汉武帝遣两将军将兵征伐闽越，淮南王刘安上书谏止，以为当地"暑湿"的恶劣气候，将会导致部队大量减员；"夏月暑时，欧泄霍乱之病相随属也"，即使尚未直接交战，死伤者也一定不在少数。刘安又回顾前时击南海王的情形以为教训，说当时天暑多雨，水军远征，尚未与敌军遭遇，病死者已经过半，于是"亲老涕泣，孤子啼号，破家散业，迎尸千里之外，裹骸骨而归。悲哀之气数年不息，长老至今以为记"。刘安强调中国之人不能适应当地水土，于是描绘出一幅大军南征的黯淡前景："南方暑湿，近夏瘅热"，加上暴露水居，蝮蛇毒虫侵扰，而疾疫多发作，兵未血刃而因病死将减员十分之二三。如此，即使完全占有并且奴役敌国，也依然得不偿失。

对于江南之"暑湿"深怀疑惧之心而避之唯恐不远的史例，还有汉元帝时封地原在江南"下湿"之地的刘仁请求"内徙"的故事。[21]

东汉前期，还有其他类似的史例。例如《后汉书·马援列传》记载，马防"徙封丹阳"，后来以"江南下湿"，上书请求归还本郡，得到汉和帝准许。而伏波将军马援率军击武陵蛮时，也曾经"会暑甚，士卒多疫死"，"军士多温湿疾病，死者太半"。[22]

东汉中期以后，则少见类似的记载，大约气候条件的演变，使得北人对南土的体验已经与先前有所不同。

两汉之际及东汉末年，两次出现由中原往江南的大规模的移民浪潮。

以《汉书·地理志》与《续汉书·郡国志》中所提供的有关两汉户口数字的资料相比照，可以看到丹阳、吴郡（郡治在今江苏苏州）、会稽（郡治在今浙江绍兴）、豫章（郡治在今江西南昌）、江夏（郡治在今湖北新洲西）、南郡（郡治在今湖北江陵）、长沙（郡治在今湖南长沙）、桂阳（郡治在今湖南郴州）、零陵（郡治在今湖南零陵）、武陵（郡治在今湖南常德）等郡国户口增长的幅度：

丹阳等九郡国两汉户口比较

元始二年			永和五年			增长率 (%)	
郡　国	户	口	郡　国	户	口	户	口
丹阳郡	107,541	405,171	丹阳郡	136,518	630,545	26.9	55.6
会稽郡	223,038	1,032,604	吴　郡	164,164	700,782	28.8	14.5
			会稽郡	123,090	481,196		
豫章郡	67,462	351,965	豫章郡	406,496	1,668,906	502.6	374.2
江夏郡	56,844	219,218	江夏郡	58,434	265,464	2.8	21.1
南　郡	125,579	718,540	南　郡	162,570	747,604	29.5	4.0
长沙国	43,470	235,825	长沙郡	255,854	1,059,372	488.6	349.2
桂阳郡	28,119	156,488	桂阳郡	135,029	501,403	380.2	220.4
零陵郡	21,092	139,378	零陵郡	212,284	1,001,578	906.5	618.6
武陵郡	34,177	185,758	武陵郡	46,672	250,913	36.6	35.1
合　计	707,322	3,444,947	合　计	1,701,111	7,307,763	140.5	112.1

　　江夏郡与南郡辖地分跨大江南北，户口增长率亦最低。丹阳郡与会稽郡由于开发较早，户口增长幅度也并不显著。汉顺帝永和五年（140）全国户口数与汉平帝元始二年（2）相比，呈负增长形势，分别为 –20.7% 与 –17.5%。与此对照，江南地区户口增长的趋势，成为引人注目的历史现象，而豫章、长沙、桂阳及零陵等郡国的增

长率尤为突出。户数增长一般均超过口数增长，暗示移民是主要增长因素之一。两汉之际，中原兵争激烈，据说流民数量之多，甚至可能达到原有户口数不能存留 1% 的程度[23]，人民流移的主要方向之一，即往往"避乱江南"[24]。东汉时期，"连年水旱灾异，郡国多被饥困"，"饥荒之余，人庶流迸，家户且尽"，其中也往往有渡江而南者。永初初年曾经实行所谓"尤困乏者，徙置荆、扬孰郡，既省转运之费，且令百姓各安其所"的政策，可以说明民间自发流移的大致方向。[25] 通过所谓"令百姓各安其所"，可知流民向往的安身之地本来正是"荆、扬孰郡"。

东汉末年剧烈的社会动乱再一次激起以江南为方向的流民运动。

《三国志·吴书·张昭传》说，汉末天下大乱，徐州地方士民往往南流，多避难于扬州地方。《三国志·魏书·华歆传》注引华峤《谱叙》也说："是时四方贤士大夫避地江南者甚众。"《三国志·魏书·卫觊传》也记载："关中膏腴之地，顷遭荒乱，人民流入荆州者十万余家。"《三国志·吴书·全琮传》也有"是时中州士人避乱而南"的历史记录。

史称士民南流，"流入荆州"[26]"避乱扬州"[27]者，似乎直接原因是畏避兵燹之灾。然而仅仅以此并不能真正说明这一历史现象的深层缘由。战国时期列强之间的长期战争，秦统一天下的战争，秦末反抗秦王朝的战争，刘邦、项羽争夺天下的战争，其规模和烈度之惊人，都曾经对中原社会造成了巨大的破坏，然而当时却未曾出现大规模南渡避乱的情形。

《三国志·魏书·蒋济传》记载，建安十四年（209），曹操准备以强制手段迁徙淮南百姓，消息传出，一时江、淮之间的十余万民众，皆惊恐流亡，投靠吴国。《三国志·吴书·吴主传》记述建安十八年（213）事，又写道，曹操担心江滨郡县为孙权所略，征令内移，百姓相互转告，惊惶不安，自庐江（郡治在今安徽六安东北）、九江（郡治在今安徽寿县）、蕲春（郡治在今湖北蕲春西南）、广陵（郡治在今江苏清江）有民户十余万渡江而东，江西地区于是空虚，合肥（今安徽合肥西）以南唯有皖城（今安徽潜山）。江淮间民众不得不迁徙时，宁江南而毋淮北，体现出对较优越生存环境的自发性选择。其考虑的基点可能并不仅仅在于战乱与安定的比较。

大致在东汉晚期，江南已经扭转以较原始的耕作技术从事农业生产的落后局面，成为"垦辟倍多，境内丰给"的"乐土"。[28]《抱朴子·吴失》说到吴地大庄园经济惊人的富足：势利倾于邦国之君，储积富于朝廷公室，僮仆成军，闭门为市，牛羊遮蔽原野，田池遍布千里。庄园主有充备的物质实力，享受着奢靡华贵的生活：金玉满堂，伎妾溢房，商贩千艘，腐谷万庾，园圃仿拟上林之苑，馆第僭逼太极之宫，粱肉余弃于犬马，积珍陷失于帑藏。这样的情形，与司马迁所谓江南"无千金之家"的记述形成了鲜明的对照，而几乎完全成为王符《潜夫论·浮侈》、仲长统《昌言》中所描绘的东汉中期前后黄河流域豪富之家极端奢侈的经济生活的翻版。

江南地区气候条件的变迁，使得中原士民不再视之为"暑湿""瘴热"之地而"见行，如往弃市"。移民南下，使得中原地区较为先进的农耕技术可以迅速在江南地区移用推广。这些无疑都成为江南经济发展水平得以迅速提高的重要条件。随着经济的进步，江南地区的文化面貌也为之一新。

经过这样的历史过程，江南地区与中原地区的文化差距逐渐缩小，江南地区的文明程度明显上升，从而为后来全国经济文化重心向东南地区的转移准备了条件。东汉前期，"避乱江南者皆未还中土"，已经有"会稽颇称多士"[29]的说法。

汉桓帝延熹二年（159），曾经请尚书令陈蕃品评当时天下名士，问道："徐稺、袁闳、韦著谁为先后？"陈蕃回答说，袁闳出身于公侯之家，较早受到贵族文化的熏陶；韦著长于三辅礼义之俗，也正是所谓"不扶自直，不镂自雕"；至于豫章南昌（今江西南昌）人徐稺，出自"江南卑薄之域"，而能够"角立杰出"，十分不易，在这三人中应当名列为先。[30]可见当时江南以其文化地位，仍然被看作"卑薄之域"，不过，当时这里已经出现了"角立杰出"于天下的著名文士，而且得到了较高的评价。

至于东汉晚期，孔融曾经读虞翻《易注》，不禁感叹道：我这才知道东南出产的美物，不仅仅是会稽之竹箭啊！[31]一时被称为"江南之秀"的文士，往往也著名于中原。[32]据《三国志·吴书·虞翻传》注引《会稽典录》所说，江南之地，多有"俊异"之才，著名学士"各洪才渊懿，学究道源，著书垂藻，骆驿百篇"，才略学识往往惊人，或"海内闻名，昭然光著"，或"为世英彦"而"粲然传世"，或"聪明大略，忠直謇谔"，或"探极秘术"而"文艺多通"，诸多英俊，只是因为所活动的地域距京畿过于遥远，因而对当时作为文化重心的中原地区影响还是相对有限的。

不过，当时江南士人在与中州士大夫相会时，每每傲然自恃，"语我东方人多才"，具有"交见朝士，以折中国妄语儿"

的自信。[33]

所谓"江南有王气"[34]的说法，其实也反映出经济地位与文化水平上升之后，江南人关心政治文化的热忱。

第四节　岭南经济文化的进步

岭南地区在秦末至西汉前期曾经出现割据政权，当地经济文化与黄河流域先进地区相互隔闭，有相当明显的差距。淮南王刘安反对汉武帝用兵南越，曾经说："越，方外之地，劗发文身之民也，不可以冠带之国法度理也。"以为"不居之地，不牧之民，不足以烦中国"。除指出文化传统的界隔之外，又以所谓越地没有城郭邑里，百姓居处于溪谷之间、篁竹之中，"地深昧而多水险"，描述了这一地区文化形态的原始性。[35]

岭南地区真正与中原实现一统，是汉武帝时代的事。此后，汉朝统一的文化共同体的南界又进一步向南推进，真正至于所谓"北向户"[36]地区。政治文化的统一，便利了经济交往。不过，在汉武帝时代汉王朝直接控制了南越地区之后，当地与中央政权的关系仍然不是十分紧密。大约在两汉之际中原战乱频仍时，大量北人南迁，许多人行迹又南至于岭南，中原文化的影响于是又一次南下，从而开创了南越地区文化进步的新纪元。

我们以《续汉书·郡国志五》提供的汉顺帝永和五年（140）户口数字和《汉书·地理志下》提供的汉平帝元始二年（2）户口数字相比较，可以看到岭南户口增长的情形：

	元始二年		永和五年		增长率 (%)	
	户	口	户	口	户	口
南海	19,613	94,253	71,477	250,282	264.4	165.5
郁林	12,415	71,162				
苍梧	24,379	146,160	111,395	466,975	356.9	219.5
交趾	92,440	746,237				
合浦	15,398	78,980	23,121	86,617	50.2	9.7
九真	35,743	166,013	46,513	209,894	30.1	26.4
日南	15,460	69,485	18,263	100,676	18.1	44.9
合计	215,448	1,372,290	270,769	1,114,444		

　　永和五年缺郁林、交趾郡户口数，以其余五郡户口增长平均数户 144.8% 以及口 100.8% 计，估算永和五年二郡户口数当分别为：郁林郡，30,392 户，142,893 口；交趾郡，226,293 户，1,498,444 口。按照这一估算数合计的岭南七郡户口，增长率则分别为户 144.8%，口 100.8%。根据有的估计[37]，实际总增长率一定还要超过这一估算。显然，在全国户口呈负增长的情况下，这样的增长幅度是十分惊人的。

　　而户数增长超过口数增长，体现移民是实现这种增长的主要形式。

　　《史记·南越列传》记载，汉军出南越，韩千秋的部队击破若干居民点，其后不断从当地取得军粮补充。又元鼎六年（前 111）冬，楼船将军将精卒攻破石门，缴获"越船粟"，于是占据了军事上的绝对优势。这说明越地农业发展，已有剩余谷物可以积蓄。不过，这一地区农耕事业取得更为突出的成就，是在与汉地地界隔离已基本打破而中原经济文化的影响更为显著之后。

关于岭南地区水稻一年两熟制的最早记载，始于东汉时期。[38]
在广东佛山澜石东汉墓出土的一件陶制水田模型中，附有表现农田劳作的陶俑，有的犁地，有的插秧，有的收割，有的脱粒，展现出在不同田垄中抢种双季稻的紧张的劳动场面。"第五方地上有表示秧苗的篦点纹和一个直腰休息的插秧俑"，可见当时已经另有育秧田，采用了适应水稻一年两熟连作需要的育秧移栽技术。陶制水田模型还表现了备耕田中的粪肥堆，体现出当地水稻田已经普遍施用基肥。[39] 这件文物，可以说明东汉时期岭南某些地区的农业技术已经达到相当高的水平。

《后汉书·循吏列传·任延》记载，南阳宛人任延任九真（郡治在今越南清化西北）太守，当地传统民俗以射猎为业，不知牛耕，任延于是令铸作铁制农具，教之垦辟，于是田畴岁岁开广，百姓充给，一时"风雨顺节，谷稼丰衍"。先进的农耕技术的引入，是当地经济文化进步的主要因素之一，而大规模南下的移民，可以直接把黄河流域的先进农耕技术推广到岭南。

东汉末年，因为黄河流域严重的战乱和灾荒，又再一次掀起了波澜壮阔的移民浪潮。许多中原人在北方社会动乱激烈的背景下"避乱交州"。甚至北方军阀刘备也曾经准备南下投靠苍梧（郡治在今广西梧州）太守吴巨[40]，孙权也曾卑辞致书于曹魏，称"若罪在难除，必不见置，当奉还土地民人，乞寄命交州，以终余年"[41]。大致以往被看作"山川长远，习俗不齐"，"重译乃通，民如禽兽"[42] 的南边地区，经先进经济形式长期的影响，其经济状况在许多方面可能已经与"中土"农业经济区相当接近了。

其实，长期以来岭南移民中集中了许多身份低下的劳动者，据说南海（郡治在今广东广州）、苍梧、郁林（郡治在今广西桂平西南）、珠官（郡治在今广东徐闻南）四郡，长期成为中原亡人叛逆避祸藏身的地方。这种移民数量的大量增加，直接促进了当地经济文化的发展，而逃离北方的动乱社会之后，他们更珍视和平安定的生活环境，于是一时出现了"商旅平行，民无疾疫，田稼丰稔"[43]的局面。

中原先进经济形式对岭南地区的积极影响，当然可以进一步推动当地文化的进步。

《后汉书·循吏列传·卫飒》说，交州地方有不知礼义道德规则的文化特征。中原士人桓晔重视修养，志行高洁，浮海而客居于交趾之后，于是越人礼俗受到积极的影响，至闾里不争讼。[44]这应当是北人南下使中原礼义文明影响南越地区的史例之一。《三国志·吴书·薛综传》引录薛综上疏，又说到这种文化浸渍的漫长历程。汉武帝时代初平南越时，由于路途遥远，习俗不一，言语各有同异，需要数次翻译才能沟通。百姓生活一如禽兽，长幼没有等级尊卑之别，发型服饰都与中原不同，地方官吏的设置虽有若无。此后多有中原移民南下，逐步推广文化知识，"稍使学书，粗知言语，使驿往来，观见礼化"。后来锡光为交趾（郡治在今越南河内东北）太守，任延为九真（郡治在今越南清化西北）太守，"乃教其耕犁，使之冠履"，官府有所引导，婚姻关系也逐渐走上正轨，又建立学校，导之经义。经历四百余年的文化交流和文化融合的过程，中原民人与当地人杂居交往，中原吏人来到岭南管理行政，在形成经济影响的同时也形成文化影响，所谓"教其耕犁，使之冠履"，体现出了经济进步和文化进步之间的内在关系。

不过，薛综以中原传统文化的尺度比量当地的民间风习，仍然以为"易以为乱，难使从治"。他说到当地保留有若干原始遗风的婚俗与中原的不同："人民集会之时，男女自相可适，乃为夫妻，父母不能止。交趾糜泠、九真都庞二县，皆兄死弟妻其嫂，世以此为俗，长吏恣听，不能禁制。日南郡男女倮体，不以为羞。"他认为，要实现所谓"章明王纲，威加万里，大小承风"，真正完成文化的一统，还是相当困难的事。[45]

　　薛综虽然是沛郡竹邑（今安徽宿州北）人，但是少时就"避地交州"，是在当地就学，成为天下名儒的。他虽然客居岭南，"困于蛮垂"，仍然"光华益隆"，在文化史上多有创获。[46] 当时以文才丰富当地文化创造的学人，还有许多。马雍曾经指出，汉末士燮治理交趾时，当地的儒学是很盛的。[47] 有的学者讨论苍梧一郡的文化贡献，所列举汉时出避交趾的中原士人，除上述诸位外，还有士燮七世祖、胡刚、袁徽、许慈、许劭、袁忠等。又指出："当时苍梧籍经学家的学术思想早已突破岭南的地域限制，在全国经学论坛上占据了重要的一席。""在全国范围而言，苍梧郡亦跻身文化先进地区之列。尤其是越到汉朝后期，这种文化兴盛的表现就越为明显。"[48] 这样的见解，是符合历史事实的。

附

录

大事年表

公 元	中国纪元	大 事
前 221	秦始皇二十六年	秦统一中国。分天下以为三十六郡。
前 220	二十七年	秦始皇西巡陇西、北地。 治驰道。
前 219	二十八年	秦始皇东巡,上泰山,封,祠祀。禅梁父。 南登琅邪,作琅邪台。 凿灵渠。
前 218	二十九年	秦始皇再次东巡,在阳武博浪沙中遇刺客狙击。 秦始皇登之罘,刻石。
前 216	三十一年	秦始皇为微行咸阳,夜出逢盗兰池。
前 215	三十二年	秦始皇东巡至碣石,巡北边,从上郡回咸阳。 使将军蒙恬发兵三十万人北击匈奴,掠取河南地。
前 214	三十三年	发诸尝逋亡人、赘婿、贾人略取陆梁地,为桂林、象郡、南海,以适遣戍。 西北斥逐匈奴。自榆中并河以东,属之阴山,以为四十四县,城河上为塞。 又使蒙恬渡河取高阙、阳山、北假中,筑亭障以逐戎人。
前 213	三十四年	秦始皇下禁书令。
前 212	三十五年	通直道。 秦始皇坑杀儒生方士四百六十余人。
前 210	三十七年	秦始皇东巡,七月,病逝于沙丘。李斯、赵高立胡亥为帝,逼杀扶苏、蒙恬。
前 209	秦二世元年	七月,陈胜、吴广于大泽乡起义,天下云集回应。
前 206	汉王刘邦元年	刘邦军入关,十月,秦王子婴降,秦亡。
前 202	汉高帝五年	楚汉军主力决战垓下,项羽兵败自刎。 刘邦称帝。
前 188	汉惠帝七年	九月,吕后临朝称制。
前 180	汉高后八年	七月,吕后死,陈平、周勃杀诸吕,立汉文帝刘恒。

公 元	中国纪元	大 事
前 154	汉景帝三年	正月，吴楚七国反。 三月，汉军平定七国之乱。
前 141	后元三年	景帝死，皇太子刘彻即位，是为汉武帝。
前 140	汉武帝建元元年	始建年号。 汉武帝亲自策问贤良方正直言极谏之士。
前 139	二年	张骞出使西域。
前 134	元光元年	初令郡国举孝廉各一人。
前 133	二年	汉武帝诱匈奴入马邑，以重兵伏击，匈奴觉察退归。
前 127	元朔二年	颁布"推恩令"。 卫青率数万大军出云中，取高阙，又直下陇西，白羊王、楼烦王逃出塞外。
前 126	三年	张骞返回长安。
前 124	五年	卫青击匈奴，北出边塞六七百里，奔袭匈奴右贤王部成功，在军中被拜为大将军。
前 121	元狩二年	霍去病远征，大破匈奴军。浑邪王降汉。
前 119	四年	卫青、霍去病击匈奴。卫青部推进至赵信城，霍去病部封狼居胥山。匈奴远遁，漠南无王庭。
前 114	元鼎三年	杨可告缗。
前 106	元封五年	初置十三州部刺史。
前 104	太初元年	编定《太初历》。
前 92	征和元年	巫蛊事起。
前 91	二年	丞相公孙贺因巫蛊族诛。江充治巫蛊狱。太子刘据杀江充，与丞相军战于长安，兵败出逃，自杀。
前 89	四年	汉武帝下轮台诏。
前 81	汉昭帝始元六年	郡国所举贤良文学议盐铁事。
前 74	元平元年	霍光立汉宣帝。
前 66	汉宣帝地节四年	霍氏谋反族诛。
前 61	神爵元年	赵充国击西羌。
前 33	汉元帝竟宁元年	匈奴呼韩邪单于来朝。汉元帝以后宫良家子王嫱字昭君嫁单于。

公　元	中国纪元	大　事
前 27	汉成帝河平二年	六月，外戚王氏五人同日封侯，世称"五侯"。
前 8	绥和元年	十一月，王莽为大司马。
前 3	汉哀帝建平四年	正月，关东民无故惊走，曰"行西王母筹"，经历郡国二十六，至京师，不可禁止。
8	孺子婴初始元年	十二月，王莽即真天子位，定国号曰"新"。
17	王莽天凤四年	王匡、王凤据绿林山起义。
18	五年	樊崇起义。
22	地皇三年	平林兵起。刘演、刘秀起兵。
23	四年	昆阳之战。
25	刘玄更始三年 汉光武帝 建武元年	六月，刘秀称帝。 十月，定都洛阳。
69	汉明帝永平十二年	王景治河。
73	十六年	班超立功西域，定鄯善、于阗等。西域复与汉通。
79	汉章帝建初四年	诸儒会白虎观，议"五经"同异。
89	汉和帝永元元年	窦宪大破北匈奴，登燕然山，刻石记功而还。
91	三年	以班超为西域都护。
97	九年	班超遣甘英使大秦，临海欲渡，为安息船人所阻而还。
132	汉顺帝阳嘉元年	张衡作候风地动仪。
159	汉桓帝延熹二年	八月，梁冀伏诛。
166	九年	汉桓帝收系李膺，下令郡国大捕"党人"。
167	永康元年	赦"党人"，但官府仍予监控，禁锢终身。
169	汉灵帝建宁二年	再一次大规模迫害"党人"。诏州郡大举钩党，天下豪杰名士陷党籍者甚多。
178	光和元年	汉灵帝开西邸卖官。
184	光和七年	黄巾军起义。

公 元	中国纪元	大 事
189	少帝刘辩 光熹元年	八月，中常侍张让等杀大将军何进。司隶校尉袁绍收诸宦官，无少长皆斩之，凡二千余人。 董卓提兵入洛阳。
190	汉献帝初平元年	正月，关东州郡起兵讨董卓，推袁绍为盟主。 二月，董卓迁都长安。
192	三年	四月，王允、吕布诛董卓。 十二月，曹操收降青州黄巾。
196	建安元年	九月，曹操奉汉献帝迁都于许。 曹操屯田许下。
200	五年	十月，官渡之战，曹操大败袁绍。
205	十年	曹操定河北。
207	十二年	八月，曹操击破乌桓。 刘备三顾诸葛亮，诸葛亮陈《隆中对》。
208	十三年	十二月，赤壁之战。
211	十六年	十二月，刘备入蜀。
214	十九年	闰五月，刘备领益州。
217	二十二年	陈琳、王粲、徐幹、应场、刘桢皆死于疾疫。
219	二十四年	八月，关羽大破曹军。 十二月，关羽败死，刘备失荆州。

帝系表 [1]

秦

①始皇帝政 ——— 公子扶苏
（前246—前210） 某 ——— ③王子婴 （前207—前206）
②二世皇帝胡亥
（前210—前207）

西　汉

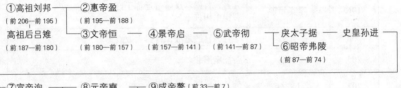

①高祖刘邦 ——— ②惠帝盈
（前206—前195） （前195—前188）
高祖后吕雉 ——— ③文帝恒 ——— ④景帝启 ——— ⑤武帝彻 ——— 戾太子据 ——— 史皇孙进
（前187—前180） （前180—前157） （前157—前141） （前141—前87） ⑥昭帝弗陵
（前87—前74）

⑦宣帝询 ——— ⑧元帝奭 ——— ⑨成帝骜 （前33—前7）
（前74—前49） （前49—前33） 定陶王康 ——— ⑩哀帝欣 （前7—前1）
中山王兴 ——— ⑪平帝衍 （前1—5）
楚孝王嚣 ——— 广戚侯勋 ——— 广戚侯显 ——— ⑫孺子婴 （6—8）

新

①王莽
（9—24）

东　汉

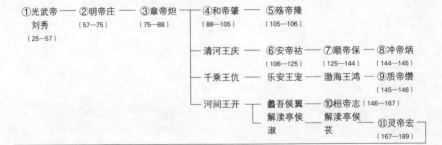

①光武帝 ——— ②明帝庄 ——— ③章帝炟 ——— ④和帝肇 ——— ⑤殇帝隆
刘秀 （57—75） （75—88） （88—105） （105—106）
（25—57）
清河王庆 ——— ⑥安帝祜 ——— ⑦顺帝保 ——— ⑧冲帝炳
（106—125） （125—144） （144—145）
千乘王伉 ——— 乐安王宠 ——— 渤海王鸿 ——— ⑨质帝缵
（145—146）
河间王开 ——— 蠡吾侯翼 ——— ⑩桓帝志 （146—167）
解渎亭侯 解渎亭侯 ⑪灵帝宏
淑 苌 （167—189）

⑫少帝辩 （189）
⑬献帝协 （189—220）

1　序号标示帝位继承顺序，括号内为公元纪年在位年代。

注　释

前言　秦汉时期在中国历史进程中的地位

1. 《三国志·吴书·孙登传》记载，孙权希望孙登读《汉书》，以"习知近代之事"，曾经令张休从张昭受读，然后再转授孙登。《三国志·吴书·吕蒙传》裴松之注引《江表传》说，孙权以自己研习"三史"，大有所益的经验，在建议吕蒙读书时，所列应当"急读"也就是应当首先尽早阅读的书目中，也包括"三史"。这里所说的"三史"，就是《史记》《汉书》和《东观汉记》。《旧唐书》和《新唐书》都记载隋末农民起义的领袖人物李密少年时出行，骑在牛背上阅读《汉书》的故事。《旧唐书·李密传》写道，李密"乘一黄牛，被以蒲鞯，仍将《汉书》一帙挂于角上，一手捉牛靷，一手翻卷书读之"。越国公杨素行路相逢，见此大为惊异，乘马追行，感叹道："何处书生，耽学若此？"又问所读书，李密回答说："《项羽传》。"于是杨素大为爱重。《新唐书·李密传》也写道："以蒲鞯乘牛，挂《汉书》一帙角上，行且读"。这一情节流传久远，于是明末清初的著名学者顾炎武所作《蓟门送李子德归关中》诗中有"常把《汉书》挂牛角，独出郊原更谁与"的名句。宋人龚明之《中吴纪闻》卷二有"苏子美饮酒"一节，说到苏舜钦《汉书》下酒的故事："子美豪放，饮酒无算，在妇翁杜正献家，每夕读书以一斗为率。正献深以为疑，使子弟密察之。闻读《汉书·张子房传》，至'良与客狙击秦皇帝，误中副车'，遽抚案曰：'惜乎！击之不中。'遂满饮一大白。又读至'良曰：始臣起下邳，与上会于留，此天以臣授陛下'，又抚案曰：'君臣相遇，其难如此！'复举一大白。正献公闻之大笑，曰：'有如此下物，一斗诚不为多也。'"说苏舜钦每晚读书，都要饮一斗酒，岳丈杜衍心存疑惑，派人私下察看。发现苏舜钦读《汉书·张良传》，每有感慨，就饮一大杯。杜衍听说，笑道：有这样的下酒物，饮一斗实在并不算多啊。明人吴从先《小窗自纪》也提到这一故事，并且以其他史书和《汉书》相比较："苏子美读《汉书》，以此下酒，百斗不足多。余读《南唐书》，一斗便醉。"苏舜钦饮酒读《汉书》的事迹，也可以说明《汉书》相当普遍的文化影响和不同寻常的历史魅力。此后，"《汉书》下酒"竟然成了著名的典故，清代著名剧作家孔尚任在《桃花扇》第四出《侦戏》中就曾经写道："且把抄本赐教，权当《汉书》下酒罢。"《宋史·刘奉世传》说，刘奉世不仅"优于吏治"，而且"文词雅赡，最精《汉书》学"。可见，《汉书》的研究很早就已经吸引、集中了诸多文学之士的意趣与才智，形成了一门学界瞩目的学问。

序章　秦汉历史舞台的背景

1. （德）马克思：《资本论》第 1 卷，《马克思恩格斯全集》第 23 卷，人民出版社，1972 年，第 560 页。
2. 参看中国科学院中国自然地理编辑委员会：《中国自然地理·历史自然地理》，科学出版社，1982 年。
3. 《史记·司马相如列传》。
4. 王学理：《汉南陵从葬坑的初步清理兼谈大熊猫头骨及犀牛骨骼出土的有关问题》，《文物》1981 年第 11 期；《汉"南陵"大熊猫和犀牛探源》，《考古与文物》1983 年第 1 期。
5. 参看王鹏飞：《节气顺序和我国古代气候变化》，《南京气象学院学报》1980 年第 1 期。
6. 王靖泰、汪品先：《中国东部晚更新世以来海面升降与气候变化的关系》，《地理学报》

1980 年第 35 卷第 4 期。

7. 孔昭宸、杜乃秋：《北京地区距今 30000—10000 年的植物群发展和气候变迁》，《植物学报》1980 年第 22 卷第 4 期。

8. 王开发、张玉兰：《根据孢粉分析推论沪杭地区一万多年来的气候变迁》，载《历史地理》创刊号，上海人民出版社，1981 年。

9. 刘恭德：《近两千年昆明地区八月气温变化的分析》，载《全国气候变化学术讨论会文集（1978 年）》，科学出版社，1981 年。

10. 黄麒：《青海湖沉积物的沉积速率及古气候演变的初步研究》，《科学通报》1988 年第 22 期。

11. 据 1962—1982 年期间洛阳自然历，平均初霜日为 10 月 29 日，最早初霜日为 1981 年的 10 月 15 日，最晚初霜日为 1977 年的 11 月 16 日。参见何光祥：《河南省洛阳的四季划分与自然历》，载宛敏谓主编：《中国自然历选编》，科学出版社，1986 年。

12. 《后汉书·陈忠传》。

13. 《后汉书·郎颉传》。

14. 《后汉书·寇荣传》。

15. 中国科学院地理研究所等：《长江中下游河道特性及其演变》，科学出版社，1985 年，第 64 页。

16. 参见王子今：《秦汉时期关中的湖泊》，载《周秦汉唐文化研究》第 2 辑，三秦出版社，2003 年。

17. 参见史念海：《论历史时期黄土高原生态平衡的失调及其影响》，《河山集》三集，人民出版社，1988 年，第 151 页。

18. 参见史念海：《森林地区的变迁及其影响》，《河山集》五集，山西人民出版社，1991 年，第 64 页。

19. 侯仁之等：《乌兰布和沙漠北部的汉代垦区》，《治沙研究》第 7 号，科学出版社，1965 年，第 31—33 页。

20. 史念海：《两千三百年来鄂尔多斯高原和河套平原农林牧地区的分布及其变迁》，《河山集》三集，人民出版社，1988 年，第 99—103 页。

21. 王尚义：《历史时期鄂尔多斯高原农牧业的交替及其对自然环境的影响》，载《历史地理》第 5 辑，上海人民出版社，1987 年，第 24 页。

22. 李长年：《农业史话》，上海科学技术出版社，1981 年，第 83 页。

23. 参见洛阳区考古发掘队：《洛阳烧沟汉墓》，科学出版社，1959 年，第 112 页。

24. ［汉］氾胜之：《氾胜之书》。

25. 俞伟超、张爱冰：《考古学新理解论纲》，《中国社会科学》1992 年第 6 期。

26. 朱立平、叶文宪：《气候变化与民族迁徙》，《新史学》（华东师范大学）第 1 期。

27. 傅筑夫：《中国封建社会经济史》第 2 卷，人民出版社，1982 年，第 25 页。

28. 参见谭其骧：《何以黄河在东汉以后会出现一个长期安流的局面》，《学术月刊》1962 年第 2 期；任伯平：《关于黄河在东汉以后长期安流的原因》，《学术月刊》1962 年第 9 期；邹逸麟：《读任伯平"关于黄河在东汉以后长期安流的原因"后》，《学术月刊》1962 年第 11 期。

29. 王铁：《汉代学术史》，华东师范大学出版社，1995 年，第 239—240 页。

30. 王铁：《汉代学术史》，华东师范大学出版社，1995 年，第 237 页。

31. 冷德熙：《超越神话纬书政治神话研究》，东方出版社，1996 年，第 238 页。

32. 李零：《中国方术考》（修订本），东方出版社，2000 年，第 14—15 页。

33. 方诗铭：《曹操·袁绍·黄巾》，上海社会科学院出版社，1996 年，第 234 页。

34. 参见刘家和：《秦汉时期的中国在世界上的地位》，载白寿彝总主编：《中国通史》第 5

卷，上海人民出版社，1995年，第450—458页。

35. 参见王子今：《秦汉时期的东洋与南洋航运》，《海交史研究》1992年第1期；《海西幻人来路考》，载《秦汉史论丛》第8辑，云南大学出版社，2001年。

第一章 秦的统一

1. 儒学经典中较早可以看到"大一统"理想的表述。《诗·小雅·北山》中有"溥天之下，莫非王土。率土之滨，莫非王臣"这样的话，可以理解为四海之内，山野都是"王"的土地，民众都是"王"的奴隶。这一诗句，后来被频繁引用，成为一种政治信条。《左传·昭公七年》记载，臣下有分民权的企图，受到"一国两君，其谁堪之？"的严正责难。提出这一见解的人，还引用了《诗经》中的名句："普天之下，莫非王土。率土之滨，莫非王臣。"《孟子·万章上》也引述了《诗经》中的这一句，以及孔子"天无二日，民无二王"的话。不过，孟子对"普天之下，莫非王土。率土之滨，莫非王臣"的解释，与一般的理解似乎略有不同。孔子所说的"天无二日，民无二王"，见于《礼记·曾子问》和《礼记·坊记》，然而写作"天无二日，土无二王"。很显然，"天无二日，民无二王"或者"天无二日，土无二王"，也是"大一统"政治意识的朦胧体现。"大一统"一语的明确提出，最早见于《公羊传·隐公元年》。对于《春秋》一书中为什么以"王正月"起始这一问题，作者回答道："大一统也。""大一统"政治体制，是儒学学人的政治理想，但是，在当时春秋战国百家争鸣的时代，却不仅仅是这一派政治学说的主张。和一切政治概念同样，同一政治命题，可以从不同角度来进行解释，可以为不同立场的人们所利用。对于"大一统"来说，儒学思想领袖们往往期望回复周王朝的"大一统"，其他学派则倾向于建立在新的政治基础上的新的"大一统"。

2. 早期法家的政治理论即以君主权力的一元化为思想基点。《慎子·佚文》载录慎到的言论："多贤不可以多君，无贤不可以无君。"强调政治权力一定要集中，避免二元和多元的倾向，因为这种倾向将导致动乱，如《慎子·德立》所说"两则争，杂则相伤"。《太平御览》卷三九〇引《申子》也说，这种高度集中的君权是以统治天下为政治责任的，"明君治国"，"一言正而天下定，一言倚而天下靡"。以"天下"作为管理的对象，表明事实上"大一统"的意识已经深入到法家理论的核心之中。《墨子·尚同中》也曾经提出过"一同天下"的说法。甚至庄子也曾经发表类似的涉及"天下"这一政治命题的意见。如《庄子·天道》所谓"一心定而王天下"，《庄子·让王》所谓"唯无以天下为者，可以托天下也"等。

3. 《孟子·离娄上》。

4. 《孟子·尽心下》。

5. 对于治国方式，孟子也提出了以"德"为本的一系列主张。参见贺荣一：《孟子之王道主义》，北京大学出版社，1993年，第175—200页。

6. 唐李白《古风五十九首》之三："秦皇扫六合，虎视何雄哉。挥剑决浮云，诸侯尽西来。明断自天启，大略驾群才。收兵铸金人，函谷正东开。铭功会稽岭，骋望琅邪台。"见《李太白文集》卷一。

第二章 秦政的风格

1. 参见湖南省文物考古研究所等：《湖南龙山里耶战国秦代古城一号井发掘简报》，《文物》2003年第1期；李学勤：《初读里耶秦简》，《文物》2003年第1期；湖南省文物考古研究所、湘西土家族苗族自治州文物处：《湘西里耶秦代简牍选释》，《中国历史文物》2003年第1期；湖南省文物考古研究所编著：《里耶发掘报告》，岳麓书社，2007年。

2. 《史记·六国年表》。

3. 《史记·秦始皇本纪》。

4. 《汉书·贾山传》。

5. 《史记·李斯列传》。

6. 云梦睡虎地秦简《为吏之道》还写道:"为人君则鬼,为人臣则忠。"并且以为"君鬼臣忠","政之本也"。"鬼",在这里读作"怀",指亲柔慈和。

7. 据《史记·李斯列传》,赵高等策动沙丘政变,伪造秦始皇诏书,有"将军恬与扶苏居外,不匡正,宜知其谋,为人臣不忠,其赐死"语。《史记·蒙恬列传》记载,秦二世时代,赵高欲以灭蒙氏,则以所谓"不忠而惑主"使胡亥囚禁蒙毅,胡亥也遣御史对蒙毅说:"今丞相以卿为不忠,罪及其宗。"

8. 章太炎《秦政记》:"秦皇负扆以断天下,而子弟为庶人。所任将相,李斯、蒙恬皆功臣良吏也。后宫之属,椒房之孽,未有一人得自遂者。富人如巴寡妇,筑台怀清,然亦诛灭名族,不使并兼。""秦皇以贱其公子、侧室,高于世主。夫其卓绝在上,不与士民等夷者,独天子一人耳。天子以秉政劳民贵,帝族无功,何以得有位号?授之以政而不达,与之以爵而不衡,诚宜下替,与布衣黔首等。夫贵擅于一人,故百姓病之者寡。"见《太炎文录初编》,《章太炎全集》第4卷,上海人民出版社,1985年,第71页。

9. 汉代算术书《九章算术》中有《商功》篇,其中列有计算劳动生产定额和劳动生产率的应用算题,其中写道:"冬程人功四百四十四尺","夏程人功八百七十一尺",并出土功五分之一。"也说冬夏劳动生产定额有所区别,这是因为冬季和夏季昼夜长短不同。

10. 历史上的这一重要文化过程,司马迁在《史记·秦始皇本纪》的记载中写作"书同文字"与"同书文字",在《六国年表》与《李斯列传》中分别写作"同天下书"与"同文书"。

11. 如贾谊《过秦论》所谓"废王道,立私权,禁文书而酷刑法,先诈力而后仁义";《史记·淮南衡山列传》引伍被语所谓"绝圣人之道,杀术士,燔《诗》《书》,弃礼义,尚诈力,任刑罚";《汉书·吾丘寿王传》引吾丘寿王语所谓"废王道,立私议,灭《诗》《书》而首法令,去仁恩而任刑戮";《盐铁论·褒贤》所谓"弃仁义而尚刑罚,以为今时不师于文而决于武";《汉书·刑法志》所谓"毁先王之法,灭礼谊之官,专任刑罚"等。

12. 《史记·秦始皇本纪》裴骃《集解》引述徐广的说法:"一无'法令'二字。"也就是说,当作:"若欲有学,以吏为师。"

13. 原文为:"圣王作为法度,以矫端民心,去其邪避(僻),除其恶俗。法律未足,民多诈巧,故后有间令下者。凡法律令者,以教道(导)民,去其淫避(僻),除其恶俗,而使之之于为善殹(也)。"

14. 原文为:"今法律令已具矣,而吏民莫用,乡俗淫失(泆)之民不止,是即法(废)主之明法殹(也),而长邪避(僻)淫失(泆)之民,甚害于邦,不便于民。"

15. 《史记·高祖本纪》。

16. 《史记·高祖本纪》记载,刘邦入咸阳后,还军霸上,谢绝秦人献飨,说道:"仓粟多,非乏,不欲费人。"以粮仓充实,决定不对当地民众多所征敛。楚汉战争时,萧何曾经以关中为根据地,漕运军粮,使刘邦军主力得到充足的军需给养。据《史记·留侯世家》,汉并天下,娄敬劝刘邦建都关中,刘邦心有疑虑。而张良以关中"沃野千里""天府之国",力促刘邦做出了定都长安的正确决策。

17. 《史记·平津侯主父列传》:"天下蜚刍挽粟,起于黄、腄、琅邪负海之郡,转输北河。"《史记·淮南衡山列传》:"转负海之粟致之西河。"贾谊《新书·属远》:"输将起海上而来。"《淮南子·人间》:"发卒五十万,使蒙公、杨翁子将筑修城,西属流沙,北击辽水,东结朝鲜,中国内郡挽车而饷之。"秦时,关中人主要畏惧秦法之严苛,并不以赋役为最重的负担。《史记·秦始皇本纪》记载:"始皇初即位,穿治郦山,及并天下,天下徒送诣七十余万人。"很显然，此处"天下"，大致是指关东地区（"徙天下豪富于咸阳"，"徙天下不轨之民于南阳"，也是如此）。沛人刘邦曾经"以亭长为县送徒郦山"，六人黥布也曾经"论输郦山"，都是关东人往关中服役的例证。

18. 始皇陵秦俑坑考古发掘队：《秦始皇陵西侧赵背户村秦刑徒墓》，《文物》1982 年第 3 期。另可参见孙英民：《"秦始皇陵西侧赵背户村秦刑徒墓"质疑》，《文物》1982 年第 10 期；高炜：《秦始皇陵的勘察与发掘》，载《新中国的考古发现和研究》，文物出版社，1984 年。

19. 《史记·项羽本纪》："诸侯吏卒异时故徭使屯戍过秦中，秦中吏卒遇之多无状。"

20. 《史记·秦本纪》。

21. 《史记·六国年表》。

22. 云梦睡虎地秦墓竹简《法律答问》："邦客与主人斗，以兵刃、投（殳）梃、拳指伤人，擎以布。"

23. 《史记·平津侯主父列传》。

24. 贾谊《过秦论》："夫并兼者高诈力，安定者贵顺权，此言取与守不同术也。秦离战国而王天下，其道不易，其政不改，是其所以取之守之者无异也。"

25. 《史记·商君列传》。

26. 《史记·樗里子甘茂列传》："（惠文王八年）伐曲沃，尽出其人，取其城，地入秦。"《史记·秦本纪》："（十三年）使张仪伐取陕，出其人与魏。"《史记·六国年表》："魏哀王五年，秦拔我曲沃，归其人。"《史记·秦本纪》："（昭襄王）二十一年，（司马）错攻魏河内，魏献安邑。秦出其人，募徙河东赐爵，赦罪人迁之。""（二十六年）赦罪人迁之穰。""（二十七年，司马）错攻楚，赦罪人迁之南阳。""（二十八年）大良造白起攻楚，取鄢、邓，赦罪人迁之。"

27. 叶小燕：《秦墓初探》，《考古》1982 年第 1 期。

第三章　千古一帝

1. 〔明〕李贽《藏书》卷二《混一诸侯》"吕秦始皇帝"条"二世胡亥附"，《目录》有题注："始皇帝，自是千古一帝。胡亥书名附者何？如胡亥不附，始皇安所见耶！"见《藏书》第 1 册，中华书局，1959 年，第 3 页。

2. 章太炎《秦政记》："藉令秦皇长世，易代以后，扶苏嗣之，虽四三皇、六五帝，曾不足比隆也，何有后世繁文饰礼之政乎？"见《太炎文录初编》，《章太炎全集》第 4 卷，上海人民出版社，1985 年，第 71 页。

3. 裴骃《史记集解》："石，百二十斤。"张守节《史记正义》："衡，秤衡也。言表笺奏请，秤取一石，日夜有程期，不满不休息。"

4. 范文澜：《中国通史》第 2 册，人民出版社，1978 年，第 4 页。

5. 参见王子今：《秦始皇陵复土工程用工人数论证》，《文博》1987 年第 1 期。

第四章　大泽乡暴动

1. 秦俑考古队：《临潼上焦村秦墓清理简报》，《考古与文物》1980 年第 2 期。

2. 《史记·李斯列传》。

3. 《史记·秦始皇本纪》。

4. 〔汉〕贾谊：《过秦论》。

5. 《史记·陈涉世家》。

6. 《史记·陈涉世家》。

第五章　楚汉春秋

1.　《史记·秦楚之际月表》。
2.　《史记·秦始皇本纪》。
3.　《史记·李斯列传》。
4.　《史记·李斯列传》："刑者相半于道，而死人日成积于市，杀人众者为忠臣。"
5.　《史记·秦始皇本纪》。
6.　《史记·秦始皇本纪》附录班固的评论。
7.　《史记·秦始皇本纪》记载："沛公将数万人已屠武关，使人私于（赵）高。"子婴曰："我闻赵高乃与楚约，灭秦宗室而王关中。"
8.　参见十院校《中国古代史》编写组（朱绍侯主编）：《中国古代史》上册，福建人民出版社，1982 年，第 279 页。
9.　参见林剑鸣：《秦汉史》上册，上海人民出版社，1989 年，第 255 页。
10.　参见尚钺：《尚氏中国古代通史》上册，高等教育出版社，1991 年，第 155 页。
11.　田昌五、安作璋主编：《秦汉史》，人民出版社，1993 年，第 91—92 页。
12.　《史记·高祖本纪》。
13.　《史记·项羽本纪》："项王已死，楚地皆降汉，独鲁不下。汉乃引天下兵欲屠之，为其守礼义，为主死节，乃持项王头视鲁，鲁父兄乃降。"
14.　如《史记·晋世家》："晋追，遂围临淄，尽烧屠其郭中。"《天官书》："秦、楚、吴、越，夷狄也，为强伯。田氏篡齐，三家分晋，并为战国。争于攻取，兵革更起，城邑数屠。"《田单列传》："燕人曰：'子不听，吾引三军而屠画邑。'"《鲁仲连邹阳列传》："聊城乱，田单遂屠聊城。"《范雎蔡泽列传》："（范雎）数曰：'为我告魏王，急持魏齐头来！不然者，我且屠大梁。'"《高祖本纪》："陈王使魏人周市略地。周市使人谓雍齿曰：'……齿今下魏，魏以齿为侯守丰。不下，且屠丰。'"是时秦将章邯从陈，别将司马将兵北定楚地，屠相。"《齐悼惠王世家》："三国将劫与路中大夫盟，曰：'若反言汉已破矣，齐趣下三国，不且见屠。'"《吴王濞列传》："遂召昆弟所善豪吏告曰：'吴反兵且至，至，屠下邳不过食顷。'"《大宛列传》："至仑头，仑头不下，攻数日，屠之。""岁余，宛贵人以为昧蔡善谀，使我国遇屠，乃相与杀昧蔡。"
15.　汉末权臣王允说："昔武帝不杀司马迁，使作谤书，流于后世。"（《后汉书·蔡邕传》）以所谓"谤书"批评《史记》者，又如李晚芳《读史管见·读史摘微》等。
16.　〔汉〕班固：《典引》，《文选》卷四八。
17.　吴贯因：《史之梯》，上海联合书店，1930 年，第 23 页。

第六章　汉并天下

1.　《史记·项羽本纪》："项羽引兵西屠咸阳，杀秦降王子婴，烧秦宫室，火三月不灭；收其货宝妇女而东。人或说项王曰：'关中阻山河四塞，地肥饶，可都以霸。'项王见秦宫皆以烧残破，又心怀思欲东归，曰：'富贵不归故乡，如衣绣夜行，谁知之者！'说者曰：'人言楚人沐猴而冠耳，果然。'项王闻之，烹说者。"
2.　《史记·韩信卢绾列传》："遗（韩王）信书曰：'陛下宽仁，诸侯虽有畔亡，而复归，辄复故位号，不诛也。'"
3.　《汉书·高帝纪》。
4.　〔清〕赵翼：《廿二史劄记》卷二。
5.　司马迁在《史记·太史公自序》中也写道："《春秋》以道义。拨乱世反之正，莫近于《春秋》。"

6. 《史记·高祖本纪》:"萧丞相营作未央宫,立东阙、前殿、武库、太仓。高祖还,见宫阙壮甚,怒,谓萧何曰:'天下匈匈苦战数岁,成败未可知,是何治宫室过度也?'萧何曰:'天下方未定,故可因遂就宫室。且夫天子以四海为家,壮丽无以重威,且无令后世有以加也。'高祖乃说。"无令后世有以加也",不仅仅是指宫室规模,其实也可以理解为有指喻政治体制之权威的含义。

7. 《史记·曹相国世家》。

8. 《史记·陈丞相世家》。

9. 〔清〕王士祯:《居易录》卷二四。

10. 〔宋〕史尧弼:《光武以柔道理天下论》,《莲峰集》卷八。

11. 《史记·吕太后本纪》。

第七章 文景无为而治

1. 《史记·孝文本纪》。

2. 〔清〕沈家本:《历代刑法考·刑法分考五》。

3. 《史记·屈原贾生列传》。

4. 唐李商隐《贾生》诗:"宣室求贤访逐臣,贾生才调更无伦。可怜夜半虚前席,不问苍生问鬼神。"

5. 吴慧:《中国历代粮食亩产研究》,农业出版社,1985年,第111页。

6. 《史记·平准书》:"至今上即位数岁,汉兴七十余年之间,国家无事,非遇水旱之灾,民则人给家足,都鄙廪庾皆满,而府库余货财。京师之钱累巨万,贯朽而不可校。太仓之粟陈陈相因,充溢露积于外,至腐败不可食。众庶街巷有马,阡陌之间成群,而乘字牝者傧而不得聚会。"

7. 《史记·货殖列传》:"楚汉相距荥阳也,民不得耕种,米石至万。"《汉书·高帝纪上》:"(汉王二年六月)关中大饥,米斛万钱。"

第八章 汉武帝与汉武帝时代

1. 据说,贤者傅说作为筑墙的工役,而被商王武丁发现任用;春秋时卫国贤者宁戚喂牛车下,扣牛角而歌,桓公异之,拜为上卿。

2. 《史记·萧相国世家》说:"汉五年,既杀项羽,定天下,论功行封,群臣争功,岁余功不决。高祖以萧何功最盛,封为酂侯,所食邑多。"列侯毕已受封,及奏位次,皆曰:'平阳侯曹参身被七十创,攻城略地,功最多,宜第一。'"而刘邦心欲萧何第一。关内侯鄂君进言说:"夫汉与楚相守荥阳数年,军无见粮,萧何转漕关中,给食不乏。陛下虽数亡山东,萧何常全关中以待陛下,此万世之功也。……萧何第一,曹参次之。""高祖曰:'善。'于是乃令萧何第一,赐带剑履上殿,入朝不趋。"

3. 张维华:《论汉武帝》,上海人民出版社,1957年,第152页。

4. 参见宋超:《汉匈战争三百年》,华夏出版社,1996年,第63页。

5. 《史记·樊郦滕灌列传》。

6. 《史记·季布栾布列传》:"仆楚人,足下亦楚人也","何足下距仆之深也"。

7. 《史记·高祖本纪》。

8. 《史记·项羽本纪》。

9. 《史记·刘敬叔孙通列传》。

10. 《汉书·董仲舒传》。

11. 参见《史记·儒林列传》。

12. 袁宏《后汉纪·光武帝纪》也说："夫更张难行而拂众者亡。"《汉书·礼乐志》也写道："为政而不行，甚者必变而更化之，乃可理也。"也都以"更张""更化"指改革。

13. 《汉书·董仲舒传》。

14. 任继愈主编：《中国哲学发展史（秦汉）》，人民出版社，1985年，第183页。

15. 《孟子·离娄下》。

16. 毛礼锐等主编：《中国教育通史》第2卷，山东教育出版社，1986年，第49—50页。

17. 〔汉〕董仲舒：《春秋繁露·精华》。

18. 《汉书·武帝纪》。

19. 劳榦：《汉代察举制度考》，《"中研院"历史语言研究所集刊》第17本，1948年。

20. 参见李均明、何双全编：《散见简牍合辑》，文物出版社，1990年，第68—69页。

21. 参见〔汉〕桓宽：《盐铁论·本议》。

22. 《资治通鉴》卷二二"汉武帝征和四年"："孝武穷奢极欲，繁刑重敛，内侈宫室，外事四夷，信惑神怪，巡游无度，使百姓疲敝，起为盗贼，其所以异于秦始皇者无几矣。然秦以之亡，汉以之兴者，孝武尊先王之道，知所统守，受忠直之言，恶人欺蔽，好贤不倦，诛赏严明，晚而改过，顾托得人，此其所以有亡秦之失而免亡秦之祸乎！"

23. 〔明〕李贽：《史纲评要》卷七。

24. 劳榦：《创造历史的汉武帝》，台湾商务印书馆，1984年，第4页。

25. 田余庆：《论轮台诏》，《秦汉魏晋史探微》，中华书局，1993年，第51页。

26. 参见《汉书·五行志上》。许皇后"巫蛊"案，《汉书·五行志下之下》写作："许皇后坐祝诅后宫怀任者废。"《佞幸传》写作："许皇后坐执左道废处长定宫。"《外戚传下·孝成许皇后》写作："为媚道祝诅后宫有身者王美人及凤等。"《外戚传下·孝成班婕妤》写作："挟媚道，祝诅后宫，晋及主上。"可见"巫蛊"与"左道""媚道"的关系。

27. 〔清〕赵翼：《廿二史劄记》卷二。

27. 〔清〕王士祯：《渔洋诗话》卷下。

28. 〔宋〕魏庆之：《诗人玉屑》卷一三。

第九章　昭宣中兴

1. 《汉书·循吏传》。

2. 《资治通鉴》卷二二"汉武帝征和二年"。

3. 〔明〕黄淳耀：《舞阳君》，《陶庵全集》卷九。

4. 〔金〕王若虚：《君事实辨上》，《滹南集》卷二五。

5. 《汉书·霍光传》。

6. 《汉书·昭帝纪》。

7. 《汉书·宣帝纪》。

8. 《汉书·景十三王传》赞引《荀子》。

9. 《汉书·宣帝纪》赞美当时政治的成就："孝宣之治，信赏必罚，综核名实，政事文学法理之士咸精其能，至于技巧工匠器械，自元、成间鲜能及之，亦足以知吏称其职，民安其业也。"

10. 《汉书·昭帝纪》。

11. 参见《汉书·宣帝纪》。

12. 其中成帝朝第五任丞相孔光，后来又为哀帝朝第四任丞相。

13. 卫绾以戏车为郎，击吴楚有功封侯。

14. 李蔡与公孙贺击匈奴有功封侯。车千秋为高寝郎，以讼太子刘据冤见信用。

15. 《汉书·赵充国辛庆忌传》。《后汉书·虞诩传》也说："谚曰：'关西出将，关东出相。'"

16. 《汉书·元帝纪》。

17. 宋郑樵《通志》卷一六九《循吏传一》：“《史记》始作而有《循吏传》，后世因之不能易也。虽晋宋梁后魏曰'良吏'，南齐曰'良政'，其实皆'循吏'也。”

18. 有人理解此意，然而并不赞同以下层民众为“本”的理念。如宋人叶适《习学记言》卷二〇《史记》：“奉法循理亦可以治，何必威严。此对惨酷者而言，非本论也。季康子曰：如杀无道以就有道，何如？孔子对曰：子为政焉用杀，子欲善而民善矣。君子之德风也，小人之德草也，草尚之风必偃。盖是时吏治已趋于酷矣。而孔子之论如此，既不以本对末，固不以末胜本也。迁谓奉法循理亦可以治，是以末胜本也。后世之治终不能反之正者，自迁之为《循吏传》始。”

19. 〔宋〕王应麟：《困学纪闻》卷一五《考史》。

第十章　元成哀平时代

1. 参见葛剑雄：《中国人口发展史》，福建人民出版社，1991年，第32—33页。

2. 《汉书·董仲舒传》：“贫者穷急愁苦，穷急愁苦而上不救，则民不乐生；民不乐生，尚不避死，安能避罪！”

3. 《汉书·食货志上》记载：“贫民常衣牛马之衣，而食犬彘之食。重以贪暴之吏，刑戮妄加，民愁亡聊，亡逃山林，转为盗贼。”

4. 参见《史记·万石张叔列传》。

5. 《汉书·陈汤传》。

6. 参见《汉书·孙宝传》。

7. 参见《汉书·张禹传》。

8. 参见《汉书·东方朔传》。

9. 《汉书·王嘉传》：“（汉哀帝）诏书罢菀，而以赐（董）贤二千余顷，均田之制从此堕坏。”

10. 《汉书·鲍宣传》。

11. 《汉书·杜缓传》。

12. 《汉书·贾捐之传》。

13. 参见《汉书·成帝纪》。

14. 《汉书·谷永传》。

15. 《汉书·孔光传》。

16. 《汉书·平帝纪》。

17. 《汉书·元帝纪》。

18. 《汉书·成帝纪》。

19. 《汉书·鲍宣传》。

20. 《汉书·龚胜传》。

21. 《汉书·元帝纪》。

22. 《汉书·成帝纪》。

23. 《汉书·匡衡传》。

24. 《汉书·孔光传》。

25. 《汉书·丙吉传》。

26. 《汉书·王尊传》。

27. 《后汉书·申屠刚传》。

28. 鲁迅在《中国小说史略》中写道：“又有《飞燕外传》一卷，记赵飞燕姊妹故事，题汉河东都尉伶玄子于撰，司马光尝取其'祸水灭火'语入《通鉴》，殆以为真汉人作，然恐是唐宋人所为。"见《鲁迅全集》第9册，人民文学出版社，1981年，第39页。

29. 陈直：《史记新证》，天津人民出版社，1979年，第192页。

30. 关于"从目人"，王先谦《汉书补注》引叶德辉曰："'从'读如'从横'之'从'。人为横目之类，从目则为妖。"《楚辞·招魂》："豺狼从目，往来侁侁些。"《楚辞·大招》："豕首纵目，被发鬤只。"《艺文类聚》卷七九引后汉王延寿《梦赋》，说到梦中"挥手振拳"，痛打"鬼神之变怪"情形，有"捎魍魉，荆诸渠，撞纵目，打三头"语。《华阳国志·蜀志》说："有蜀侯蚕丛，其目纵，始称王，死作石棺石椁，国人从之，故俗以石棺椁为纵目人冢也。"有人以为四川广汉三星堆遗址出土青铜人面的特殊造型与蚕丛传说有关。所谓"从目人"所深含的文化意味，可以另文讨论。

31. 《汉书·息夫躬传》。

32. 任继愈主编：《中国哲学发展史（秦汉）》，人民出版社，1985年，第65页。

33. 参见《汉书·天文志》。

34. 《汉书·天文志》及《五行志上》都说苏令"经历郡国四十余"。

35. 参见《汉书·成帝纪》。

36. 《汉书·酷吏传·尹赏》。

37. 《后汉书·梁统传》。

38. 谷永《日食上书》："赋敛滋重，不顾黎民，百姓虚竭，则日食，将有溃叛之变。"见〔清〕严可均辑：《全汉文》卷四六。

第十一章 从"居摄"到"始建国"

1. 《汉书·外戚传下》。
2. 《汉书·王莽传上》。
3. 《汉书·王莽传下》。
4. 《汉书·王莽传上》。

第十二章 新政的试验

1. 参见《汉书·哀帝纪》。
2. 参见《汉书·食货志上》。
3. 编号 E. P. T59: 163。
4. 《汉书·王莽传下》则写作"牺和鲁匡"。
5. 《汉书·王莽传下》。
6. 参见《汉书·王莽传上》。
7. 《汉书·叙传下》。
8. 《汉书·王莽传中》。
9. 参见《汉书·王莽传上》。
10. 参见《汉书·王莽传中》。
11. 《汉书·王莽传中》。
12. 《汉书·地理志下》。
13. 《史记·刘敬叔孙通列传》。
14. 《汉书·元帝纪》。
15. 周公曾经营成周洛邑，"以此为天下之中也，诸侯四方纳贡职，道里均矣"（《史记·刘敬叔孙通列传》）。经过周代的长期建设，"洛阳街居在齐、秦、楚、赵之中"（《史记·货殖列传》），形成了优越的经济地位。西汉时期，洛阳又因"当关口，天下咽喉"(《史记·滑稽列传》褚少孙补述），"天下冲阨，汉国之大都也"(《史记·三王世家》褚少孙补述），受到特殊的重视。

16. 〔汉〕桓宽：《盐铁论·通有》。
17. 《汉书·食货志下》。
18. 《汉书·王莽传下》。

第十三章　新莽王朝的覆灭

1. 《汉书·王莽传上》。
2. 《后汉书·光武帝纪上》。
3. 《后汉书·刘玄传》。
4. 《汉书·王莽传下》。
5. 《汉书·王莽传下》。
6. 《汉书·王莽传下》。
7. 〔元〕郝经：《晓登昆阳故城》，《陵川集》卷一〇。
8. 《汉书·王莽传下》。
9. 〔唐〕白居易：《有木诗八首并序》，《白氏长庆集》卷二。
10. 唐白居易《白氏长庆集》卷一五《放言五首》之三："赠君一法决狐疑，不用钻龟与祝蓍。试玉要烧三日满，辨材须待七年期。周公恐惧流言日，王莽谦恭未篡时。向使当时身便死，一生真伪复谁知。"

第十四章　刘秀的帝业

1. 《汉书·平帝纪》："惟宗室子皆太祖高皇帝子孙及兄弟吴顷、楚元之后，汉元至今，十有余万人。"
2. 《后汉书·光武帝下》。
3. 《后汉书·光武帝纪下》。
4. 冷德熙：《超越神话——纬书政治神话研究》，东方出版社，1996年，第239页。
5. 《汉书·王莽传上》。
6. 《后汉书·光武帝纪上》。
7. 《汉书·王莽传下》。
8. 〔晋〕袁宏：《后汉纪》卷一。所谓"汉当复兴"，《后汉书·光武帝纪上》作"刘氏复起"，《后汉书·李通传》作"刘氏复兴"。
9. 《后汉书·邓禹传》。
10. 《后汉书·光武帝纪上》。
11. 《后汉书·光武帝纪上》："光武击铜马于鄡，吴汉将突骑来会清阳。贼数挑战，光武坚营自守；有出卤掠者，辄击取之，绝其粮道。积月余日，贼食尽，夜遁去，追至馆陶，大破之。受降未尽，而高湖、重连从东南来，与铜马余众合，光武复与大战于蒲阳，悉破降之，封其渠帅为列侯。降者犹不自安，光武知其意，敕令各归营勒兵，乃自乘轻骑按行部陈。降者更相语曰：'萧王推赤心置人腹中，安得不投死乎！'由是皆服。悉将降人分配诸将，众遂数十万，故关西号光武为'铜马帝'。"刘秀收降能够推心置腹，是实力迅速壮大的重要条件。
12. 参见《后汉书·刘玄传》。
13. 《汉书·王莽传下》。
14. 关于所谓"玉匣"，李贤注："《汉仪注》曰'自腰以下，以玉为札，长尺，广一寸半，为匣，下至足，缀以黄金缕，谓之为玉匣’也。”
15. 《后汉书·光武帝纪下》赞曰：“三河未澄，四关重扰。神旌乃顾，递行天讨。”李贤注：“‘四关’谓长安四塞之国。‘重扰’谓更始已定关中，刘盆子入关杀更始，发掘诸陵也。”
16. 参见《后汉书·刘盆子传》。
17. 《后汉书·光武帝纪上》：“王莽天凤中，乃之长安，受《尚书》，略通大义。”李贤注引《东观记》：“受《尚书》于中大夫庐江许子威。资用乏，与同舍生韩子合钱买驴，令从者僦，以给诸公费。”
18. 〔清〕赵翼：《廿二史劄记》卷四“东汉功臣多近儒”条。赵翼还写道，“大半多习儒术”的“光武诸功臣”，“与光武意气相孚合。盖一时之兴，其君与臣本皆一气所钟，故性情嗜好之相近，有不期然而然者，所谓有是君即有是臣也”。
19. 《后汉书·翟酺传》。
20. 《后汉书·光武帝纪下》。
21. 《后汉书·刘隆传》。
22. 《后汉书·光武帝纪上》。
23. 参见《后汉书·光武帝纪下》。
24. 参见《后汉书·光武帝纪下》。
25. 《后汉书·杜诗传》：“建武七年，（杜诗）迁南阳太守。性节俭，而政治清平，以诛暴立威，善于计略，省爱民役。造作水排，铸为农器，用力少，见功多，百姓便之。又修治陂池，广拓土田，郡内比室殷足。时人方于召信臣，故南阳为之语曰：‘前有召父，后有杜母。’”《后汉书·循吏列传·任延》：“诏征为九真太守”，“九真俗以射猎为业，不知牛耕，民常告籴交趾，每致困乏。（任）延乃令铸作田器，教之垦辟。田畴岁岁开广，百姓充给。又骆越之民无嫁娶礼法，各因淫好，无适对匹，不识父子之性，夫妇之道。（任）延乃移书属县，各使男年二十至五十，女年十五至四十，皆以年齿相配。其贫无嫁娉，令长吏以下各省奉禄以赈助之。同时相娶者二千余人。是岁风雨顺节，谷稼丰衍。其产子者，始知种姓。”“拜武威太守。”“河西旧少雨泽，乃为置水官吏，修理沟渠，皆蒙其利。”《后汉书·循吏列传·锡光》：“汉中锡光为交趾太守，教导民夷，渐以礼义，化声侔于延。”《后汉书·第五伦传》：“追拜会稽太守。虽为二千石，躬自斩刍养马，妻执炊爨。受俸裁留一月粮，余皆贱贸与民之贫羸者。会稽俗多淫祀，好卜筮。民常以牛祭神，百姓财产以之困匮，其自食牛肉而不以荐祠者，发病且死先为牛鸣，前后郡将莫敢禁。（第五）伦到官，移书属县，晓告百姓。其巫祝有依托鬼神诈怖愚民，皆案论之。有妄屠牛者，吏辄行罚。民初颇恐惧，或祝诅妄言，伦案之愈急，后遂断绝，百姓以安。”《后汉书·宋均传》：“调补辰阳长。其俗少学者而信巫鬼，均为立学校，禁绝淫祀，人皆安之。”“迁九江太守，郡多虎暴，数为民患。”宋均于是以为“今为民害，咎在残吏”。他认为，“其务退奸贪，思进忠善，可一去槛穽，除削课制”。“浚遒县有唐、后二山，民共祠之，众巫遂取百姓男女以为公妪，岁岁改易，既而不敢嫁娶，前后守令莫敢禁。（宋）均乃下书曰：‘自今以后，为山娶者皆娶巫家，勿扰良民。’于是遂绝。”
26. 《后汉书·岑彭传》。
27. 《后汉书·刘盆子传》。
28. 《后汉书·西域传》。
29. 《后汉书·臧宫传》。
30. 〔明〕李贽：《史纲评要》卷一〇。

第十五章　经学普及的时代

1. 参见《后汉书·明帝纪》

2. 《通志》卷一七二《儒林传一》。

3. 参见《后汉书·儒林列传上》。

4. 《后汉书·儒林列传上》。

5. 《后汉书·儒林列传上》："自是游学增盛，至三万余生。"

6. 清代学者庄述祖说："是书之论郊祀、社稷、灵台、明堂、封禅，悉隰括纬候、兼综图书，附世主之好，以绳道真，违失六艺之本。"见《白虎通义考》，载陈立：《白虎通疏证》附录二，中华书局，1994年。

7. 侯外庐等：《中国思想通史》第2卷，人民出版社，1957年，第232页。

8. 《后汉书·袁安传》。

9. 《后汉书·杨震传》。

10. 缪启愉辑释：《四民月令辑释》，农业出版社，1981年，第105页。

11. 乔卫平、程培杰：《中国古代幼儿教育史》，安徽教育出版社，1989年，第153页。

12. 石声汉校注：《四民月令校注》，中华书局，1965年，第10页。

13. 〔清〕顾炎武：《日知录》卷二七下。

14. 毛礼锐、沈灌群主编：《中国教育通史》第2卷，山东教育出版社，1986年，第112—113页。

15. 《太平御览》卷八三九引《郑玄别传》。

16. 《册府元龟》卷七七三《幼教》，卷七八七《德行》。

17. 〔元〕王恽：《秋涧集》卷三一。

18. 〔明〕曹学佺编：《石仓历代诗选》卷三九九。

第十六章　田庄生产与豪族经济

1. 《后汉书·明帝纪》。

2. 《后汉书·和帝纪》。

3. 参见《后汉书·章帝纪》。

4. 《后汉书·明帝纪》。

5. 《后汉书·章帝纪》："（元和元年）二月甲戌，诏曰：'……自牛疫已来，谷食连少，良由吏教未至，刺史、二千石不以为负。其令郡国募人无田欲徙它界就肥饶者，恣听之。到在所，赐给公田，为雇耕佣，赁种饷，贳与田器，勿收租五岁，除算三年。其后欲还本乡者勿禁。"

6. 《后汉书·章帝纪》。

7. 参见《后汉书·和帝纪》。

8. 参见《后汉书·章帝纪》。

9. 《后汉书·和帝纪》。

10. 〔汉〕荀悦：《申鉴·时事》。

11. 《后汉书·梁冀传》。

12. 《后汉书·党锢列传·刘佑》。

13. 参见《前汉纪》卷八。

14. 《后汉书·樊利传》。

15. 〔汉〕王充：《论衡·程材》。

16. 参见《后汉书·仲长统传》。

17. 《水经注·比水》引司马彪《续汉书》。

18. 参见山东省博物馆、山东省文物考古研究所编：《山东汉画像石选集》，齐鲁书社，1982年，图341。

19. 参见内蒙古自治区博物馆文物工作队：《和林格尔汉墓壁画》，文物出版社，1978 年。
20. 参见山西省文物管理委员会：《山西平陆枣园村壁画汉墓》，《考古》1959 年第 9 期。
21. 《文选》卷四。
22. 〔汉〕荀悦：《申鉴·时事》。
23. 《前汉纪》卷八。
24. 《后汉书·仲长统传》。
25. 《四民月令》在《隋书》中避李世民讳，称《四人月令》。

第十七章　东汉政治生态

1. 参见《后汉书·酷吏列传·李章》
2. 《后汉书·郅寿传》。
3. 《三国志·吴书·步骘传》。
4. 《三国志·魏书·王修传》。
5. 《三国志·魏书·满宠传》。
6. 《三国志·魏书·王修传》。
7. 《后汉书·仲长统传》。
8. 参见《后汉书·杨震传》。
9. 《后汉书·邓骘传》。
10. 《外黄令高彪碑》，《隶释》卷一〇。
11. 《梁相费汎碑》，《隶释》卷一一。
12. 《卫尉衡方碑》，《隶释》卷八。
13. 《陈球碑阴》，《隶释》卷一〇。
14. 《繁阳令杨君碑阴》，《隶释》卷九。
15. 《杨震碑阴》，《隶释》卷一二。
16. 《王纯碑阴》，《隶续》卷一二。
17. 《司隶校尉鲁峻碑》，《隶释》卷九。
18. 《刘宽碑阴门生名》，《隶续》卷一二。
19. 徐幹《中论》卷下《谴交》："自公卿大夫州牧郡守，王事不恤，宾客为务，冠盖填门，儒服塞道"，"星言夙驾，送往迎来，亭传常满，吏卒传问，炬火夜行，阍寺不闭，把臂捩腕，扣天矢誓，推托恩好，不较轻重，文书委于官曹，系囚积于图圄，而不遑省也。"
20. 徐幹《中论》卷下《谴交》还写道："有策名于朝而称门生于富贵之家者，比屋有之，为之师而无以教，弟子亦不受业。然其于事也，至乎怀丈夫之容而袭婢妾之态，或奉货而行赂，以自固结，求志属托，规图仕进。然揃目指掌，高谈大语，若此之类，言之犹可羞，而行之者不知耻。嗟乎，王教之败，乃至于斯乎！"
21. 《后汉书·党锢列传》。
22. 《后汉书·宦者列传》。
23. 《后汉书·宦者列传》。
24. 《后汉书·宦者列传》。
25. 《后汉书·宦者列传》。
26. 《后汉书·梁冀传》。
27. 《后汉书·宦者列传·单超》。
28. 虽然东汉王朝将太学作为后备官僚的人才储备库，但是就学太学的诸生，后来"避世教授，专志不仕"的大有人在。如任安"少游太学"，"学终，还家教授"；孙期"少为诸生"，"家贫，事母至孝，牧豕于大泽中"，"远人从其学者，皆执经垄畔以追之"；

杨伦 "少为诸生"，"讲授于大泽中，弟子至千余人"（《后汉书·儒林列传上》）；包咸 "少为诸生，受业长安"，后 "归乡里"，太守欲召入授其子，咸曰："礼有来学，而无 往教。"太守 "遂遣之师之"。程曾 "受业长安"，"还家讲授"（《后汉书·儒林列传 下》）。

29. 《后汉书·种暠传》。

30. 《后汉书·朱穆传》。

31. 《后汉书·皇甫规传》。

32. 《后汉书·儒林列传下》。

33. 《后汉书·党锢列传》。

34. 《后汉书·皇甫规传》："及党事大起，天下名贤多见染逮，（皇甫）规虽为名将，素誉不 高。自以西州豪桀，耻不得豫，乃先自上言：'臣前荐故大司农张奂，是附党也。又臣昔 论输左校时，太学生张凤等上书讼臣，是为党人所附也。臣宜坐之。'"

35. 《后汉书·党锢列传·李膺》："时侍御史蜀郡景毅子顾为（李）膺门徒，而未有录牒，故 不及于谴。毅乃慨然曰：'本谓膺贤，遣子师之，岂可以漏夺名籍，苟安而已！'遂自表免 归，时人义之。"

36. 《后汉书·党锢列传·张俭》。

37. 《后汉书·党锢列传·李膺》。

38. 范滂诣狱，与其母诀别，其母以壮语相鼓励。

39. 鲁迅《中国人失掉自信力了吗》："我们从古以来，就有埋头苦干的人，有拼命硬干的 人，有为民请命的人，有舍身求法的人……虽是等于为帝王将相作家谱的所谓'正史'， 也往往掩不住他们的光耀，这就是中国的脊梁。"见《且介亭杂文》，《鲁迅全集》第6 卷，人民文学出版社，1981年，第118页。

第十八章 东汉边疆与民族问题

1. 《后汉书·南匈奴列传》。

2. 〔明〕李裕：《寓榆林送彰武伯杨总戎出塞》，《石仓历代诗选》卷三八八。

3. 〔汉〕桓宽：《盐铁论·西域》。

4. 马长寿：《氐与羌》，上海人民出版社，1984年，第120—145页。

5. 四川省文物考古研究所：《四川中江塔梁子崖墓发掘简报》，《文物》2004年第9期。

6. 冉光荣等：《羌族史》，四川民族出版社，1985年，第83页。

7. 彭铎校正：《潜夫论笺校正》，中华书局，1985年，第251页。

8. 《后汉书·乌桓传》。

9. 《后汉书·鲜卑传》。

10. 《后汉书·鲜卑传》。

11. 《后汉书·鲜卑传》。

12. 《后汉书·南蛮传》。

13. 《后汉书·南蛮传》。

14. 《后汉书·南蛮传》。

15. 《后汉书·南蛮传》。

16. 汉武帝建元三年（前138），闽越进攻东瓯，东瓯粮绝，向汉武帝告急。西汉政府发 军浮海救援。汉军未到，闽越军退走。东瓯王担心闽越再次进犯，请求举族内迁，得 到汉武帝准许，于是举众共四万余人迁移到江淮之间。据《史记·汉兴以来将相名臣 年表》记载，内徙的东瓯人聚居在庐江郡，即今安徽庐江、安庆一带。后来，因闽越 数次发起区域战争，往往与中央政府对抗，又山林阻隔，难以控制，汉武帝于是诏令东越人内徙至江淮之间。《史记·东越列传》记载："天子曰东越狭多阻，闽越悍，数反复，诏军吏皆将其民徙处江淮间。东越地遂虚。"《史记·河渠书》中还记载，汉武帝时，曾经调动士卒数万人"作渠田"，开发河边滩地，引汾河水灌溉皮氏、汾阴地，引黄河水灌溉汾阴、蒲阪地，使今山西河津、永济地区农业得以发展。不过，因河道移动，渠田收成多受影响，于是将渠田交予"越人"，租税直接上缴少府部门。将渠田交予越人经营，据说是因为"其田既薄，越人徙居者习水利，故与之"（司马贞《史记索隐》）。可见，当时越人北徙，还有定居于西汉王朝的中心地区三河地区的。据说南越国派使节进长安时，往往"多从人，行至长安，虏卖以为僮仆"（《史记·南越列传》），在这种情形下来到中原地区的越人，数量虽然不会很多，然而对于中原和百越之地文化交流的意义，也是值得注意的。

17. 《史记·封禅书》说，汉灭两越后，越人勇之上言道："越俗信鬼，而其祠皆见鬼，数有效。昔东瓯王敬鬼，寿百六十岁。后世怠慢，故衰耗。"汉武帝于是"令越巫立越祝祠，安台无坛，亦祠天神、上帝、百鬼，而以鸡卜"。汉王朝的神祇系统中，正式确定了来自越地的巫者的地位。据《汉书·地理志上》，甘泉宫所在的左冯翊云阳，是西汉皇家祠祀重地，其中神祠设置，包括"越巫"所主持的"越人祠"。

18. 据《史记·封禅书》，汉武帝太初元年（前 104），长安柏梁台发生火灾，越巫勇之又以越人习俗建议建设更宏丽的宫殿区，以取厌胜火灾之用。于是有建章宫的规划："勇之乃曰：'越俗有火灾，复起屋必以大，用胜服之。'于是作建章宫，度为千门万户。前殿度高未央。其东则凤阙，高二十余丈。""其北治大池，渐台高二十余丈。""其南有玉堂、璧门、大鸟之属。乃立神明台、井干楼，度五十丈，辇道相属焉。"张衡《西京赋》于是写道："柏梁既灾，越巫陈方，建章是经，用厌火祥，营宇之制，事兼未央。"

19. 《越人歌》原文为："滥兮抃草滥予，昌枑泽予，昌州州，州焉乎，秦胥胥，缦慷乎，昭澶秦逾，渗惿随河湖。"译为楚语，则为："今夕何夕兮，搴中洲流。今日何日兮，得与王子同舟。蒙羞被好兮，不訾诟耻。心几顽而不绝兮，得知王子。山有木兮木有枝，心说君兮君不知。"

20. 《后汉书·班超传》。

21. 《后汉书·班超传》。

22. 《全唐诗》卷六四七。

23. 《全唐诗》卷一九。又卷三三四令狐楚《从军词五首》之五："暮雪连青海，阴霞覆白山。可怜班定远，生入玉门关。"

24. 梁启超：《祖国大航海家郑和传》，《饮冰室合集》专集第 1 册，中华书局，1989 年，第 11 页。

25. 《全唐诗》卷五二〇。

26. 沈福伟：《中西文化交流史》，上海人民出版社，1985 年，第 70—72 页。

27. 《后汉书·明帝纪》。

28. 《后汉书·西南夷传》。

第十九章　东汉晚期政治危局与黄巾之乱

1. 《后汉书·宦者列传》。

2. 《后汉书·灵帝纪》："初开西邸卖官，自关内侯、虎贲、羽林，入钱各有差。私令左右卖公卿，公千万，卿五百万。"

3. 《后汉书·灵帝纪》李贤注引《山阳公载记》："时卖官，二千石二千万，四百石四百万，其以德次应选者半之，或三分之一，于西园立库以贮之。"

4. 参见《后汉书·灵帝纪》。

5. 《后汉书·崔骃列传》。

6. 王符：《潜夫论·三式》："刺史守相，率多怠慢，违背法律，废忽诏令，专情务利，不恤公事，细民冤结，无所控告。"

7. 〔汉〕崔寔：《政论》。

8. 《汉书·元帝纪》。

9. 《后汉书·杨终传》。

10. 《后汉书·顺帝纪》。

11. 参见《后汉书·桓帝纪》。

12. 《三国志·魏书·陶谦传》。《后汉书·陶谦传》也说："是时徐方百姓殷盛，谷实甚丰，流民多归之。"

13. 《三国志·吴书·张昭传》。

14. 《后汉书·杨赐传》。

15. 《续汉书·五行志五》刘昭注补："魏文帝书与吴质曰：'昔年疾疫，亲故多离其灾。'魏陈思王常说疫气云：'家家有强尸之痛，室室有号泣之哀，或阖门而殪，或举族而丧者。'"

16. 参见《续汉书·五行志一》。同一史事，《后汉书·安帝纪》记载为："民讹言相惊，弃捐旧居，老弱相携，穷困道路。"

17. 《三国志·吴书·孙坚传》记载："会稽妖贼许昌起于句章，自称'阳明皇帝'，与其子（许）韶扇动诸县，众以万数。"许昌即许生，许韶即许昭。

18. 《后汉书·刘陶传》。

19. 《太尉刘宽碑》说到"妖民张角"，见《隶释》卷一一。

20. 《三国志·魏书·张鲁传》裴松之注引《典略》。《合阳令张迁碑》又有"讬贼张角"字样，见《金石萃编》卷一八。

21. 《三国志·魏书·陶谦传》裴松之注引《吴书》。

22. 《后汉书·襄楷传》。

23. 《后汉书·皇甫嵩传》："置三十六方，'方'犹将军号也。大方万余人，小方六七千。"《三国志·吴书·孙坚传》所谓"潜相连结"，《后汉书·刘陶传》所谓"私共鸣呼"，也都反映了黄巾之乱组织形式的特征。

24. 《后汉书·皇甫嵩传》："晨夜驰敕诸方，一时俱起。"《续汉书·五行志二》："七州二十八郡同时俱发。"

25. 《后汉纪》卷二四："弟子数十万人，周遍天下。"《三国志·吴书·孙坚传》："三十六方一旦俱发，天下响应。"《后汉书·傅燮传》："黄巾乱于六州"，"祸延四海"。

26. 《三国志·魏书·陶谦传》："妖寇类众，殊不畏死，父兄歼殪，子弟群起。"《后汉书·皇甫嵩传》：皇甫嵩大破张梁，"获首三万级，赴河死者五万许人"。

27. 参见方诗铭：《黄巾起义先驱与巫及原始道教的关系》，《历史研究》1993年第3期；《黄巾起义的一个道教史的考察》，《史林》1997年第2期。

28. 《后汉书·皇甫嵩传》。

29. 《后汉书·杨赐传》。

30. 《三国志·吴书·孙坚传》。

31. 《后汉书·皇甫嵩传》。

32. 《后汉书·党锢列传》。

33. 《三国志·魏书·武帝纪》。

34. 《三国志·魏书·董卓传》裴松之注引《续汉书》："（董）卓部兵烧洛阳城外面百里。又自将兵烧南北宫及宗庙、府库、民家，城内扫地殄尽。又收诸富室，以罪恶没入其财物。无辜而死者，不可胜计。"《后汉书·董卓列传》还记载："于是尽徙洛阳人数百万口于长安，步骑驱蹙，更相蹈藉，饥饿寇掠，积尸盈路。""悉烧宫庙、官府、居家，二百里内无复孑遗。"

35. 《后汉书·董卓列传》。

36. 《后汉书·董卓列传》："初，帝入关，三辅户口尚数十万，自催、氾相攻，天子东归后，长安城空四十余日，强者四散，羸者相食，二三年间，关中无复人迹。"

37. 《后汉书·公孙瓒传》："粮食并尽，士卒疲困，互掠百姓，野无青草。"

38. 《三国志·魏书·张绣传》："是时天下户口减耗，十裁一在。"

39. 《后汉书·仲长统传》："名都空而不居，百里绝而无民者，不可胜数。"

40. 《三国志·魏书·蒋济传》。

41. 《三国志·魏书·武帝纪》。

42. 《三国志·魏书·武帝纪》裴松之注引《英雄记》。《三国志·魏书·袁绍传》也说："冀州，天下之重资也"，"带甲百万，谷支十年"。

43. 《三国志·魏书·袁绍传》裴松之注引《世语》。

44. 《三国志·魏书·武帝纪》。

45. 《三国志·魏书·武帝纪》裴松之注引《魏书》。

46. 《三国志·魏书·武帝纪》。

47. 《三国志·魏书·武帝纪》裴松之注引孙盛《异同杂语》。

48. 《三国志·魏书·武帝纪》。

49. 据《后汉书·刘表传》，曹操曾经批评刘表说："我攻吕布，（刘）表不为寇，官渡之役，不救袁绍，此自守之贼也。"

50. 《三国志·蜀书·先主传》裴松之注引《世语》。

51. 《三国志·吴书·周瑜传》裴松之注引《江表传》。

第二十章　秦汉人的物质生活

1. 〔汉〕许慎：《说文解字叙》。

2. 孙机：《深衣与楚服》，《中国古舆服论丛》，文物出版社，1993年，第105—115页。

3. 〔唐〕虞世南：《北堂书钞》卷一二七引《东观汉记》。

4. 《释名·释衣服》："襜褕，言其襜襜宏裕也。"

5. 〔汉〕桓谭：《新论》。

6. 〔汉〕张衡：《四愁诗》，《文选》卷二九。

7. 黄文弼：《罗布淖尔考古记》，中国西北科学考察团，1948年。

8. 孙机：《汉代物质文化资料图说》，文物出版社，1991年，第237页。

9. 《汉书·江充传》。

10. 《长沙马王堆一号汉墓出土动植物标本的研究》，文物出版社，1978年，第43—46页。

11. 参见湖南省博物馆、中国科学院考古研究所：《长沙马王堆一号汉墓》，文物出版社，1973年，第115、117—118页。

12. 《后汉书·鲜卑传》。

13. 《后汉书·刘般传》。

14. 《史记·货殖列传》。

15. 《汉书·食货志下》。

16. 编号 E. P. T 68: 13—E. P. T 68: 28。

17. 《汉书·文帝纪》。

18. 《汉书·景帝纪》。

19. 编号 E. P. T59: 40A。

20. 《封诊式·封守》："一宇二内，各有户，内、室皆瓦盖，大木具。"说有堂屋一间、卧室二间，都有门，房屋都用瓦盖，木构齐备。

21. 《封诊式·穴盗》："房内在其大内东，比大内，南乡（向）有户，内后有小堂。"说住室在其正房的东面，与正房相连，朝南有门，房后有小堂。

22. 《汉书·晁错传》。

23. 刘敦桢主编：《中国古代建筑史》，中国建筑工业出版社，1980 年，第 63 页。

24. 《史记·河渠书》。

25. 《后汉书·顺帝纪》。

26. 在汉王朝开边斥地的事业中，交通的意义尤为显著。对朝鲜和南越的战争都以"楼船军"为主力。西南地区的开发，亦以"通西南夷道"为基础。"与汉隔绝，道里又远"的西域诸国所以"咸乐内属"，当然与"相属不绝"的使者和"壮健""敢徙"的军人的交通实践有关（《汉书·西域传下》）。而匈奴"戎马之足轻利"（《盐铁论·备胡》），交通方面曾具有较强实力。汉武帝大修马政，使军队的交通能力显著提高而后方的军需供应亦得到保证之后，终于出师击败匈奴。交通建设的成就，使大一统帝国统治的广度和强度均达到空前的水平。秦汉时期交通系统的功能对于政治稳定的意义，还表现在其效率之高，可以使中央政府的政令能够迅速及时地传达到各地基层，因而大多可以有效地落实。政务军务紧急时，还可以通过驿传系统提高信息传递的速度。赵充国自金城申奏军事计划到汉宣帝批复后颁下，往返不过七天，驿递行速达到每天四百公里以上。《汉旧仪》关于汉代驿骑传递的形式，也说到"昼夜千里为程"的行程定额。驿传制度曾经是中央政府良好的行政效能和坚强的统治力量的交通保障。而东汉末年，随着交通系统的衰落，政府的行政效能也相应受到影响。汉献帝初平五年（194）正月已改元兴平，而《隶释》卷一《益州太守高眹修周公礼殿记》记述九月事却仍然使用"初平"年号。《隶释》的编纂者洪适分析，其原因在于"天下乱，道路壅隔，置邮到蜀稽晚也"。《隶续》卷三《建平郫县碑》以及新疆拜城《刘平国等作列亭诵》，也有反映类似情况的内容。

27. 《史记·货殖列传》。

28. 《史记·平准书》。

29. 〔汉〕桓宽：《盐铁论·通有》。

30. 《史记·货殖列传》。

31. 〔汉〕桓宽：《盐铁论·通有》。

32. 《史记·淮南衡山列传》。

33. 《汉书·食货志上》。

34. 《后汉书·仲长统传》。

35. 《汉书·贡禹传》。

36. 孙毓棠：《汉代的交通》，《孙毓棠学术论文集》，中华书局，1995 年，第 367—368 页。

37. 《史记·孝文本纪》。

38. 《汉书·东方朔传》。

39. 《汉书·成帝纪》。

40. 《汉书·食货志下》。

41. 《后汉书·桓谭传》。

42. 《后汉书·明帝纪》。

43. 《三国志·魏书·徐邈传》。

44. 《三国志·吴书·华覈传》。

45. 《史记·平准书》。

46. 《史记·老子韩非列传》。

47. 《史记·平津侯主父列传》。

48. 《史记·刘敬叔孙通列传》。

49. 《史记·齐太公世家》。

50. 《史记·平准书》。

51. 《史记·卫康叔世家》。

52. 《后汉书·皇后纪上·明德马皇后》。

53. 《汉书·东方朔传》。

54. 《汉书·成帝纪》。

第二十一章 秦汉人的精神世界

1. 〔三国魏〕鱼豢：《魏略·西戎传》。

2. 《牟子理惑论》。

3. 连云港市博物馆：《连云港市孔望山摩崖造像调查报告》，《文物》1981 年第 7 期；俞伟超、信立祥：《孔望山摩崖造像的年代考察》，《文物》1981 年第 7 期。

4. 《后汉书·光武十王列传·楚王英》。

5. 《后汉书·桓帝纪》。

6. 《后汉书·襄楷传》。

7. 汤用彤：《汉魏两晋南北朝佛教史》上册，中华书局，1983 年，第 42 页。

8. 《三国志·吴书·刘繇传》。

9. 《三国志·魏书·刘晔传》。

10. 顾颉刚：《秦汉的方士与儒生》，上海古籍出版社，1978 年，第 127 页。

11. 《史记·秦始皇本纪》。

12. 《史记·陈涉世家》。

13. 参见张岂之主编：《中国思想史》，西北大学出版社，1993 年，第 136 页。

14. 钟肇鹏：《谶纬论略》，辽宁教育出版社，1992 年，第 5 页。

15. 《后汉书·光武帝纪下》。

16. 《后汉书·张衡传》。

17. 《三国志·魏书·文帝纪》注引《献帝传》。

18. 桓谭对谶纬提出批评："今诸巧慧小才伎数之人，增益图书，矫称谶记，以欺惑贪邪，诖误人主，焉可不抑远之哉！"刘秀不悦。后来规划灵台建筑时，刘秀对桓谭说："吾欲（以）谶决之，何如？"桓谭默然良久，说："臣不读谶。"刘秀问其故，桓谭极言谶之非经。刘秀大怒："桓谭非圣无法，将下斩之。"桓谭叩头流血，良久乃得解。出为六安郡丞，意忽忽不乐，道病卒。见《后汉书·桓谭传》。

19. 〔汉〕王充：《论衡·卜筮》。

20. 《后汉书·张衡传》。

21. 《三国志·魏书·常林传》裴松之注引《魏略》。

22. 《晋书·武帝纪》。

23. 《汉书·陈胜传》颜师古注："但一人富贵，不问彼此，皆相不忘也。"

24. 罗福颐编：《汉印文字征》，文物出版社，1978 年，七·十五、六·十九。

25. 人们的财富企求，体现如文字"大赏""贾万""百倍""宜古（贾）市""家大富"等，其强烈和迫切，是超过了平安企求（如"长乐未央（殃）""长乐未英（殃）""长保二亲宜孙子""除去不祥宜孙子""辟邪喜怒无央（殃）咎"等）、多子企求（如"宜子孙""长宜子孙""众具七子九孙各有喜""十子九孙各有喜"等）的。而体现尊贵企求的"宜官□""带服章""宜侯王""君宜高官""位至三公""立（位）至公侯""官至公卿中尚（常）侍""□至三公中常侍""左右为吏高升"等文字资料，也值得注意。

26. 邢义田：《汉代画像内容与榜题的关系》，《故宫文物月刊》14.5（1996）；《汉代画像中的"射爵射侯图"》，《"中研院"历史语言研究所集刊》第71本第1分，2000年。

27. 程啸：《晚清乡土意识》，中国人民大学出版社，1990年，第12—13页。

28. 陈直：《汉铙歌十八曲新解》，《文史考古论丛》，天津古籍出版社，1988年，第76—77页。陈直在《史记新证》中也特别指出："汉《铙歌十八曲》中，有《巫山高》，盖描写汉高祖在南郑时，臣士思东归之情，与本文正和。"见陈直：《史记新证》，天津人民出版社，1979年，第151页。

29. 葛剑雄等：《简明中国移民史》，福建人民出版社，1993年，第57页。

30. 〔三国魏〕曹操：《却东西门行》诗。

31. 〔三国魏〕曹操：《秋胡行》诗其二。

32. 〔三国魏〕曹植：《赠白马王彪》诗。

33. 〔三国魏〕曹植：《七启》。

34. 《后汉书·朱浮传》。

35. 《后汉书·蔡邕传下》。

36. 《续汉书·五行志五·射妖》刘昭注补引《风俗通》。

37. 《后汉书·独行列传·索卢放》。

38. 《诗·大雅·皇矣》："皇矣上帝，临下有赫。"毛亨传："皇，大。"《逸周书·祭公》："汝其皇敬哉！"孔晁注也解释说："皇，大。"

39. 《后汉书·段颎传》。

40. 《后汉书·祭遵传》。

41. 先秦正式文书中较早出现"国家"一语的文例，有《史记·秦本纪》载秦孝公下令国中所谓"会往者厉、躁、简公、出子之不宁，国家内忧，未遑外事，三晋攻夺我先君河西地，诸侯卑秦，丑莫大焉"。

42. 编号200。

43. 编号287。

44. 洪湖革命历史博物馆：《湖北洪湖县出土汉代铜镜》，《考古》1987年第11期。

45. 姚高悟：《湖北沔阳出土的汉代铜镜》，《文物》1989年第5期。

46. 《礼记·哀公问》已经有关于"国耻"的说法："物耻足以振之，国耻足以兴之。"但是其中所说"国"，与"大一统"国家不同。以匹夫为立场的比较明确的"国耻"意识，大约还是形成于汉代。如《后汉书·刘虞传》："今天下崩乱，主上蒙尘，吾被重恩，未能清雪国耻。诸君各据州郡，宜共戮力，尽心王室。"

47. 褒水在今陕西汉中西入汉水。斜水在今陕西眉县西入渭水。

48. 弘农郡治在今河南灵宝北。汉中郡治在今陕西安康西北。

49. 《汉书·扬雄传下》。

50. 〔汉〕班固：《东都赋》，《文选》卷一。

51. 鲁迅：《坟·看镜有感》，《鲁迅全集》第1卷，人民文学出版社，1981年，第197—198页。

52. 鲁迅：《书信·一九三五年九月九日致李桦》，《鲁迅全集》第13卷，人民文学出版社，1981年，第207页。

53. 《史记·太史公自序》。

54. 劳榦：《创造历史的汉武帝》，台湾商务印书馆，1984年，第4页。

第二十二章　秦汉人的文化创造

1. 《汉书·司马迁传》。

2. 〔宋〕苏辙：《上枢密韩太尉书》，《栾城集》卷二二。

3. 〔清〕章学诚：《文史通义·内篇五·史德》。

4. 〔清〕崔适：《史记探源》卷一《序证·要略》。

5. 鲁迅：《汉文学史纲要》，《鲁迅全集》第9卷，人民文学出版社，1981年，第420页。

6. 《史记·汲郑列传》。

7. 〔宋〕洪迈：《容斋随笔》三笔卷二"后汉书载班固文"。

8. 《汉书·淮南厉王刘长传》。

9. 〔汉〕刘安：《淮南子·主术》。

10. 〔汉〕刘安：《淮南子·原道》。

11. 〔汉〕刘安：《淮南子·主术》。

12. 〔汉〕王充：《论衡·论死》。

13. 〔汉〕王充：《论衡·自纪》。

14. 编号2494、1648。

15. 编号0214。

16. 又《汉书·息夫躬传》记载，汉哀帝诏："将军与中二千石举明习兵法有大虑者各一人，将军二人，诣公交车。"

17. 《汉书·王莽传上》："征天下通一艺教授十一人以上，及有逸《礼》、古《书》、《毛诗》、《周官》、《尔雅》、天文、图谶、钟律、月令、兵法、《史篇》文字，通知其意者，皆诣公交车。网罗天下异能之士，至者前后千数。"

18. 《汉书·赵充国传》。

19. 《汉书·宣王六王传·淮阳宪王刘钦》。

20. 《汉书·东方朔传》。

21. 《三国志·魏书·常林传》裴松之注引《魏略·清介传》。

22. 〔汉〕崔瑗：《河间相张平子碑》，《全后汉文》卷四五。

23. 彭浩：《中国最早的数学著作"算数书"》，《文物》2000年第9期。

24. 李俨、杜石然：《中国古代数学简史》上册，中华书局，1963年，第53页。

25. 钱宝琮：《盈不足术发展史》，《数学教学》1955年第1期。

26. 《史记·刺客列传》。

27. 周贻白：《中国戏剧史》，中华书局，1953年，第37页。

28. 周贻白：《中国戏剧史长编》，人民文学出版社，1960年，第24页。

29. 周贻白：《中国戏剧史长编》，人民文学出版社，1960年，第25页。

30. 如张庚、郭汉城主编：《中国戏曲通史》上册，中国戏剧出版社，1980年，第17—18页；唐文标：《中国古代戏剧史》，中国戏剧出版社，1985年，第47页；廖奔、刘彦君：《中国戏曲发展史》第1卷，山西教育出版社，2000年，第60—61页。

第二十三章　秦汉妇女的地位

1. 《汉书·刘向传》。

2. 〔清〕赵翼：《廿二史劄记》卷三"两汉外戚之祸"。赵翼还指出："两汉以外戚辅政，国家既受其祸，而外戚之受祸，亦莫如两汉者。"据说西汉外家二十余，只有四家得以保全。东京后族，也只有阴、郭、马三家保全，其余皆无不败者。"推原祸本，总由于柄用辅政，故权重而祸亦随之。"外戚专政，常常导致"国家俱敝"。

3. 《汉书·伍被传》："王曰：'夫蓼太子知略不世出，非常人也，以为汉廷公卿列侯皆如沐猴而冠耳。'"颜师古注："服虔曰：'淮南太子也。'文颖曰：'食采于此，或言外家姓也。'师古曰：'蓼自地名，而王之太子岂以食地为号？文言外家姓，近为得之，亦犹汉之栗太子也。'"

4. 《汉书·夏侯婴传》。
5. 《新唐书·宰相世系表一上》："河南刘氏本出匈奴之族。汉高祖以宗女妻冒顿，其俗贵者皆从母姓，因改为刘氏。"
6. "姜嫄"又写作"姜原"。《史记·周本纪》："周后稷，名弃。其母有邰氏女，曰姜原。姜原为帝喾元妃。姜原出野，见巨人迹，心忻然说，欲践之，践之而身动如孕者。居期而生子。""帝舜曰：'弃，黎民始饥，尔后稷播时百谷。'封弃于邰，号曰后稷，别姓姬氏。"裴骃《集解》引《礼纬》说，周人姓姬，也是因为"祖以履大迹而生"。
7. 《后汉书·光武十王列传·东海恭王强》。
8. 《汉书·东方朔传》。
9. 汉代已经有"覆水难收"的说法，但未见用于形容夫妻离异。如《后汉书·何进传》："国家之事，亦何容易？覆水不可收，宜深思之。"
10. 《后汉书·方术列传上·樊英》。
11. 〔汉〕班固：《白虎通·三纲六纪》。
12. 〔汉〕许慎：《说文解字》卷一二下。
13. 参见《后汉书·梁鸿传》举案齐眉故事。
14. 参见《后汉书·宋弘传》湖阳公主论宋弘事。

第二十五章　儒风的流布与正统意识形态秩序的形成

1. 《史记·秦史皇本纪》载会稽刻石。
2. 参见《史记·项羽本纪》。
3. 《史记·刘敬叔孙通列传》。
4. 《史记·鲁周公世家》。
5. 《史记·太史公自序》。
6. 陈直：《西汉齐鲁人在学术上的贡献》，《文史考古论丛》，天津古籍出版社，1988年，第173—182页。
7. 《史记·秦始皇本纪》。
8. 《史记·秦始皇本纪》。
9. 《史记·刘敬叔孙通列传》。
10. 《史记·郦生陆贾列传》。
11. 《史记·刘敬叔孙通列传》。
12. 《汉书·董仲舒传》。
13. 《汉书·董仲舒传》。
14. 《汉书·董仲舒传》。
15. 《汉书·儒林传》。
16. 《后汉书·李忠传》。
17. 《后汉书·宋均传》。
18. 《后汉书·循吏列传·许荆》。
19. 《后汉书·循吏列传·卫飒》。
20. 卢云：《汉晋文化地理》，陕西人民教育出版社，1991年，第82页。
21. 《后汉书·循吏列传·任延》。
22. 侯外庐等：《中国思想通史》第2卷，人民出版社，1957年，第232页。
23. 华友根：《董仲舒思想研究》，上海社会科学院出版社，1992年，第104页。

第二十六章　人口流动和文化交融

1. 《淮南子·人间》。
2. 《史记·秦始皇本纪》："始皇初即位，穿治骊山，及并天下，天下徒送诣七十余万人。"
3. 王子今：《秦始皇陵复土工程用工人数论证》，《文博》1987年第1期。
4. 《史记·平津侯主父列传》。
5. 《汉书·高帝纪上》。
6. 《史记·平准书》。
7. 《汉书·晁错传》。
8. 黄今言：《秦汉赋役制度研究》，江西教育出版社，1988年，第276—281页；《秦汉军制史论》，江西人民出版社，1993年，第58—64页。
9. 参见何双全：《"汉简·乡里志"及其研究》，载《秦汉简牍论文集》，甘肃人民出版社，1989年；王子今：《秦汉交通史稿》，中共中央党校出版社，1994年，第431页。
10. 《史记·秦始皇本纪》。
11. 钱锺书：《管锥编》第1册，中华书局，1979年，第395页。
12. 参见安作璋、熊铁基：《秦汉官制史稿》下册，齐鲁书社，1985年，第376—378页；安作璋、陈乃华：《秦汉官吏法研究》，齐鲁书社，1993年，第33页。
13. 内蒙古自治区博物馆：《和林格尔汉墓壁画》，文物出版社，1978年。
14. 孙毓棠：《汉代的交通》，《中国社会经济史集刊》第7卷第2期，收入《孙毓棠学术论文集》，中华书局，1995年。
15. 《汉书·疏广传》。
16. 《汉书·儒林传·申公》。
17. 李贤注："在路死也。"
18. 《汉书·食货志上》。
19. 〔汉〕王符：《潜夫论·浮侈》。
20. 《后汉书·皇后纪上·明德马皇后》。
21. 〔汉〕桓宽：《盐铁论·通有》。
22. 《史记·货殖列传》。
23. 《汉书·贡禹传》。
24. 《汉书·货殖传》。
25. 《后汉书·仲长统传》。
26. 《文献通考·征榷考一》。
27. 〔汉〕桓宽：《盐铁论·力耕》。
28. 《汉书·礼乐志》。
29. 《后汉书·杜诗传》。

第二十七章　秦汉社会生活的节奏

1. 《史记·乐书》
2. 〔汉〕贾谊：《惜誓》。
3. 《史记·司马相如列传》。
4. 《史记·淮阴侯列传》。
5. 《史记·樊郦滕灌列传》。
6. 《史记·绛侯周勃世家》。
7. 《史记·留侯世家》。

8. 《史记·孝文本纪》。

9. 《史记·太史公自序》。

10. 《汉书·食货志上》。

11. 清梁玉绳《史记志疑》卷三五引《史记考异》曰："白圭当魏文侯时，而商鞅佐秦孝公，孝公即位，距文侯薨已二十五年，不得如《史》所言。"看来，这里所引录白圭"吾治生产"诸语，其实应当是西汉时人的认识。

12. 《史记·货殖列传》。

13. 《史记·卫将军骠骑列传》。

14. 《史记·李将军列传》。

15. 《汉书·东方朔传》："游戏北宫，驰逐平乐。"《霍光传》："走马驰逐平乐馆。"《五行志上》还说到孝武陵园中有"五里驰逐走马之馆"，汉元帝时许章"坐走马上林下烽驰逐免官"。

16. 裴骃《史记集解》引如淳曰："六马之疾若飞。"

17. 《后汉书·朱景王杜马刘傅坚马列传》论。

18. 《汉书·酷吏传·尹赏》。

19. 《后汉书·列女传·曹世叔妻》。

20. 《三国志·吴书·孙破虏讨逆传》。

21. 《史记·酷吏列传》记述王温舒为河内太守时事，"令郡具私马五十匹，为驿自河内至长安"，遂"捕郡中豪猾，郡中豪猾相连坐千余家。上书请，大者至族，小者乃死，家尽没入偿臧。奏行不过二三日，得可事。论报，至流血十余里。河内皆怪其奏，以为神速"。

22. 《法言·修身》："或问：'何如斯谓之人？'曰：'取四重，去四轻，则可谓之人。'曰：'何谓四重？'曰：'重言，重行，重貌，重好。言重则有法，行重则有德，貌重则有威，好重则有观。''敢问四轻。'曰：'言轻则招忧，行轻则招辜，貌轻则招辱，好轻则招淫。'"

23. 参见《后汉书·刘宽传》。

24. 参见《后汉书·逸民列传·韩康》。

25. 参见《太平御览》卷八九八引《魏略》。

26. 参见《后汉书·董卓传》。

27. 参见《汉书·赵充国传》。

28. 参见《通典·礼二三》引《汉官仪》。

29. 《后汉书·南匈奴列传》。

30. 《后汉书·南蛮西南夷列传》。

31. 《后汉书·儒林列传》。

32. 《史记·苏秦列传》苏秦语、楚威王语；《樗里子甘茂列传》游腾语；《孟尝君列传》苏代语；《屈原贾生列传》屈平语。又《楚世家》昭雎曰："秦虎狼，不可信。"《项羽本纪》樊哙曰："秦王有虎狼之心。"

33. 《史记·苏秦列传》。

34. "秦患"之说，见《史记》之《楚世家》《魏世家》《苏秦列传》《孟尝君列传》《范雎蔡泽列传》。

35. 《史记·孝文本纪》。

36. 《史记·淮阴侯列传》。

37. 张良对刘邦说："楚人剽疾，愿上无与楚人争锋。"（《史记·留侯世家》）周亚夫也曾经说："楚兵剽轻，难与争锋。"（《史记·绛侯周勃世家》）。周勃客邓都尉也有所谓"吴兵锐甚，难与争锋；楚兵轻，不能久"的说法（《史记·吴王濞列传》）。

38. 又如《史记·淮南衡山列传》言"荆楚僄勇轻悍"。《太史公自序》谓"越荆剽轻"，又有"剽楚庶民"的说法。《货殖列传》说西楚"其俗剽轻"，"南楚其俗大类西楚"。

《三王世家》也说："广陵在吴越之地，其民精而轻"。

39. 《史记·匈奴列传》。
40. 《史记·货殖列传》。
41. 《后汉书·南匈奴列传》。

第二十八章　江南地区的开发和经济重心的东移

1. 《史记·太史公自序》说"萧何填抚山西"，张守节《正义》："谓华山之西也。"
2. 顾炎武《日知录》卷三一有"河东山西"条，其中写道："古之所谓山西，即今关中。《史记·太史公自序》：'萧何填抚山西。'《方言》：'自山而东，五国之郊。'郭璞解曰：'六国惟秦在山西。'王伯厚《地理通释》曰：'秦、汉之间，称山北、山南、山东、山西者，皆指太行，以其在天下之中，故指此山以表地势。《正义》以为华山之西，非也。'"
3. 《史记·留侯世家》。
4. 《后汉书·西羌传》。
5. 《汉书·地理志下》。
6. 参见《后汉书·邓晨传》。
7. 《后汉书·鲍昱传》。
8. 参见《后汉书·何敞传》。
9. 司马迁自述经历："生龙门"（《史记·太史公自序》），又曾"北过涿鹿"（《史记·五帝本纪》），"适北边，自直道归"（《史记·蒙恬列传》）。
10. 《史记·货殖列传》。
11. 《史记·韩长孺列传》。
12. 《史记·匈奴列传》。
13. 《史记·平准书》。
14. 《后汉书·和帝纪》记述，永元五年（93），"诏有司省减内外厩及凉州诸苑马"。
15. 参见甘肃省博物馆：《武威磨咀子三座汉墓发掘简报》，《文物》1972 年第 12 期。
16. 黄展岳：《近年出土的战国两汉铁器》，《考古学报》1957 年第 3 期。
17. 安定的郡治原在今甘肃镇原东南。
18. 《史记·货殖列传》。
19. 《史记·五宗世家》。
20. 傅筑夫：《中国封建社会经济史》第 2 卷，人民出版社，1982 年，第 25 页。
21. 《后汉书·宗室四王三侯列传·城阳恭王祉》记载，刘仁先祖以长沙定王封于零道之春陵乡，为春陵侯，刘仁则以"春陵地执下湿，山林毒气"，上书请求减邑内徙。于是徙封南阳之白水乡。
22. 《后汉书·宋均传》。
23. 《三国志·魏书·董卓传》注引《续汉书》："民人流亡，百无一在。"
24. 《后汉书·循吏列传·杜延》。
25. 《后汉书·樊准传》。
26. 《三国志·魏书·卫觊传》。
27. 《三国志·魏书·刘馥传》。
28. 《后汉书·循吏传·王景》。
29. 《后汉书·循吏列传·任延》。
30. 参见《后汉书·徐稺传》。
31. 参见《三国志·吴书·虞翻传》。
32. 参见《三国志·吴书·陆逊传》。

33. 《三国志·吴书·虞翻传》注引《江表传》载孙策与虞翻语。

34. 《三国志·吴书·吴范传》。

35. 《汉书·严助传》。

36. 裴骃《史记集解》引《吴都赋》:"开北户以向日。"

37. 《后汉书集解》引陈景云曰:"交趾、郁林二郡,皆阙户口之数。建武中,马援平交趾,请分西于县为封溪、望海二县。时西于一县,户已有三万二千。合余数县计之,户口之繁,必甲岭表诸郡矣。"

38. 《初学记》卷二七引杨孚《异物志》:"交趾冬又熟,农者一岁再种。"《太平御览》卷八三九引《异物志》作:"交趾稻夏冬又熟,农者一岁再种。"《隋书·经籍志二》:"《异物志》一卷,后汉议郎杨孚撰。"又写道:"《交州异物志》一卷,杨孚撰。"

39. 广东省文物管理委员会:《广东佛山市郊澜石东汉墓发掘报告》,《考古》1964年第9期。

40. 《三国志·蜀书·先主传》注引《江表传》。

41. 《三国志·吴书·吴主传》。

42. 《三国志·吴书·薛综传》。

43. 《三国志·吴书·陆胤传》。

44. 参见《后汉书·桓晔传》。

45. 《三国志·吴书·薛综传》。

46. 《三国志·吴书·薛综传》。

47. 马雍:《东汉后期中亚人来华考》,《西域史地文物丛考》,文物出版社,1990年,第46—59页。

48. 张荣芳:《两汉时期苍梧郡文化述论》,《秦汉史论集(外三篇)》,中山大学出版社,1995年,第180、185页。

参考书目

田昌五、安作璋主编:《秦汉史》,人民出版社,1993年。

田余庆:《秦汉魏晋史探微》,中华书局,1993年;《秦汉魏晋史探微》(重订本),
　　中华书局,2004年。

何兹全:《秦汉史略》,上海人民出版社,1955年。

吴荣曾:《先秦两汉史研究》,中华书局,1995年。

吕思勉:《秦汉史》,上海古籍出版社,1983年。

李学勤:《东周与秦代文明》,文物出版社,1984年;《东周与秦代文明》(增订
　　本),文物出版社,1991年。

邢义田:《秦汉史论稿》,台湾东大图书股份有限公司,1987年。

林甘泉:《林甘泉文集》,上海辞书出版社,2005年。

林甘泉主编:《中国经济通史·秦汉经济卷》,经济日报出版社,1999年;中国社
　　会科学出版社,2007年。

林剑鸣:《秦史稿》,上海人民出版社,1981年。

林剑鸣:《秦汉史》,上海人民出版社,1989年;《新编秦汉史》,台湾五南图书
　　出版有限公司,1992年。

高敏:《秦汉史探讨》,中州古籍出版社,1998年。

张金光:《秦制研究》,上海古籍出版社,2004年。

许倬云:《许倬云自选集》,上海教育出版社,2002年。

许倬云:《汉代农业:中国农业经济的起源及特性》,王勇译,广西师范大学出版
　　社,2005年。

陈直:《史记新证》,天津人民出版社,1979年。

陈直:《汉书新证》,天津人民出版社,1959年。

陈连庆:《中国古代史研究陈连庆教授学术论文集》,吉林文史出版社,1991年。

傅筑夫、王毓瑚编:《中国经济史资料·秦汉三国编》,中国社会科学出版社,
　　1982年。

劳榦:《秦汉史》,台湾中国文化学院出版部,1980年。

劳榦:《劳榦学术论文集》甲编,台湾艺文印书馆,1976年。

劳榦:《古代中国的历史与文化》,中华书局,2006年。

廖伯源:《秦汉史论丛》,台湾五南图书出版有限公司,2003年。

翦伯赞:《秦汉史》,北京大学出版社,1983年。

钱穆:《秦汉史》,香港大中国印刷,1969年;台湾东大图书股份有限公司,2001
　　年;生活·读书·新知三联书店,2004年。

韩连琪:《先秦两汉史论丛》,齐鲁书社,1986年。

韩复智等编著:《秦汉史》(增订本),台湾里仁书局,2007年。

韩复智:《汉史论集》,台湾文史哲出版社,1980年。

瞿同祖:《汉代社会结构》,邱立波译,上海人民出版社,2007年。

严耕望:《中国地方行政制度史》甲部《秦汉地方行政制度》,"中研院"历史语言研究所专刊第四十五A,1961年;上海古籍出版社,2007年。

(英)崔瑞德、(英)鲁惟一编:《剑桥中国秦汉史(公元前221—公元220年)》,杨品泉等译,中国社会科学出版社,1992年。

Denis Twitchett, John K. Fairbank 主编:《剑桥中国史》第1册《秦汉篇》,韩复智主译,台湾南天书局有限公司,1996年。